语法化与语法研究

（六）

吴福祥　邢向东　主编

商　务　印　书　馆

2013 年·北京

主编与编委

主编：吴福祥　邢向东

编委：何宛屏　黑维强　洪　波　李宗江

　　　刘丹青　吴福祥　邢向东　张谊生

目　录

论汉语言说动词的历时发展*

贝罗贝(Alain Peyraube)
曹茜蕾(Hilary Chappell)
(法国高等社会科学学院)

1 前言

本文将着重分析汉语言说动词的历时发展,从"曰、言、语、云"等开始试图确定言说动词的非词汇用法的可能性。实际上,早在上古时期的书面文献中的这一现象已被 Waley & Armbruster(1934)注意到,但只提到"曰"的使用情况。中古和近代的高频言说动词"讲""话""说""道"紧接着被研究,追溯它们的来源与演变。言说动词的语法化会产生诸如小句标句词(complementizer)、条件连词、小句句尾语气助词、话题标记和言据标记等语法功能。这些功能在汉语共时平面都可发现。重点可参考 Chappell(2008)、刘月华(1986)、孟琮(1982)、谷峰(2007)和刘一之(2006)。

本文只讨论"言说动词(verbs of saying)>小句标句词(com-

* 本研究得到欧洲研究理事会(ERC-230388)和法国国家基金会(ANR-11-ISH2-001-01)资助。作者感谢在巴黎访学的清华大学博士生刘华丽同学给予的帮助。

plementizer)”，不讨论言说动词的其他用法。“言说动词＞小句标句词”这个现象现代汉语普通话中不多见，可是北京话、国语、广东话、客家话和闽南话等都有。（参看方梅，2006；Chappell，2008；Chen & Lien，2008；Xu & Matthews，2007；Yeung，2006）不只在汉语中存在，东亚/东南亚语言、非洲语言也有这样的演变。（参看 Heine & Kuteva，2002；Lord，1993；Saxena，1988；Güldemann，2001 等）

本文不打算从共时和类型学角度讨论汉语方言中存在的这种现象，而只想分析言说动词演变为小句标句词的历时过程，旨在进一步证实 Chappell and Peyraube（2006）当时提出的尝试性假设。

首先来定义一下：什么是小句标句词（也有学者称作“从句连词”subordinating conjunction）？它是一个语法词，能使一个独立的小句插入一个主句之中。举例来说：

英语：

(1) I heard THAT there was a terrible train accident in China.

北京话（北京口语）：

(2)有很多人，他们就认为说这得政府给我们解决，我们下岗不是我们的错。（方梅，2006：111，口语语料库）

闽南话的“讲”*kóng*：

(3)这事感觉讲这足危险。

Che1 su 7 kam2-kak4 kong2 che1 chiok4 gui5-hiam2. (Japanese tales，1081—1083)

广东话的“话”*waab*：

(4)我讲话佢係美国来㗎。

Ngoh^{5} *gong*^{2} *waa*^{6} *keoi*^{5} *hai*^{6} *mei*^{5} *gwok*^{3} *lai*^{4} *gaa*^{3}.

(引自 *Hwang*,1998)

更多闽南话、广东话、客家话和其他方言的例子可在我们上述提到的著作中找到。我们现在继续讨论言说动词到小句标句词的历时发展过程。Chappell & Peyraube(2006)提出,表引用的言说动词语法化过程有两个主要阶段:(i)第一阶段:准小句标句词(semi-complementizer);(ii)第二阶段:小句标句词(complementizer)。

Chappell(2008)又认为汉语方言言说动词语法化过程如下:

表引用(quotative use)	第一阶段	第二阶段
普通话		
长沙话(湘)	粤语(香港)	台湾闽南话
上海话(吴)	客家话(台湾四县、桃源)	台湾"国语"
南昌话(赣)		北京话
获嘉话(晋)		
	潮州话	

我们认为,准小句标句词还处于半实半虚的状态,词汇义还比较明显,不是真正的语法词(gram)①。

2 历时研究——上古汉语

根据汪维辉(2003),早期上古汉语中(Pre-Archaic & Early Archaic)言说动词已有:"言""云""曰"(见于甲骨文),"语"(见于金文)。后期上古汉语(Late Archaic)有:"谓""说""道"(但"说、道"几乎没有言说义)。

上古汉语言说义动词的功能可分为两组:

第一组："语"和"言"，多用于实义动词，很少引出直接引语(direct quotation)，直接引语的用法直到后期才出现。李佐丰(1991)甚至认为"语"跟"言"不可以带直接引语。后期上古汉语的例子：

(5)子不语怪力乱神。(《论语·述而》)

(6)与朋友交，言而有信。(《论语·学而》)

第二组："云"和"曰"，仅用于引出直接引语，偶尔也用于引出间接引语(indirect quotation)。"云"常用作引出经典中的原文，如"诗云……"(《诗经》上说……)，"曰"多引出直接引语。有关"曰"跟"云"的用法和差别，参考 Pulleyblank(1995:81—82)：他假设"云"相当于"曰＋之"，也这样解释"曰"跟"云"的差异："'云' was probably originally aspectual, that is, 'say' as an indefinite act without any time reference versus 'say' as a definite act on a particular occasion(曰)."例如：

(7)孟子曰："天下之言性也，则故而已矣。"(《孟子·离娄下》)

(8)诗云："经始灵台，经之营之，庶民攻之，不日成之。"(《孟子·梁惠王上》)

Pulleyblank(1995:21)又认为"云"可在"叫喊义"动词后引出补足语。

后期上古汉语的"谓"也可以带直接引语，它又常用作间接引语动词。最后，"说"和"道"在这个阶段很少有言说义，"说"义为"解释"，"道"义为"讨论"。

(9)人皆谓我毁明堂。(《孟子·梁惠王下》)

无论如何，这些言说动词均不能做准小句标句词，更不可做宾语从句的标句词。它们仍具有实在的词汇义或被用作表引用的动词。

3 历时研究——中古汉语和近代汉语

中古和近代时期，言说义动词又出现了“话”和“讲”，并且“说”和“道”出现言说义用法。“话”一词在唐代产生，“讲”要等到元代才产生。言说义的“说”在唐宋之间产生，只是在元代以后，才多用于引出直接引语。在《孝经直解》(14 世纪)里有 57 个“说”，27 个引出直接引语。(汪维辉，2003)“道”的言说义在唐宋之间也很流行，但多引出间接引语。《三朝北盟汇编》有 41 个“道”，26 个引出间接引语。(汪维辉，2003)

“说道”合用也见于宋代，可只在元明时才开始普遍使用。刘丹青(2006)又认为它是元明以来用于引出对话最常见的一个词。除了“说道”以外，还有“知道”“闻道”“信道”“见道”“愿道”都出现在《祖堂集》(10 世纪)里，参看太田辰夫(1988:166)，但这些词语还不是一个词，刘丹青(2006)也谈到“‘V 道’组合并不是词汇单位”。

“话”“讲”“说”“道”的例子有：

(10)洞山云：“三十年同行，作什摩语话！”(《祖堂集卷六·神山和尚》)

(11)行者你快请他转来，贫僧还有话讲。(《元曲选·范子安〈竹叶舟〉》楔子)(汪维辉，2003)

(12)子曰：先王有至德要道，以顺天下，民用和睦，上下无怨，汝知之乎。(孔子说：……)(《孝经直解》)

(13)或金国皇帝相重据理，贵朝皇帝却道便与西京，更不要一物。(《三朝北盟汇编·燕云奉使录》)

“说道”的例子有：

(14)说道韩家有几万，岳家有几万，都在淮南。(《三朝北盟汇编5》)(刘丹青，2006)

4 语法化过程

4.1 本小节讨论言说义动词的功能及其语法化过程

先讨论从“说道”到“V道”的演变。刘丹青(2006)认为：说道＞V-道。动词“说”大概通过类推词汇扩展(analogical lexical extension)的方式发展到一般动词，然后“道”语法化为宾语从句的标句词：V1＋V2＞V1＋标句词，并指出这一语法化(grammaticalization)进程可能是在宋元之间发生的。我们认为这个假设不容易被接受：(i)“道”大概没有变成一个真正的标句词，而是停留在语法化第一阶段，即准标句词阶段；(ii)语法化的过程是比较晚才进行的。

4.2 言说义动词的另一种提案

李明(2003)提出好几个言说义动词在中古和近代有“以为”“认为”义，其中有“言、云、道”。“言”和“云”之“认为、以为”义见于六朝到唐，“道”之“以为”义见于近代汉语。言说义动词词义的演变过程为：“言说”义[＋say](叙实 factive)＞“认为”义(非叙实 non-factive)＞“以为”义(反叙实 contrafactive)。[②] 现代汉语的“以为”是纯粹的反叙实动词。要注意的是“叙实＞非叙实＞反叙实”

这个演变是语义演变的机制而不是语法化的机制(mechanism),可是语义演变跟语法化(或重新分析)还是有关系:语义演变是语法化的动因(motivation),语义演变的动因是主观化(subjectification)。(参考 Traugott,1989;Peyraube,forthcoming)。这一点李明(2003)已经提及:"'以为'一词意义的转变,即是主观化的过程。"下面"言、云、道"的例子引自李明(2003):

(15)非但我言卿不可,李阳亦谓卿不可。(《世说新语·规箴》)[言=认为]

(16)山公大儿著短帢,车中倚,武帝欲见之,山公不敢辞。问儿,儿不肯行。时论乃云胜山公。(《世说新语·方正》)[云=认为]

(17)昨夜沧江别,言乖天汉游。宁期此相遇,尚接武陵洲。(《全唐诗》卷84,陈子昂《江上暂别肖四刘三旋欣接遇》)[言=以为]

(18)(桓南郡)乃夜往鹅栏间,取诸兄弟鹅悉杀之。既晓,家人咸以惊骇,云是变怪。(《世说新语·忿狷》)[云=以为]

(19)周秀便理会得,道是个使钱的勤儿。(《大宋宣和遗事·亨集》)[道=以为]

5 我们的假设

我们认为宾语从句标句词不是直接从言说动词来,而是从"认为"和"以为"等认知动词而来。言说义动词的语义变化过程:言说>认为>以为>(准)标句词(SAY>CONSIDER>

THINK＞[SEMI-]COMPLEMENTIZER)。只有最后一个阶段属于语法化进程之一。换句话说，我们的假设是认知动词导致了语法化的过程。

在近代汉语中也有“说”用于表认知义的例子，如同李明提到的中古的言说义动词“言、云、曰”有认知义用法一样。

(20)子兴道：“依你说，‘成则王侯败则贼’了？”(《红楼梦》第二回)

至于认知义动词语法化为(准)小句标句词的时间，很可能最早见于18、19世纪。我们的推测主要根据近代闽南语文献和北京话文献。

近代闽南话文献主要有 *Doctrina Christiana*(传教士资料，16世纪末17世纪初，马尼拉出版)，《荔镜记》(15、16世纪的潮州和泉州方言材料)。北京话文献主要有《官话指南》(19世纪作品)。

闽南语文献 *Doctrina Christiana* 体现的是书面语层面，因为文献中使用言说动词的古语词“曰”，而《荔镜记》则比较口语，与“曰”相对应使用“呾 *tann*³”“说 *seh*⁴”“讲 *kong*²”和“叫 *kio*³”。15、16世纪这个阶段，没有言说动词语法化为宾语从句标句词的例证。在 *Doctrina Christiana* 中有55个“曰 uar”(38个“答曰”answer by saying)，都用作表引用的动词，引出直接引语。还有4例“说 *seh*⁴”(两例表示解释义，另外两例言说动词，其中有一个勉强可以看作“准小句标句词”)：

(21)汝子西士氏。差一天人。名曰。山呀腊迷降下。报说僚氏要援汝身与神魂。齐登天堂受福。

Lu kia Jesu che-tien yin-San Galabe cang he po sue Diosi ay uan lu sin cang sin hun teng tian tong siu hoc.(原

文的罗马字母注音。*Doctrina Christiana*：179—180）

（你的儿子派 St. Gabriel 天使来告诉你说，上帝要把你的身体和灵魂带到天堂里去受福。）

据 Lien(2011)，《荔镜记》中也没有言说动词用于小句标句词的例子。

北京口语中言说动词"说"的语法化也是一个较晚才发生的现象。初见于晚清，即 19 世纪后期（方梅，2006）。我们在《官话指南》中也发现了一些例子，可是这些言说动词很可能是个准小句标句词，而不是一个完全的小句标句词：

(22)是，我来是和您打听一件事情，是我听见说您这西院里那处房要出租，是真的么？不错，是真的。（《官商吐属》第二卷第一章）

(23)那好办，赶您租妥之后，您可以告诉我说，您是匀出多少间来出租，我可以替您找住房/房子的。（《官商吐属》第二卷第一章）

《官话指南》中的这些例子证明，言说动词"说"的语法化阶段仍属于第一阶段：准小句标句词，还未完全发展出小句标句词的语法功能，从而进入第二阶段。

要等到 20 世纪晚期才有北京话里真小句标句词的例子：

(24)我总是觉得说生活里缺了点儿什么。（方梅，2006：109）

台湾闽南话和国语中言说动词语法化为小句标句词也是 20 世纪晚期的事情。如：

闽南话：

(25)啊，我想讲我唔认做善事（《命运》*Fate*：81—82）

A^{1}，*goa*^{2} *siu*^{7} *kong*^{2} *goa*^{2} *m*^{7} *bat*^{4} *cho*^{3} *sian*^{7}-*siu*^{7}

（我以为我从来没做过善事）

国语：

(26)他们不知道<u>说</u>系里面最近有什么样的事情。（引自Huang,2003:440）

6 结语

汉语方言中言说动词到宾语从句标句词的语法化不可能在18、19世纪以前开始。言说动词的语法化过程的两个主要阶段为：(i)表引用的动词＞准小句标句词；(ii)准小句标句词＞小句标句词。

言说义动词语法化过程是在语义变化（从实义动词到认知动词）的基础上产生的。其语法化机制的主要动因是语义演变：言说＞认为＞以为＞[准]小句标句词。

附 注

① Chappell (2008)区分准小句标句词和小句标句词的主要标准是言说义动词前面的动词如果是言说动词或认知动词，则为准小句标句词；言说义动词前为一般动词时，言说义动词则语法化为小句标句词。

② 叙实动词是指带一个补足语小句的动词，说话人预设该补足语小句表达的命题为真。非叙实结构并不要求说话人预设补语小句表达的命题为真。反叙实结构预设补语小句表达的命题为假。

参考文献

方 梅 2006 《北京话里"说"的语法化——从言说动词到从句标记》，《中国方言学报》第一辑。

谷　峰　2007　《从言说义动词到语气词——说上古汉语“云”的语法化》，《中国语文》第3期。
李　明　2003　《试谈言说动词向认知动词的引申》，吴福祥、洪波主编《语法化与语法研究》(一)，北京：商务印书馆。
李佐丰　1991　《〈左传〉的“语”“言”和“谓”“曰”“云”》《语言学论丛》第16辑。
刘丹青　2006　《汉语里的一个内容宾语标句词——从“说道”的“道”说起》，“庆祝中国语文创刊50年”国际学术研讨会(南昌)。
刘一之　2006　《北京话中的“(说)：‘……’说”句式》，《语言学论丛》第33辑。
刘月华　1986　《对话中“说”“想”“看”的一种特殊用法》，《中国语文》第3期。
孟　琮　1982　《口语“说”字小集》，《语法研究和探索》(2)，北京：北京大学出版社。
太田辰夫　1988　《中国语史通考》，东京：白帝社。
汪维辉　2003　《汉语“说”类词的历时演变与共时分布》，《中国语文》第4期。
Chappell H. 2008 Variation in the grammaticalization of complementizers from *verba dicendi* in Sinitic languages. *Linguistic Typology* 12-1:45—98.
Chappell H. & A. Peyraube 2006 Polygrammaticalization of *say* verbs in Sinitic languages. Paper presented at the 20th Journees de linguistique d'Asie Orientale. Paris, 22—24 June.
Chen I-Hsuan & Chin-fa Lien 2008 The interaction between the construction *kong* + Topic and its thematic markers in Taiwanese Southern Min. In R. Djamouri & R. Sybesma (eds.) *Chinese Linguistics in Europe* 2. Paris:EHESS. 175—190.
Güldemann T. 2008 *Quotative Indexes in African Languages: A Synchronic and Diachronic Survey*. Berlin: Mouton de Gruyter.
Heine B. & T. Kuteva 2002 *World Lexicon of Grammaticalization*. Cambridge: Cambridge University Press.
Huang Shuan-fang 2003 Doubts about complementation: A functionalistic analysis. *Languages and Linguistics* 4-2:429—455.
Hwang Jya-Lin 1998 A comparative study on the grammaticalization of saying verbs in Chinese. In C. Sun (ed.) *Proceddings of the 10th North American Conference on Chinese Linguistics*. 574—584.
Lien Chin-fa 2011 Verbs of saying *serh4*, *tann3* and *kong2* in *Li Jing Ji*: A

constructional approach. *Cahiers de linguistique Asie Orientale* 40-1: 33—72.

Lord C. 1993 *Historical Change in Serial Verb Constructions*. Amsterdam: John Benjamins.

Peyraube, A. (Forthcoming) Historical grammar, typology and cognition in Chinese. In H. Chappell (ed.) *Diversity in Sinitic Languages*. Journal of Chinese Linguistics monograph.

Pulleyblank, E. 1995 *Outline of Classical Chinese Grammar*. Vancouver. UBC Press.

Saxena A. 1988 The case of the verb 'say' in Tibeto-Burman. *Proceedings of the Berkeley Linguistic Society* 14:375—388.

Traugott E. C. 1989 On the rise of epistemic meanings in English: An example of subjectification in semantic change. *Language* 65-1:31—55.

Waley A. & C. H. Armbruster. 1934 The verb 'to say' as an auxiliary in Africa and China. *Bulletin of the School of Oriental Studies* (London). Vol. 7:573—576.

——— 2007 《从动词到字句结构标记:潮州方言和台湾闽南话动词"说"和"看"的虚化过程》,《中国语文研究》第23辑。

Yeung Kawai 2006 On the status of the complementizer waa6 in Cantonese. *Taiwan Journal of Linguistics* 4-1:1—43.

从生成语法看汉语蒙受结构的源起*

蔡维天

（台湾清华大学语言研究所）

1 语法化与生成语法

生成语法（Generative Grammar）虽然长年来一直把焦点放在共时研究（synchronic study）之上，其理念和历史语法的研究却是并行不悖，甚至在某个意义上来说是系出同源的：自从学界引入新语法学派（Neogrammarian School）的方法来考察汉语的历史发展以来，祖语的重建（proto-language reconstruction）就成为一个重要的课题；事实上，除了文献资料的佐证，方言、语言异同的比对也是其方法论中极为重要的一环。而生成语法中谈深层结构（deep structure）如何衍生出表层结构（surface structure），其实也隐含

* 本文初稿发表于2011年陕西师范大学“第六届汉语语法化问题国际学术讨论会”，部分内容也于2012年在台湾“中研院”“第四届国际汉学会议”及香港中文大学“承继与创新：汉语语言文字学国际研讨会”上与学界交流。作者感谢邓思颖、冯胜利、黑维强、洪波、黄正德、江敏华、李炜、连金发、刘丹青、罗端、梅祖麟、潘海华、沈阳、吴福祥、吴瑞文、邢向东、徐丹、张伯江等学者的建议指正。本文研究受蒋经国国际学术交流基金会计划“国、台语中蒙受论元的比较句法研究”及清大人文社会研究中心计划“季风亚洲与多元文化”资助，在此一并致谢。

着从庞杂的表象中重建语法原始面貌的意图；推而广之，生成语法学家也希望借由考察孩童习语的过程，回到人类语言发展的原点，破解其初始状态（initial state）的结构与特质，此即研究普遍语法（Universal Grammar）的终极奥义。有趣的是，在重建普遍语法的过程中，比较法也不断被应用在田野工作之上，以抽离出语言、方言之共通要素，并尝试掌握其系统性的差异，这又和语言类型学的研究有许多相互借鉴的地方。

首先我们注意到，IJbema（2001）根据 Kurylowicz（1965）、Heine & Reh（1984）、Traugott & König（1991）等人的研究，整理出以下数个主要的语法化（grammaticalization）性质：

甲、语法化会造成词项（lexical item）在音韵上的衰减（phonological reduction）与寄生代词化（cliticization）的现象。

乙、语法化会造成语义流失（semantic bleaching）。

丙、词项经语法化后仍受其原始用法（etymology）的节制。

丁、词项经语法化后可接受其他词类的形态规范（morphological paradigm）。

戊、语法化是一个渐进的过程（gradual process）。

己、语法化是一个单向的过程（unidirectional process）。

庚、语法化词项所处之结构位置会影响其最终语义诠释。

有趣的是，上述这些性质和 Abney（1987）对生成语法中所谓功能范畴（functional category）的描述相当吻合：

辛、功能范畴属封闭词类（closed class）。

子、功能范畴缺乏实质内容，并表述某类语法含义。

丑、功能范畴只能接一个补语，此补语一般都不是论元（argument）。

寅、功能范畴与其补语通常不可分离。

卯、功能范畴一般而言在音韵和形态上无法独立。

此两组特性之间有许多交涉重叠之处，也因此我们得以从生成语法来检视语法化的句法条件：Roberts(1993)首先指出语法化词项可以对应到生成语法中的功能范畴；Chomsky(1995)则提出功能范畴其实是由一些形态特征(morphological features)所构成的，而这些特征必须受检验，进而引发句法移位(syntactic movement)的效应。在这个新的架构下，我们可以假设实词(content word)移至更高的功能词(functional word)位置后产生质变，亦即音韵上的弱化、合音(contraction)及语义上的淡化(semantic bleaching)，进而转化为真正的功能范畴。

基于上述的理念与方法，本文依异时(diachronic)和共时(synchronic)两条轴线来考察汉语蒙受结构中诠释和分布的对应关系：在历史纵轴的向度上，我们对比"给"和古汉语"与""共"的发展，阐释其演化历程中句法和语义的对应原则。在平面横轴上，我们则从跨方言的证据着眼，来考察蒙受句式的通性与个性。

2 语法化的句法机制

近年许多生成语法的学者也开始关心语言的历史演变和语言(方言)接触错综复杂的现象。Clark & Roberts(1993)首先提出语法化机制即句法移位(syntactic movement)以及随之而来的词类转换(catcgorial shift)，其动因则为语言习得(language acquisition)过程中的结构简化，亦即下一代将上一代语法中的移位(move)重析为更高层次的合并(merge)，造成词类转换。以中古英语(1a)为例，表义务的动词 *mote* 原本经移位提升至时制词组(TP)的中心语位置；而其现代英语的衍生形式 *must* 则转类为助动词，直接合并至时制词组的中心语位置，如(1b)所示：

(1) a. [$_{TP}$ mote$_i$ [$_{VP}$ t$_i$ [$_{TP}$ [$_{VP}$ speken]]]](上一代：动词移至助动词的位置)

⇒b. [$_{TP}$ must [$_{VP}$ speak]](下一代：动词就地重析为助动词)

Roberts & Roussou(1999)则进一步认为语义流失现象源自语法化词项所处的结构位置，而与个别词汇的性质无关，换句话说，移位是语法化的第一步，当实词重析为功能词之后，其论元结构和词汇属性也随之流失。在生成语法的架构下他们提出了一个颇具启发性的理论，称之为"结构简化假说"(Structural Simplification Hypothesis)：如前所述，所谓语法化其实就是实词重析为功能词的过程；这种重析现象源自下一代常简化上一代的复杂结构，这是因为语言获得者(acquirer)在设定参数(parameter-setting)时，若无直接证据启动(trigger)有标(marked)的选项，那么他们总是会选无标(unmarked)的数值。

相较之下，汉语模态助动词的发展模式和英语似乎有所区别，保留了所有演化的阶段，并没有因为语法化而磨灭原本动词的用法，违反了 Lightfoot(1979)所谓的"透明原则"(Transparency Principle)。这显示汉语的分析性(analyticity)消解了来自词法的压力，语法化依循诠释高度来按图索骥；也很可能因此而无须排除原有的用法，进而成就了一种光谱式的分布(请参见蔡维天，2010)；下列例句中"要"的语法化就是一个很好的例子：

(2)a. 阿 Q 要那辆车。

b. 阿 Q 要买那辆车。

c. 阿 Q 一定要买那辆车。

d. 火车要开了。

e. 火车可能要下午才到。

f. 你要再吵，我们就不出去玩啰！

由(2a)的动词到(2b、c)的助动词用法，对上一代而言可能是合并加上移位，如图(3a)所示：此处“要”可做控制动词(control verb)，也可做能愿助动词(dynamic modal)，其间虚实是模棱两可的(MP^{Deo}为 deontic modal phrase 的缩写，意即义务情态词组)：

(3) a.

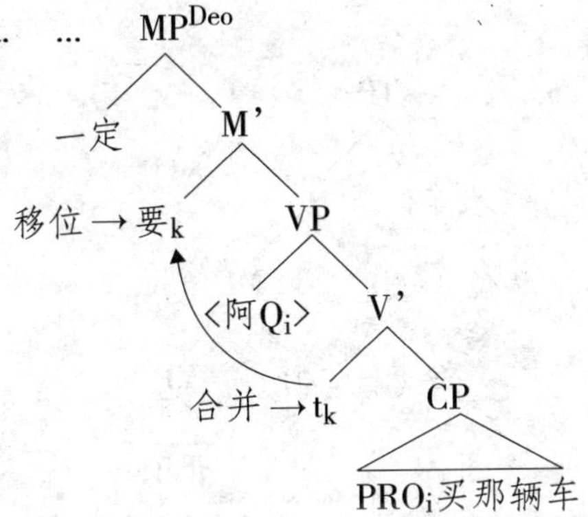

b.

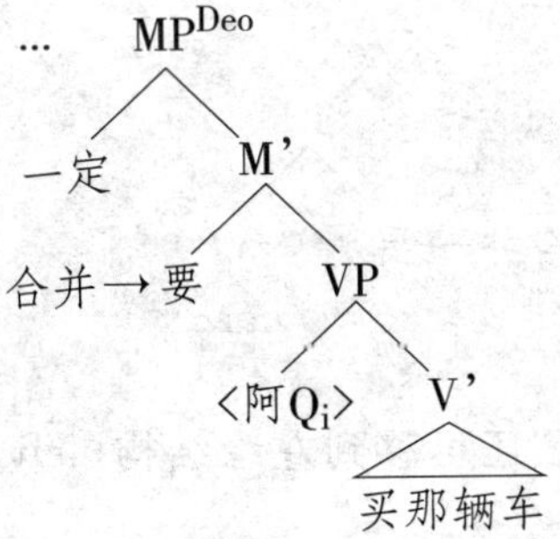

但对下一代的牙牙学语的孩童而言，合并加上移位是较为复杂且有标(marked)的，直接合并反而更单纯、无标(unmarked)；也因此下一代总是倾向于简化上一代的语法机制，这也意味着图(3a)的移位过程终究会被图(3b)的合并机制所取代。

事实上，这种结构简化的现象也间接促成了汉语词类的繁衍，让“要”多添了一个助动词的身份。同样的分析一样可以用来说明“要”如何发展出(2d)中的即将用法：如图(4a)所示，在上一代语法中，“要”可由义务助动词提升到时制词组(TP)的中心语位置，表未来时(future tense)。而下一代则将这类位置较高的“要”直接当成时制词组的中心语，因而完成了(2d)中更进一步的语法化，图解如(4b)：

(4) a.

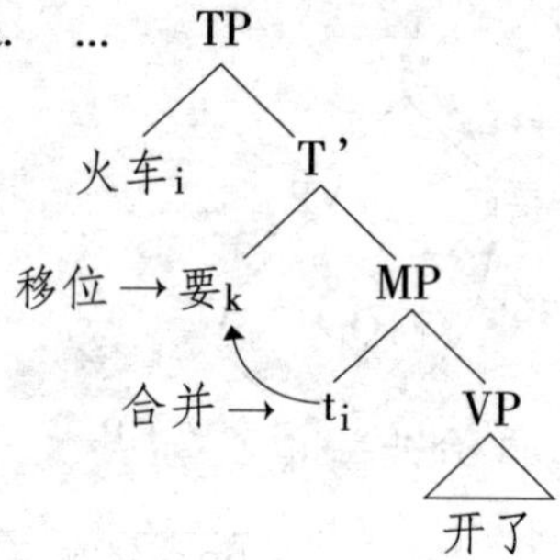

b.

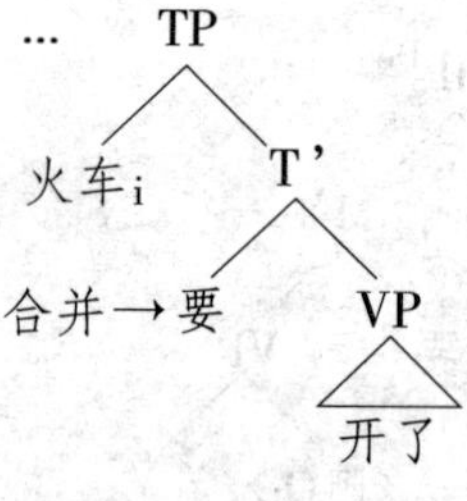

再往上走，“要”还可移到左缘结构(left periphery)，跟(2e)

中的知识模态副词(modal adverb)连用,如(5a)所示。这就让下一代有机会将“要”重新分析为未然语气(irrealis mood),图解如(5b)(MP^{Epi}为 epistemic modal phrase 的缩写,意即知识情态词组):

(5) a.

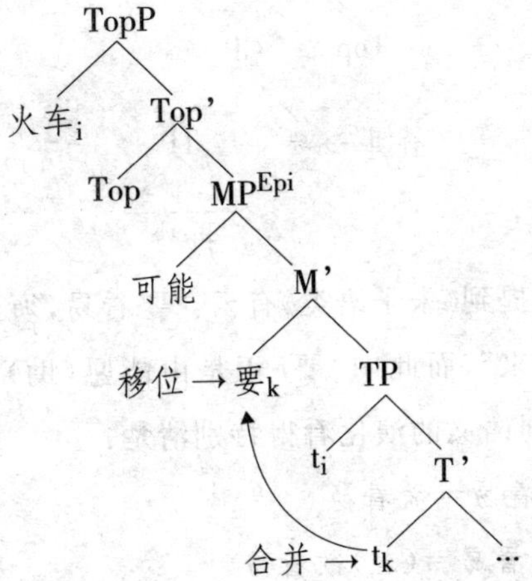

b.

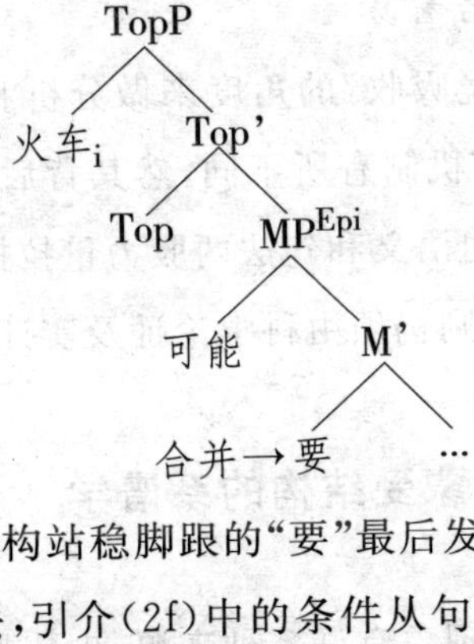

已在左缘结构站稳脚跟的“要”最后发展出补语连词(complementizer)的用法,引介(2f)中的条件从句(conditional clause)“你要再吵”,图解如下:

(6)

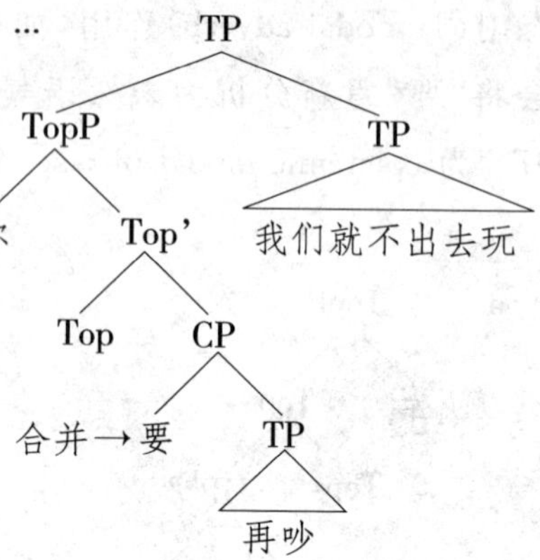

蒋绍愚(2012)提到《朱子语类》有云:“要看易,须当恁地看,事物都是那阴阳做出來”,而此中“要”正是由能愿(助)动词转为假设连词;这点由下列语义的演化看得特别清楚:

I. 要看易=欲看易

II. 要看易=(若)欲看易

III. 要看易=若看易

虽然蒋先生从“语境吸收”的角度来做分析和本文由低而高、由实而虚的“结构简化”机制有所不同,然其背后洞见却有相通之处:亦即语法化现象是由语义和句法两股力量拉扯激荡的结果;至于孰先孰后、孰主孰从,则仍须由科学论证及实证材料来决定。

3 蒙受结构的系谱学

语言中一词多义的现象有许多种来源,少数只是巧合(如英语的名词 *bear*“熊”和动词 *bear*“忍受”),有些是同音假借(如古汉语“之”从“自伯之东”的动词用法转出“一言以蔽之”的代词用法和

“夫子之道”的助词用法）；此外也有更多的案例是从实词虚化而来，往往还伴随着音韵上的转变，一如“了然”“了结”以至“醉了”的语法化过程。在此面向上，汉语的“给”更是一个经典的例子；如(7a)中的“跑”是个一元述语(one-place predicate，亦称一价动词)，但却有两个论元(arguments，亦称题元)；(7b)中的“踢进”是个二元述语，但却有三个论元：

(7)a. 刚刚阿Q居然给我跑了！（真不够意思。）

【蒙受义】

b. 这次阿Q居然给我踢进了三球！（真厉害！）

【蒙受义】

(7a)中“阿Q”自然是主语，是“跑”这个动作的施事者(AGENT)；问题是“给”后面的“我”并非(8a)中的目的(GOAL)，亦非(8b)中的受惠者(BENEFICIARY)，反倒像一个受整体事件影响的个体。换句话说，“我”是“阿Q跑了”这个事件的蒙受者(AFFECTEE；参见Li，2001；Lin，2001)；(7b)中“我”和“阿Q踢进了三球”之间也存在着同样的关系：

(8)a. 阿Q给我写了信。 【目的义】

b. 小D给我洗衣服。 【受惠义】

有趣的是，稍微把词序调动一下还是能表达类似的事件结构，但整个句子却有了被动的意味（参见朱德熙，1979、1982；徐丹，1992；邓思颖，2003；李炜，2004；李宇明、陈前瑞，2005），有(9a、b)为证：

(9)a. 刚刚居然给阿Q跑了！（真不甘心！） 【被动义】

b. 这次居然给阿Q踢进了三球！（真不甘心！）

【被动义】

这里“我”依然是“阿Q跑了”这个事件的蒙受者，其句法结构则产生了实质的改变：(7a、b)中的“给”和(8a、b)中的“给”均属类似介词的功能范畴；但(9a、b)中的“给”却成了一个二元述语(two-place predicate)，以空主语为蒙受者，而以宾语“他跑了”为所蒙受的事件。这个分析很快让我们联想到“无缺被动句”(non-gapped passives)的用法(参见冯胜利，1997；Ting，1998；Huang，1999)，如(10a、b)所示：

(10)a. 刚刚居然被阿Q跑了！(真不甘心！)

b. 这次居然被阿Q踢进了三球！(真不甘心！)

无缺被动句的主语有一个特色，就是也带有蒙受的含义：(10a、b)的空主语分别蒙受“阿Q跑了”“阿Q踢进了三球”这两个事件。

此外，“给”的论元结构也产了实质的变化：(7a、b)中“给”充当施用标记(applicative marker)，其功能为引介蒙受者；(9a、b)中的“给”则已转为一个类似“被”的轻动词(light verb)，表达“个体蒙受事件”的概念。若再将(11a)中“给”授予本义和(11b)中由使动弱化而来的允让用法摆在一起来看，语法化的轨迹便隐然浮现(请参见江蓝生，1989、2000；徐丹，1992；Cheng et al.，1996；蒋绍愚，2003)：

(11)a. 赵妈给了阿Q一巴掌。 【授予义】

b. 这块肉，你给王胡尝尝。 【允让义】

徐丹(1992)曾提到给予动词的被动用法在方言中很普遍，而处置用法则相对少见。蒋绍愚(2003)也指出历史材料中“给”的处置用法并不常见，可仍在北京话中找到了很好的例子(亦请参见王健，2004)，有以下处置和被动用法的对比为证：

(12)a. 小王给车修好了。 【处置义】

b. 车给小王修好了。 【被动义】

事实上，处置式的句法特质和蒙受结构有相近的地方：施事者都在主语位置，而受事者则在"给"的宾语位置。其间差别在于处置式宾语受的是"动作"的影响，亦即(12a)中"修好"作用的对象；蒙受式中"给"的宾语则是受"事件"的影响，亦即(7)中"他跑了"作用的对象。同时，以"给"为标记的蒙受结构与其处置式一样，都受到极大的限制：譬如蒙受者只能是第一人称单数代词，要是换成复数或第二、三人称，句子就变得很糟，有(13a-d)为证：[1]

(13)a. #唉，他居然给我们跑了！(真不够意思。)

b. #唉，他居然给你(们)跑了！(真不够意思。)

c. #唉，小D居然给他(们)跑了！(真不够意思。)

d. #唉，他居然给阿Q跑了！(真不够意思。)

这显示蒙受"给"已经高度语法化，并位处句子的高层，因而与言者中心(speaker-oriented)的用法接轨。

4 蒙受结构的句法和语义

除了上述以"给"为标记的蒙受结构，我们发现有些非典双宾句其实可以分析成隐性的蒙受结构。以(14a、b)为例，"小D"有三种可能的诠释：其一为"钱"和"西装"的来源(SOURCE)，亦即朱德熙(1979、1982)所谓的取得义；其二为"抢""偷"的受害者(ADVERSARY)(参见顾阳，1999；徐杰，1999；张伯江，1999；张国宪，2001；张宁，1998；曹逢甫，2003；沈阳，2003)；最后一种诠释则属先前提到的蒙受者(AFFECTEE)，亦即遭遇"阿Q抢了五百块钱""阿Q偷了两套西装"等劫掠事件的个体：

(14)a. 阿 Q 抢了小 D 五百块钱。

b. 阿 Q 偷了小 D 两套西装。

(15)a. 阿 Q 抢了小 D 的五百块钱。

b. 阿 Q 偷了小 D 的两套西装。

那么我们怎么知道(14a、b)不是从(15a、b)中的单宾结构简省“的”而来的呢？对于这点，陆俭明(2002)提出了一个很有效的测试：那就是加上量化副词“一共”之后，(14a、b)仍然合法，但(15a、b)就变得很差，有(16a、b)和(17a、b)为证：

(16)a. 阿 Q 一共抢了小 D 五百块钱。

b. 阿 Q 一共偷了小 D 两套西装。

(17)a. * 阿 Q 一共抢了小 D 的五百块钱。

b. * 阿 Q 一共偷了小 D 的两套西装。

究其原因，应该是以“小 D”为领属者的宾语均属定指(definite)，而“一共”量化的对象又只能是无定数量名词组(indefinite numeral NP)，结果这项冲突破坏了(11a、b)中的量化作用。[2] 此外，消耗动词和劫掠动词一样都可以有非典双宾用法，如(18a、b)；同时依据先前的测试，这些句子也不能分析成单宾结构，有(19a、b)为证：

(18)a. 阿 Q 昨天一共喝掉小 D 三瓶白酒。

b. 人们每年一共吃掉台湾两条高速公路。

(19)a. * 阿 Q 昨天一共喝掉小 D 的三瓶白酒。

b. * 人们每年一共吃掉台湾的两条高速公路。

值得注意的是，劫掠动词可以用“从”标出来源，消耗动词则否，如下所示：

(20)a. 阿 Q 从小 D 那儿抢了五百块钱。

b. 阿Q从小D那儿偷了两套西装。

(21)a. * 阿Q昨天从小D那儿喝掉三瓶白酒。

b. * 人们每年从台湾那儿吃掉两条高速公路。

这显示来源是劫掠动词语义的一部分，而消耗动词则不具有这项特质；因此，(18a、b)中的“小D”和“台湾”更可能是蒙受论元。

更清楚的例证来自没有取得义的非典双宾句(请参见陆俭明，2002)，如(22a)；我们也发现许多发音人能接受像(22b)的句子。此处“修”“切”都是标准的二元动词，句中却出现了第三个论元，也就是本文所谓的蒙受论元：③

(22)a. 阿Q修了王家三扇门。

b. 阿Q切了小D三斤卤菜。

首先可以确定(22a、b)不可能是单宾的领属结构，这点以前述的“一共”来测试，从(23a、b)、(23c、d)合法度的差异便知分晓：

(23)a. 阿Q一共修了赵家三扇门。

b. 阿Q一共切了小D三斤卤菜。

c. * 阿Q一共修了赵家的三扇门。

d. * 阿Q一共切了小D的三斤卤菜。

此处“赵家”和“小D”虽然好像是受惠者，但语义却十分模糊：例如(22b)可解为“在小D店里切了三斤卤菜”，亦可解为“切了三斤卤菜给小D”；而(22a)则有“替赵家修了三扇门”的意味。因此，还不如将这些“非典”论元看成蒙受者，蒙受的可以是好事，也可以是坏事；这正好可以将前面几组现象统合起来归为一类，亦即所谓的蒙受结构。从句法分析上来，我们可以假设这些非典双宾句都含有一个引介蒙受论元的隐性功能词AFF，如(24a)，之后吸引主要动词上移形成如(24b)的蒙受结构(请参见Tsai，2012)：

(24) a. 阿 Q[v [赵家 AFF [修了三扇门]]]

⇒b. 阿 Q[[[修了$_k$＋AFF]$_i$＋v] [赵家 t_i[t_k三扇门]]]]

事实上，许多跨语言的证据都显示蒙受论元的产生和动词组中的功能词有密切的关联：许多非洲语言都有一种施用标记(applicative marker，缩写为 APPL)，用来引介动词论元结构之外的非典论元，如下面 Chaga 语的例子(参见 Bresnan and Moshi，1993)：

(25) N-ä-ï-lyì-í-à　　　　m. -kà　　k-élyá

FOC-1s-PR-eat-APPL-FV　l-wife　　7-food

'He is eating food for(his)wife '

这种标记和显性蒙受结构的"给"很像；而英语中也有和蒙受结构相近的用法，显性如(26a)中蒙受介词 *on* 的用法，隐性如(26b)的非典双宾结构。如此看来，汉语的蒙受结构并非孤立的语法现象，而是一种相当普遍的句式：

(26) a. He died on me.

b. I baked him a cake.

另外一类隐性的蒙受结构和所谓非宾格结构(unaccusative construction)有关：像(27a-c)的句子在汉语十分常见，然而其论元结构却相当特别："白""跛""死"原来都是一元动词，这里却有两个论元；尤有甚者，原来的主语都被挤到了宾语位置，成了倒装句式：

(27) a. 一夜之间，阿 Q 白了好几根头发。

b. 那次车祸，小 D 跛了一条腿。

c. 王胡去年死了三头牛。

我们认为这些句子的主语"阿 Q""小 D""王胡"其实都是蒙受者，分别遭受到"好几根头发白了""一条腿跛了""好几头牛死了"等事件的影响，因而产生了蒙受用法（亦请参见潘海华，1997；Chappell，2000；Shen，2006；沈力，2009）。此外，有学者认为（27c）的主语是从（28a）中宾语的领属结构移出的。但这样的分析有其实际困难：一方面是（28a）只有存在含义而无蒙受用法；另一方面是因为（28a）不同于（27c），无法通过前述“一共”的测试，如（28b、c）的对比所示：

(28) a. 去年死了王胡的三头牛。

b. *去年一共死了王胡的三头牛。

c. 王胡去年一共死了三头牛。

因此我们认为（27c）其实另有一个表蒙受的二元述语 AFF（亦请参见沈力，2009），亦即主语是“王胡”，其蒙受事件为“三头牛死了”，如（29a）；主要动词经中心语移位（head movement）加接到 AFF 之上，形成（29b）中的隐性蒙受结构：

(29) a. 王胡去年[AFF [三头牛死了]]

⇒b. 王胡去年[[死了$_k$+AFF] [三头牛 t_k]]

接下来我们将尝试对蒙受结构的语法限制和诠释成规提出初步的看法。首先注意到一般的与格结构（dative constructions）基本上都允许“给”在动词前后出现，如（30a、b）所示。然而这个通则似乎并不适用于蒙受结构，这是因为以蒙受“给”为中心语的介词组不能出现在动词之后，有（31a、b）的对比为证：

(30) a. 他给我写了一封信。 【与格结构】

b. 他写了一封信给我。 【与格结构】

(31) a. 他居然给我跑了。 【蒙受结构】

b. *他居然跑了给我。 【与格结构】

另一方面，一般方言的双宾句都有对应的与格结构，如（32a、

b)；但与格结构却未必有对应的双宾结构（参见储泽祥，1998；刘丹青，2001）。这和非典双宾句有明显的差异；举例而言，(33a)不能改写成其对应的与格结构(33b)，两句的意思在方向上完全相反：

(32)a. 昨天阿Q送了小D三瓶白酒。 【双宾结构】

b. 昨天阿Q送了三瓶白酒给小D。 【与格结构】

(33)a. 昨天阿Q喝掉小D三瓶白酒。 【蒙受义】

b. *昨天阿Q喝掉三瓶白酒给小D。 【目的义】

此外，我们也观察到只有充当蒙受论元的间接宾语才能当无缺被动句的主语，这点从(34a、b)和(35a、b)的对比可以看得很清楚；真正双宾句如(36a)的间接宾语则无此用法，如(36b)所示：

(34)a. 昨天阿Q喝掉小D三瓶白酒。 【蒙受义】

b. 人们每年吃掉台湾两条高速公路。 【蒙受义】

(35)a. 昨天小D被阿Q喝掉三瓶白酒。 【被动义】

b. 台湾每年被人们吃掉两条高速公路。 【被动义】

(36)a. 昨天阿Q送了小D三瓶白酒。 【双宾结构】

b. *昨天小D被阿Q送了三瓶白酒。 【被动结构】

更值得注意的是，真正的双宾句允许直接宾语参与被动用法，有(37)为证。相较之下，非典双宾句在这点上却无能为力，如(38a、b)；这是因为只有蒙受论元（亦即间接宾语）才能当此重任：

(37)昨天（有）三瓶白酒被阿Q送了小D。

(38)a. *（有）三瓶白酒昨天被阿Q喝掉小D。

b. *（有）两条高速公路每年被人们吃掉台湾。

以上这几个现象不但凸显出非典双宾句作为蒙受结构的特殊性，也显示有必要和真正的双宾句做一个系统性的分割。

最后针对“给”的被动用法，我们可以借助于近年来学界对无缺被动句的分析（参见冯胜利，1997、2000；Ting，1995、1998；Tsai，1995；Huang，1999；Tang，2001），将蒙受论元分析为 Huang (1999)所谓的极外宾语(outermost object)，经过句子层次的空算子(null operator)的中介，而与主句的空主语 pro 共指（参见 Chomsky，1986）。以(10a、b)为例，其结构可解析如下：

(39)a. 刚刚 pro_i 居然给[Op_i[阿 Q e_i 跑了]]

b. 这次 pro_i 居然给[Op_i[阿 Q e_i 踢进了三球]]

5 蒙受结构和方言语法

至此我们有了确切的句法和语义分析，汉语中两种蒙受结构也都各归其所。然而这只是第一步，经由方言语料的检验，我们发现普通话这两个“给”其实各有不同来源；证据来自台湾的两个主要方言，闽南语和客家话：台湾闽南语中对应到蒙受“给”的是 *ka*“共”（参见 Chappell，2000；Lien，2002；曹逢甫，2003），四县、海陆客家话则分别用 *tung*“同”、*lau*“挘”来表达，有(40a-c)为证：[4]

(40)a. i keng-jian **ka** goa chau-khi-a! 【台湾闽南语】

伊 竟-然 共 我 走-去-也

他竟然给我跑了！

b. gi zin-ngion **tung** ngai zeu-het-e! 【四县客家话】

佢 竟-然 同 吾 走-掉-矣

他竟然给我跑了！

c. gi **lau** ngai zeu-tet-le! han mo i-sii.【海陆客家话】

佢 挘 吾 走-掉-矣 真 没 意-思

他给我跑了！真没意思。

另一方面，台湾闽南语中对应到被动"给"的是 *hoo*"与"（Cheng et al.，1996），而四县、海陆客家话则用 *bun*"分"来表达，分别有（41a-c）为证：

(41) a. goa keng-jian **hoo** i chau-khi-a!　【台湾闽南语】

我 竟-然 与 伊 走-去-也

我竟然给他跑了！

b. ngai zin-ngion **bun** gi zeu-het-e!　【四县客家话】

吾 竟-然 分 佢走-掉-矣

我竟然给他跑了！

c. ngai **bun** gi zeu-tet-le!　【海陆客家话】

吾 分 佢走-掉-矣

我被他跑了！

同时，我们也发现 *ka*"共"、*tung*"同"、*lau*"捞"也有受惠用法（参见 Teng，1982；曹逢甫，2003），和蒙受"给"有异曲同工之妙，如下例所示：

(42) a. siati **ka** goa se sa^n.　【台湾闽南语】

小D共 我 洗 衫

小D帮我洗衣服。

b. shiaudi **tung** ngai se samfu.　【四县客家话】

小D 同 吾 洗 衫服

小D帮我洗衣服。

c. shiaudi **lau** ngai se sam.　【海陆客家话】

小D 捞 吾 洗 衫

小D帮我洗衣服。

而台湾闽南语的 *hoo* 和客家话的 *bun* 也和被动"给"一样，都有允让的用法：

(43) a. akiu **hoo** sioti sin thek sa^{n}kiu. 【台湾闽南语】

阿Q与 小D先 踢 三 球

阿Q让小D先踢三球。

b. akiu **bun** shiaudi sen tet sam kiu.

【四县、海陆客家话】

阿Q分 小D 先 踢 三 球

阿Q让小D先踢三球。

总结来说，客家话用 *lau*、*tung* 标示受惠义(beneficiary)、蒙受义(affective)和处置义(disposal)，台湾闽南语则用 *ka* 标示同类用法。在另一方面，客家话用 *bun* 标示使动义(causative)、允让义(permissive)及被动义(passive)，台湾闽南语则用 *hoo* 标示同类用法。这里面比较有问题的是目的用法：表面上看起来，台湾闽南语标示目的义用 *ka*，客家话标示目的义则用 *bun*，这与先前的分类不合：

(44) a. i **ka** goa sia chi tiu^{n} phe. 【台湾闽南语】

伊共我 写 一 张 批

他给我写一封信。

b. gi sia **bun** ngai yi fong sin. 【四县客家话】

佢写 分 吾 一封 信

他写给我一封信。

c. gi sia **bun** ngai rhit fong sin. 【海陆客家话】

佢写 分 吾 一 封 信

他写给我一封信。

事实上我们却发现，台湾闽南语标示动词前目的用 *ka*，而标示动词后目的则用 *hoo*；相较之下，两者客家话皆用 *bun* 来标示，如下例所示：

(45) a. i　sia chi tiu^{n}phe **hoo** goa.　　【台湾闽南语】

伊 写 一 张 批 与 我

他写一封信给我。

b. gi sia e yi fong sin **bun** ngai.　　【四县客家话】

佢写 了一封　信 分 吾

他写了一封信给我。

c. gi sia le rhit fong sin **bun** ngai.　　【海陆客家话】

佢写 了一 封　信 分 吾

他写了一封信给我。

因此我们可以合理地推测：台湾闽南语的目的用法和普通话、客家话的不同之处在于其动前、动后目的标记的来源不同，这也间接印证了前述“给”的来源有二的说法。

6　蒙受结构和历史语法

到此处我们碰上另一个问题：上述这两条演化路径势必要有一个明确合理的假设，才能顺藤摸瓜，证诸典籍，并随时依考据结果做修订。首先冯胜利、蔡维天、黄正德(2008)注意到根据《说文解字》中“共”和“舁”(“与”的古字)其实都是像四手合举之状，分别如(46)(47)所示：

(46) 

(47) 

只是两对手臂的方向不同："共"为对举，"与"为同举。其次，在用法上也有许多共通之处，都有"给予""供给"之意，有(48)(49)为证：

(48)贷钱者多不能与其息。(《史记·孟尝君传》)

(49)共其羊牲。(《周礼·夏官·羊人》)

此外，"共"和"与"都允许类似"生死与共"中的与同用法(comitative construals)，如下例骈文中的对仗所示：

(50)落霞与孤鹜齐飞，秋水共长天一色。(《滕王阁序》)

根据 Liu & Peyraube(1994)及吴福祥(2003、2004)的看法，"与"可以追溯到先秦，早在先秦"与"就同时有"供给""共事"用法；即便汉代"与"统合了"予"的用法，共事义也一直并存着。"与"历经历代演变到了中晚清达鼎盛，不但有授予、共事、致使等用法，也可做伴随者、对象、受惠者的标记，但是最终其绝大部分的功能都被"给"所取代，只保留了共事的用法。在方言的向度上，江敏华(2006)也指出东势大埔客家话中"同"的功能在于标示伴随者、来源、受益者及受事者等论元，而"分"则担任给予、容许、非自愿允让、致使、补语及施事者的标记。至于"给"的流变最早可追溯到汉代，当时多出现于官职专有名词，动词用法只见供给义；表授予义"给"到唐代才出现，至元末明初"给"都只有供给、授予的动词用法；直至清中叶"给"开始取代"与"成为主流授予动词，并继承与同义以外的多种用法(请参考蒋绍愚，2003；王健，2004 等)。

我们认为这两种用法最后都和王力(1980)所谓的使动式结合，开始了语法化的历程："受惠"或"受害"源自"使某物和某人共处"，亦即 Hale & Keyser(2002)所谓中央遇合(central coincidence)关系的使动化,并衍生出蒙受、处置等用法,如下所示:

(51)使……共事→受惠/受害(使动义失落)
→蒙受(受惠/受害合流为蒙受事件的影响)
→处置(蒙受义进一步虚化为蒙受动作的影响)

相对地,“给予”“供给”其实就是“使某人拥有某物”,亦即所谓终端遇合(terminal coincidence)关系的使动化,最后发展出使役、允让、被动等用法,今图解如下:

(52)使……拥有→使役/使动(拥有义失落)
→允让(使动义弱化)
→被动(使动义失落)

(51)代表的是一种使事性(causality)加上共事性(comitativity)的用法,这正与台湾闽南语和四县客家话挑“共”“同”来表受惠、受害的现象暗合;接下来则很可能因为使动义失落而逐渐发展出事件(event)层次的蒙受用法和动作(activity)层次的处置用法。相对地,(52)是一种使事性加上拥有含义的用法,以方言中“与”“分”的用法为代表,后续的发展则和使动义的失落有关。

综观之,我们希望能从历史语法的角度来检验上述分析,看看是否能和“给”语法化的历程相呼应,以寻求一个在共时和异时的向度上都能站得住脚的解决之道。举例而言,根据梅祖麟(2005、2006)的考据,闽南语的 *hoo* 来自上古汉语的“与”字:“与”的上古拟音为 * *glagx*,和藏文 * *gla*“工资、报酬”同源(请参见龚煌城,2001)。梅先生认为“与”字的复辅音 * *gl* 在北方掉了 * *g*-变成 * *l*-,最后演化为中古的 *j*-(以母喻四);在南方(尤其是闽方言中)则

有 * *gl*- > * *gj*- 的演变，最后 * *gjagx* 成为闽南语的 *hoo*。

其实此类因组合成分弱化、失落而产生的流变，无论在声韵还是语法上都能看到，也和我们解析内、外状语语法化历程的方法论不谋而合，更可相互发明。若以形式语法的角度来检验汉语蒙受结构合纵连横的历程，我们就可以得出和内、外状语类似的结论：亦即其演化由实而虚、由低而高，从词汇层动词的授予用法，经曲折层的受惠用法，最后发展出补词层言者中心的蒙受用法（请参阅 Tsai，2012；蔡维天、钟叡逸，2012）。这条思路可从下面这张"地形图"中略窥一二（$ApplP_{high}$：高阶施用词组；$ApplP_{mid}$：中阶施用词组）：

（53）

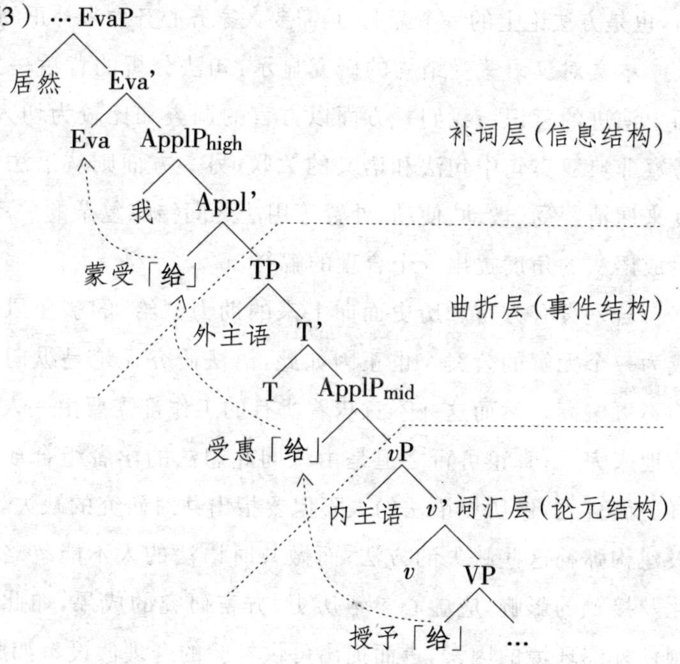

7 结语:方言、历史及形式语法的共构共生

自索绪尔(de Saussure)提出语法研究的共时(synchronic)与历时(diachronic)之分后,我们开始认识到语言作为一个自足体系的本质与结构,这与20世纪后期生成语法、语言类型学(Linguistic Typology)以至于认知科学(Cognitive Sciences)的蓬勃发展有不可分割的密切关联。但也正是因为这项区隔,我们对现代汉语语法的研究也开始和新语法学派的传统脱钩,语言演化及语言接触的动因常常被排除在外,造成了许多分析上的盲点与例外;这不只是一件憾事,也是方法论上的一个漏洞,是需要大家齐心齐力来补正的。

本文对汉语蒙受结构的研究显示:句法分析的背后一定要有历史演进的意识。我们一方面以方言的调查和比较为切入点,来考察非典双宾句中句法和语义的关联;另一方面则从语法化的角度来厘清蒙受、被动、使动、处置等用法之间错综复杂的关系,并从生成语法的角度提出一个合理的解释。

若是没有方言和历史面向上来的助力,"给"的多变风貌势必成为一个无解的公案。也正因如此,语法研究无论是纵向或横向均不可偏废。然而这并不意味着所有的工作都需要由一人在一时一地来完成;真正可行之道是由认同此想法的学者组合成互助社群。简言之,做历史语法的人不但要指出共时研究的缺失,更应积极建构弥补这些缺失的方法;而做共时语法的人不能忽略语言演化及接触的影响,应虚心参考历史、方言研究的成果,如此才能控制住外围环境的因素,进而提出可供检验的合理假设。如此一来,共时与历时的分析取向便能进入良性的辩证过程:不只是相互针

砭，而更要能相互发明，将汉语语法的研究带入一个新的纪元。

附　注

① 这样的限制在一般的受惠用法中是看不到的，有(ia-c)为证：

(i)a. 你给我(们)磕头。

b. 我给你(们)磕头。

c. 我给他(们)磕头。

但是在祈使句中的“受命”用法，却已初现端倪，如(iia)与(iib-d)之对立所示：

(ii)a. 你给我站住！

b. *你给我们站住！

c. *你给他站住！

d. *你给他们站住！

有关古汉语中相关用法的讨论，请参见洪波、王丹霞(2007)。

② 刘丹青(个人通讯)指出此处“我的五百块钱”未必是定指，因为也可以解释英语中的“five hundred dollars of mine”。但这仍是一种分指(partitive)的用法，和“一共”所要求的数量解释不合。

③ 此外，张伯江(个人通讯)提到以下称呼动词似乎也具有蒙受含义：

a. 阿Q称<u>小D</u>义父。

b. 阿Q叫<u>小D</u>呆子。

上面宾语或可称为蒙受者，但不同处在于“小D”并非典型的施用论元(applicative argument)，而是“称”“叫”论元结构的一部分。

④ 四县腔中的“四县”指的是嘉应州所属的兴宁、五华、平远及蕉岭四县，当时的府城即现在的广东梅县；海陆腔中的“海陆”指的是惠州的海丰及陆丰两县。

参考文献

蔡维天　2010　谈汉语模态词其分布与诠释的对应关系，《中国语文》第3期。

蔡维天、钟叡逸　2013　谈论元的引介策略——以客语多重蒙受结构为例，载《走向当代前沿科学的现代汉语语法研究》，北京：商务印书馆。

曹逢甫　2003　台湾闽南语的 ka 字句，载戴昭铭主编《汉语方言语法研究和探索》，哈尔滨：黑龙江人民出版社。
储泽祥　1998　《邵阳方言研究》，长沙：湖南教育出版社。
邓思颖　2003　《汉语方言语法的参数理论》，北京：北京大学出版社。
冯胜利　1997　《汉语的韵律、词法与句法》，北京：北京大学出版社。
———　2000　《汉语韵律句法学》，上海：上海教育出版社。
冯胜利、蔡维天、黄正德　2008　传统训诂与形式句法的综合解释——以“共、與”为例谈“给予”义的来源及发展，《古汉语研究》第 3 期。
龚煌城　2001　上古汉语与原始汉藏语带 r 与 l 复声母的构拟，《文史哲学报》第 54 期。
顾　阳　1999　双宾语结构，载《共性与个性：汉语语言学中的争议》，北京：北京语言文化大学出版社。
洪　波、王丹霞　2007　共时命令标记“与我”、“给我”的语法化及词汇化问题探析，载沈家煊、吴福祥、李宗江主编《语法化与语法研究》(三)。
江蓝生　1989　被动关系词“吃”的来源初探，《中国语文》第 5 期。
———　2000　汉语使役与被动兼用探源，载《近代汉语探源》，北京：商务印书馆。
江敏华　2006　东势客家话“同”与“分”的语法特征及二者之间的关系，《语言暨语言学》7.2:339—364。
蒋绍愚　2003　“给”字句、“教”字句表被动的来源——兼谈语法化、类推和功能扩展，载吴福祥、洪波主编《语法化与语法研究》(一)，北京：商务印书馆。
———　2007　从助动词“解”、“会”、“识”的形成看语义的演变，《汉语学报》第 1 期。
———　2012　词义演变三例，载《汉语词汇语法史论文续集》，北京：商务印书馆。
李　炜　2004　清中叶以来北京话的被动“给”及其相关问题——兼及“南方官话”被动的“给”，《中山大学学报》第 3 期。
李宇明、陈前瑞　2005　北京话“给”字被动句的地位及其历史发展，《方言》第 4 期。
刘丹青　2001　汉语给予类双及物结构的类型学考察，《中国语文》第 5 期。
陆俭明　2002　再谈“吃了他三个苹果”一类结构的性质，《中国语文》第 4 期。

马庆株　1983　现代汉语的双宾结构,《语言学论丛》第十辑,北京:商务印书馆。

梅　广　1989　“把”字句,《文史哲学报》第27期。

梅祖麟　2005　闽南话hɔ⁼“给予”的本字及其语法功能的来源,载何大安、曾志朗编辑《永远的POLA:王士元先生七秩寿庆论文集》,台北:“中研院”语言所。

———　2006　《闽语“与”、“浴”两字阳调*h*-声母的来源——比较方言中所见的**gl*-复辅音》,手稿,清华大学、康奈尔大学。

潘海华　1997　词汇映像理论在汉语句法研究中的应用,《现代外语》第4期。

沈　力　2009　汉语蒙受句的语义结构,《中国语文》第4期。

沈　阳　2003　《汉语“双宾结构”分析的不同理论和方法》,初稿,北京大学。

王　健　2004　“给”字句表处置的来源,《语文研究》第1期。

王　力　1980　《汉语史稿》,北京:中华书局。

吴福祥　2003　汉语伴随介词语法化的类型学研究——兼论SVO型语言伴随介词的两种演化模式,《中国语文》第1期。

———　2004　《敦煌变文12种语法研究》,开封:河南大学出版社。

徐　丹　1992　北京话中语法标记“给”,《方言》第1期。

徐　杰　1999　“打碎了他四个杯子”与约束原则,《中国语文》第3期。

张伯江　1999　现代汉语的双及物结构式,《中国语文》第3期。

张国宪　2001　制约夺事成分句位实现的语意因素,《中国语文》第6期。

张　宁　1998　汉语双宾语句结构分析,载《面临新世纪挑战的现代汉语语法研究》,济南:山东教育出版社。

朱德熙　1979　与动词“给”相关的句法问题,《方言》第2期。

———　1982　《语法讲义》,北京:商务印书馆。

Abney,Steven 1987 The English noun phrase in its sentential aspect. PhD Dissertation,MIT.

Bresnan,Joan and Lioba Moshi 1990 Object asymmetries in comparative Bantu syntax. *Linguistic Inquiry* 21:147—185.

Chappell,Hilary 1999 The double unaccusative in sinitic languages. In Doris L. Payne and Immanuel Barshi (eds.) *External Possession*. 195—228. John Benjamins Publishing Company.

——— 2000 Dialect grammar in two early Southern Min texts: A comparative study of dative *kit* 乞, comitative *cang* 共 and diminutive-*guia* 仔. *Journal of Chinese Linguistics* 28.2: 247—302.

Cheng, Lisa Lai-Shen, C.-T. James Huang, Y.-H. Audrey Li and C.-C. Jane Tang 1996 Hoo, hoo, hoo: Syntax of the causative, dative, and passive constructions in Taiwanese. Ms.

Chomsky, Noam 1986 *Knowledge of Language: Its Nature, Origin, and Use*. New York: Praeger.

——— 1995 *The Minimalist Program*. Cambridge, MA: MIT Press.

Clark, Robin and Ian Roberts 1993 A computational model of language learnability and language change. *Linguistic Inquiry* 24: 299—345.

Hale, Kenneth and S. Jay Keyser 2002 *Prolegomenon to a Theory of Argument Structure*. Cambridge, MA: The MIT Press.

Heine, Bernd and Mechthild Reh 1984 *Grammaticalization and Reanalysis in African Languages*. Hamburg: Helmut Buske.

Huang, C.-T. James 1999 Chinese passives in comparative perspective. *The Tsing-Hua Journal of Chinese Studies. New Series* 29: 423—509.

IJbema, Aniek 2002 Grammaticalization and infinitival complements in Dutch. PhD Dissertation, University of Leiden.

Kurylowicz, Jerzy 1965/1976 The evolution of grammatical categories. Reprinted in J. Kurylowicz. 1976. *Esquisses Linguistiques* 2: 38—54. Munich: Fink.

Li, Audrey Y.-H. 2001 The *Ba* construction. Ms. USC.

Lien, Chin-fa 2002 Grammatical function words 乞,度,共,甲,将 and 力 in *Li4 Jing4 Ji4* 荔镜记 and their development in Southern Min. In Dah-an Ho(ed.) *Papers from the Third International Conference on Sinology: Linguistic Section. Dialect Variations in Chinese*. 179—216. Taipei: Academia Sinica.

Lightfoot, David 1979 *Principles of Diachronic Syntax*. Cambridge: Cambridge University Press.

Lin, T.-H. Jonah 2001 Light verb syntax and the theory of phrase structure. PhD Dissertation, UC Irvine.

Liu, Jian, and Alain Peyraube 1994 History of some coordinative constructions in Chinese. *Journal of Chinese Linguistics* 22:179—201.

Pylkkänen, Liina 2002 Introducing arguments. PhD Dissertation, MIT, Cambridge, MA.

Roberts, Ian 1985 Agreement parameters and the development of English modal auxiliaries. *Natural Language and Linguistic Theory* 3:21—58.

——— 1993 *Verbs and Diachronic Syntax*. Dordrecht: Kluwer.

Roberts, Ian & Anna Roussou 1999 A formal approach to grammaticalization. *Linguistics (Special Issue on Grammaticalization)* 37:1011—1041.

Shen, Jia-xuan 2006 Sentence generation—By moving or by blending? Paper presented at IACL-14/IsCCL-10, Academia Sinica, Taiwan.

Sybesma, Rint 1999 *The Mandarin VP*. Dordrecht: Kluwer.

Tang, Sze-Wing 2001 A complementation approach to Chinese passives and its consequences. *Linguistics* 39:257—295.

Teng, Shou-Hsin 1982 Disposal structures in Amoy. *Bulletin of the Institute of History & Philosophy Academia Sinica in Memory of Late Dr. Yuen Ren Chao* 53(2):331—352.

Ting, Jen 1995 *A* Non-uniform analysis of the passive construction in Mandarin Chinese. PhD Dissertation, University of Rochester.

——— 1998 Deriving the *Bei*-construction in Mandarin Chinese. *Journal of East Asian Linguistics* 4:319—354.

Traugott, Elizabeth Closs and Ekkehard König 1991 *Approaches to Grammaticalization*. Amsterdam: John Benjamins. 2 Vols.

Tsai, W.-T. Dylan 1995 Visibility, complement selection and the case requirement of CP. *Journal of East Asian Linguistics* 4:281—312.

——— 2012 High applicatives are not high Enough: A cartographic solution. Paper presented in the 14th China International Conference on Contemporary Linguistics, Xi'an Foreign Language University, China, May 2012.

从完成体到最近将来时*

——类型学的罕见现象与汉语的常见现象

陈前瑞　王继红

（北京语言大学对外汉语研究中心
北京外国语大学中国语言文学学院）

0　引言

本文以汉语句尾“了”的用法作为讨论的起点，探讨汉语及类型学中将来时语法化的一般问题。吕叔湘主编（1999:351）把句尾“了”的主要用法概括为：“主要肯定事态出现了变化或即将出现变化，有成句作用。”陈前瑞（2005）把其中“即将出现变化”概括为“即将发生”（immediate future），本文改称为最近将来时，如例（1）；该文把这种用法归为将来时用法，且强调这种将来时用法是一种语义范畴的概念。

---

* 本文曾在“第六届汉语语法化问题国际学术讨论会”（2011 年 8 月，西安）上报告，得到吴福祥、张谊生、李宗江等先生的指正。研究工作得到国家社科基金（06CYY010、08BYY050）、教育部新世纪优秀人才支持计划（NCET-08-0744）的资助。本文曾发表于《世界汉语教学》2012 年第 2 期，其匿名审稿专家提出了详细的修改建议。谨此一并致谢。

(1)来了！来了！(我这就来了)

王伟(2006)，肖治野、沈家煊(2009)，彭利贞(2009)也从不同的理论视角涉及句尾“了”的问题，提出了不同的看法。这三篇文献均将句尾“了”称为“$了_2$”，王伟(2006:103—104)认为，“$了_2$”的所谓“将来时”完全是由语境决定的，是语用现象。肖治野、沈家煊(2009)指出，在 Heine & Kuteva(2002)对世界各种语言语法化途径的记录中找不到完整体或完成体演化为将来时的个案。彭利贞(2009)认为，这类句末出现的“$了_2$”与时态似并无直接关系，而是用于祈使句，是一种情态成分。

本文继续讨论句尾“了”最近将来时的用法，在讨论之前有必要对相关概念的理解做一些必要的说明。陈前瑞(2005)依据 Bybee et al.(1994:244—278)的惯例，将最近将来时归入将来时用法，实际上是把语义范畴性质的将来时用法作为包括最近将来时用法在内的上位概念。但是，该文及 Bybee et al.(1994:244—278)没有把典型的将来时即一般将来时用法(simple future)与作为上位概念的将来时明确地区分开来，因而容易造成读者的误解。如彭文用例(2)来说明“$了_2$”与将来时间不相容，正是用一般将来时的特点来要求最近将来时；这些句子如果要成立必须添加“要、就”，这些成分正好就是强调最近将来时的事件急迫性。彭文用例(3)与现在时间的兼容性来否证其将来时属性，正好反映最近将来时与现在情景密切相关这一特质。

(2)?过一会儿/等一会儿/明天吃饭了！

(3)现在，睡觉了。

本文依据 Dahl(2000)把包括最近将来时在内的将来时概念称为将来时间指称，具体是指用各种手段指称发生在说话时间之后的事件；一般将来时则指用不同程度的语法手段表示发生在说话时间之后的事件，属于 Dahl(2000)所说的核心语法语素类型，语法化程度较高，通常有一定的强制性，从而区别于表示即将发生的最近将来时。最近将来时属于 Dahl(2000)所说的边缘语法语素类型，语法化程度较低，在许多语言里进一步发展出一般将来时用法。

文章第一部分汇聚类型学研究中分散的个案，确认完成体(perfect)向最近将来时演化的罕见程度，概括其特点，并讨论两者在概念上的密切关系。第二部分先从类型学的角度讨论最近将来时的语义地位，并对句尾“了”语法化过程中语用意义和语义意义的演变关系做进一步的描述与证明；然后参照类型学中将来时进一步演化出祈使句用法的一般规律，分析句尾“了”的最近将来时用法与祈使句用法之间的演化关系。第三部分依据汉语史和方言材料提出：从完成体到最近将来时的语法化路径在汉语里是一种常见现象。

1　完成体演化为最近将来时的个案及两者的概念关系

1.1　完成体演化为最近将来时：类型学罕见现象的个案

Bybee et al.(1994:244—278)把从表现在时、完整体(perfective)或未完整体意义的时体标记发展出的将来时用法称为时体将来时[①]，在 76 种语言样本中，时体将来时有三种发展路径。最常见的发展路径是由一般现在时的形式在将来时间的语境中用于将来时间的指称，样本中有 11 种语言属于这种情况。比较少见的是未完整体的语法形式用于将来时，样本中只有 4 种语言。最为罕见的是完整体或完成体形式用于将来时，这种情况在其样本中只有 3 种。也即，在 Bybee et al.（1994）的样本中只有 4%的语言经由完成体或完整体意义发展出将来时间指称的用法。从类型学的范围来看，确实是属于一种罕见现象。

Heine & Kuteva（2002）属于工具书性质，重点在语法化的源头和目标之间建立双向的联系，其中将来时条目下列有 12 种语义来源，且侧重词汇来源，没有考虑 Bybee et al.（1994：244）所提及的时体将来时。因此从 Heine & Kuteva（2002）找不出从完成体到最近将来时的演化路径是正常的。该书在语法化目标一栏中只列有将来时，没有列举最近将来时；只是在正文中提及非洲班图语族中南索托语（Southern Sotho）的“去”和祖鲁语（Zulu）的“来”义动词演化为最近将来时，并未提及“去”“来”义动词经由什么路径发展出最近将来时用法。（10、76 页）Batibo（2005：9—11）在研究非洲班图语时体问题时，列举了南索托语“去”义动词的完成体用作最近将来时的例子，如例（4）。

（4）*ke - ile(g)o - reka*

I - go. PERF to - buy②

我-去. 完成体 去 - 买

我买了/我要买了③。（最近将来时，用“去”义动词的完成体来表达）

诚如 Hopper（1996）所言，像 Bybee et al.（1994）这样基于大样本的语料来确定时体演变的大型项目，必定会在特定语言的细节上有所缺失。特别是在时体将来时的演化方面，急需详实的个案补充其中的细节，讨论其中的动因。近年来，继陈前瑞（2005）之后，Tavangar & Amouzadeh（2006）、Coghill（2010）分别描写了波斯语和新阿拉米语(Neo-Aramaic)中过去时或完成体演化为将来时间指称的案例,并探讨了其中的社会、语用因素。本文仅重点介绍新阿拉米语东北部方言的相关情况。

在伊拉克摩苏尔平原的新阿拉米语东北部的一组方言中,"去"义动词ʾ*zl* 经由完成体发展出最近将来时的用法。*Zi*(*l*)-具有两个功能:1)作为独立动词表示最近将来,即马上就去的意思,如例(5a);2)作为助动词或作为非屈折的小品词与其他动词的特定形式一起表示将来时间指称,如例(5b)(5c)。例(5)是 Telkepe 方言的例子,在例(5)注释中,最近将来时使用的是展望体(prospective)的缩写形式 prsp,作者在文中交替使用展望体和最近将来时这两个术语。除比较讨论之外,本文统一用最近将来时。[4]

(5)a. *zi-lɒ*　　　　　　*l-šūqɒ*.(独立动词)

go. IMM-L. 3FS　　　　to-market

去. 最近将来时-L 后缀. 去-市场

3 人称阴性单数

她马上去市场。(最近将来时)

b. *zi-lɒ*　　　　　　*napl-ɒ*.(助动词)

PRSP-L. 3FS　　　　fall-S. 3FS

最近将来时-L 后缀.　　倒下-S 后缀. 3 人称阴性

3 人称阴性单数　　　　单数

她就要倒下了。

c. *zi-napl-ɒ*.(小品词)

PRSP-fall-S. 3FS

最近将来时-倒下-S 后缀. 3 人称阴性单数

她就要倒下了。

尽管在现代新阿拉米语东北部方言中 *zi(l)*-已经不再广泛用作完成体，但是 Coghill(2010)还是找出了若干证据，证明 *zi(l)*-的最近将来时用法是源于完成体而不是别的用法。首先，从形式上看，*zi(l)*-是带有特定后缀的过去时基础形式(ᵓ *zīl*-)的变体。该形式源于早期阿拉米语绝对状态中的被动分词，实际功能是现在完成体。其完成体功能用于17世纪摩苏尔平原的方言，现在仅存于部分方言之中。文章还提供了一个难得的书证。在法国学者的摩苏尔方言语法著作 Rhétoré(1912:156)中，1例 *zil-ən*(1人称.阳性.单数)被翻译成法语的完成体，如例(6)。

(6)*zilən*"je(m.)suis alle."(English"I have gone.")(我走了。)

Rhétoré 还指出，该形式在 Alqosh 方言中，相当于"le present(*je vais*, etc.)"；而法语的 *je vais* 除完成体用法之外，还具有最近将来时的用法，相当于英语的 *I'm going*(我就要走了)。可见，有足够的证据证明 *zi(l)*-的最近将来时用法源于其完成体用法。

Coghill(2010:380)还简单列举了其他几种语言从完成体或过去时完整体演化为最近将来时的例证，都是主语为第一人称、动词为位移动词的例证，如例(7)—(10)。初步比较发现，这些用例的语用模式非常接近于汉语句尾"了"的"告别"与"应答"的模式。

(7)*ja*　*pošël*(俄语)

I　go.PST.PFV.M

我　去.过去时.完整体.阳性

我就要走了。(字面意思：我走，临走时说。)

(8)a. *umad-am*（波斯语口语）

come. PST. PFV-1S

来. 过去时. 完整体-1 单数

我来了/来了。（字面意思：我来，回答敲门或“赶紧！”时说。）

b. *raft-im*

go. PST. PFV-1PL

去. 过去时. 完整体-1 复数

我们上路了，我们走了。（字面意思：我们走。）

(9)a. *maī* *abhī* *āy-ā*（印地/乌尔都语）

I. DIR right. now come. PFV-MS

我. 指令语气 马上 来. 完整体. 阳性单数

我马上就来。（字面意思：我马上来。）

b. *maī* *abhī* *pahūc-ī*

I. DIR right. now arrive. PFV-FS

我. 指令语气 马上 到. 完整体. 阴性单数

我马上到你那儿。（字面意思：我马上到。）

(10)I'm gone.（美国英语）⑤

我. 系动词. 1 单数 去. 过去分词

我马上就走。

除此之外，还有一些语言调查报告也特别提及该语言中的完结体(completive)、完成体或完整体具有最近将来时的用法。根据初步分析，这些语言中的最近将来时的用法有以下几点值得注意：

第一，一些语言的最近将来时的句子中还有其他将来时或非现实的表达手段。严格说来，如果句中出现了其他将来时表达成分，这种情况尽管值得注意，但还不能说完成体形式单独用来表示最近将来时。据 Li(1999:653),属于南岛语的台湾巴赛语(Basay)动词后的小品词或词缀-*na* 表示完成的或即将完成的动作或事件,如例(11)。不过,值得注意的是例(11b)中有将来时成分 *pa*。

(11) a. *busuce* *-na* *maninai.*

come out Asp husband

出来 体 丈夫

丈夫已经出来了。

b. *cakai* *-na* *pa* *yaku.*

retum Asp Fut I/Neu

回来 体 将来时 我/中性

我要回家了。

另据 Quick(2007:393),在印度尼西亚中部苏拉威西岛的语言 Pendau 中,完结体=*mo*(=表示附缀的边界)通常用来表示已经结束的动作,但是它也可以表示即将进行的动作,特别是附加在一些非动词性成分的后面时,可以增加强调的力量。不过,Pendau 系统地区分现实性与非现实性,将来时的事件被视为非现实性,如例(12)既有完结体标记又有非现实标记。像 Pendau 语这样系统地区分现实性,那么完结体或完成体用来表示最近将来时也不例外。在这种情况下,也可以视为完结体或完成体可以用来表达最近将来时。

(12) *Seinsangana* *ito* *melampamo.*

seinsangana *'ito* *M-pe-lampa=mo*

tomorrow lPL.INC/AB IR-SF/DY-travel=COMP

明天 1复数.包含式.绝对格 非现实-词根之前的前缀/动态动词-旅行=完结体附缀

明天咱们就走。

第二，一些语言中有多种不同的手段表达最近将来时。据Ameka(2008:164、168、189)，在非洲尼日尔-刚果语系克瓦语支(Kwa)的埃维语(Ewe)中，完结体标记 *vɔ* 在与瞬间动作动词共现时，可以有全部完成和即将完成两种理解，如例(13b)；经历性完整体标记(experiential perfective) *kpɔ́* 同样非常普遍地用于以前存在的情状和说话时刻之后将会存在的情状，如例(14)。从例证来看，所谓经历性完整体标记实际上是用作完成体。比较而言，完结体标记用于将来时间的急迫性更强。作者还在结论部分强调埃维语特别重视对事件发生的紧急性的细致表达，除了专门的最近将来时标记之外，可以分别用进行体、完结体以及完成体来表达。

(13) a. *áma ɖu nú vɔ*

NAME eat thing COMPL

名字 吃 东西 完结体

阿玛已经吃完东西了。

b. *ga ɖó así-nye vɔ*

money reach hand-lSG COMPL

钱 到 手-1单数 完结体

我已经拿到钱了/我就要拿到钱了。(字面意思：钱已经/就要到手)

(14) a. *fo fŏ-nye gblɔ ná-m kpɔ́ bé...*

father-lSG say DAT-1SG PFV COMP

父亲-1单数 说 与格-1单数 完整体 标补词

我父亲曾经对我说……

b. *dzi. lá-wo â-ga-fo* *nu* *ná* *wǒ*

parent-PL POT-REP-strike mouth DAT 3PL

父母-复数 潜在性-重复-开 口 与格 3复数

vî *lá* *kpɔ́*

child DEF PFV

孩子 定指 完整体

父母们还想跟他们的孩子说话。

第三，在班图语族的 Bobangi 中，用语调来区分不同形式的完成体与最近将来时。例(15)的-*i* 用来表示两种过去时完成体，a 句为稍远过去的完成体(P_2)，b 句为最近过去的完成体(P_1)，c 句为最近的将来时(F_1)。其中 c 句最近将来时的语调与 a 句稍远的过去完成体相同，但区别于 b 句最近的过去完成体。Nurse(2008:164)认为，先有功能的延伸，后有进一步语法化导致的语调区别。

(15) a. *ná-o-kát-i* 'I held P_2'(我已经抓住了)

b. *ná-o-kát-í* 'I held P_1'(我刚刚抓住)

c. *na-o-kát-i* 'I will hold F_1'(我马上抓住)

Nurse(2008:299)指出，在 100 种班图语言中，完成体用于将来时间指称的数量较少，少于 5%，该用法在另外一些语言里还处于语法化的过程之中。Nurse 的这一数据与 Bybee et al.(1994)的 4%非常接近。可以认为，该数字大致反映了完成体演化为最近将来时在人类语言中所占的比例。概括而言，如果把时体将来时作为一个集合，该集合可以分为两个部分：一部分源于常见的演化路径，即从一般现在时、进行体或未完整体演化出将来时间指称用法；另一部分源于罕见的演化路径，即从完成体或完整体演化出将来时间指称用法。两者共同构成时体将来时演变的共性与类型，缺一不可。

1.2 完成体与最近将来时的概念关系

近年来，在类型学研究中语义地图和概念空间的方法开始广泛使用。从完成体到最近将来时的演化路径虽然是类型学的罕见现象，但毕竟在一些语言中重复发生；而从最近将来时到将来时则是更具有普遍性的常见演化路径。虽然我们可以根据这些语法化路径来构建小范围的概念空间，但更重要的是：思考这些语法化路径上的相邻概念之间的关系，进一步思考语法化路径内在的逻辑性。刘勋宁(1998)针对部分学者提出的中古事态助词“去”有“将要”和“完成”两种用法的看法指出，“将要”和“完成”两种用法是对立的，它们不可能统一于同一个“去”。下文的分析显示：最近将来时的“将要”和完成体的“完成”在形成对立的同时，也有一致的一面，并由此导致“完成”向其对立面“将要”的演化。

Binnick(1971)指出，现时相关性(present relevance)是一个体的概念，表示在现在(now)和非现在(not-now)之间建立起联系；历时过程中的事件——无论是过去的还是将来的——都可以在心理上与现在联系起来。过去事件与现在的相关实际上就是Bybee et al.(1994)所谓的完成体；将来事件与现在的相关也就是本文讨论的最近将来时，也有学者称为展望体。完成体与最近将来时统一的地方是都与现在相关，矛盾的地方是分别从不同的时间维度与现在相关。比较而言，展望体这一术语侧重即将发生的事件与现在的相关，最近将来时更侧重从基本的时间参照关系确定其语义范畴。

陈前瑞(2005)已经指出，句尾“了”从完成体演化出最近将来时用法，主要是由“了”的现时相关性促动的。在这一点上，Tavangar & Amouzadeh（2006）、Coghill（2010）与陈前瑞（2005）的分析角度基本相当，都认为是在特定交际环境中，说话人用完成体表达的事件如“我走了”显然还没有发生，听话人根据交际相关性的原则以及完成体的现时相关性，理解为即将发生的事件。Tavangar & Amouzadeh（2006）则进一步解释了说话人用过去时或完成体表达未发生的事件的动因，分析认为过去时或完成体与“发生的确定性”相联系，而将来时则与非现实性或反事实相联系。说话人在特定语境中用已然的形式表达未然的事件，可以强化未然事件发生的确定性。在典型情况下，听话人正在等待说话人的离开或抵达，如此表达可以使听话人产生许诺或确定的感觉。如果是用一般将来时来表达就不会有这么强烈的感觉。笔者以为，不妨将这种“将来事件发生的确定性”视为最近将来时的语用价值。

完成体演化为最近将来时不仅可以发生在非接触的语言环境中，而且还可以发生在语言接触的环境中。据 McCafferty（2004）的研究，爱尔兰英语的构式 *be after V-ing* 既有将来时的用法，也有完成体的用法，是爱尔兰盖尔语（Gaelic）与英语在数百年内复杂的语言接触的结果。该构式以一种非常极端的形式演绎了完成体与将来时在概念语义之间的密切关系，值得予以讨论。

爱尔兰英语 *be after V-ing* 的完成体用法见例（16），该用法源于盖尔语的相关形式，是学习英语的爱尔兰人迁移到爱尔兰英语之中的。后来，*be after V-ing* 逐步获得了将来时间指称的相关用法，例（17）就是最近将来时用法。甚至有个别用法在语境中也分不清是完成体还是将来时，如例（18）。

(16) *and she* ***after going*** *by as*

'when she has just gone by'

她刚过去的时候

(17) "*This*," *she said*, "*is the place the ould fellow keeps his cash in-and may be* ***ye'll be after askin'***, *how I came by the key? ...*" (Maxwell, *The Fortunes of Hector O' Halloran, and His Man Mark Antony O' Toole*, 1842—1843, p. 188)

她说:"这就是那个老人放现金的地方,或许你们马上就会问:我是怎样得到这个钥匙的?……"

(18) "*... give him to me if* ***you're after leaving*** *the life in him!*" (Banim, *The Denounced*, 1830, p. 287)

"如果你(已经)留下了他一条命,就把他给我。"/"如果你要留他一条命,就把他给我。"

在很长一段时间内(1670—1750年),完成体与将来时这两种用法同时并存,并以将来时用法为主导。但在1751—1850年间完成体的用法开始急剧增加并占据主导,这一时期正是爱尔兰人从盖尔语转换成英语的时期。之后,将来时用法日渐式微,到当代只有零星的个别用例。爱尔兰英语 *be after V-ing* 的个案说明完成体与将来时统一于同一个语法语素,两者既可以共存,也可以此消彼长。

2 句尾"了"最近将来时相关问题的讨论

2.1 句尾"了"的最近将来时用法:语用现象还是语义内容?

本节首先讨论时体将来时是否可以是语义内容,然后讨论汉语句尾“了”的最近将来时用法是不是语义内容。王伟(2006)的观点与 Bybee et al.(1991:32)看法近似。后者认为,经由时制和体貌用法发展而来的将来时用法只是偶然获得将来时的理解,不会发展出精确的将来时的语义。因为只是在语境提供足够保证的条件下才能获得将来时的理解。也就是说,这些语法语素的语义并没有精确地包含“预测”或“将来时间指称”,只是在语境中宽泛地获得将来时解释。比如,在源于完成体或完整体的类别中,只是在条件句中出现确定的将来时间的情况下,Tahitian 语的完整体形式才有将来完成体的理解,类似于英语的例(19)。

(19)*When you return, I will already be dead.*

等你回来的时候,我就已经死了。

Bybee et al.(1994:275)明确声明,该书对时体将来时的报告与 Bybee et al.(1991)有明显的不同,因为后者是在对将来时之外的时体问题深入研究之前写成的。作者在 7.7 节开篇即指出,对于标记完整体与未完整体的语法语素而言,将来时产生时是作为一种在语境中确定的用法。稍后,作者又指出:用作将来时的现在时,其意义非常宽泛,包括进行体、惯常体、类指性断言以及叙述性用法。这说明它们曾经拥有的具体用法已经让位给此类宽泛的意义,以至于受到语境的严重影响。从 Bybee et al.(1994)的这些文字来看,并没有明确地说时体将来时不是语义内容,只是说其用法的产生和确定受到语境的影响;实际上是在说在语法化的不同时期,发挥作用的语义机制也不一样;像时体将来时这样较晚发展出来的用法,往往是受语境吸收(absorption of context)这一机制的作用。这只是作者在全书中强调的一个重要观点的具体阐释:我们从讨论语义演变的机制中所获得的最重要的观点就是,语境是

最重要的，语法语素意义每一个演变的发生都是源于该语素使用的语境。(297 页)

Hilpert(2008:186)把 Bybee et al.(1991:32)的上述观点作为需要验证的假设。作者认为一些语言的一般现在时发展出将来时用法，这种用法需要学习才会使用，可以将这种表示将来时意义的现在时形式视为一种构式。比如，德语的 *werden* 源于表示起始意义的动词，现在用于表示将来时；由于起始意义是一种体貌意义，因此 *werden* 所表达的将来时也是一种时体将来时。这种意义在形容词做谓语的构式中十分普遍，如：*Peter wird wütend* ‘Peter is getting angry’，*werden* 作为助动词就是表达将来时间的意义。因此，Bybee et al.(1991:32)的假设需要进一步加以限定或修正。遗憾的是 Hilpert(2008)没有注意到 Bybee et al.(1994:275)的自我修正，虽然这种修正还不够显豁，需要仔细比对才能理解。同样遗憾的是，McCafferty(2004)、陈前瑞(2005)、Coghill(2010)对 Bybee et al.(1991:32)的观点均不够敏感，没有明确修正。因为，爱尔兰语源于完成体的将来时一度(1751—1800年)占据 93%的使用比例，不可能不是一种语义意义。汉语句尾“了”最近将来时用法的语境类型远远超过例(19)中用于将来时的完成体的用法，已经可以独立用于“报告”“告别”“应答”等语境。新阿拉米语东北部部分方言中“去”义动词从形式上已经能够虚化为小品词，且其完成体用法已经消失，只剩下最近将来时用法，不可能不是一种语义内容。

尽管在类型学的视野中，源于时体意义的最近将来时可以是一种语义内容；王伟(2006)关于汉语句尾“了”的观点仍然值得讨论。王伟(2006)有两处涉及本文讨论的对象。一处是在 5.1.3 部分评述 Li et al.(1982)关于“了$_2$”是完成体标记。作者指出，把“了$_2$”看成完成体，首先遇到的挑战是“了$_2$”可以表达起始义，如例(20)(21)。

(20)吃饭了！

(21)(别着急，)来了来了！

作者强调：在这样的起始义用法中，活动或者事件是发生在参照时间之后，而不是之前，这就违反了完成体的条件。可见王伟(2006)的起始义与本文的最近将来时没有什么明显区别。其中，活动或者事件在参照时间之后很快发生就是最近将来时的语义内容。

王伟(2006)另一处跟本文相关的就是认为最近将来时是语用现象。这一部分的观点与前面的引文有矛盾之处。王伟(2006：104)在肯定陈前瑞(2005：70)所承认的“报告”语境(如“爹来了”)有过去与即将两解之外，进一步指出“告别”和“应答”也有两解。比如，例(22)的说话人可以是在离开的火车上用电话与听话人告别，例(23)应答的人也完全可能在应答的时候就已经出现在招呼他的人面前，都可以是过去的理解。

(22)“我走了。”丁小鲁在车厢里流着眼泪，“我真走了。”

(23)“胡亦胡亦。”那两个年轻人在外面叫，“在哪儿呢？走不走啊。”“来了”，只见胡亦神采奕奕地走了过来，“来了来了。”

基于上述两例，王伟(2006)得出如下结论：对“了$_2$”是否表达“未然”或者“将来时”要么依赖其他情态成分，要么依赖语境，还只能看作是语用层面上的用法，不属于句法语义范畴。

正确理解上述两个所谓的反例，仍然要分析语言使用的语境。例(22)是打电话的告别语境，是传统的面对面告别的一种延伸，说话人的言语习惯依然延续着面对面告别的语言习惯。从事件本身来看，火车正在离开，虽然离开了车站，但毕竟没有远离所在的城市，所以才有告别的意义。例(23)应答人虽然可以出现在说话人面前，但毕竟是“神采奕奕地走了过来”，而不是一直就在那儿。这两例跟汉语及其他语言中最近将来时的“最近”并没有矛盾(可参见注⑤)。句尾“了”的最近将来时用法虽然从跨语言的角度来看，受限于特定类型的动词以及若干种特定类型的语境，但并非在所有语境中都存在歧义，因而并非完全依赖语境。王文认为，句尾“了”的最近将来时用法依赖于其他情态成分，这一点笔者也不认同，具体分析参见 2.2 对最近将来时与祈使句(包括情态成分)的关系的分析。典型的完成体用法的句尾“了”与时间副词“已经”可以非常自然地共现，可是前面两例的“我走了”和“来了来了”，如果加上“已经”就非常不自然，并与语境相矛盾。这是语法意义的渐变导致其句法语义表现的突变，标志着最近将来时用法的分化，这应当是最近将来时作为一种跨语言的句法语义范畴所具有的特征之一。从语法化的角度看，语用意义的语义化是一个连续的过程。虽然汉语句尾“了”的最近将来时用法已经进入了权威工具书，对于该意义处于语用语义连续体的哪一个准确位置，不同的学者可能有不同的看法；但要像王伟(2006)那样视之为“完全由语用环境决定的”，可能不是十分妥当。

陈前瑞(2005)认为，在例(24)—(26)中有时间副词等其他表现手段，将来时意义是由时间副词承载，不能认为句尾“了”承载将来时间指称的功能。

(24)再刮一阵风，天就晴了。

(25)不久，天就晴了。

(26)看样子天快晴了。

但类似于例(20)(21)的例子中没有时间副词，因此最近将来时的语义在“一定程度”上由“了”承担。彭利贞(2009)认为，这本身就说明句子所谓的将来时意义很难说就是“了”本身的意义。事实上，像“了”这样高度虚化的成分，其语法意义往往来自语境。最近将来时的意义是语境中的整个小句一起表达的，但是人们在语法分析和语言理解时，总是倾向于将这一意义赋予某个有形的成分。如果句子中有时间副词，人们不会轻易赋予其中的语法成分以将来时的意义。如果句中没有其他将来时间成分，依据形式与意义对应的分析定势，人们就会把语境中的意义赋予某个语法成分，并有可能逐步规约化，成为语义内容，这就是Croft(2000:117—140)所谓的重新分析中的一种。[⑥]语法语素的多义性是一种普遍的现象，语法语素的意义对语境有一定的依赖是一种正常的现象。

2.2　句尾“了”的最近将来时用法:是时还是情态?

陈前瑞(2005)把句尾“了”最近将来时的语境概括为四种模式，彭利贞(2009)把这些句子笼统地视为祈使句。因此，有必要分析不同模式的最近将来时与祈使句的关系。

第一，在“报告”的语境中，如例(27)的“爹来了”，小句的主语是第三人称，无论如何也不能理解为祈使句。即使加上“要”，也不能理解为情态意义的“意愿”，只能理解为最近将来时意义的“快要”。

(27)忽见看园门小厮琴童走来，报道:“爹来了。”慌的两个妇人收棋子不迭。西门庆恰进门槛……(《金瓶梅》第11回)

第二，在“应答”的语境中，如例(28)的“来了”，虽然也是第一人称，但还是不能理解为祈使句，且不能有“得、该”之类的情态成分。

(28)平儿忙转身出来，口内笑说：“来了，来了。”(《红楼梦》第60回)

第三，在“告别”的语境中，如例(29)的“我家去了”，主语必然是第一人称，可以加“得”形成情态句“我得回去了”。但已经改变了最近将来时的“近”与“急”的意义。彭利贞(2009:507)认为这些第一人称的句子表示说话人将要做某事，但也可以理解为说话人要求自己做某事。可见彭文这段话的前半句认同笔者的观点，而后半句已经略微偏离语境中句子的原意，毕竟“将要”与“要求或必须”还是有意义上的区别的，前者更虚一些。

(29)别这样捉弄人家，我家去了。(《红楼梦》第40回)

第四，在陈前瑞(2005)所列的“催促”的语境中，有的不能理解为祈使句，如例(30)的“开车了”；因为它并不是要发出“开车”这一指令，而是作为催促“大家快上车”的理由。例(31)如果是学生上课前说的，就是提醒或催促大家尽快进入上课的准备状态；如果是老师在上课开始时说的，就是一种宣告，可以理解为祈使句。例(32)情况类似，如果是过年时家庭主妇对一堆正在玩牌的人说的，意思是：客观条件已经基本具备，很快就可以吃饭了。在这种情况下，通常还可以玩一会儿。如果是父母对边吃边玩的孩子说的，就近似于呵斥，当然是祈使句。例(33)“起床了”则符合类型学研究中经典祈使句的主要要求：以隐含的第二人称的听话人为主语，向听话人直接发出一种要求；说话人和听话人之间存在一定的服从关系，且所要求的动作能够被听话人所控制。(Aikhenvald，2010：4；Heine，2011)

(30)开车了！开车了！大家快上车。

(31)上课了，上课了！

(32)吃饭了，吃饭了！

(33)起床了！

从上面的分析可以看出，句尾“了”最近将来时的四种语境与祈使句的关系是一种渐变的关系，从完全不能理解为祈使句到只能理解为祈使句。从陈前瑞(2005)有限的历时考察来看，“报告”出现在明代，“应答”和“告别”出现在清代，“催促”出现在当代；似乎可以看出，最近将来时在演变过程中与祈使句逐渐兼容，以至于“起床了”这类句子只能理解为祈使句，现在看来不应该归为最近将来时。

从类型学的角度来看，将来时与祈使句具有密切的关系。Bybee et al.(1994:273—278)指出，将来时常常用为祈使句，祈使句也常常用为将来时。在样本语言中13种源于主要词汇来源的将来时具有祈使句用法。只有4种语言的未完整体标记具有将来时用法，而它们都具有不同性质的祈使句用法；3种语言的完成体或完整体标记具有将来时用法，其中两种语言的将来时是最近将来时，而这两种语言中有一种语言的完成体或完整体标记具有祈使句用法。Bybee et al.(1994:273)进而提出如下假设：祈使句用法是从将来时用法发展而来，反过来则不成立。因为，从相同词汇来源发展而来的将来时可以没有祈使句用法，而祈使句不能没有将来时用法。

类型学中将来时演化出祈使句用法的规律，进一步支持汉语最近将来时在演变过程中与祈使句逐步兼容的趋势。Bybee et al.(1994:273)也承认，最近将来时跟典型的具有预见性的一般将来时还是有所区别的，是否一定要把它归为将来时还可以斟酌。对于那些会进一步发展出一般将来时的最近将来时，可以把它作为将来时的过渡阶段。那些没有进一步发展成为一般将来时的最近将来时，与其说是预测事件的发生，不如说是宣告事件的紧迫性，并不是严格意义上的将来时。汉语的最近将来时似乎不大可能发展出一般将来时的用法，把它归为别的范畴也未尝不可。问题是：无论是归入什么范畴，一方面不能扭曲语言现象，另一方面要能解释语言的历史演变现象；如果只是换一个术语，意义就不会那么显著。比如，彭利贞(2009)认为祈使句中的“了$_2$”既不是体标记，也不是时态标记；而应该把其中的“了$_2$”看成是对情态敏感的指示成分，起情态指示的作用，表示情态的出现或变化。(引自该文的摘要)这里的核心成分仍然是“出现或变化”，这跟人们长期以来讨论的完成体或事态助词的核心意义“完成、发生、实现、变化”似乎没有什么显著差别。正如 Bybee & Dahl(1989)所言，我们不必刻意把时、体、情态定义为无所不包的上位范畴，也不必介意“完成体”是一种时还是一种体，将来时是一种时还是一种情态；相反，与语法意义的研究相关的实体是单独的语法语素，必须把它看作具有内在语义性质的成分，根据其语义性质分析该语法语素的发展历史，确定它在共时系统中的地位。

王伟(2006)把句尾“了”所有的用法都概括为“事态·语气标记”，彭利贞(2009)则将句尾“了”的最近将来时用法都概括为祈使用法。两者都存在不同程度的过度概括。本文及陈前瑞(2005)的思路是把某个语法语素的不同用法区分开来，进而观察这些用法之间的演化关系。这反映了两种不同的研究范式。根据 Haspelmath(2003:230—231)，前两者的研究范式接近于结构主义的概括法(structuralist general-meaning approach),希望用一种比较抽象的概括意义来概括某个语法语素的所有意义;后者则接近于基于用法的方法(function-based method)[⑦],重点关注不同用法之间的演化关系以及内在的概念关系。从语义地图模型的操作惯例来看,如果两种用法至少在两种不同的语言中是用不同的形式来表达的,那么在概念空间及语义地图中就有必要区分这两种用法。(参见 Haspelmath,2003;吴福祥,2010)类型学的已有研究以及下文汉语方言的量化数据已经显示:有充分的证据支持本文在汉语通用语研究中区分完成体与最近将来时这两种用法的必要性。

3 从完成体到最近将来时:汉语的常见现象

3.1 从完成体到最近将来时:汉语史的证据

汉语有丰富的历史文献,不仅可以从中梳理句尾"了"从完成体到最近将来时的演变过程,而且还能发现其他完成体标记也处在同样的演变路径上。

"矣""也"是古汉语最具有代表性的文言虚词,据吕叔湘(1944:271),"矣"在文言中既"可以用于既成之事,也可以用于未来之事"。如例(34)就是"将然之事",属于最近将来时中的"告别"的用法。

(34)夜半,客曰,"吾去矣。"(魏禧《大铁锥传》)

"也"在上古时期的典型功能是判断用法。陈前瑞(2008)提出,从上古至中古、近代,"也"逐渐发展出类似于"矣"的用法,相当于完成体;"也"的完成体用法源于其判断用法,并在近代汉语时期发展出最近将来时的用法。如例(35)是“告别”的用法,例(36)有“提醒”的意思,可以归入陈前瑞(2005)概括的“催促”的语境类型。

(35)师僧退后,师却云:“欲报师恩,无过守志;欲报王恩,无过流通大教。归去也!归去也!呵呵珍重!”(《祖堂集·罗山和尚》)

(36)师大和八年甲寅岁十一月六日告众曰:“法堂倒也,法堂倒也。”众人不测,遂把物撑之。师拍手大笑曰:“汝不会我意。”师遂告寂。(《祖堂集·药山和尚》)

曹广顺(1995:107)认为,近代汉语的事态助词“去”指明事物或状态已经或将要发生某种变化。这里的“已经发生变化”即为完成体用法,“将要发生某种变化”即为最近将来时或一般将来时用法。曹著把“去”的事态助词用法细分为四种,为了便于理解本文把这四种用法调整顺序,部分修改意义标签,重新排列如下:

A. 完成体,用于单句。

(37)庆放身作倒势,师云:“这个师僧患风去也。”(《祖堂集·雪峰和尚》)

B. 完成体,用于条件句的条件分句。

(38)任你大悟去,也须淘汰。(《祖堂集·药山和尚》)

C. 完成体,用于条件句的结果分句。

(39)与摩则适来已是非次去也。(《祖堂集·招庆和尚》)

D. 将来时间指称或用于将来时间,用于单句。

(40)苦哉!苦哉!石头一枝埋没去也。(《祖堂集·夹山和尚》)

“去”在句子末尾一般都要跟“也”共现,就像同期的“了也”一样,说明“去”还没有完全发展成熟,还需要与“也”一起构成功能接近的双重标记。例(40)中，单句中除了“去、也”之外没有其他时间指称成分，这样的例子只是个别的，更多的是句中还有其他时间指称成分或情态词。

本文对比分析了唐五代的《祖堂集》和北宋的《古尊宿语要》[8]中“去”的以上四种用法，结果见表1。从表1可以看出，从《祖堂集》到《古尊宿语要》，变化最明显的就是D(将来时间指称或用于将来时间)。其实例从10增加到21，占同文本的比例从13%增加到21%；经统计分析 $p=0.068$，接近显著水平($p<0.05$)。可见从唐五代到北宋时期，事态助词“去”的用法中，完成体的用例相对稳定，而接近于将来时间指称的用例增加较多。这一数字总体上支持事态助词“去”从完成体向将来时间指称方向演化的推论。

表1 “去”的四种用法比较

	A. 完成体，用于单句	B. 完成体，用于条件分句	C. 完成体，用于结果分句	D. 将来时间指称或用于将来时间，用于单句	合计
《祖堂集》	8(11%)	9(12%)	48(64%)	10(13%)	75
《古尊宿语要》	11(11%)	15(15%)	54(53%)	21(21%)	101

现代汉语的句尾“了”、近代汉语的“去”和“也”分别来自三种不同的词汇来源：“了”源于“结束”义动词，“去”源于位移动词，“也”源于具有判断作用的虚词，接近于“是、有”义的助动词。[9]这些词汇来源是类型学中完成体主要的词汇来源(另有一类为“来”义动词；Bybee et al.，1994：105)在汉语中，三类来源的完成体在不同时期都经历了从完成体向最近将来时或将来时间指称用法演化的路径，只是从文献的记载来看，各自处在这一演化路径的不同阶段，有各自不同的具体使用特点。因此，我们可以说，从完成体向最近将来时或将来时间指称的方向演变，是汉语不同时期通用

书面语言中完成体进一步语法化的常见现象。

3.2 从完成体到最近将来时:汉语方言的证据

汉语方言学界一直比较重视完成体与最近将来时表达的异同研究,比如曹志耘(1996)就对吴语汤溪话完成体与最近将来时的关系进行了细致的描写。汤溪话的“罢”[bɑ 113]只能表示已然的变化,如例(41);“啵”[pə0]表示将然的变化,前面常有“快”“要”等词,也可以不用这些词语,如例(42)。可见,这两个语素显示汤溪话中完成体与最近将来时可以用不同的语素来表达,互不混淆,是显著不同的用法。

(41)我来罢。(我来了,意思是:我已经来了)

(42)我来啵。(我来了,意思是:我这就来了)

汤溪话另有一个“得”[tei44-0]在这两种用法之间建立起微妙的联系。“得”可以用在“数量名+动词+得+趋向动词”的结构里,表示完成,类似于词尾“了”,如例(43);也可以用在反复疑问句里,表示将有变化,如例(44)。

(43)渠做生意两千洋钿赚得归来。

(44)尔吃歇得未?(你快吃完没有?)

“得”还可以跟“罢”和“啵”分别构成“得罢”和“得啵”,表将然,如例(45)(46)。不过,“得罢”用在句末时表示事态立即出现变化,与“啵”“得啵”相比,距出现变化的时间更短,且前面不再出现“快”“要”等词。

(45)病好得啵。

(46)放假得罢。

曹志耘(1996:298)指出,“啵”“罢”前面的“得”是个什么性质的成分还不清楚。笔者推测:这里的“得”与例(45)(46)形式上具有同一性，“得罢”和“得啵”所表示的最近将来时的用法与“得”所表示的类似于完成体的用法在类型学中具有语法化的联系，且“得”本身已经从完成体发展出在疑问句中表示最近将来时的用法。因此“得罢”和“得啵”中的“得”与单用的两种用法的“得”属于同一个多功能语素的不同用法，这些不同的用法都是同一个语素在不同的语境中语法化的结果。“得”还能跟专门的完成体（“罢”）与最近将来时（“啵”）标记合用表达最近将来时（“得罢、得啵”），且跟完成体的合用形式（“得罢”）比跟最近将来时的合用形式（“得啵”）更具有发生的急迫性，从另一个角度证明了完成体形式用于最近将来时的语义语用价值。

表2　将然体和已然体助词的异同

类码	类　名	例证	数量	比例
不同	声韵不同或韵同声不同	la｜ku	41	5.9%
	无将然体助词	天快光｜天光了	14	
相近	声同韵不同	[l-](lə｜la)	35	8.5%
	单音节｜双音节	ta｜ka ta	44	
相同	相同	天快亮了｜天亮了	796	85.6%
合计			930	100%

曹志耘主编(2008)进一步考察了930个汉语方言点在完成体与最近将来时表达方面的异同。表2是对《汉语方言地图集·语法卷》069“将然体与已然体助词的异同”的分类统计，[10]其中的“将然体”与“已然体”分别近似于本文的最近将来时与完成体。从表2可以看出，最近将来时与完成体采用同一形式表达的方言点，占全部汉语方言点的85.6%。应该指出的是，这里所列举的“天快亮了”其中有“快”表示将来时间参照，并不是严格意义上的“了”独立表示最近将来时。但是，该例句是《现代汉语词典》、《现代汉语八百词》、《现代汉语方言大词典》作为某个助词表即将发生的典型例句，通常

也意味着普通话或某个方言的助词也可以独立地用于“来了、来了”之类的用法。因此，至少可以视为有85.6%的方言倾向于采用同一形式表达最近将来时和完成体。只有5.9%的方言点采用完全不同的形式表达最近将来时和完成体，汤溪话的“啵”“罢”就归入了这一类型。但是汤溪话不仅有“得”用相同形式来表达这两个范畴，而且还可以用单双音节这种相近的方式来表达，如“得罢、得啵”，像汤溪话这样用单双音节或声同韵不同这种相近的方式来表达的方言点占8.5%。由于表2是按照方言点来统计，每个方言点只统计一次。如果改用具体的语法语素即助词来分别统计，那么在汉语方言中，倾向于用相同或相近的形式来表达最近将来时和完成体这两种用法的助词肯定会超过表2的94.1%（由85.6%加8.5%而来）。有了这一统计数字的支持，我们可以用确定的语气说：从完成体到最近将来时的演化是汉语方言时体将来时语法化的常见现象。

4 结语

类型学、汉语史和汉语方言的材料显示，汉语通用语中的句尾“了”最近将来时的用法可以从完成体的用法演化而来；尽管从类型学的角度来看，这一演化路径只是时体将来时演化的一种罕见现象，但却是汉语通用语和汉语方言时体将来时演化的常见现象。学术界对句尾“了”最近将来时用法的几种不同处理方案，实际上体现了 Haspelmath(2003)概括的两种不同的研究路向：概括法与基于用法的方法。

汉语句尾“了”最近将来时的用法，仅从汉语通用语本身的角度看，视为完成体的一种特殊用法似乎没有什么不可以的。但从类型学的角度看，世界上只有5%左右的语言的完成体具有这种用法，说明这种用法只是特定语言的规约性用法。如果不对这5%的个案进行限定，则意味着世界上95%左右的语言的规则是有漏洞的：或者容易让人以为所有语言的完成体都不能产生最近将来时的用法，或者所有语言的完成体在语用上都可以有最近将来时的用法。从这个意义上讲，从汉语“了”的完成体用法中分出最近将来时的用法，是具有经济性的。

附　注

① Bybee et al.（1994：244）把这类将来时用法称为体貌将来时（aspectual future），本文则称为时体将来时，以反映定义字面的原意。

② 由于中文注释有时很难忠实地反映原意，本文保留英文原文的注释及转写习惯。

③ 感谢审稿专家指出该例对应的汉语应为“我要买了”。不过，笔者认为最好还是两者并列。因为“我要买了”虽然准确地解释了这句话的语义，但实际口语中更多地还是说“我买了”。

④ 关于展望体的含义参见2.2的讨论。

⑤ 用于回答 I thought you were leaving，其真实含义是 I expected you to have left by now，见 Coghill（2010）。Nurse（2008：164）也引用了类似用例，并指出在这种情况下虽然说话人正在离开或即将离开，但离开的决定已经做出。

⑥ 具体而言，就是不足分析（hypoanalysis/underanalysis），即听话人把语境的语义/功能属性分析为句法单位的内在属性，使得句法单位获得新的属性。比如英语第三人称单数 *-s* 和迂回表达的 *do* 的语义功能都比较单纯，但在某些传统方言里它们在语境中获得了体貌的意义。Croft 这里所说的重新分析与一般的重新分析有所不同，不再要求形式上有两种潜在的分析。

⑦ Haspelmath（2003）使用“功能”的初衷是：与其纠结于语法形式意义或义项的分与合，不如提出一个中性的“功能”一词以回避这一老问题。笔者在研究中所用的“用法”，实际上等同于该文的“功能”。由于“功能”一词在汉语语法研究文献中有多种不同的含义，所以笔者倾向于使用显得更加通俗的

"用法"。而"用法"(use)正是早期的类型学研究如 Ferguson(1970)和早期的语义地图研究如 Anderson(1982)共同使用的术语。

⑧ 本文使用的《古尊宿语要》语料由卢烈红教授提供,谨此致谢。

⑨ 由于"矣"很早就被广泛使用,对于它的词汇来源和语法化过程,学术界似无明显一致的看法。蒲立本(1995:131)认为,就古汉语而言,有充分的理由怀疑"矣"跟"已"之间有语源上的联系。

⑩ 该统计数据由曹志耘教授和王莉宁博士提供,谨此致谢!

参考文献

曹广顺 1995 《近代汉语助词》,北京:语文出版社。

曹志耘 1996 金华汤溪方言的体,载张双庆主编《动词的体》,香港:香港中文大学中国文化研究所、吴多泰中国语文研究中心。

———主编 2008 《汉语方言地图集·语法卷》,北京:商务印书馆。

陈前瑞 2005 句尾"了"将来时间用法的发展,《语言教学与研究》第1期。

——— 2008 句末"也"体貌用法的演变,《中国语文》第1期。

李 荣主编 2004 《现代汉语方言大词典》,南京:江苏教育出版社。

刘勋宁 1998 《祖堂集》"去"和"去也"方言证,载郭锡良主编《古汉语语法论文集》,北京:语文出版社。

吕叔湘 1944/1990 中国文法要略,载《吕叔湘文集》第一卷,北京:商务印书馆。

———主编 1999 《现代汉语八百词》(增订版),北京:商务印书馆。

彭利贞 2009 论一种对情态敏感的"了$_2$",《中国语文》第6期。

蒲立本 1995/2006 《古汉语语法纲要》,孙景涛译,北京:语文出版社。

王 伟 2006 《现代汉语"了"的句法语义定位》,中国社会科学院研究生院博士学位论文。

吴福祥 2010 多功能语素与语义图模型,《语言研究》第1期。

肖治野、沈家煊 2009 "了$_2$"的行、知、言三域,《中国语文》第6期。

Aikhenvald, Alexandra Y. 2010 *Imperatives and Commands*. New York: Oxford University Press.

Ameka, Felix K. 2008 Aspect and modality in Ewe: A survey. In Ameka, Felix K, and M. E Kropp Dakubu (eds.) *Aspect and Modality in Kwa Lan-*

guages. 135—194. Amsterdam: John Benjamins.

Anderson, Lloyd B. 1982 The "Perfect" as a universal and as a language-specific category. In Paul J. Hopper(ed.) *Tense-Aspect: Between Semantics and Pragmatics*, 228—264. Amsterdam: Benjamins.

Batibo, Herman M. 2005 Future tense and aspect markings in Southern Bantu. In F. K. Erhard Voeltz (ed.) *Studies in African Linguistic Typology*. 1—12. Amsterdam: John Benjamins.

Binnick, Robert I. 1971 *Will* and *be going to*. *Papers from the Seventh Regional Meeting, Chicago Linguistic Society*. 3—9. Chicago, Chicago Linguistic Society.

Bybee, Joan L. & Östen Dahl 1989 The creation of tense and aspect systems in the languages of the world. *Studies in Language* 13. 1: 51—103.

Bybee, Joan, Revere Perkins & William Pagliuca 1994 *The Evolution of Grammar: Tense, Aspect, and Modality in the Languages of the World*. Chicago: The University of Chicago Press.

Bybee, Joan, William Pagliuca & Revere Perkins 1991 Back to the future. In Elizabeth C. Traugott & Bernd Heine(eds.) *Approaches to Grammaticalization*. Vol. II. 17—58. Amsterdam: John Benjamins.

Coghill, Eleanor 2010 The grammaticalization of prospective aspect in a group of Neo-Aramaic dialects. *Diachronica* 27. 3: 359—410.

Croft, William 2000 *Explaining Language Change: An Evolutionary Approach*. Harlow: Longman.

Dahl, Östen 2000 The tense-aspect systems of European languages in a typological perspective. In Östen Dahl (ed.) *Tense and Aspect in the Languages of Europe*. 3—25. Berlin: Mouton de Gruyter.

Ferguson, Charles A. 1970 Grammatical categories in data collection. *Working Papers on Language Universals* 4: 1—15. Stanford, California: Dept. of Linguistics, Stanford University.

Haspelmath, Martin 2003 The geometry of grammatical meaning: Semantic maps and cross-linguistic comparison. In Michael Tomasello (ed.) *The New Psychology of Language*. Vol. 2. 211—242. Mahwah, NJ: Lawrence Erlbaum.

Heine, Bernd 2011 Imperatives as a grammatical category. Presentation at Beijing Language and Culture University, Nov. 22, 2011.

Heine, Bernd & Tania Kuteva 2002 *World Lexicon of Grammaticalization*. Cambridge: Cambridge University Press.

Hilpert, Martin 2008 *Germanic Future Constructions: A Usage-based Approach to Language Change*. Amsterdam: John Benjamins.

Hopper, Paul J. 1996 Some recent trends in grammaticalization. *Annual Review of Anthropology* 25:217—236.

Li, Charles N., Sandra A. Thompson & R. M. Thompson 1982 The discourse motivation for the perfect aspect: The Mandarin Chinese particle LE. In Paul J. Hopper (ed.) *Tense-Aspect: Between Semantics and Pragmatics*. 19—44. Amsterdam: John Benjamins. (中文题为《已然体的话语理据:汉语助词"了"》,徐赳赳译,载戴浩一、薛凤生主编《功能主义与汉语语法》,北京:北京语言学院出版社,1994)

Li, Paul Jen-kuei 1999 Some problems in the Basay language. In Elizabeth Zeitoun and Paul Jen-kuei Li (eds.) *Selected Papers from the Eighth International Conference on Austronesian Linguistics*. 637—665. Taipei, Taiwan: Institute of Linguistics (Preparatory Office), Academia Sinica.

McCafferty, Kevin 2004 Innovation in language contact: *Be after V-ing* as a future gram in Irish English: 1670 to the present. *Diachronica* 21. 1: 113—160.

Nurse, Derek 2008 *Tense and Aspect in Bantu*. New York: Oxford University Press.

Quick, Phil 2007 *A Grammar of the Pendau Language of Central Sulawesi, Indonesia*. Canberra: Pacific Linguistics, Research School of Pacific and Asian Studies, Australian National University.

Rhétoré, Jacques 1912 *Grammaire de la langue Soureth ou Chaldéen vulgaire, selon le dialecte de la plaine de Mossoul et des pays adjacents*. Mossoul: Imprimerie des Pères Dominicains.

Tavangar, Manoochehr & Mohammad Amouzadeh 2006 Deictic projection: An inquiry into the future oriented past tense in Persian. *Studia Linguistica* 60. 1: 97—120.

现代汉语句子中“起来”的语法化分析

戴耀晶

（复旦大学中文系）

现代汉语句子中的“起来”可出现于多个句法位置，表示各种不同的语义。本文描写汉语“起来”在句子中的句法组合，分析这些组合中“起来”所表示的语义。在此基础上，从语法化的角度，将各种语义之间的关系连接起来，探讨其中的演化途径。

1 从“说起来容易，做起来难”谈起

（1）说起来容易，做起来难。

这是一句常用语，“说起来”是句子的主语，“容易”是句子的谓语。其中“起来”的句法语义应如何分析呢？

有几个分析方案：

A.“说起来”本身是动宾结构，可符号化为“V＋O 起来”。语义上“起来”是动词“说”的内容。

B.“说起来”本身是动补结构，可符号化为“V＋C 起来”。语义上“起来”是动词“说”的趋向补语，表示行为义。

C.“说起来”本身是派生结构，可符号化为“V＋词尾起来”。语义上“起来”表示较虚泛的关涉义，是动词“说”的构形成分。

就这句话的语义而言，表示“说”这种行为比“做”这种行为更容易，因此，“起来”分析为行为义B更合理些。不过，从语感上说，句子中“起来”的语义比较虚泛，不像一般的补语成分有实际的所指。那么，汉语句子中的“起来”能表示哪些意义呢，这些意义之间能构成一条语义链吗，“起来”从实义到虚义的演化轨迹是否能运用语法化理论得到合理的解释呢？

下面主要结合北京大学CCL语料库现代汉语语料，从句法语义分析和语法化演化途径两个角度对“起来”做一些探讨。

2 “起来”在句子中的句法语义分析

汉语的“起来”可以单独充当句法成分，也可以与其他词语组合起来充当句法成分。在汉语的研究文献中，学者们根据“起来”在句子中的不同功能，分别把“起来”称为实义动词、趋向动词、时体标记、助词，等等。

2.1 动词“起来”，做谓语，表示位置移动的实际动作。例如：

(2)a. 第二天一大早起来，他发现车票扔在地上，心中大惊，……

b. 起来，不愿做奴隶的人们！

2.2 “起来”与动词组合，表示多种语义。

A. “动词V＋起来”，组成动补结构，“起来”表示空间变化的语义。例如：

(3)a. 可怜单云田的叔叔连伤带气，再也没爬起来，不久就含冤去世了，……

b. 他画到兴头上，就把我拉起来和他一起丈量房子，研究尺寸，讨论式样。

c. 那只小猫蓦地蹿起来一口咬住了烂鼻子堂叔的手。

B.“动词V+起来”，组成动补结构，“起来”表示事件起始的时间语义。例如：

(4) a. 我们换上农民给我们拿来的干衣服，大家兴高采烈地聊了起来。

b. 李栾氏深深地失望了，难以抑制地嘤嘤哭泣起来。

这种用法的“起来”在语义上可以分析为表示事件的“起始”，并将延续，是汉语起始体的标记。

2.3 “起来”与形容词组合，表示多种语义。

C.“形容词A+起来”，组成形补结构，“起来”表示空间增长的语义。例如：

(5) a. 牙床因充血而肿胀起来，嘴都张不开。

b. 末末眼看着就胖起来，身体也好了，整个冬天没有得过病。

D.“形容词A+起来”，组成形补结构，“起来”表示进入某种情状的时间语义。例如：

(6) a. 我隐隐感到他似乎对我正在失去兴趣，开始变得冷淡起来，……

b. 他一下子高兴起来，对妈妈说了声“我去找他”，就直奔汽车站而去。

这种用法的“起来”在语义上可以分析为表示事件“进入”形容词表示的情状，并将延续，是汉语起始体的标记。

2.4 “动词V+起来”，组成动补结构，“起来”表示产生某种结果或者从某个方面看，语义较为虚泛。例如：

(7) a. 能把非常艰苦、琐碎的日常事物和人生的大目标联系起来考虑，这一点我是很佩服的。

b. 他们也想和蒋介石军队取得默契，三方面联合起来对付新四军。

c. 张艺谋给它起了个名字叫“大春”，不过这个名字没有叫起来。

d. 他工作起来专心致志，待人热情、诚恳、和蔼可亲，颇有人缘。

e. 所含的高高在上之意，比云鹤似乎更深邃、更含蓄、更富于想象，读起来也更好听。

f. 我分到广西厂，看起来不太理想，但什么都是有利和弊的。

这种用法的“起来”承担的语义不太明确，删去“起来”似乎对句子意义影响不大，但语感上不顺畅。

2.5 “动词 V＋起＋N＋来”，组成分离式“动-补-宾”结构。例如：

(8) a. 半天才抬起头来问：“你还好吗？他们没伤害你吧？”

b. 老人见无插话的机会，便又拿起书来。

c. 老胡的气不打一处来。当着自己儿子面就训斥起老战友的儿子来。

d. 酒至半酣，天九端着酒杯，忽然盯住玉佛出起神来。

e. 遂放下了那份后悔和歉疚，高高兴兴地做起公公婆婆来。

这种用法的句法条件是，动词带了宾语，“起来”分离，出现在宾语的前面和后面，语义上与“起来”表示的意义相同。句法结构上是“动词 V＋起＋N＋来”，语义结构上可以按照“动宾＋起来”进行分析。这种用法的“起来”在句子中有时只出现“起”。例如：

(9)a. 忽而脑筋开了小差，竟想起“女子无才便是德”的至理名言。

b. 比起那些活八十、九十的人，我不算高寿。

c. 可比起那些活四十、五十就死的人，我不是好多了吗？

3 汉语句子中“起来”的语法化演化途径分析

从上一节对“起来”的描写分析可知，“起来”在句子中主要有两种表现：一是独立运用，在句子中单独充当谓语，语义上是一个实义动词；一是与动词结合运用，形成“V＋起来”组合体，语义上表示多种复杂意义。下面分别分析。

3.1 “起来”独立运用。是实义动词，表示向上的空间位置移动。例如：

(10)a. 两个孩子“扑通”跪在他脚下。“这是怎么说的，起来，快起来。”他连忙把他们扶进家门。

b. “怎么能躺在地上呢？快起来！”李玉胜发火了，大声地命令着大家。

c. “快起来，告诉你个好消息，阿丹说‘业余剧人’要演好戏了！”

d. 她想挣扎着起来，可是觉得浑身瘫软无力。

以上句子中的“起来”都是实义动词，“快起来”是偏正结构，“快”是状语，修饰动词“起来”。实义动词“起来”的语义是：“起”，从下向上的位移。“来”，从远到近的位移。“起来”组合成一个结构体，表示向上的位置移动，反映的是空间位移的语义。

3.2 “起来”与动词或形容词结合运用，形成“V＋起来”组合体，表示多种复杂意义。

A.“V＋起来”表示空间位置向上移动的语义。例如：

(11)a. 希拉突然蹦起来，呼呼地喷着浓烈的酒气，血红的眼珠乜斜着，恶狠狠地扫视着屋里。

b. 我把深埋在草丛里的头抬起来，凝望着蓝空，……

c. 她出神地望着他，好久才站了起来。

d. 第二天清晨我爬了起来，我一开口就发现自己的嗓音已经粗哑。

以上句子中的实义动词“蹦、抬、站、爬”表示具体的动作，“起来”作为动词的补语，补充说明动词移动的方向是从下到上。“起来”不是主要动词，但是在语义上与独立运用时表示空间位移是相同的，词义仍然很实在。

以下句子可以分析为“起来”表示较为抽象的空间位移语义。例如：

(12)a.“想起来什么？地理讲义么？”她兴致很高地问。

b.“全想起来了，”他开口道，“我早知道，一到这儿我就能想起来。”

“想起来”语义上指的是通过动词动作“想”，得到了“起来”的结果，句法上分析为补语，语义上分析为动词“想”的对象“起来”，由下向上浮现出来了，是抽象的空间位置向上移动的语义。由此进一步发展，可演进到更为抽象的时间位移语义。

B.“V＋起来”表示事件发生的时间语义。例如：

(13) a. 她高兴得嚷了起来：“写了两节！真快呀，……”

b. 他打开母亲床头的台灯，掏出地图册翻阅起来，他一眼就看见了北京近郊有一条大河。

c. 他拿起一个苹果，用两个拇指卡住，咔嚓一声掰成两半，大口嚼了起来。

d. 他和她对峙了几秒钟。那位小姐突然恐怖地尖叫起来。

以上句子中的实义动词“嚷、翻阅、嚼、尖叫”表示具体的动作，“起来”附在这些动词的后面，表示这些动词所指的事件发生了，出现了，开始了，进入了。“起来”的这种用法与表示空间位移的语义有很大的不同，它反映的是语义较虚的时间位移。即在某个时间点上，发生了动词所指的事件，并且，这一事件没有结束，还将持续下去（时间位移）。“起来”的这种用法表现的是时体意义（aspect），表示事件起始并将持续。因此，“起来”也可以称为汉语“起始体”的标记成分。按照认知语言学空间优先的观点，“起来”的时间用法可以认为是“起来”空间用法的隐喻，即把事件的时间位移看作是事物空间位移的隐喻。从语义演化的角度来分析，“起来”从视觉上可感知的空间位移向视觉上不可感知的时间位移演化，语义由实义向虚义演化。从句法上分析，“起来”由补充说明动词位移方向的空间义补语，演化为标记动词事件起始发生时间义的时体成分。

如果从“起来”所附的词语是动词还是形容词来细分的话，则“动词＋起来”表示事件起始并将持续，“形容词＋起来”表示事件进入形容词所指的状态并将保持。不论是附在动词的后面还是附在形容词的后面,“起来”都表示事件起始的语义。下面是“形容词+起来”用在句子中的实例。例如:

(14)a. 徐华北的脸色冷峻起来。

b. 听到老人这第三个问题以后,他兴奋起来了。

c. 她说着自己先紧张起来,“我担心,人家会用这一条来对付你”。

以上句子中的实义形容词“冷峻、兴奋、紧张”表示具体的情状,“起来”附在这些形容词后面,表示事件进入了形容词词义所表示的情状,并将继续保持在这一状态。有些学术文献把形容词的这种用法称之为动态用法,或者叫形容词用如动词。

“V+起来”表示时间语义还有如下的一些用例。例如:

(15)a. 科学家已经测出各种元素的原子重量,只不过数值太小,写起来太麻烦。

b. 电磁铁的磁性强弱,可以由电流的强弱来控制,使用起来很方便。

c. 钢嘎·哈拉确实是匹好马。尽管它年纪稍嫌老了些,可是跑起来又快又稳。

以上句子中的“起来”附在动词后面,语义上不是表示事件“起始并将持续”,而是表示动词动作发生的时候,即“V的时候”。上述句子里的“写起来”是指写的时候,“使用起来”是指使用的时候,“跑起来”是指跑的时候。“起来”反映的也是时间语义。由此进一步发展虚化,可演进到“起来”的关涉语义。

C.“V+起来”表示动词关涉的语义。例如:

(16)a. 那幅“经典之作”看起来像是个顽皮小孩的涂鸦。

b. 照片里的我看起来和现在很不一样，笑得很开心。

c. 湖人队看起来就是一个准备进入季后赛的球队，而我们看起来是准备回家的球队。

d. 当时，演出队伍组成了浩浩荡荡六辆车的车队，听起来蛮气派。

e. 新生代分为：第三纪和第四纪。这些"纪"的名称听起来很古怪，但都各有各的来历。

f. 看起来不难，真正玩起来却颇费周折。

g. 说起来容易，做起来难。

以上句子中的"V＋起来"词义比较虚，主要不是表示具体的动词动作，因此"看起来、听起来"在语义上很难做分解分析，结构上虽然可以分析为动补短语，但语义上更像是凝固的短语词。其中的"起来"指出了动词词义关涉的方面。"看起来"是指与"看"相关，"听起来"是指与"听"相关，"玩起来"是指与"玩"相关，"说起来、做起来"是指与"说"和"做"相关。这些用例中的"起来"语义上都比较虚泛，但是在语义类型上都与实义动词"起来"的显现义、出现义、位移义相关。

4 结语

概括上面的讨论，可得出"起来"在现代汉语共时平面中的各种语义。即：

"起来"作为实义动词独立运用，"起"指从下向上的位移，"来"指从远到近的位移，都有显现、出现的语义。"起来"组合在一起，表示向上的空间位置移动。移动、显现、出现，这些是“起来”的语义内容，也是影响语法化发生和演进方向的语义脉络。

“起来”与动词或形容词结合运用，形成“V＋起来”组合体，这是语法化发生的句法条件。

“V＋起来”表示多种复杂意义。

A.“V＋起来”表示空间位置向上移动的语义。

过渡类：“想起来”类表达抽象的空间位置向上移动的语义。由此进一步发展，可演进到更为抽象的时间位移语义。

B.“V＋起来”表示事件发生的时间语义。

过渡类：“写起来太麻烦”类语义上指“写”发生的时候，由此进一步发展，可演进到更为虚化的关涉语义。

C.“V＋起来”表示动词关涉的语义。关涉语义用例中的“V＋起来”词义比较虚，很难做成分的分解分析，语义上可视为凝固化的短语词，这类用法的“起来”还在继续虚化，实际语料检索发现，其中的感觉类动词“看起来”用例较多。

在“起来”的各种语义之间，形成了一条有轨迹可循的语义演化链。

演化的条件是，“起来”与实义动词组合成动补结构或者形补结构后，处在补语位置的“起来”的语义逐渐被弱化。该结构的具体语义由前面的动词或者形容词承担，后面的“起来”由独立使用时的“移动义”弱化为较抽象的可视觉感知的“空间变化义”，再弱化为更抽象的不可视觉感知的“事件起始义”，进而弱化为语义虚泛的“关涉义”。关涉义内部还可以按虚泛义的程度细分为若干语义小类，如产生某种结果或者关涉某个方面，关涉义仍在演化之中，其中的“看起来”已逐渐成为凝固的短语词。“起来”在句子中表现出来的这些语义形成一个互相联系的演化地图，反映出汉语使用者对语言符号“起来”的认知发展脉络。即：

“起来”作为实义动词独立运用，语义内容是：由下向上显现，由远到近出现，物体位移。

(17)“起来”的语法化示意图：

A. 路径条件：

a.“V+起来”组合体→b. 抽象空间位移→c. 抽象时间“的时候”→d. 短语词

B. 语义内容：

a. 位置向上移动义→b. 空间变化义→c. 事件起始义→d. 动词关涉义→e. X

现代汉语共时平面的语法化分析是一个相对独立的研究领域，因为是当前实际交际的活语料，内部较为一致，语义判断较为可靠，得出的语义联系图可以调查和验证。如果将所得出的结论进一步同汉语历时平面的语法化分析结合起来，相互比照印证，则对汉语句子中“起来”的语义演化规律的揭示更有说服力。

参考文献

戴耀晶 1997 《现代汉语时体系统研究》，杭州：浙江教育出版社。

贺 阳 2004 动趋式“V起来”的语义分化及其句法表现，《语言研究》第3期。

梁银峰 2007 《汉语趋向动词的语法化》，上海：学林出版社。

齐沪扬、曾传禄 2009 “V起来”的语义分化及相关问题，《汉语学习》第2期。

Hopper, P. J. & Traugott, E. C. 1993 *Grammaticalization*. Cambridge University Press.

汉语目的标记语源模式的类型学研究*

丁 健

（上海外国语大学语言研究院）

0 引言

人类语言在小句连接的手段上呈现出广泛的多样性，“包括从与词汇项无法区分的形式和表达手段，……到表示其来源已完全不为人所知的从属关系的词缀”（Hopper & Traugott，1993：177）。在语言学中，一般将这些用于连接小句的各种语法形式统称为“小句连接标记”（clause linkage marker）。对许多语言来说，小句连接标记不仅是小句间的联系项（relator），而且还标明了所连接小句间的语义关系。[①]从历时的角度来看，小句连接标记的形成过程也伴随着其语义演变的过程。自20世纪80年代以来，随着历史句法学与语言类型学的不断结合，在跨语言的背景下研究小句连接标记的语义演变过程，并概括出一些具有普遍性的演变模式，已经成为类型学研究中一个颇受关注的课题。

---

* 本文初稿在“第六届汉语语法化问题国际学术讨论会”（2011年8月，西安）上宣读时，得到了柯理斯、戴耀晶、张谊生、尹洪波等先生提出的宝贵意见，特致谢忱。文中尚存问题，概由作者负责。

就目的小句连接标记(以下简称为“目的标记”)的研究而言,Haspelmath(1989)较早地从类型学的角度讨论了目的标记的形成、演变,以及目的小句的演化等问题。Heine & Kuteva(2002:335)则给出了世界语言中目的格(purpose)的八个语源概念。[②] 近年来,Schmidtke-Bode(2009:187—198)又系统地研究了不同语言中目的标记的语义演变路径等问题。这些跨语言的研究都表明,人类语言中的目的标记在语源模式(source model)上具有一些显著的共性倾向。

但截至目前,系统研究汉语目的标记语源模式的成果还很少见到,而国外学者的一些研究(如 Haspelmath,1989;Schmidtke-Bode,2009:187—198 等)又没有涉及汉语中的现象。因此,我们有必要在类型学的框架下对汉语目的标记的语源模式做系统的考察。

本文主要讨论的问题是:汉语目的标记的语义演变路径是怎样的,同时又经历了哪些句法变化;在跨语言研究的背景下,汉语目的标记的语源模式表现出了哪些类型学特征。

1 汉语目的标记的语源概念和形成过程

现代汉语中使用的目的标记主要有“好”“借以”“来”“免得”“是为了”“省得”“为”“为了”“为的是”“为着”“以便”“以防”“以免”“以图”“以期”“用来”“用以”“旨在”等十八个,其中包括一些正在形成的目的标记(参见丁健,2012:18—19)。这些目的标记产生于不同的历史阶段,所经历的语义演变也不尽相同。本节将从语源概念的角度对它们进行分类,并对各类目的标记的形成过程做简单的勾勒。

1.1 从受益到目的

现代汉语中的目的标记“为”“为了”“为着”“是为了”和“为的是”等的语源概念都是“受益”。前三者来源于“引进行为受益者”的介词“为”。例如：

(1)吴公子札来聘，请观于周乐，使工为之歌《周南》、《召南》。(《左传·襄公二十九年》)

随着受益者的生命度不断降低，由人发展到无生命的事物，介词“为”引进的对象也就由“受益者”变成“行为的目的”了。如例(2)中的“社稷”：

(2)故君为社稷死，则死之；为社稷亡，则亡之。(《左传·襄公二十五年》)

到了近代汉语中，介词“为”后面引导的目的成分在形式上已经以小句为主了，此时的“为”就可以分析为目的连词了。例如：

(3)为求至理参寻，不惮寒暑辛苦。(《景德传灯录》卷三十)

“为了”“为着”是明末清初由引进受益者的介词“为”加体标记“了”“着”而形成的(赵春利、金恩柱，2008)。介词带体标记，是“由于语法化的渐进性，一些动源前置词即使已成为真正的介词，仍可能保留部分动词属性”(刘丹青，2003:154)的结果。例如：

(4)小生拼得受岳丈些罪责，为了娘子，也是甘心的。(《二刻拍案惊奇》卷二十二)

随着语法化程度的加深，介词本身所保留的动词性不断减弱，“为了”和“为着”也逐渐词汇化为表“目的”义的双音节介词，后来又进一步语法化为目的连词。例如：

(5)为了逛窑姐儿，先捐一个功名，也未免过于张致了。（《二十年目睹之怪现状》第七十五回）

清末民初，还出现了在用法上相当于目的标记的“是为了”和“为的是”。例如：

(6)现在大兵前来，为的是代百姓除害。（《七剑十三侠》第九十四回）

(7)我今天邀请各位贵客饮酒，是为了吴公子戒赌。（《清朝秘史》卷十一）

这里的“是为了”和“为的是”都是跨层结构，位于两个小句之间。其中的“为”是表示“以……为目的”的动词[例(9)]，由表示“使……受益”的同形动词[例(8)]发展而来。

(8)虽是不得中道，却都是为己，不为他人。（《朱子语类》卷六十一）

(9)见世人都是为名为利之徒，更无一个为身命者。（《西游记》第九回）

现代汉语中的“是为了”和“为的是”是正在连词化的目的标记。但也有学者认为它们已经是目的连词了。（周刚，2000:11，22—23）

1.2 从位移到目的

现代汉语中的目的连词“来”来源于位移动词“来”。例如：

(10)他明天来上海。

位移动词“来”一般表示“从别的地方向说话人所在地方的移动”，即有“向自己方向性”的语义特征。由此引申出“使……到来，招致”的意思，于是“来”就有了“获得”的语义特征（参见张姜知，2008）。例如：

(11)老板，来碗阳春面。

这种有“获得”语义特征的“来”可以用在两个动作行为之间，表示“通过前一种行为的发生，人们获得了施行后一种行为的可能”。例如：

(12)她摘了一个荷叶来当雨伞。(《现代汉语词典》第5版)

这里的“来”已经可以看作是表“目的”义的动词了。因为施事“她”之所以施行“摘荷叶”的行为，是因为主观上有“拿荷叶当雨伞”的目的。

随着“来”所表示的“获得”义的弱化，它的句法分布也由动词短语之间扩展到了小句之间。这样，“来”就发展出了连接小句的功能。例如：

(13)我国工人阶级也要虚心学习各国工人阶级的斗争经验，学习他们的先进科学技术，来加快实现我国的四个现代化建设。(邓小平《工人阶级要为实现四个现代化作出优异贡献》)

上例中的“来”是目的连词。如果将它删掉，其前后小句间的“行为-目的”语义关系就不明显了，听话人会更自然地将前后小句间的语义关系理解为事件先后发生的时间关系。

1.3 从容易到目的

目的连词“好”来源于表“容易”义的助动词“好”。助动词“好”则是由表示“优点多，使人满意的”的性质形容词发展而来的，在唐宋时期较为常见。例如：

(14)有人举似师，师云：“泉州葛布，好造汗衫。”(《祖堂集》卷十一)

从句法位置上看，当助动词“好”出现在两个小句中后一小句的句首时，它就具备了向连词转化的句法条件。因为“小句之间”

正是连词出现的典型环境。同时,"说话者主观认定的前后小句之间的'目的'关系的存在"(李晋霞,2005)也为助动词"好"演变为目的连词提供了语义条件。表"目的"义的"好"在唐宋时期已经初露端倪。例如:

(15)曾想此本新编传,好伏待您聪明英姿,有头尾结末刘知远。(《刘知远诸宫调》)

这里的"好"既可以理解为"容易",也可以理解为"以便",是介于两者之间的一种情形。

到了明代,目的连词"好"就已经比较常见了。例如:

(16)二童道:"师父的故人是谁?望说与弟子,好接待。"(《西游记》第二十四回)

目的连词"以便"的语源概念也是"容易"。"便"最初是动词,表示"使容易、使便利"的意思,后面跟名词性成分。例如:

(17)故圣王作为舟车,以便民之事。(《墨子·辞过》)

这里的"以"是目的连词,连接前后两个小句。"以便"是一个跨层结构。

后来在汉语双音化的趋势下,"以"和"便"这两个高频紧邻出现的单音词逐渐复合,"便"的动词功能也慢慢消失。明代以后,"以便"已经语法化为一个目的连词了。例如:

(18)你便结识了他们,以便就中取事。(《初刻拍案惊奇》卷三十四)

1.4　从意图到目的

现代汉语中的"以图""以期""旨在"等目的标记的语源概念都是"意图"。"图"和"期"都是表"意图"义的动词,"旨"是表"意图"义的名词。

“以图”和“以期”的语法化过程和“以便”很相似，都是先由目的连词“以”和动词组成跨层结构，然后跨层结构再语法化为双音节目的连词。[3]以“以期”为例，“以期”成词的源结构是“VP_1（，）以VP_2”（刘红妮，2009）。例如：

（19）不恤是非，不论曲直，以期胜人为意，是役夫之知也。（《荀子·性恶篇》）

到了唐宋时期，动词“期”后面的宾语开始以动词短语为主。例如：

（20）擢进士，未遂其志，尝谒一受知朝士者，希为改名，以期亨达。（《北梦琐言》卷三）

此时的“以期”正处于成词的过渡阶段。像例（20）中的“以期亨达”，在句法上既可以分析为[以 vp[期亨达]]，也可以分析为[以期 vp[亨达]]。

到了明代，“以期”后面的成分开始以小句为主。“以期”也可以看作目的连词了。例如：

（21）尔等功名富贵，全始全终，以期青史垂名不朽。（《禅真逸史》第三十六回）

“旨在”是一个正在形成的目的标记。“旨”是名词，一般用来表示“上文中所提到的某个人或某个事件的意图”。例如：

（22）此次推广会旨在促进海峡两岸经贸关系的进一步发展。（新华社2004年新闻稿）

这里的“旨”就表示“此次推广会的意图”，“在”是动词。“旨在”是一个跨层结构。

当“旨在”用于两个小句之间起连接功能时，它就可以分析为目的标记了。例如：

(23)孟加拉国、印度、缅甸、斯里兰卡和泰国在1997年签订协议成立了五国经济合作组织，旨在促进南亚和东南亚之间的经贸合作。（新华社2004年新闻稿）

我们可以看到，例(23)中的“旨在”可以替换为“以便”，前后小句间的语义关系不变，而例(22)中的“旨在”是不能替换为“以便”的。

1.5 从凭借到目的

“借以”“用来”和“用以”也是正在形成的目的标记，它们的语源概念都是“凭借”。“借”和“用”最初都是动词，“以”和“来”都是目的连词。由于经常共现，原先的跨层结构就逐渐词汇化为一个凝固的动词了。例如：

(24)利润是国有资产所有权借以实现的经济形式。（《人民日报》1993年）

(25)草原上种植的玉米，大部分用来饲养牛羊。（《中国少年儿童百科全书》）

(26)在这里，黑色链子用以表示光波的负半波长。（《21世纪的牛顿力学》）

上述三例中的“借以”“用来”和“用以”都是动词，表示“凭借某物来施行某种行为”。

在言语交际中，说话人往往需要交代所凭借的事物的背景信息，除了像(25)那样采用定语的形式外，还可以采用小句的形式。以“用来”为例：

(27)最近美国还专门发射了一颗人造卫星，用来监测大气中的臭氧变化。（《中国少年儿童百科全书》）

这里“监测大气中的臭氧变化”所凭借的是“人造卫星”这一物体，而不是“发射人造卫星”这一行为。也就是说，在语义上，后一小句表达的是“凭借前一小句中行为的结果来达成某种目的”。这表明，“用来”所在的小句与前面小句间的语义关系已经由主谓关系[例(25)]转变为“行为-目的”关系[例(27)]了。

随着例(27)这类句子在现代汉语中的高频使用，其中的“借以”“用来”“用以”等也逐渐地可以看作目的标记了。不过，这三个词现在的动词性还很强。比如(27)中“用来”的前面也可以加上副词“专门”等，但如果换成连词“以便”就不行了。

1.6 从避免到消极目的

现代汉语中的消极目的标记有“免得”“省得”“以防”“以免”等四个。它们的语源概念都与“避免”有关。

“免得”和“省得”最初是由表示“避免”义的动词“免”或“省”和表示“动作实现”义的动词“得”组成的跨层结构。其中“得”是前面动词的补语，表示“动作或结果的实现”(杜轶，2006：115—116)。“V得”和后面的“VP”之间是述宾关系。例如：

(28)罗汉和尚拈问僧：“当此之时，作摩生免得被他喝出。”(《祖堂集》卷十七)

(29)省得一朝疲造请，却教终日走长途。([北宋]杨万里《壬寅岁朝发石塔寺》)

当“免得VP”和“省得VP”用在“未然语境”中时，就可以表示“避免某种可能发生的行为”的意思(席嘉，2010：347)。如果这种“避免……”的意愿是通过前面小句中的行为来实现的话，两者就构成了“行为-消极目的”语义关系。例如：

(30)使人行三年丧，庶几生子少，免得人多为乱之意。(《朱子语类》卷三十五)

消极目的只存在于说话人的思维中，是未实现的，这就与“得”

表示的“实现”义相矛盾了。因此在这种语境中，“得”的词汇义也虚化得很快。这就加速了“免得”和“省得”的语法化进程。当它们主要用于连接小句时，就成为典型的消极目的标记了。例如：

(31)把一块石头压在上面，省得他浮起来。([元]郑廷玉《后庭花》)

“以防”和“以免”的形成过程和“以便”“以图”“以期”等一样，都是由“连词‘以’+动词”的跨层结构演化为双音节目的连词的。

“以防”和“以免”的跨层结构早在先秦时就已经出现了。例如：

(32)齐八政以防淫，一道德以同俗。(《礼记·王制》)

(33)请君若大子来，以免志父。(《左传·哀公十七年》)

上述两例中，“以”都是目的连词，“防”和“免”是表示“避免”义的动词，动词后面带的都是名词性宾语。后来，“以+V”后面的宾语逐渐由名词性成分转变为谓词性成分。到了清代，“以免”和“以防”已经语法化为目的连词，主要用来连接两个小句了。例如：

(34)当下安营已定，又命众三军严加防守，以防贼军前来劫营。(《七剑十三侠》第一五六回)

(35)此刻且先请皇帝沐浴更衣，择一个洁净所在，暂时做了皇宫，禁止一切闲杂人等，不可叫他进来，以免时时惊驾。(《二十年目睹之怪现状》第八十回)

2 汉语目的标记语义演变路径的跨语言对比

本节将在上一节的基础上，结合 Heine & Kuteva(2002)和 Schmidtke-Bode(2009:187—198,2010)等的研究成果，对比汉语和非汉语中目的标记的语义演变路径，并做简单的分析，为进一步揭示出汉语目的标记语源模式的共性倾向和类型特征奠定基础。

2.1 受益＞目的

“受益＞目的”的语义演变路径广泛地存在于世界语言之中。有英语、保加利亚语、巴卡语(Baka)、雅基语(Yaqui)、复活节岛语(Easter Island)等(以上参见 Heine & Kuteva,2002:55—57),还有土耳其语、羌语、拉沃卡莱夫语(Lavukaleve)、兰戈语(Lango)和恩朱卡语(Ndyuka)等(以上参见 Schmidtke-Bode,2010)。以英语为例:

(36)a. I bought the mirror **for** Mary.

b. I bought the mirror **for** the bedroom.(引自 Heine and Kuteva,2002:55)

英语中的 for 和汉语中的“为”很相似,都是由引进“受益者”的前置介词演变为引进“行为目的”的介词。不过,英语中的 for 没有像“为”那样继续语法化为目的连词。

有的语言还可以在表示“受益”的语素后面加上状语性后缀构成一个复杂标记(complex marker),用作表“目的”义的状语性连词(adverbial conjunction)。以羌语为例:

(37)The: dzigụ -χuɑ-ȵi hɑ-qə-ȵi
第三人称单数 钱-受益-状语性后缀 指令语-去-状语性后缀
koŋtsuo-pə-k.
工作-做-去
为了钱,他去工作。(引自 LaPolla,2003:240)

汉语目的标记“为了”和“为着”也是由引进“受益者”的介词“为”后附体标记而形成的。例(37)表明,表“受益”的语素加后缀构成目的标记的形态手段也并非汉语所独有。

2.2 位移>目的

在世界语言中，位移动词"来"和"去"都有演化为目的标记的例子。因此，Heine & Kuteva(2002:78—79,163—165)没有列"位移>目的"的语义演变路径，而将其分别表述为"到……来>目的"和"到……去>目的"。汉语中只有"来"演变为目的标记，"去"则没有。④

在语言学中，还有一个与位移有关的概念，就是向格(allative)。向格在"语法描写中用来指一类屈折形态，表达的是'向'或'朝'某处运动的意思"(克里斯特尔，1997/2004:15)。虽然都表示"向某处运动"的意思，但 Heine & Kuteva(2002:39—40)却严格区分其不同的表现形式，认为位移动词"来"[come(to)]、"去"[go(to)]等都不是向格，只有像伊门达语(Imonda)中的名词后缀-m这样的成分才是向格。这个向格标记后来也演变为目的标记，这种语义演变路径就是"向格>目的"。例如：

(38)tōtō soh-m ka uagl-f.

鱼 寻找-目的小句标记 我 去-一般现在时

为了找鱼，我现在去。(引自 Heine & Kuteva，2002：39)

然而，Schmidtke-Bode(2009:188)却不做这么细致的区分。他把"到……来>目的"和"到……去>目的"这两条语义演变路径也归入"向格>目的"之中。

除汉语以外，苗语、阿本语(Abun)、阿麦利语(Amele)、萨波语(Sapo)等语言中也存在"到……来>目的"的语义演变路径(Schmidtke-Bode,2009:188;Heine & Kuteva,2002:79)。

根据 Schmidtke-Bode(2010)的研究，不少语言中的目的标记(比如阿本语中的 wa 等)都经历了“向格＞受益＞目的”的语义演变路径。但汉语中的“来”却是直接从位移动词演变为目的标记的，没有经历受益标记的中间状态。[⑤]

2.3 容易＞目的

由“容易＞目的”这条路径演变而来的目的标记一般都表示“通过前面行为的发生，施事能够比较容易地达成某种目的”的意思。阿柴奈塞语(Acehnese)中的目的连词 mangat 就来源于表示“容易，好”(be easy，nice)意思的动词。例如：

(39) Mangat rijang trók， bu=bagah ta=jak.

目的 快 到达 意愿=快 第一人称包括式=去

我们走快点，好早点到达。(引自 Durie，1985：259)[⑥]

根据我们目前所见的文献，非汉语中以“容易”为语源概念的目的标记仅此一例。

2.4 意图＞目的

意图性是目的范畴最根本的语义特征。如果不是施事有意图地发出的行为，是不能用来表达“行为-目的”关系的(丁健，2012：12、45)。因而表“意图”义的语法形式也是很容易演变为目的标记的。Bybee et al.(1994：229)指出“意图是最常提到的以施事为导向的语言使用(agent-oriented use)，这种使用能促使目的表达形式的产生”。柏柏尔语(Tuareg)、提格里语(Tigre)、古伽达语(Gugada)、阿布哈兹语(Abkhaz)、现代希腊语、雅加里亚语(Yagaria)等语言中都有源于表示“意图”义的语法形式的目的标记。

有些语言中的目的标记也能表示“意图”义。例如雅加里亚语中的动词后缀 ge'：

(40) dote'na eli-na　　　　　　folo'ei-s-i-e-ge'

食物　　拿-第三人称单数　出现-将来时-陈述（第三人称单数）-目的

hoya　　no'-el-i-e.

工作　　进行体-做-陈述（第三人称单数）

他正在工作，以便/想要拿到食物。（引自 Bybee et al.，1994：228）

另一些语言中目的标记已经高度语法化，“不能再以意图义表达形式的身份出现在目的小句中了”，比如，提格里语中的语法素（gram）Jussive 等（Bybee et al.，1994：230）。

在现代汉语中，“期”和“图”都只是构词语素，不能单用，只能与其他语素组成合成词来表示“意图”义，比如“期待”“力图”等。“以期”和“以图”则已经演化为目的连词，不能再表示“意图”义了。“旨在”由于正处于连词化的过程中，所以既能表示“意图”义，也能表示“目的”义，如例（22）和（23）所示。

2.5　避免＞消极目的

Schmidtke-Bode（2009：191，2010）的跨语言研究表明，消极目的标记一般都是由一开始就与否定语义有关的词汇项或语法项发展而来的，其语源概念可以概括为“避免”（avoidance）。土康贝斯语（Tukang Besi）中的消极目的连词 bara 有对动词否定的意义，用在目的小句中表示“预防性措施已经实行，因此不期望的情况能得以避免”的意思。托卜拜塔语（To'aba'ita）中的消极目的标记 ada 历史上来源于表示“注意、小心”义的动词，有一种“警告”的隐含义。现代英语中的消极目的标记 lest 来源于古英语中的 less，而 less 的基本形式则与“非预期”的名词短语有关，比如 less trouble等。

汉语中的“避免”义动词“防”“免”“省”等在词汇化过程中也对后来消极目的标记的产生起到了关键的作用。因为“以防”“以免”“免得”“省得”等表示的“消极目的”义均来自这些“避免”义动词的语义积淀，而不是连词“以”或动词“得”。

3 汉语目的标记语源模式的共性与个性

在跨语言的对比之后，我们现在要考虑的是：汉语目的标记的语源模式在哪些方面是与跨语言研究揭示出的共性倾向一致的，在哪些方面又体现出了汉语自身的类型特征？

3.1 语源概念

在第一节中，我们总结出了汉语目的标记的六个语源概念，分别是：“受益”“位移”“容易”“意图”“凭借”和“避免”。结合 Heine & Kuteva(2002)和 Schmidtke-Bode(2009：187—198，2010)对目的标记来源和演化的类型学研究来看，我们发现，除“凭借”外，汉语目的标记的其他五个语源概念也存在于非汉语中。换言之，由这五个语源概念到目的标记的演变模式都具有跨语言的共性。尽管像“容易”这样的语源概念在非汉语中很少见到，但阿柴奈塞语的例子表明，该语源概念也并非汉语所独有，只是普遍性比较低。

汉语目的标记，有的只有一个语源概念，比如“来”的语源概念就是“位移”(“到……来”)；有的却有两个语源概念，比如“以便”的语源概念是“目的”(连词“以”)和“容易”(动词“便”)。相反，我们所见到的非汉语中目的标记的语源概念基本上都只有一个，比如阿柴奈塞语中 mangat 的语源概念就只是“容易”，没有其他的。

汉语中有两个语源概念的目的标记还比较多。这是因为许多双音节目的标记都来源于组成跨层结构的两个词（或语素），[7] 而这两个词（或语素）原本就分别表达了两个不同的概念。不过，目的标记的两个语源概念并非都对其“目的”义的形成起到了作用。比如，在含有语素“以”的目的标记中，由于“以”的语源概念也是“目的”，因此在语义上就对后来目的标记的形成产生了重要的影响。但像“免得”“省得”中的“得”，“为了”“为着”中的“了”和“着”等，它们的语源概念或是与消极目的的语义特征相矛盾，或是没有实际的词汇意义，因此在语义上对后来目的标记的形成也没有产生影响。

汉语目的标记有几个语源概念，以及这些语源概念是否都会对“目的”义的形成起作用，还会影响到人们对相同语义演变路径的不同认知识解。以“避免＞消极目的”为例：

消极目的标记“免得”和“以免”的语源概念都是“避免”。“避免＞消极目的”的演变在认知上体现为基于意义感知的相似性而发生的隐喻变化，即“避免”作为源认知域内一个相对具体的活动，投射（mapping）到目标认知域内形成“消极目的”这个相对抽象的概念。由于“免得”中原先的动词“得”在语义上对后来“目的”义的形成没有任何影响，所以人们就将“免得”看作是隐喻促发的结果。但是，“以免”中原先的目的连词“以”本身就表“目的”义，所以人们也可以将“以免”看作是转喻促发的结果（从上位概念“目的”到下位概念“消极目的”的转喻），或是转喻和隐喻共同作用的结果。

3.2　凭借＞目的

在我们目前所掌握的文献中，还没有看到非汉语中存在“凭借＞目的”这条语义演变路径。我们认为，这很可能是世界语言中较为罕见的一条目的标记语义演变的路径，也是汉语目的标记语源模式的一个重要类型特征。因为从语源概念上来看，源于“凭借”的目的标记不仅不同于非汉语中的目的标记，而且也不同于汉语中其他的目的标记。

通过上文的讨论，我们可以看到，在“行为-目的”语义关系中，汉语目的标记的语源概念一般都只与目的事件有关，而与行为事件无关，但唯独“凭借”是个例外。它表达的是行为事件，而不是目的事件，即凭借某种事物（通常都是前面行为的结果）的行为，如例(27)所示。“目的”义则是由原先跨层结构中的目的连词（“以”“来”等）来表达的。也就是说，“借以”“用来”“用以”等目的标记在语源概念上体现的是“行为-目的”语义关系，而不单是“目的”义。

我们在3.1中已指出，汉语中许多双音节的目的标记都有两个语源概念。这正是以“凭借”为语源概念的目的标记产生的重要条件。如果不是与表示“目的”义的连词共现，表示“行为”义的凭借动词就不具备单独演化为目的标记的语义基础了。非汉语中目的标记的语源概念基本上都只有一个，因此也就很难出现“凭借＞目的”的语义演变路径了。

需要说明的是，汉语中源于“凭借”概念的目的标记还正处于语法化的过程中，目前只有少数学者（张谊生，2010等）认为它们已经发展出了连接小句的功能。

3.3　目的复杂句的源结构

从历时层面来看，小句连接标记与相应的主从复杂句在形成时间上往往是同步的。以目的标记“好”为例，当“好”还是表示“容易”义的助动词的时候，其后的小句充当“好”的宾语，整个句子是一个单句，如例(14)。但当“好”语法化为目的标记之后，其后的小句就是目的小句了，前后两个小句也就构成了目的复杂句，如例(16)。因此，从目的标记的历时演变入手来考察目的复杂句的形成过程，是一种常用的研究范式。

Schmidtke-Bode(2009:187)认为目的复杂句“是由其他复杂句结构(complex sentence constructions)自身发展而来的”，并通过目的标记演变的类型学研究对此加以证明。但是，现代汉语中的目的复句却并非如此。具体表现为以下几种类型：

一是由复杂句发展而来的目的复句。

(a)从目的复句到目的复句。由“以便”“以免”“以防”“以图”“以期”等引导的目的小句原本都是由目的连词“以”引导的目的小句。在汉语词汇双音化的趋势下，单音节目的连词“以”与其后高频紧邻的一些动词被重新分析为一个双音节的目的连词。因此，这些目的复句的源结构还是目的复句。

(b)从解说复句到目的复句。由“为的是”引导的目的小句原先与前一小句构成解说复句。“为的”转指前一小句的“目的”，“是”是联系动词，其后的成分是对“为的”的解释和说明。随着“为的是”演化为目的标记，原先的解说复句也变成了目的复句。

二是由单句发展而来的目的复句。

(c)从状中结构到目的复句。由“为”“为了”“为着”等引导的目的小句原先是由同形介词引导的介宾结构，在句子中充当状语，修饰其后的动词性成分。随着介词连词化的程度加深，其后引导的成分逐渐由名词短语扩展为小句,原先的单句也变成了目的复句。

(d)从连动结构到目的复句。由“来”引导的目的小句最初与其前面的动词性成分构成连动句。当动词“来”语法化为目的连词之后,其前后两个小句也就构成了目的复句。

(e)从主谓结构到目的复句。“好”“免得”“省得”“旨在”“借以”“用来”“用以”“是为了”等所在的目的小句,在这些目的标记形成之前,都与其前面的小句构成主谓句。前一小句充当主语,后一小句是对前一小句的陈述。后来,这些主谓句中的谓语动词(或包含谓语动词的跨层结构)都逐步演化为目的标记,主谓结构也变成了目的复句。

因此,现代汉语中只存在一种由其他复杂句结构(解说复句)发展而来的目的复句。汉语目的复句的源结构以单句为主,也有以目的复句本身为源结构的。这些现象都是以往的研究所不曾注意到的。

人类语言的共性是在表达目的范畴时用两个“动词性情状”(verbal situaion)来分别表达“行为”和“目的”这两个语义成分(Schmidtke-Bode,2009:20)。世界上大多数语言中都只能用复杂句来表达有主从关系的两个动词性情状。与此不同的是,汉语中的单句也具有这种表达功能。因此,由单句演变为目的复杂句的现象在汉语中是很常见的。[8]

Schmidtke-Bode(2009:187)得出目的复杂句“是由其他复杂句结构自身发展而来的”的结论,正是因为他没有注意到像汉语这样可以用单句来表达两个动词性情状的语言。

4 结论与余论

本文基于汉语历时与共时的语料，讨论了现代汉语目的标记的语源概念和语义演变路径等问题，并从跨语言的角度对此进行了对比分析，进而得出了关于汉语目的标记语源模式以及汉语目的复杂句源结构的类型学特征的一些观察结果。

汉语中与跨语言的共性倾向一致的特征主要有：以“受益”“位移”“容易”“意图”和“避免”等为语源概念的目的标记，一些目的标记只有一个语源概念（单音节的，如“来”“好”等），有的目的复句（以“为的是”为目的标记的）来源于其他复杂句结构。

汉语自身的类型特征主要有：以“凭借”为语源概念的目的标记；许多双音节目的标记（如“以便”“为了”等）都有两个语源概念；目的复句主要来源于单句，也有来源于目的复杂句本身的。

此外，目的标记语源模式的类型学研究还能为解决汉语目的标记研究中一些存在争议的问题提供比较有力的旁证。以“原因＞目的”的语义演变路径为例：

近代汉语和现代汉语中的“为了”和“为着”都“既用于原因也用于目的”（香坂顺一，1983/1997：381）。赵春利、金恩柱（2008）认为，“为了”“为着”之所以有兼表原因和目的的用法，是因为在古代汉语中，由介词“为”与名词性成分构成的结构就可以表示原因、目的等多种语义。但是，考察引进“原因”或“目的”的介词“为”，我们发现两者几乎是同时出现的。这两个“为”在《论语》和《左传》中都有不少用例。赵大明（2007：405）认为原因介词“为”是从目的介词“为”发展而来的，而席嘉（2010：320）却认为目的介词“为”是由原因介词“为”引申而来的，但他们都没有给出令人信服的历史语法演变的证据。

马清华(2003)通过对中国境内少数民族语言中连词的研究发现：“无论是连词发达的语言还是连词不发达的语言，都可能出现因果连词，而不见目的连词，但反过来，却没有只出现目的连词，而不见因果连词的情况。”另外，他还找到了一些来自构词方面的证据。阿昌语和哈尼语中的目的连词都是在因果连词的材料基础上发展出来的，而不是相反。因此，从民族语中目的连词的形成过程来看，我们有理由相信汉语史上也存在着“原因＞目的”的语义演变路径。当然，这还有待于今后进一步的研究与证明。

人类语言的演变既有共性的表现，也有类型的特征。但在迄今的语法化研究中，语言学家对演变的共性特征的关注远远超过了对演变的类型特征的关注。(吴福祥，2005)因此，在今后的研究中，我们不仅要关注汉语的演变所反映出的人类语言的普遍性，而且还要以类型学的眼光挖掘出汉语本身所具有的类型特征。

附　注

① 在共时层面上，小句连接标记还是区分不同语义类型的主从复杂句的重要(甚至是唯一的)标志。

② 这八个语源概念分别是：“向格”(allative)、“受益格”(benefactive)、“到……来”(come to)、“标句词”(complementizer)、“给”(give)、“到……去”(go to)、“事情”(matter)和“说”(say)。

③ 有学者认为“以”类目的连词源于宾语悬空的介词短语“以()”与V构成的状中结构，但实际上，“以”类目的连词是来源于连词“以”与V构成的跨层结构，与介词“以”无关。(详见刘红妮，2009)

④ 有学者指出“现代汉语的‘去’用在‘VP去’格式中表示目的”(《语法化的世界词库》中译本，2012：224附注)，并援引了吕叔湘等(1980/1999：

456)的例子“咱们看电影去”和“他上街买东西去了”。但吕叔湘等(1980/1999:456)的原文并没有说例子中的“去”表示目的,而是说“动词表示去的目的”。

⑤ 柯理斯教授(私人交流)认为,在“向格>受益>目的”的语义演变路径中,将“受益”看作目的标记的语源概念要比“向格”更为合适。只有像汉语中“来”那样没有经历“受益”这种中间状态的目的标记,才是典型的以“向格”(或“位移”)为语源概念的。

⑥ 符号“=”表示“词汇边界”(word boundary)(Durie,1985:Ⅻ)。

⑦ 从跨层结构到双音节目的标记的演变还与汉语词汇的双音化趋势密切相关。汉语的自然音步(即不受句法和语义因素影响的音步)都是从左向右组织的“右向音步”(冯胜利,1998)。因此,位于小句句首的前两个音节(在语流上从左至右)是最容易被人们组合为第一个“自然音步”的。这就为跨层结构凝固为一个双音词提供了语音上的条件。

⑧ 除汉语外,一些东南亚语言[如阿柴奈塞语、土康贝斯语、舍弥来语(Semelai)等]中也有用于表达“行为-目的”关系的连动结构(参见 Durie,1985:241;Schmidtke-Bode,2009:103—104)。

参考文献

戴维·克里斯特尔　1997/2004　《现代语言学词典》(第 4 版),沈家煊译,北京:商务印书馆。

丁　健　2012　《汉语目的范畴及其表达手段》,上海:上海师范大学硕士学位论文。

杜　轶　2006　敦煌变文中“感得 VP”结构的句法性质,《语言学论丛》(第三十三辑),北京:商务印书馆。

冯胜利　1998　论汉语的“自然音步”,《中国语文》第 1 期。

李晋霞　2005　“好”的语法化与主观性,《世界汉语教学》第 1 期。

刘丹青　2003　《语序类型学与介词理论》,北京:商务印书馆。

刘红妮　2009　“以期”的词汇化及相关问题——兼论“以 V”的词汇化、共性与个性,《语言科学》第 1 期。

吕叔湘等　1980/1999　《现代汉语八百词》(增订本),北京:商务印书馆。

马清华　2003　关联成分的语法化方式,《中央民族大学学报》(哲学社会科学版)第 3 期。
吴福祥　2005　汉语语法化研究的当前课题,《语言科学》第 2 期。
席　嘉　2010　《近代汉语连词》,北京:中国社会科学出版社。
香坂顺一　1983/1997　《白话语汇研究》,江蓝生、白维国译,北京:中华书局。
张姜知　2008　"来"的语法化过程的语义关联顺序研究,《北京理工大学学报》(社会科学版)第 5 期。
张谊生　2010　"用来"与"拿来"——兼论介词叠加及格式套用与介词悬空的关系,《语法研究和探索》(十五),北京:商务印书馆。
赵春利、金恩柱　2008　"为了"、"为着"句法语义演变轨迹考察,《中国言语研究》(韩国)第 26 辑。
赵大明　2007　《〈左传〉介词研究》,北京:首都师范大学出版社。
周　刚　2000　《连词与相关问题》,合肥:安徽教育出版社。
Bybee, Joan, Revere Perkins & William Pagliuca 1994 *The Evolution of Grammar: Tense, Aspect, and Modality in the Languages of the World*. Chicago: The University of Chicago Press.
Durie, M. 1985 *A Grammar of Acehnese*. Dordrecht: Fpris.
Haspelmath, Martin 1989 From purposive to infinitive-A universal path of grammaticization. *Folia Linguistica Historica* 10.
Heine, Bernd & Tania Kuteva 2002 *World Lexicon of Grammaticalization*. Cambridge: Cambridge University Press. (中译本《语法化的世界词库》,龙海平等译,洪波等注释,北京:世界图书出版公司,2012)
Hopper, Paul J. & Elizabeth Closs Traugott 1993 *Grammaticalization*. Cambridge: Cambridge University Press.
LaPolla, Randy. J. 2003 *A Grammar of Qiang*. Berlin: Mouton de Gruyter.
Schmidtke-Bode, Karsten 2009 *A Typology of Purpose Clauses*. Amsterdam: John Benjamins Publishing Company.
——— 2010 The role of benefactives and related notions in the typology of purpose clauses. In Fernando Zúñiga. & Seppo Kittila. (eds.) *Benefactives and Malefactives: Typological Perspectives and Case Studies*. Amsterdam: John Benjamins Publishing Company.

话题标记来源补议*

董秀芳

（北京大学中文系）

0 引言

刘丹青（2004）考察了话题标记的四种来源：疑问标记＞话题标记；时间名词＞时间语标记＞话题标记；系词“是”＞话题标记；话题敏感算子（副词）＞话题标记。本文补充讨论话题标记的另外几个来源。

文献中讨论到的汉语中的话题标记大都强制性不强，而且大都不是专用来标记话题的，因此在严格意义上讲还不能说是语法化了的话题标记①。不同的学者在界定话题标记时标准宽严不一，本文参考了徐烈炯、刘丹青（1998）对话题标记的界定。本文提到的话题标记，虽然还有其他功能，但是当其在句中标引话题时，性质是比较单一的，除了标引话题之外，没有另外的句法或语义功能，也就是说，当其标引话题时是不能从结构功能上分析成其

* 本文的研究得到教育部人文社科重点研究基地重大项目（项目号为2009JJD740001）的资助。感谢吴福祥、蔡维天、戴耀晶、陈前瑞等先生提出的宝贵意见，感谢赵葵欣老师对我初稿中例子的指正。本文原刊于《古汉语研究》2012年第3期。

他成分的，如果可以被分析为其他成分，我们就不将其认定为话题标记。

下面我们讨论文献中没有谈到的话题标记的三类历史来源。

1 来自处所标记的话题标记

现代汉语中有一个惯用语“在我看来”，其中的“我”也可换成其他代词或指人名词，这个惯用语中“在”是什么意思呢？我们认为，“在”原是一个对比性话题标记。“在”的话题标记用法，目前的词典以及虚词研究中还未提及。

“在”的话题标记用法在当代汉语普通话中已经非常少见，只保留在“在我看来”“在他看来”这样的惯用法中。[②] 我们往前寻找，发现民国以来的现代文学作品中有“在”用为话题标记的例子，如：

(1)她们到年纪很大的时候还在打扮脸孔，还在染发，在年纪那么大的中国女人是不会这样做的。(林语堂《人生的盛宴》，湖南文艺出版社，1988年)

(2)至初等小学，每日只读经书数十字递增至一百字而止，高等小学递增至一百六十字而止，在学童断不以此为苦，而学生可无荒经之弊，此实培养本源之要意。(《东方杂志》1904年续第三期)

(3)不过一日费了些须功夫，在诸位的儿女，得了这点好处，就终身享用不尽了。(《安徽俗话报》第四期)

(4)诗经上头一篇就说他和后妃结婚的事，像那“窈窕淑女君子好逑”“求之不得寤寐思服”这些话，在老先生看着又是淫词了。(《安徽俗话报》第十六期)

(5)那苏姑娘指导我们的恩惠正是比山还高,比海更深,他如今为野蛮政府所忌,无辜被囚,在别人见他含冤受屈犹当激动公愤,况我们亲听说法,义重恩深,今如坐视不救,岂非犬马不如的吗?(《新小说》第一年第四号)

以上例子中的"在"如果去掉,句子也完全成立(以下所举"在"作为话题标记的例子也是如此),"在"的功能在于标明其后成分是话题。

再往前追溯,我们发现明清文献中"在"作为话题标记的用法很多,如:

(6)夫以当年之所入,完当年之所供,在百姓,易于办纳;在有司,易于催征。([明]张居正《请蠲积逋以安民生疏》)

(7)小女与令郎,久谐凤卜,准拟鸾鸣。在令郎停妻而娶妻,已违古礼;使小女舍婿而求婿,难免人非。(《醒世恒言·两县令竞义婚孤女》)

(8)(甄宝玉)便道:"世兄的才名,弟所素知的,在世兄是数万人的里头选出来最清最雅的,在弟是庸庸碌碌一等愚人,忝附同名,殊觉玷辱了这两个字。"(《红楼梦》第一一五回)

(9)就使灵魂尚在,依附神主牌,坐在高台之上,而见一班男妇啼哭声咤,在死者亦当眼泪交流。([清]邵彬儒《俗话倾谈》第一卷)

(10)只是我假如昨日果然死了,在我死这么一千个,也不过臭一块地。只是大爷你前进不能,后退不能,那可怎么好!如今活过来了,这就是老天的慈悲。(《儿女英雄传》第三回)

(11)只是我方才细想你在那能仁寺遭的这场事,在那班和尚,伤天害理,为天理所必诛,无所为冤;在那个女子,取义

成仁，仁至义尽，无所为孽；我们心里便无所为过不去。（《儿女英雄传》第十二回）

再往上查找宋代语料，也可找到“在”做话题标记的例子，如：

（12）在学者则当随事省察，非但此三者而已。（《朱子语类》卷二十一）

（13）圣人答人问孝，多就人资质言之。在子夏则少於爱，在子游则少於敬，不当遂断难易也。（《朱子语类》卷二十七）

（14）在圣人德盛，此等事皆能化了，不足言。在公子荆能如此，故圣人称之。（《朱子语类》卷四十三）

在以上这些“在”用作话题标记的例子里，“在”所引入的话题多是指人的名词性成分。“在”引进的话题一般是具有对比性的，很多时候可以看作是话题焦点，往往是在话语中新引进的，在功能上与徐烈炯、刘丹青（1998）所讨论的上海话及北部吴语的话题标记“末”有点类似，不过，“在”是前置性的，而“末”是后置性的。

据 Gundel（1988：239），日语和朝鲜语的专用话题标记都是常用在引进新话题的时候；许昌华（1990）、韦旭升、许东振（1995）等都提到日语和朝鲜语的话题标记经常具有对比功能；据郑恒雄（1991：110），布农语中的话题标记也是主要表示新引进的话题或具有对比性的话题（转引自徐烈炯、刘丹青，1998）。综合以往研究，可以发现，新话题和对比性话题在语言中是更倾向于使用标记的。

从历时演变角度看，“在”最初是一个动词，表示“存在”；后来“在”由动词语法化为介词，主要引介处所性名词成分。我们认为，“在”的话题标记用法是从其处所标记用法发展而来的。这一引申变化的内在理据是：“在”从给某具体事物在空间中定位发展为在言谈中为言谈的对象定位，即确定某个成分是要讨论的对象。这实际

上是一种隐喻引申。以下的例子中“在”引进的是隐喻性的处所,这可以看作变化的中间环节:

(15)理者,如一宝珠。在圣贤,则如置在清水中,其辉光自然发见;在愚不肖者,如置在浊水中,须是澄去泥沙,则光方可见。(《朱子语类》卷十七)

以上例子中的“在”可以看作一个引进处所的介词,只不过所引进的处所不是具体事物所占据的空间位置,而是具有一定的抽象性。“在圣贤,则如置在清水中”指的是“理在圣贤那里,就好像是放在清水中”,“圣贤”是体现“理”这一抽象概念的一个隐喻性处所。这个小句的主语是零形式,所指就是前面出现的话题成分“理”。这样的例子中的“在”不能去掉,如果去掉,句子的意思就会发生很大的变化。以下两例也是如此,其中的“在NP”是作为状语出现的,所在句子的主语都是承接上文以零形式出现的:

(16)蜚卿问:“‘未有上好仁而下不好义’,如何上仁而下便义?”曰:“这只是一个。在上便唤做仁,在下便唤做义,在父便谓之慈,在子便谓之孝。”直卿云:“也如‘孝慈则忠’。”(《朱子语类》卷十六)

此例中“在”前的主语是零形式,所指与前一小句主语“这”相同。由于这里讨论的“仁”和“义”等是无形的东西,因此“在”后引入的处所也是抽象意义的处所。

(17)草木之生自有个神,它自不能生。在人则心便是,所谓“形既生矣,神发知矣”,是也。(《朱子语类》卷三)

此例中“在”前的零形主语指的是第一个小句中出现的“神”。

作为话题标记的“在”很可能是从“在NP言之”这样的语境中发展出来的,“在NP言之”中“在NP”可以看作动词“言”(言说)发生的抽象处所，即表示言说针对的范围。看以下例子：

(18)仁宗反问贾魏公曰："慎何言语，节何饮食？"魏公从容进其说曰："在君子言之，则出口之言皆慎，入口之食皆节；在王者言之，则命令为言语，燕乐为饮食。君天下者当慎命令，节燕乐。"([宋]文莹《湘山野录》卷中)

以上例中，"在君子言之""在王者言之"中"在"仍可看作介词，介引抽象的处所成分，表示"言"所针对的范围。"在君子言之"大致相当于现代汉语中的"对君子来说"。在这样的语境中，"在"有了重新分析为话题标记的可能。同类的例子还有：

(19)问："人物皆禀天地之理以为性，皆受天地之气以为形。若人品之不同，固是气有昏明厚薄之异。若在物言之，不知是所禀之理便有不全耶，亦是缘气禀之昏蔽故如此耶？"(《朱子语类》卷四)

"在NP言之"中的"言之"由于不是指文本中具体人物的言说，而是指叙述人的表达，因而很容易被省略，比如现代汉语中"对他来说，这也是一件好事"就也可以说成"对他，这也是件好事"。当"言之"不出现时，"在NP"就可被重新分析为由"在"引出话题的结构。当"在"成为话题标记之后，可以被删去而不影响句子的命题意义，例(1)至例(14)都是如此。

"在"能从引入隐喻性处所发展为标引话题还与一个句法因素有关，那就是：在古汉语中，"在"在标引处所时还不需要与方位词(后置词)一起使用。

以上提到的"在"做话题标记的用法一般只能引进表示人的话题，如果要引入物，现代汉语中，"在"要与方位词"上"配合使用，如：

(20)在这件事上，他是有责任的。(这句话与话题句"这

件事，他是有责任的”语义基本相同）

有人把“在”与后置词配合的框式介词（比如“在……上”）看作是介引话题的（比如陈昌来，2002），但是按照徐烈炯、刘丹青（1998）的观点，“在……后置词（上，里，中等）”不能看作话题标记，因为这一框式介词明确标明了其介引的成分是做状语的。不过“在……后置词”也可引入话题性成分这一点可以旁证“在”原来有话题标记的用法。

与“在”功能类似的介词“于/於”也有一些可看作话题标记的用法，如：

(21) 于父不能字厥子，乃疾厥子。（《尚书·周书·康诰》）传：於为人父不能字爱其子，乃疾恶其子，是不慈。

(22) 於臣之计，疏山东孽诸侯，不令似一家者，其精於此矣。（[汉]贾谊《新书》）

(23) 天晓飞到迦维卫国。未及国城，四十里外，忽然落地。心甚惊喜，此必有佛，於我无疑。（竺大力共康孟详译《修行本起经》卷上）

(24) 或者又说，古者只是臣为君服三年服，如诸侯为天子，大夫为诸侯，及畿内之民服之。於天下吏民无三年服，道理必不可行。（《朱子语类》卷一百三十五）

(25) 於平日做底事，甚么处是，举数段来，便见得所以为天理，所以为人欲。（《朱子语类》卷一百一十七）

“于/於”和“在”在作为处所介词（包括引介抽象处所）时有很多时候可以对举，如：

(26) 风者，发生之气也，在卦属《巽》，于星属箕。（[唐]丘光庭《兼明书》卷三）

(27)于多甚易,在少诚难。([五代]王定保《唐摭言》卷十一)

"于/於"演变为话题标记的环境也是其后接上抽象的隐喻性的处所:

(28)拜,於丈夫为跌,跌然诎折,下就地也。於妇人为扶,自抽扶而上下也。(《释名·释姿容》)

(29)於防则不足惩奸乱之源,於情则伤孝子之思。(《三国志·魏志·何夔传》裴注)

以上例中的"於 N"指的是"在某一方面"的意思,N 表示的是抽象的处所。

"在"和"于/於"并未发展为专用的话题标记,作为话题标记时使用的强制性也比较低,在当代汉语中基本不再使用。

注意,以上讨论的"在"和"于/於"的话题标记功能都是其众多功能中的一种,但是当其作为话题标记使用时,其性质是单纯的。

2 来自指示代词的话题标记

在上古汉语中,"夫"作为指示代词,既可以单独用来指称话语中某个确定的对象,在句中一般做主语,也有做宾语的例子;也可以在名词前面充当限定成分,做定语。前一种用法为替代用法,后一种用法为指别用法。

以下例子中的"夫"是替代用法(陈霞村,1992):

(30)夫何为哉?(《论语·卫灵公》)[今译:他(舜帝)做什么呢?]

(31)夫为其君勤也。(《国语·齐语》)(今译:他是为他的主君操劳呀。)

(32)使夫往而学焉,夫亦愈知治矣。(《左传·襄公三十一年》)(今译:使他前去学习锻炼,他就更加懂得治理百姓了。)

以下例子中的“夫”为指别用法:

(33)颜渊死,门人欲厚葬之,子曰:“不可。”门人厚葬之。子曰:“回也,视予犹父也,予不得视犹子也。非我也,夫二三子也。”(《论语·先进》)

“夫二三子者”相当于“这几个人”。

(34)臧孙说,谓其人曰:“卫君必入。夫二子者,或挽之,或推之,欲无入,得乎?”(《左传·襄公十四年》)

“夫二子”相当于“这两个人”。

(35)孟施舍似曾子,北宫黝似子夏。夫二子之勇,未知其孰贤,然而孟施舍守约也。(《孟子·公孙丑上》)

“夫”的指别用法与其后来的发展关系密切。

在《汉语大词典》中,在“夫”的代词用法下既列出了表示近指的义项,也列出了表示远指的义项,以下两例引自《汉语大词典》:

(36)夫人不言,言必有中。(《论语·先进》)(近指)

(37)日君以夫公孙段为能任其事,而赐之州田。(《左传·昭公七年》)(远指)

其他一些古汉语虚词研究著作(比如陈霞村,1992),也认为“夫”既有远指用法也有近指用法。为什么当“夫”在定语位置时,“夫”看起来有时表示近指,有时表示远指,而且在不少例子中到底是表示近指还是表示远指并不是很清楚呢?我们认为,“夫”本来是一个远指代词,但后来表示远指的意义变得模糊,变为兼指代词(洪波,1991),其语义变得概括化了,不再专表远指,只要是确指的事物就可以用“夫”，不管是近的还是远的。

由可以在语境中确指的事物，“夫”又进一步可以用来指一类事物，即具有表示通指(generic)的用法。如：

(38)王知夫苗乎？七、八月之间旱，则苗槁矣。(《孟子·梁惠王上》)

此例里“夫苗”中的“苗”是通指性的。以下例中“夫”后的名词性成分也是通指性的：

(39)汝不知夫螳螂乎？怒其臂以当车辙，不知其不胜任也，是其才之美者也。戒之！慎之！(《庄子·人间世》)

通指与确指功能是相通的，比如在英语中定冠词 the 也可以表达通指的概念。

“夫”的进一步发展，是获得了篇章功能，充当话题标记，标示其后引入的成分是话题：

(40)夫管子，天下之才也，所在之国，则必得志于天下。(《国语·齐语》)

(41)夫郤昭子，其富半公室，其家半三军，恃其富宠，以泰于国，其身尸于朝，其宗灭于绛。(《国语·晋语八》)

以上两例中，“管子”“郤昭子”是专有名词，在专有名词前一般不需要定指标记，因而“夫”在这里不再能被分析为定指标记，而可以看作是话题标记了。“夫”作为话题标记，不仅可以引入名词性话题，也可以引入谓词性话题：

(42)宋人有曹商者，为宋王使秦。其往也，得车数乘；王说之，益车百乘。反於宋，见庄子曰：“夫处穷闾厄巷，困窘织屦，槁项黄馘者，商之所短也；一悟万乘之主，而从车百乘者，商之所长也。”(《庄子·列御寇》)

以上例中“夫”所引进的“处穷闾厄巷，困窘织屦，槁项黄馘者”是谓词性的对比性话题。

根据张伯江、方梅（1996）和方梅（2002、2010），北京话中的“这”从指示词发展出了定冠词功能，可以引进定指性成分和通指性成分。在我们看来，“这”在引入通指性成分时，在句首位置上具有了话题标记的功能。在“这”引入的通指性成分后都可以加上提顿语气词，如“呀、呐、啊”等：

(43)这烟对身体有害是谁都知道的，为什么还有那么多人抽？

(44)这男的呀，稍微长点本事，就跟着长脾气。

“这”作为话题标记，还可引入谓词性话题，如：

(45)这夫妻俩吵架，是很平常的事情。

(46)这做手术，一定得慎重。

再往前看，“这”的话题标记用法在古白话小说中已见用例，如：

(47)这行者闪在门外，执着铁棒，睁睛观看。（《西游记》第十七回）

(48)这王中如梦里一般，不知来由。（《歧路灯》第八回）

在以上例子中，“这”引入的是指人专有名词做话题。

不难看出，“这”的演变路径与“夫”的演变路径有相似之处，只不过，“这”的源头是近指代词，“夫”的源头是远指代词。

指示代词从指示具体的事物，到指示言语中要讨论的对象，这也是一种隐喻。由指示代词演变而来的话题标记倾向于引进通指性、专指性或谓词性话题。

刘海燕（2004）指出，崇明方言中的[ki]在诸多指示词中，使用频率最高，原本是远指词，但在发展过程中其远指、近指的区别已逐渐模糊，既有远指用法也有近指用法，如：

(49)王阿姨，昨日我看见你脱仔一个小娘勒荡街，[ki]你的哈人呀？（远指）

王阿姨，昨天我看见你和一个女孩子在逛街，那是你的什么人呀？

(50)我[ki]人活到现在几十年特，一直没有顺利过。（近指）

我这个人活到现在几十年了，一直没有顺利过。

随着指示功能的虚化，[ki]发展出了定冠词的功能，可以用于唯一的所指对象前，如可以说“[ki]地球”，也可以用于由于概念关联而确定的对象，如：

(51)吉棵树倒长了满粗壮咯，连得[ki]树丫枝也粗来交关。

这棵树倒长得很粗壮，连树枝也很粗。

此例中由于前一分句出现了“树”，根据概念之间的联系，可以确定后面小句中出现的“树丫枝”（树枝）是定指性的（指的是前面提到的树的树枝），在“树丫枝”前使用了[ki]，这是定冠词的典型用法，指示代词是不能用在这样的环境中的。(Himmelmann, 1996)

另外[ki]还衍生出了话题标记用法。如：

(52)[ki]一对夫妻只好养一个小囡是国家咯政策，任你哈人侪要遵守。

这一对夫妻只能生一个孩子是国家的政策，不管什么人都要遵守。

(53)[ki]困觉打呼噜，也是一种毛病呀。

这睡觉打呼噜，也是一种毛病呀。

[ki]引入谓词性话题，作用与北京话中引入话题的“这”相同。而且，崇明方言中的[ki]和北京话中的“这”在引进话题时都是轻读的。

很明显，崇明方言中的[ki]与古汉语中的“夫”、北京话中的“这”的演变路径极其相似。

3 来自名词化标记的话题标记

“者”是上古汉语中的常见虚词，其最常见的用法有两种：一是名词化标记；一是话题标记。（董秀芳，2004）

作为名词化标记，“者”的功能是加在一个动词性成分之后使之变为名词性成分。根据朱德熙(1983)的研究，“者”作为名词化标记，其用法可分为两类：一类是转指，一类是自指。

所谓转指，是指名词化后意义发生较大的转变，从表示动作行为变为表示动作行为的参与者。“VP 者”在转指用法时指称的大多是 VP 所表示的动作行为的施事。如：

(54)戮其犯命者。（《周礼·地官·乡师》）

“犯命”是一个动词结构，加上“者”之后，就变为了名词性结构，转指“犯命”的施事。

所谓自指，是指名词化后指称的是动作行为本身，其意义变化没有转指时显著。如(下例采自朱德熙，1983)：

(55)君所以得为长者，以吾毁之者也。（《战国策·齐策三》）

“吾毁之者”是指称“吾毁之”这件事本身，是将事件名物化。

“者”作为话题标记的例子如：

(56)大人者，言不必信，行不必果，惟义所在。(《孟子·离娄下》)

此例中，"大人"是以下三个小句的叙述对象，其后的小句都有独立的主语，是从不同的方面对"大人"的说明，"大人"的话题地位显而易见。

对于"者"作为话题标记的用法，语言学文献中有着不同的看法。《马氏文通》、吕叔湘(1959)等一些语法著作把这类"者"看作是有提顿作用的语气词。朱德熙(1983)认为这种"者"表示自指，仍是名词化形式的标记。董秀芳(2004)认为这类"者"是话题标记，话题的后面经常可以有停顿，表示提顿的语感即由此而来。将这类"者"看作自指的名词化标记是有问题的，因为这类"者"可以跟在名词性成分后面，名词性成分后出现自指标记是没有合理的动因的。只有将这类"者"看作话题标记，才能对其用法做出合理的解释。

董秀芳(2004)指出"者"的话题标记用法是从其名词化标记用法发展出来的。李小军、刘利(2008)也认为语气词"者"(即我们所说的话题标记"者")来源于名词化标记"者"，并指出这种变化发生在战国初。

董秀芳(2004)认为，由名词化标记到话题标记的变化是发生在表自指的"VP者"这一类上的。

表自指的"VP者"经常出现在话题位置上，如：

(57)然则舜有天下也，孰与之？曰：天与之。天与之者，谆谆然命之乎？(《孟子·万章上》)

"天与之"在以上语段中出现了两次，第一次是作为小句出现的，叙述一个事件，表达的是焦点信息。第二次出现时其后加上了

“者”，这个“者”将“天与之”名词化了，这种名词化是自指，在语义上将原来的事件名物化了。从语用的角度看，“天与之者”承接上文，是一个已知信息，而且是刚刚被激活的信息，活跃在听说双方的共享知识里，说话者将这个信息提出来，做进一步的解说，因此，“天与之者”是话题，是一个由表自指的“VP者”形式充当的话题。

由于具有自指意义的“VP者”经常充当话题，而且其中的“者”对“VP”的意义的改变不大，因而“者”的语义功能不凸显，这一点正与话题标记相契合：在语义上，话题标记只是指出其所附着的成分是交际中所要讨论的对象，而不具有改变其意义的功能。因此，形式与意义两方面的原因促使表自指的“者”在话题位置上被重新分析为话题标记。

正像发生了变化的成分往往都有一个分布范围扩大的过程（Hopper & Traugott，1993），当“者”被重新分析为话题标记之后，“者”的搭配范围就突破了原有的限制，可以直接出现在充当话题的名词性成分之后了，比如：

(58)莫春<u>者</u>，春服既成，冠者五六人，童子六七人，浴乎沂，风乎舞雩，咏而归。（《论语·先进》）

(59)夫明堂<u>者</u>，王者之堂也。（《孟子·梁惠王下》）

(60)故书<u>者</u>，政事之纪也；诗<u>者</u>，中声之所止也。礼<u>者</u>，法之大分，类之纲纪也。（《荀子·劝学》）

典型的话题是由名词性成分充当的，谓词性成分有时要指称化之后才能充当话题，因而由谓词性成分充当的话题成分有时要带有名词化标记，故名词化标记有发展为话题标记的可能。[③]

4 结语

刘丹青(2004)分析了汉语话题标记的四种来源,本文在此基础上补充讨论了汉语话题标记的三种其他历史来源。汉语作为话题优先型语言,容易产生话题标记(刘丹青 2004),因而话题标记的来源多种多样。

由处所标记发展为话题标记、由指代词发展为话题标记、由名词化标记发展为话题标记这三类演变都属于语法化,因为在这些演变中话题标记是比原来的功能虚化程度更高的功能。

本文讨论的一些形式的话题标记功能都不是其唯一的功能,而是其众多功能中的一种,但是在其作为话题标记时,性质是相对单纯的。

话题标记的出现位置与其历史来源相关。来自指示代词、存在动词的话题标记一般出现在话题之前,而来自疑问标记、名词化标记、时间名词、系词、话题敏感算子的话题标记一般出现在话题之后。

附 注

① 吴福祥先生建议不采用"话题标记"的说法,笔者一度想用"话题标引成分"的说法,但是后来觉得这个说法比较啰唆,"话题标记"的说法比较简洁,因此最后决定还是使用"话题标记"这一名称,在文中对所说的"话题标记"的性质做出说明。

② 在"在我看来"中,"我"是一个对比性话题。"在我看来"与语义类似的表达"我认为"相比,强调了是"我"的看法而不是别人的看法,这种强调性就来自多出的这个话题标记"在"。其他话题标记也会对话题成分带来强调

指明的意味，比如，“张三呢，已经退休了”与“张三已经退休了”相比就对话题成分“张三”带有强调指明的意味。

③ 董秀芳(2003)指出，法律文献中存在后置定语从句，如：

司法工作人员私放罪犯的，处五年以下有期徒刑或者拘役。(《中华人民共和国刑法》第一百九十条)

劳动者有下列情形之一的，用人单位可以解除劳动合同。(《劳动法》第二十五条)

当事人对决定不服的，可以申请复议。(《诉讼法》第四十七条第四款)

把这样的例子看作后置定语从句不一定非常合适，也许可以有另外的分析。以上这些例子都具有假设意味，假设关系是条件关系的一种，是假设的条件。Haiman(1987)指出，条件句来源于话题结构。因此法律文献中的“NPVP的”也不妨分析为话题，“的”有可能分析为话题标记，标志的是一个小句话题。能不能这样来分析，还有待于更深入的考察，如果这样的分析是可以接受的话，我们就又找到了一个同样也是来自名词化标记的话题标记，只不过这种话题标记用法有严格的语体限制。退一步说，法律文献中这类例子里的“的”即使不可以被看作话题标记，看作“假设条件标记”也还是可行的，这种用法是与话题标记用法关系很密切的，因此也可以为由名词化标记发展到话题标记这种演变路径提供一个旁证。

参考文献

陈昌来　2002　《介词与介引功能》，合肥：安徽教育出版社。

陈霞村　1992　《古代汉语虚词类解》，太原：山西教育出版社。

董秀芳　2003　“的”字短语做后置关系小句的用法——兼评法律文献中“的”字短语的使用，《语言文字应用》第4期。

———　2004　从话题结构到复句结构：以“者”和“所”的功能演变为例。In Takashima, K. & Jiang Shaoyu(eds.) *Meaning and Form: Essays in Pre-Modern Chinese Grammar*(《意义与形式——古代汉语语法论文集》). Muenchen: Lincom Europa.

方　梅　2002　指示词“这”和“那”在北京话中的语法化，《中国语文》第4期。

———　2010　北京话里新生的语法手段，载《吕叔湘先生百年诞辰纪念文集》，北京：商务印书馆。

洪　波　1991　兼指代词的原始句法功能研究，《古汉语研究》第1期。

李小军、刘　利　2008　语气词"者"的形成及其语气义，《南京师范大学文学院学报》第4期。

刘丹青　2004　话题标记从何而来？——语法化中的共性与个性，载石锋、沈钟伟编《乐在其中——王士元教授七十华诞庆祝文集》，天津：南开大学出版社。

刘海燕　2004　《崇明方言的指示词系统和指示范畴》，上海师范大学硕士学位论文。

吕叔湘　1959　《文言虚字》，上海：上海教育出版社。

韦旭升、许东振　1995　《韩国语实用语法》，北京：外语教学与研究出版社。

徐昌华　1990　谈谈日语的主语与主题，载《日语语法研究》，北京：北京大学出版社。

徐烈炯、刘丹青　1998　《话题的结构与功能》，上海：上海教育出版社。

张伯江、方　梅　1996　《汉语功能语法研究》，南昌：江西教育出版社。

郑恒雄　1977/1991　《布农语的主题、主语与动词》(*Topic and Focus in Bunun*)，台湾历史语言研究所专刊之七十二。

朱德熙　1983　自指和转指，《方言》第1期。

Gundel, Jeanett K. 1988 Universals of topic-comment structure. In Michael Hammond et al. (eds.) *Studies in Syntactic Typology*. Amsterdam: John Benjamins.

Haiman, John 1978 Conditions are topics. *Language* 54.

Himmelmann, N. P. 1996 Demonstratives in narrative discourse: Ataxonomy of universal uses. In Barbara A. Fox (ed.) *Study in Anaphora*. Amsterdam: John Benjamins.

Hopper Paul J. & Elizabeth Closs Traugott 1993 *Grammaticalization*. Cambridge, UK: Cambridge University Press.

省缩：无条件构式句法-语用创新的机制

董正存

（中国人民大学文学院）

1 引言

江蓝生（2007）曾经指出，“语言经济原则驱动下的省略和紧缩是汉语构式语法化的一种推力和机制”，并以同谓双小句为例探讨了经省略和紧缩而产生的句法创新现象，明确指出构式省缩是一种“带有普遍意义的句法创新模式”，胡明扬（2000）也曾指出，“紧缩”是现代汉语“一种常见的形成变式的手段”。由两位先生论述可知，省缩是引发句法创新和语用后果的机制之一，本文以无条件构式的省缩现象为例来验证这一理论，为这一看法提供语言事实依据。

本文所说的“无条件构式”指的是由无条件连词参与构成的表达格式。如现代汉语中无条件连词“无论”“不管”“不论”等参与构式的无条件复句就可看成无条件构式。无条件构式由于省掉了某个组成部分使得原构式缩减为一个新的构式，这符合江蓝生、杨永龙（2006）和江蓝生（2007）对“构式省缩”或“句式省缩”的定义，据此我们将这种现象称之为“无条件构式的省缩”。现代汉语的“无论如何”就是无条件构式省缩现象的最好例证。[①]

吕叔湘(1981:490)指出,“无论如何”是习用语,义为“在任何条件下;一定”,并举例为:

这问题无论如何要赶快解决|无论如何你都不能走

通过吕先生所举的两个例子可以看出,第一,“无论如何”由无条件连词“无论”和疑问代词“如何”构成,“无论如何”与无条件复句(或无条件构式前件)具有十分密切的关系;第二,疑问代词“如何”后未出现任何所修饰的成分,“无论如何”已习用化为一个整体;第三,在“无论如何”的后续成分中,副词“也/都”可以不出现。上述三个方面均能说明“无论如何”从无条件构式发展而来,是无条件构式省掉某些组成部分后缩减成的一个新的构式。新构式“无论如何”产生后,引发了一系列与原构式——无条件构式不同的句法-语用后果。本文主要讨论无条件构式的省缩以及无条件构式省缩后引发的句法-语用后果两个问题。

2　无条件构式的省缩过程

通过语料考察可知,无条件构式的省缩可具体表现在两个方面:(一)无条件连词后的全量成分由两项成分向一项成分过渡;(二)“也/都”类副词的消失。

2.1　全量成分由两项成分向一项成分过渡

不管是先秦的无条件连词“无”、[②]魏晋南北朝时期的“不问”,还是隋唐时期的“无论”,产生伊始,其所在的无条件构式中无条件连词后面均为具有相反或相对反义关系的两项成分,如:

(1)君子无众寡,无小大,无敢慢,斯不亦泰而不骄乎?

(《论语·尧曰》)

(2)无大无小,从公于迈。(《诗经·鲁颂·泮水》)

(3)当今天下之贤才君子,不问少长,皆愿从其游而为之死。(《三国志·魏书·陈思王植传》裴注)

(4)无论去与住,俱是一飘蓬。(尹式《别宋常侍》)

随着时间的推移,无条件连词后发展出出现疑问代词的用法,[3]可分为两种情况,一种情况为疑问代词短语(下文省作"WH-P"),疑问代词前后出现与之具有直接语义关系的名词性或谓词性成分;另一种情况为疑问代词独用(下文省作"WH"),疑问代词后不出现任何与疑问代词具有直接语义关系的名词性或谓词性成分。下面以"不问"和"无论"为例进行说明。

在北宋时期,"不问"后面开始出现疑问代词,既可以是论元类疑问代词也可以是非论元类疑问代词,[4]用例较"不问"后出现两项成分少见。"不问"后为WH-P,如:

(5)如今之北方人,喜用麻油煎物,不问何物,皆用油煎。(《梦溪笔谈》卷二十四)

(6)不问义理如何,只认前人所未说,今人所未道者,则取之以为博。(《朱子语类》卷五十七)

"不问"后为WH,如:

(7)从陆子静者,不问如何,个个学得不逊。(《朱子语类》卷一百二十四)

(8)侯兴,槽头快马备上一匹,多带些钱物,不问那里,与我寻将来。(关汉卿《刘夫人庆赏五侯宴》)

无条件连词后的全量成分由两项成分向一项成分过渡是无条件构式发展演变的一个共性特征。从明代开始,[5]无条件连词

“无论”后可以出现一项成分，为疑问代词修饰名词的定中偏正短语，如：

(9)余闻之，谏止之曰：“此无论何代，殆必异人。……”（《万历野获编》卷二十八）

到了清代，“无论”后发展出只出现一个疑问代词的用法。同“不问”一样，其后的疑问代词既可以是论元类疑问代词也可以是非论元类疑问代词。常见的论元类疑问代词有“那里”“什(甚)么”“谁”等，如：

(10)师傅只要把人救起，把印捞来，无论什么，吾都能应允，你快快说罢。（《续济公传》第六十六回）

常见的非论元类疑问代词有“多少”“如何(何如)”“怎样(怎么样、怎么着)”等，如：

(11)只要藩台肯了，无论多少，只要他写上一个名字就好了。（《二十年目睹之怪现状》第十四回）

2.2 “也/都”类副词的消失

自上古开始，“都”类副词就常见于无条件构式中，即使到了中古及以后，双音节无条件连词大规模产生时，这种情形也未发生任何改变，此时无条件连词后的全量成分一般为具有相反或相对关系的两项成分，如：

(12)人无幼长贵贱，皆天之臣也。（《墨子·法仪》）

(13)遂遣人分部悉捕诸吕男女，无少长皆斩之。（《史记·吕太后本纪》）

(14)不问男子女人，羌胡夷狄，老幼贵贱，或龙或神，或天或鬼，罪行业感，悉同受之，故称无间。（《地藏菩萨本愿经·观众生业缘品》）

从元明时代开始，当无条件连词后为独用的疑问代词时，“也/都”类副词开始可以不出现，也很难或无法补出，这说明构式意义有了进一步的发展，如：

(15)婆婆，不问多少，借些与他去。(武汉臣《散家财天赐老生儿》)

(16)我无尊人拘管，只碍得这个小业畜！不问怎的结果了他，等我自由自在。(《初刻拍案惊奇》卷十七)

特别是无条件连词“无论”与疑问代词“如何”连用时，“也/都”类副词以不出现最为常见。根据对北大语料库的调查发现，“无论如何”共出现87次，后续部分中出现副词“也”14次，出现副词“都”21次，“也/都”不出现的52次，其中用于肯定句中21次，否定句中31次，用例如：

(17)师父远道而来，辛苦得很，天又不早，快交三鼓了。今儿则无论如何要屈留一夜，明天一早回去吧。(《八仙得道》第八十四回)

(18)老实告诉你，这园子路径，不算十分曲折，但陌生的人，光靠几句指点，却无论如何休想顺顺利利的走出门去。(《八仙得道》第十三回)

由上文例(8)、(15)—(18)可知，“也/都”类副词在无条件构式中的消失造成了无条件构式意义的发展，此时的无条件构式多表示命令、请求、愿望等祈使意义。以(16)为例，儿子妨碍了母亲与情人偷情，母亲异常恼怒，想要将亲生儿子杀害以换取自由身，因而想不管采用何种手段或方式都要将儿子“结果”了。“结果了他”是说话人——“母亲”的愿望。彭利贞(2009)指出，“祈使句的功能在于发出指令，而指令是‘最常见的道义情态’。从这种意义上说，所有祈使句都是道义情态的载体”。也就是说，缺乏“也/都”类副词的无条件构式“无条件连词＋WH”已呈现出了用为一个整体的倾向，已经开始了习语化或词汇化的历程，表达情态意义。需要说明的是，此时的WH多为非论元类疑问代词。

通过考察发现，无条件构式中的“也/都”类副词经历了倾向于出现到倾向于不出现的发展演变过程。我们认为，“也/都”类副词的消失是无条件构式高度省缩、高度语法化的一个重要标志。“也/都”类副词在无条件构式中所起的作用为标示其左向成分为一个表达全量、具有复数意义的名词性成分（董秀芳，2002；李泰洙，2004）。“也/都”类副词在无条件构式中强制性出现时表现为整个构式需要它们来标示其左向成分的全量性质，当其在无条件构式中可以不出现时就已经说明无条件构式所表达的意义并不会因为缺少二者而受到任何影响，也就是说，无条件构式的结构和其所表达的意义均都高度凝固化了，二者的缺少并不会影响到构式结构的成立和意义表达的需要。当然，“也/都”类副词的消失也是一个渐变的过程，在这一过程中也会存在一个既可以出现也可以不出现两种情况皆可的过渡阶段。当其强制性地不出现在无条件构式时，表明无条件构式结构和意义的凝固化程度又有了进一步的发展，表现为构式的语法化程度更高，所表达的意义更虚灵。由此，我们可以归纳出“也/都”类副词在无条件构式中的三个阶段：A.“也/都”类副词强制性地出现在无条件构式中；B.“也/都”类副词在无条件构式中既可以出现也可以不出现；C.“也/都”类副词强制性地不出现在无条件构式中。

2.3　小结

无条件构式中无条件连词后、“也/都”类副词后各有一个句法槽位，分别为全量成分和谓词性成分 VP。全量成分由两项成分缩减为一项成分，使得无条件构式的长度变短，“也/都”类副词的消失使得无条件构式更加紧凑简短。

由于全量成分与无条件连词天然地紧密联系在一起，到了独用的疑问代词阶段，无条件连词与独用的疑问代词已逐渐凝固为一个整体出现，“也/都”类副词消失后使得作为表义重心的谓词性成分 VP 在线性序列上紧邻着“无条件连词＋WH”出现，这样就形成了“[无条件连词＋WH]＋VP”的句法结构，这一句法结构表明，此时的句子应该是简单句，谓词性成分 VP 作为表义重心这一身份并未发生改变，而“[无条件连词＋WH]”则占据了谓词性成分 VP 前的句法位置，对谓词性成分进行修饰限制，从命题的外围背景成分发展为命题内的修饰成分，由句子外部移到句子内部，表明“[无条件连词＋WH]”完成了小句的降级过程，其句法级别持续走低，内嵌程度越来越深，成为了主句的一个特定的成分，这说明了它的结构语法化程度越来越高，内部关系日益紧密，已高度凝固化为一个固定语。由上文的考察可知，无条件构式的省缩过程大致经历了四个阶段，以“无论”为例来说明：

A. 无论 XY 也/都＋VP→B. 无论 WH-P 也/都＋VP→C. 无论 WH 也/都＋VP→D. 无论 WH＋VP

与此相对应，无条件构式的性质可用下图表示：

从句	小句做话题	句中状语
复句	紧缩句	简单句

此图表明，当无条件构式体现为复句时，无条件连词及其相关成分一般为从句，如例(19)；当无条件构式体现为紧缩句时，无条件连词

及其相关成分一般为小句话题，如例(20)；当无条件构式体现为简单句时，无条件连词及其相关成分一般为句中状语，如例(21)：

(19)a. 他无论死活，我都要嫁。

b. 无论他死活，我都要嫁。

c. 无论他如何(怎么样/怎样)，我都要嫁。

d. 他无论如何(怎么样/怎样)，我都要嫁。

(20)a. 他无论如何(怎么样/怎样)我都要嫁。

b. 他，无论如何(怎么样/怎样)我都要嫁。

c. 他，我无论如何(怎么样/怎样)(都)要嫁。

(21)a. 无论如何(怎么样/怎样)，我都要嫁(给他)。

b. 无论如何(怎么样/怎样)，我要嫁(给他)。

c. 我无论如何(怎么样/怎样)要嫁(给他)。

从(19)到(21)，我们可以看出，无条件从句从与主句具有依存关系、不是主句内嵌成分的句法地位逐步降级为一个简单句中谓词性成分的状语性成分，状语性成分与所修饰的谓词性成分之间具有依存的关系，其所处的句法位置已表明其已内嵌为句子的一个特定的成分。高增霞(2005)曾指出，“汉语也存在这样一个小句整合的连续统：复句＞复杂句＞简单句”，“紧缩句”是“复杂句”的一种。因此可以认为，无条件构式的省缩过程也遵循了“复句＞复杂句＞简单句”的演变路径。

通过以上论述可知，无条件构式的省缩过程实际上也是小句发生降级、句法地位持续走低、完句能力逐渐减弱的过程。小句发生降级后会引发无条件构式在句法-语用表现上发生一些变化，省缩后的无条件构式在句法-语用上的表现与源无条件构式的句法-语用表现具有鲜明的差异。

3　无条件构式省缩后引发的句法-语用后果

3.1　“无论如何”的句法-语用表现

当无条件构式省缩发展到“也/都”类副词消失这一阶段时，带来了句法-语用上的一系列变化。下面以“无论如何”为例来对此加以说明。

3.1.1　“无论如何”出现的句法位置十分灵活，既可以出现在句中谓语前，共53次，占60.9％，也可以出现于句首，共33次，占37.9％，还可以出现在介词短语前，共1次，占1.1％，以位于句中谓语前最为常见，如：

(22)弟子无论如何记不起何处与仙师会过面来。(《八仙得道》第三十九回)

(23)无论如何，今夜免不了战争。(《三侠剑》第七回)

(24)正在沉吟，只见帝君又降谕道：“孩子不用迟疑，你那李师父，他现是一时疏忽，少用了一番推算功夫，他要明白了这个关系，只怕他自己也要退居师兄地位的。但是这事无论如何与你的前程只有便宜而无损害。……”(《八仙得道》第四十二回)

(24)中的“无论如何”出现于介词短语前，其前出现用作主语的名词性成分“这事”。“无论如何”用作“这事”的谓语还是状语？如果是前一种理解，语音停顿或逻辑停顿应该在“无论如何”后，如果是后一种理解，语音停顿或逻辑停顿应该在“无论如何”前。我们倾向于后一种理解。根据上下文语境可知，“这事”指的是“汉钟离认帝君为师”这件事，“无论如何”所在句为帝君说的话，帝君很明确地指出“这事”只有好处没有坏处，“好处”和“坏处”是矛盾关系，二者不可能同时存在。而如果将“无论如何”理解为“这事”的谓语，“无论如何”就应该为“这事”的陈述对象，并且“如何”应该包含“好”和“坏”两个方面，二者为加合关系，这样理解很显然与帝君表达的意思不同。因而，只能认为出现在介词短语前的“无论如何”用作状语性成分，修饰其后出现的谓词性成分 VP。

3.1.2 “无论如何”后续成分中常出现助动词、情态副词修饰其后的谓词性成分。后续部分中助动词修饰谓词性成分 VP，[6]常见的是表达道义情态或动力情态的助动词“必须”“得”“要”“敢”“肯”等，如：

(25)我三叔为我们之事，不以合家性命为重，能够豁出全家的性命，救我们十数人的性命，现在萧三叔只此一子，我们无论如何必须救萧银龙。(《三侠剑》第二回)

(26)也有真心企慕，想要拜在她的门下学些道德的，飞龙总以自己道术并不高明，兼之未得师尊允许，无论如何不敢擅收徒弟。(《八仙得道》第五回)

(27)一到冬令，母亲身上是无论如何不肯给受些微寒冷。(《八仙得道》第十八回)

“无论如何”的后续部分中情态副词修饰谓词性成分 VP，常见的有“就是”“务必”“决”“一定”等，如：

(28)大英雄虎体彪躯，比平常人的身躯，粗有半尺多，被月牙铡刀切住，大英雄身躯在水中，无论如何就是使不上劲。(《三侠剑》第七回)

(29)你快快到南兆贵里陈文仙院中，飞请章老爷立刻就来，说我在栈中有要紧事情，无论如何务必请他就到，不可耽

搁。(《九尾龟》第十一回)

(30)师父带我一带,弟子拼受灾殃,甘弃红尘,无论如何决不懊悔。(《八仙得道》第十八回)

(31)他们的聪明资禀,或者不如湘子,若论真才实学,不说别的,单说他们萤窗攻苦这四五十年,无论如何决非孩子们三年五载、一知半解的工夫,可能比拟什一。(《八仙得道》第九十五回)

(32)嫦娥就指着山河说:"我既承你如此相爱,无论如何,一定嫁你。就是有人将我从山上丢下水中,我也决不改节!"(《八仙得道》第五十一回)

通过上例可知,修饰谓词性成分 VP 的情态副词也常常表示道义情态。

通过以上与助动词、情态副词的连用可以看出,"无论如何"倾向于出现在助动词、情态副词前,可表示为:

无论如何>助动词/情态副词(">"读作"先于")

这一连用原则表明,相比于助动词或情态副词,"无论如何"更属于句子的外围成分,其管辖范围更宽,主观化程度也更高。⑦

除了出现助动词或情态副词作为谓词性成分的修饰语外,"无论如何"后续部分中的谓词性成分 VP 可以是能性述补结构的否定式,即 V 不 C,如:

(33)胜爷鱼鳞紫金刀,神刀出入,无论如何林士佩的钻砸不上胜爷的刀。(《三侠剑》第三回)

毫无疑问,能性述补结构能够表达情态,它表达的情态为"根情态",而"根情态"是动力情态与道义情态的合称。⑧

3.1.3 "无论如何"常出现于祈使句中。"无论如何"出现的句子中常常有指令类言说动词和意愿类言说动词,此类属于显性施为句，有时，言说动词可以不出现，但整个句子仍可看成施为句，此类属于隐性施为句，如：

(34)请老寨主权往双龙山走一遭，无论如何将林寨主请回来，兄妹相见。(《三侠剑》第五回)

(35)也有真心企慕，想要拜在她的门下学些道德的，飞龙总以自已道术并不高明，兼之未得师尊允许，无论如何不敢擅收徒弟。(《八仙得道》第五回)

(36)师父带我一带，弟子拼受灾殃，甘弃红尘，无论如何决不懊悔。(《八仙得道》第十八回)

沈家煊(2009)指出，“祈使句的主语要做的事正是说话人想要他做的事或者是说话人自己也想做的事，祈使句表现出说话人和句子主语之间的某种‘认同’，祈使句的主语也叫做‘言者主语’(speaker subject)，因此祈使句跟叙述句相比也带有较强的主观性”。由此可知，不管是显性施为句还是隐性施为句，其句子都能够表达说话人的态度、看法或意愿，具有较强的主观性。

3.1.4 “无论如何”用在兼语结构中。兼语结构中兼语前的动词往往具有使令性，其命令或指使所代表的人实施兼语后的动作行为，因而，兼语前的动词也可以看成是施为动词，兼语结构带有较强的主观性。“无论如何”最常出现的位置为主谓短语之间，即兼语和谓词性成分之间，句末有时会出现表示肯定的语气词，如：

(37)如今简直请楚兄去和令友说，兄弟愿出原价，叫他无论如何让给兄弟就是了。(《文明小史》第五十五回)

例中的兼语为“他”，“他”前的动词为使令动词“叫”，兼语后的动词“让”，“叫”命令或指使兼语“他”实施“让”这一动作行为。此例中，兼语结构后还出现了表示肯定语气的句末语气词“就是”，[9] 在强调“叫他”实施“让”这一动作行为必然性的同时也增强了说话人的主观肯定态度。

3.1.5 “无论如何”常出现在间接引语和直接引语中。引语是用来引述或转述别人的话，表明原说话人对某一事情的看法、态度或意愿，具有较强的主观性，如：

(38)我虽然在绿林道年浅，常听有人讲究，若是三个拿着两个，无论如何，不能杀害，必须全拿着一块杀。(《三侠剑》第五回)

(39)你快快到南兆贵里陈文仙院中，飞请章老爷立刻就来，说我在栈中有要紧事情，无论如何务必请他就到，不可耽搁。(《九尾龟》第十一回)

(40)父亲慢慢地张开眼睛，看看我，看看母亲，张了几次嘴轻轻地说：“无论如何不能误了娃儿们”，就再也不说话了。[10]

(41)我有点坐不住了，觉得不能光“怕打扰”，想起叶帅的嘱托：“无论如何不能发生意外”和“要安全返回北京”。

有时，句中并不出现言说动词，但存在言语名词，此种情况“无论如何”也能用于引语中，一般为直接引语中，如：

(42)蓦地，一个微弱而清晰的声音在他耳旁回荡：“要注意斗争方法，无论如何，大权不能落在他们手里……”

3.1.6 “无论如何”出现在心理动词或认知动词的小句宾语中。

(43)嫦娥听他说到这等地步，虽是半属戏言，却说得十分恳挚。况见他如此丰神，如此伶俐，本来早有爱慕之意，不过他是个孩子，心想无论如何不会扯到什么婚姻的念头上去。(《八仙得道》第五十一回)

(44)因为我在这个世界上，久已只剩了孤身一身。我自己既不能制造幸运，又没有一两个亲人骨肉，能把幸福分出一星儿给我。所以我这一生，简直可以说，无论如何没有生路可走。(《八仙得道》第七十三回)

(43)中“无论如何”前出现心理动词“心想”，“无论如何”所在的小句用作心理动词的宾语，心理动词表示说话人的心理活动或状态，心理动词的小句宾语通常反映说话人对某一事情或事物的看法、态度和意愿，带有鲜明的主观色彩，具有较强的主观性。(44)中“说”并不表示言语行为，不能看作言说动词，所在句意在表明说话人“我”对自己一生的看法，因而“说”应该看成认知动词。认知动词的句法位置比较自由灵活，既可以出现于句首，也可以出现于句中谓语前，甚至可以出现于句尾。本例中认知动词“说”所在的结构插在主语和谓语之间，即出现于句中谓语前，“无论如何”所在小句用作谓语，陈述主语“我这一生”，“我这一生无论如何没有生路可走”是说话人“我”对自己一生的看法，带有较强的主观性。

3.1.7 “无论如何”可出现于强调结构“是……(的)”中。“无论如何”一般紧接在高位谓语“是”后出现，高位谓语“是”表达说话人对某一命题的立场、态度或情感，如：

(45)一到冬令，母亲身上是无论如何不肯给受些微寒冷。(《八仙得道》第十八回)

(46)所以东华帝君在派遣钟离权之先，就已料定春瑛这人，是无论如何不能劝之就范的。(《八仙得道》第七十四回)

此二例均表示说话人对某一命题的立场、态度或情感，具有较强的主观性，特别是后例中出现了认知心理动词“料定”，更能表明“无论如何”所在句具有较强的主观性。

3.1.8 “无论如何”后谓词性成分中可以出现核心动词的重叠形式，如：

(47)今当紧要关头，无论如何要把性命拼上一拼才好。(《八仙得道》第六十四回)

例中“无论如何”后谓词性成分中出现核心动词的重叠形式。这是因为“无论如何”常常用于祈使句，而祈使句是动词重叠出现的典型环境，祈使句使用动词重叠表现了说话人对动作“量”的主观控制，使其趋向于弱势，从而起到委婉和缓和的作用，如果不使用动词重叠则显示出了一种强势祈使。(潘国英，2007)也就是说，动词重叠的主观性是通过说话人对“量”的主观判断来体现的。

3.1.9 “无论如何”前的名词性成分可以不具有复数意义，虽用作句子主语，但却不是表达说话人主观态度的言者主语，如：

(48)这事无论如何，皆不关我事。(《狄公案》第二十二回)

(49)施道台鳍蹙道眉头道：“兄弟现在已经是山穷水尽了，苟有一线生路，怎敢冒读小翁，于今无论如何，总求小翁鼎力一说。所有一切，兄弟已和贵管家周二爷说过了，小翁回到公馆，贵管家自然上来禀知一切。这事无论如何，总得仰仗小翁的了。”(《文明小史》第五十八回)

两例“无论如何”前的名词性成分“这事”因指示代词“这”的存在而不能理解为具有复数意义，“这事”用作句子主语，谓语部分为“不关我事”，二者搭配在一起表达一个完整的命题。“无论如何”应理解为命题外成分，表达说话人对主谓两部分所表达的命题的看法、态度或情感，具有较强的主观性，是体现言者主语“语力”的成分，“无论如何”的句子主语前可加上“我觉得”或“我认为”这些体现言者主语主观看法、态度的成分，如：我觉得(认为)这事无论如何都不关我事。

3.1.10 “无论如何”可出现在双宾语结构中。“无论如何”一般出现于近宾语后，作为远宾语的组成部分，参与构成远宾语，此种情况双宾语结构的谓语动词为表示言语行为的言说动词，在谓语动词为言说动词的双宾语结构中，近宾语为“人”，远宾语为“言说动词”的话语内容，一般表示说话人指令听话人——近宾语实施远宾语中所含动词表示的动作行为，这样的情形与“无论如何”用于祈使句有些类似。上文已述，用于祈使句中的“无论如何”具有较强的主观性，那么，此种用法中的“无论如何”也不会出现例外，也应该具有较强的主观性，如：

(50)我临回来，父母嘱咐我，无论如何要弄点虎骨给他，因为向人打听来的偏方说，虎骨酒能治好。

(51)告诉她无论如何要回家吃，而且，什么都不要买。

(52)虽使用大剂量的激素药物，仍高烧不退，四肢发颤抽搐，记忆丧失，几乎到了生命的绝境，哀求兰大夫无论如何救救她。

(51)—(52)中双宾语结构的谓语动词分别为“嘱咐”“告诉”和“哀求”，“无论如何”用于远宾语中，其后出现谓词性成分，这一谓词性成分为说话人要求近宾语所要实施的动作行为。“无论如何＋VP”应该做一个简单句来理解，“无论如何”不能理解为无条件复句的前一小句，而应理解为状语性成分，用来修饰其后的谓词性成分 VP。之所以这样理解，可用(51)来说明。(51)的远宾语由并列连词“而且”关联的两部分构成，“而且”的存在表明前后两个部分具有并列关系。一般而言，具有并列关系的两项成分要求在性质上一致，“而且”后的“什么都不要买”是一个简单句，这也说明

“而且”前的“无论如何要回家吃”也应该是个简单句。由此可见，“无论如何”具有较强的主观性，常常用作状语性成分，与其后的谓词性成分的联系较为紧密，所在句子表现出明显的施为效果。

3.2 小结

通过上文“无论如何”的句法-语用表现可知，“无论如何”之间的关系日益凝固，常以一个整体出现，二者中间不再插入其他任何成分，其已经习语化或词汇化为一个主观性较强的情态成分，常常用作状语性成分，修饰其后出现的谓词性成分，其常常出现在体现说话人态度、看法或意愿等主观性较强的语用环境中，表达情态意义。

4 结语

无条件构式在经历了无条件连词后的全量成分由两项成分向一项成分过渡、“也/都”类副词消失的省缩过程后，逐渐凝固成了“无条件连词＋WH”构式，此构式与原构式在句法-语用上具有一系列的差异，其常常用作状语性成分，占据着谓词性成分前的句法位置，起对其后的谓词性成分进行修饰的作用。因其常常出现在体现说话人态度、看法或意愿等较强的语用环境中，逐渐发展出了表达情态意义的用法，如现代汉语的“无论如何”就能够表达“一定”这一情态意义。

需要说明的是，通过对无条件构式省缩现象的考察能够发现，确实是由于构式省缩引发了无条件构式发生了句法-语用创新。诚如江蓝生、胡明扬两位先生所言，省缩是引发句法创新、影响语用表现的机制之一。我们认为，省缩是不仅是构式语法化的一种机制，同时也是构式语法化的最终结果和表现，在触使构式发生语法化的同时其本身也成为了构式语法化发生的具体的外化呈现形式。

附 注

① 在现代汉语中，除了“无论如何”外，还存在着“不管怎样”“不论如何”等由无条件构式发展而来的固定格式，也是无条件构式省缩的结果。

② 参看董正存(2010)关于“‘无’的性质”的相关论述。

③ 无条件连词“无”后未见出现疑问代词的用法，此处“无条件连词”不包含“无”。

④ 论元类疑问代词和非论元类疑问代词详见鹿钦佞(2008)。

⑤ 虽然在宋代发现了“无论”后出现疑问代词短语的用例，如：

倘蒙再造，俟国相回军后，无论何人何物，惟皇子命。(《南征录汇》)

例中疑问代词“何”修饰名词“人”“物”，“无论”后是两个定中偏正短语组成的并列短语，即其后仍为两项成分。因而，此例不能作为“无论”后出现一项成分的用例，一项成分的用例始见于明代。

⑥ 我们不把助动词看成真谓宾动词。

⑦ 参看史金生(2002)。

⑧ 吴福祥(2002)曾为“能性述补结构”中的“能性”做过界定，“‘能性’类似于一般语言学里的‘情态’(modality)范畴，意义近于‘根情态’(root modality)”。而“根情态”则是从与认识情态相对的角度提出的，Coates 用其来指称非认识情态(no-epistemic)，包含动力情态与道义情态。[转引自彭利贞，2007b:50，并参看彭利贞(2007a)]

⑨ “就是”用于句末，表示肯定。[《汉语大词典》(光盘版)]

⑩ 第三节中现代汉语用例取自北大中文语料库。

参考文献

董秀芳 2002 “都”的指向目标及相关问题，《中国语文》第 6 期。

董正存 2010 《汉语全称量限表达研究》，南开大学博士学位论文。

高增霞 2005 从非句化角度看汉语的小句整合，《中国语文》第 1 期。

胡明扬　2000　基本句式与变式，《汉语学习》第1期。
江蓝生　2007　同谓双小句的省缩与句法创新，《中国语文》第6期。
江蓝生、杨永龙　2006　句式省缩与相关的逆语法化倾向——以"S+把你这NP"和"S+V+补语标记"为例，载《山高水长：丁邦新先生七秩寿庆论文集》上册，台北："中研院"语言学研究所。
李泰洙　2004　"也/都"强调紧缩句研究，《语言研究》第2期。
鹿钦佞　2008　《汉语疑问代词非疑问词用法的历史考察》，南开大学博士学位论文。
吕叔湘　1981　《现代汉语八百词》，北京：商务印书馆。
潘国英　2007　论汉语动词重叠的主观性表达，《修辞学习》第1期。
彭利贞　2007a　论情态与情状的互动关系，《浙江大学学报》(人文社会科学版)第5期。
———　2007b　《现代汉语情态研究》，北京：中国社会科学出版社。
———　2009　论一种对情态敏感的"了$_2$"，《中国语文》第6期。
沈家煊　2009　汉语的主观性和汉语语法教学，《汉语学习》第1期。
史金生　2002　《现代汉语副词的语义功能研究》，南开大学博士学位论文。
吴福祥　2002　能性述补结构琐议，《语言教学与研究》第5期。
Paul J. Hopper，Elizabeth Closs Traugott 2001《语法化学说》，北京：外语教学与研究出版社。

绥德方言的“赶”字差比句及“赶”的语法化*

黑维强

（陕西师范大学文学院）

0 引言

现代汉语普通话用于比较性状和程度最常见的差比句式是“比”字句。例如：

你别争，我比你去合适|身体比过去结实了|小赵比我小五岁|他比我会下棋

他唱得比老师还要好|一个比一个积极肯干[《现代汉语八百词》(增订本)]

一个结构完整的差比句一般要具备四个要素：比较主体(X)、比较基准(Y)、比较词(如“比”“赶”)、比较结果(Z)，如“我比你高”“伊较好我”(厦门话)，四要素完备。在北方方言区中，除了使用“比”字，还用“赶”字做介词引进比较对象，这一现象分布区域还比较大。

* 本文获国家社科基金后期项目“绥德方言调查研究”(12FYY004)和西部项目“陕北民歌语言民俗研究”(10XYY0004)资助。

本文就绥德方言“赶”字差比句进行描写，简要介绍“赶”字差比句在北方方言的分布状况，并对“赶”的语法化做一分析。

1 “赶”字句的结构类型

在现代汉语中，差比句的整体结构大致有两种结构类型：“基准＋结果”型和“结果＋基准”型。绥德方言的差比句以“基准＋结果”类型为常见，“结果＋基准”类型也使用，如“强如”做比较词的句式，但使用上有一定的条件限制。用介词“赶”做比较词的差比句是“基准＋结果”型。“赶”字比较句的结构形式有以下三种。

1.1 a.“X＋赶＋Y＋Z”

这一结构是绥德方言“赶”字差比句的基本结构，其他类型都建立在这个结构的基础上。例如：

(1)肉赶菜贵。

(2)我赶你大三岁。

绥德方言用来充当比较词语的主要是“赶”，读[$kæ^{213}$]，上声。此外还有“强如”等(另文讨论)。新派受普通话影响也说“比”。在老派中，“比”的读音[pi^{213}]是个避讳音，所以多不用，只用“赶”等。“赶”是介词，由动词演变而来(详见下文)。

X、Y 的成分主要是名词、代词，上举例(1)(2)，也可以是名词性短语、动词以及动词性短语。例如：

(3)大的赶小的厉害。

(4)说的赶唱的也好听$_{俗语}$。

(5)北京来的赶四川来的会说。

(6)那个有花花的碗赶那个蓝道道的碗瓷好。

(7)睡觉保险赶受苦所在舒服么。

(8)种菜吃赶买菜吃便宜的得多叻。

(9)做生活踏实肯定赶要奸溜滑要滑头,不诚实好么。

例(3)—(5)是“的”字短语,(6)是定中短语,(7)为动词,(8)为动词性状中短语,(9)为形容词性主谓短语。a结构的结果项Z如果是数量短语或可用数量衡量的、程度等对象,比较词不出现也可以表达比较,但句子的语序要调整为“X+Z+Y”,并且要在“比较结果”后加另外“出”或“哩”及其相关结果的数量、程度等,例(1)、(2)也可以说成如下句子:

(1')甲:肉贵菜几块叻。　乙:肉贵出菜几块叻。　丙:肉贵哩菜几块叻。　丁:肉贵哩菜好多。

(2')甲:我大你三岁。　乙:我大出你三岁。　丙:我大哩你三岁。

(1)与(1')、(2)与(2')二者都表达肉贵、我大,但是有一定的区别。首先,例(1')、(2')在类型上有了变化,由“基准+结果”变成了“结果+基准”;其次,(1')、(2')的乙、丙(丁)是甲的扩展,丁用于表示程度。“结果”由形容词变成了有一定动词性的词语,后边带有“出”“哩”等;再次,语用上,(1)、(2)是客观的描述,(1')、(2')是含有一定主观性色彩的表达,有强调结果的意味。

比较结果Z最常见的身份是形容词,如上面所举多数例子。除此之外,还可以是其他成分,主要是动宾短语、动补短语和“会、能、好、爱”做修饰语的状中短语这类动词性成分,单独的一个动词不可以。例如:

(10)娘的聒老子的好说话。

(11)这个赶那个爱要排场。

(12)小的赶大的做事宽敞。

(13)我吃盐赶那吃米面也多。

1.2 b."X+V+得+赶+Y+Z"

b结构与a结构的区别在于:b的比较结果是动词性述补短语,即"V+得+Z",比较基准Y插入到比较结果中了,a的比较结果是形容词。例如:

(14)我跑得赶那$_{他}$快。

(15)前一个唱得赶后一个有味儿。

b式可以转换成a式,例(14)、(15)可以说成"我赶那跑得快""前一个赶后一个唱得有味儿"。但是a式不能转换成b式,主要是"比较结果"不同所致。

1.3 c."X+赶+Y+A+得+多多叻/多着叻"

c结构是a结构的变体,比较结果主要用于说明X要在性质、状态方面比Y差非常多,比a的比较结果抽象,不再是具体性状的体现。例如:

(16)这个赶那个好得多多叻。

(17)论受苦,你赶我强得多着叻。

(18)物理赶化学难学得多多叻。

"赶"字主要用于差比句,有时也用于极比句。在绥德方言中,"赶"字差比句中如果加入"也"就变成了极比比较句,即下d、e结构。表达极比意义是"赶"字差比句在表义功能上的扩展。

1.4 d.X+也+赶+Y+Z

d结构的X是任指的比较对象,如果是特指的比较对象,应该具有该类对象的典型性或代表性。结果项Z是褒义的积极的词语,而不能相反。例如:

(19)哪里也赶咱这儿家$_{这里}$好。

(20)谁也也赶你会动脑子。

(21)三岁的娃娃也赶你强。

(22)王三也赶你有。

例(19)哪里都比咱们这里好,那就是咱们这里最差。(20)言外之意是你最不会动脑子。(22)王三都比你富有,你是最不富有的,因为在说话人的心目中,王三是不富有人的代表。X 是名词性词语时,句首可以出现助词"连""就连"等强调比较的极比性,如例(22)可以说成"就连王三也赶你有"。X 是疑问代词、动词性成分时不可以加"连"。

1.5 e. X+赶+Y+也+Z

这一结构是 d 的变化,Y 是任指的,多为疑问代词充当,与 d 式比较,结果项 Z 没有词义上的限制,积极的消极的词语都可以。例如:

(23)这儿家赶哪里也好宬。

(24)你赶谁也儿气$_{差劲、坏}$。

(25)有哩这个赶甚也好。

例(23)是说这里为最好待的地方。(25)是说这个东西为最好的。

"赶"字在绥德方言中很少用于否定差比句,否定比较词多用"不如、不顶、不胜"等,或"没+Y+Z"结构表达。

2 "赶"字比较句在汉语方言中的分布

2.1 "赶"字比较句的分布

"赶"字句在北方汉语方言中是使用较为普遍的比较句,从目前所见资料来看，分布在陕西、山西、内蒙古、宁夏、新疆、山东、河南、四川等地。[①]例如：

(26)其实，做群众的尾巴总赶做群众仇人强些。(欧阳山《高干大》)

(27)一条大路通北京，再没赶成娃强的人。(《陕北民歌选》)

(28)你们连长赶我这老头子可强的太多了。(柳青《铜墙铁壁》)

(29)我赶他大两岁。(延川)

(30)我的赶你的大|你去赶我强。(绥德、米脂、佳县、子洲、延安、子长)

(31)你的赶我的还小？(清涧)

(32)这搭东西赶咱兀搭贵。(扶风、关中东府地区)

(33)我赶他大。(略阳、宝鸡、永寿、蓝田、咸阳、耀县、宜君、凤翔、太白)

(34)致一嘅赶乃一嘅大|兀一嘅赶致一嘅好。(商州)(以上陕西，晋语、中原官话)

(35)妇女们见有意见没人管，于是下地的人一天赶一天少了。(西戎《纠纷》)

(36)这一个赶兀一个好。(吉县)

(37)妹子赶姐姐长得高|王小波赶他哥哥心肠好。(闻喜)

(38)这块赶(或品)兀块好。(徐清)

(39)西安赶太原近|伢人家身体赶以前好多啦。(芮城)

(40)我赶你高|今儿个赶奈几天热闹。(万荣)

(41)我赶你高|这页一个赶兀页好。(河津)

(42)我个子赶你高。(运城、永济)

(43)二小子赶大小子高一头呢|自家种的果子赶街上卖的都好吃。(大同)

(44)这本书赶那本书好。(沁县)(以上山西,晋语、中原官话)

(45)你赶我高等一个头呢。(山丹)

(46)我赶他大。(秦安、岷县、华亭、环县、天水、静宁、白银、会宁)

(47)我赶他大岁半|赶你聪明的人多得是。(舟曲、宕昌、武都、文县)(以上甘肃,兰银官话、中原官话)

(48)我赶他大两岁|你赶他高半截。(银川)

(49)这个人赶那个人高 | 今日赶昨日好多了,明日赶今日还好。(中宁)

(50)我赶你大三岁。(中卫)

(51)这个赶那个上强|今儿赶昨儿强多了,明儿赶今儿还要好了。(同心)

(52)固原赶银川冷|你赶他高|火车赶汽车快。(固原)(以上宁夏,兰银官话)

(53)她底学习赶我好|他底个子赶我高。(乌鲁木齐、吐鲁番)(新疆,兰银官话、中原官话)

(54)我赶他大。(包头、呼和浩特)(内蒙古,晋语)

(55)他还赶不上我高。(德州)

(56)论勤头我赶不上他。(潍坊)

(57)好死不赶赖活着。(利津)

(58)站着不赶坐着高。(无棣)

(59)骑车子不赶上坐汽车快|他不赶我高。(沾化)

(60)他赶不上你高。(聊城)(冀鲁官话)

(61)我的工资还不赶你的一半多哩。(金乡)

(62)今年赶不上年时热。(微山)

(63)我赶他大。(单县)

(64)谁说他快赶我高啦?(汶上)(中原官话)

(65)今儿赶不上夜儿凉快。(荣城)

(66)他赶不上我胖。(平度、莱州)

(67)他赶不上你高。(即墨)

(68)她赶小红差远了。(威海)(胶辽官话)(以上山东)

(69)我赶他大。(嵩县)

(70)我赶他高|他赶我胖来多。(宜阳、南阳)

(71)我赶你高。(鲁山)

(72)这个赶那个好|坐下(xa)吃,赶站那吃美。(以上河南,中原官话)

(73)我赶他高|他做事赶哪凯谁都稳当。(西充)

(74)今年度雨水赶去年子少|我去赶你去合适些。(成都)(以上四川,西南官话)

(75)这些房子赶不倒那些房子好。(武汉,西南官话)

此外还有做动词的用例。例如:

(76)各家的院子都赶城里的小广场了。(东北,东北官话)

(77)可还赶不上苏州,方太太?(老舍《面子问题》)

2.2 分布状况的分析

从上引材料表明,"赶"做比较词的差比句分布地区很广,其共同点是,它们都属北方方言。差别在于,山东境内方言的"赶"字句使用范围窄,仅限于否定比较,词汇意义没有完全消失,动词性特征显著，以“不上”做补语，较多地保留了近代汉语的一些句式特征（见下文），正好是介词产生的前提。北京东北官话也是这样。而晋语及其他官话在使用上没有什么限制，语法化为一个比较介词。绥德方言用“赶”做比较介词，是其中之一，没有特别之处。

从目前所报道的方言资料看，“赶”做比较介词在南方方言中不见，查阅李荣、许宝华的两部大型方言词典及大量的方言资料，均无一例，使用较为通行的比较词是宋代产生的“比”及其他词语，或用不同的结构形式来实现比较。在北方方言之下的江淮官话和北京东北官话没有“赶”做比较介词的相关报道，北京东北官话只有动词意义的“赶”字句[如上引例(76)、(77)]。据钱曾怡(2001)的材料看，山东境内的“赶”字句分布比较有意思。属于冀鲁官话的方言，如利津、无棣、德州、潍坊、沾化、聊成等地，属于胶辽官话的方言，如荣城、平度、莱州、即墨（威海例外）等地，“赶”做动词用，多为否定形式，与北京东北官话一致，没有虚化为介词，跟近代汉语的情况一致。而属于中原官话的方言，如金乡、微山、单县、汶上等地，是典型的“赶”字比较句。据一些学者的考察，江淮官话地区在宋元时代曾经是吴方言的地盘，可能受此影响而没有使用“赶”做比较词，吴方言是没有“赶”字比较句的。东北官话没有，可能是受北京话的影响而致。[②]北京东北官话形成在后，而中原官话产生在前，中原官话没有影响到北京东北官话。大致在宋元时代，北方地区同样都有比较动词“赶”的存在，而当北京东北之外的北方地区方言的“赶”向前演变为介词的时候，北京东北官话走了另外一条路子，就是继承了宋代时出现的介词“比”，“赶”的介词比较意义发展脚步停了下来，即只停留在了动词这一阶段（表时间等介词用法的产生是另一个问题）。总之，北京东北官话没有受到中原官话的影响，或者说没有走中原官话的路子。

在北方方言中，“赶”字差比句是仅次于“比”字的第二大类，目前已经处于消失的境况。在许多论著中都说到，使用“赶”字句的是中老年人，新派开始用“比”，表明“赶”字句正处于萎缩、消失的过程中，地理区域上处于点状或小片状分布局面，发展的趋势是被普通话的“比”字句取代。从另外一个角度看，现在的点状或小片状分布状况，可以推测原来在北方方言区可能是一个整体区域分布。西安话的例子也许也能给我们的推断提供一点参考。现在的西安话，“赶”做比较介词基本上消失了。我的同事吴媛老师（西安人）相告，她和父母们不用“赶”字比较句，但她的外婆在世时还是使用的。西安话是陕西关中地区中原官话发展的一个窗口，它的发展说明昔日的关中方言曾经在普遍使用“赶”字比较句（西安西边的宝鸡等地、东边渭南地区、黄河东岸的山西万荣等地现在都用）。[③]如此广阔地域使用的现状，可以推测到“赶”字比较句也许是中原官话底层一种比较句的残存。如果不是这一情况，现代方言分布得如此巧合就不易理解了。

3 “赶”字的历史考察及语法化

汉语比较句的研究比较充分，在许多论著中都提及并做了一些分析讨论，这样的论著有数十种，如马建忠（1898）、吕叔湘（1942）、太田辰夫（1985）、黄晓惠的（1992）、贝罗贝（Peyraube, Alain）（1989）、李蓝（2003）、魏培泉（2007）、张赪（2010）等，特别是张赪的专著描写详备，分析充分，解释有力。现代汉语方言比较句的描写论著也很多，其中涉及“赶”字句的描写也不少，但很少有对介词“赶”的语法化的过程进行讨论的。目前所见仅有王春玲(2011)对方言中的“赶”字语法化过程做了一些探究,不过还需要补充完善,我们在此基础上做进一步解释。

语法化问题的考察,可以根据历时文献的使用状况来分析,也可以凭借当代(某一时代)共时平面上的语言使用过程中自然形成的各种用法分布来探究,从句法、篇章和语用现象的角度分析。此外,还可以借助不同语言类型比较进行。根据张赪对近代汉语差比句介词的语法化演变过程分析的结果看,产生于魏晋南北朝的“比较主体+比+基准+VP”结构是连动式,其语法化的标志是形容词进入到该结构充当比较结果,即“VP”为“AP”取代。但是我们查阅、检索汉语史语料,还没有发现用“赶”做比较介词引入比较标准的任何用例,而作为比较介词产生基础的比较意义的动词用例甚繁,特别是元代之后频见。目前所见最早用例为元明文献,其后相沿。例如:

(78)学不得秦萧史跨彩凤重登凤台,赶不上晋刘晨采云芝再入天台。(汤舜民《双调·天香引·友人客寄南闽情缘眷恋代书此适意云》)

(79)我赶不上庞居士海内沉舟,晋孙登苏门长啸。(《忍字记》第四折)

(80)王婆道:“……那里讨一个赶得上这娘子的!”(《水浒传》第二十四回)

(81)俺每外官焉能赶的上。(《金瓶梅词话》第六十四回)

(82)我家这几个粉头,一般接客,赶得著他哪里!(《警世通言》卷三)

(83)只怕后生家还赶我不上哩!(《醒世恒言》卷三十五)

(84)兄弟李承祖,虽然也是个聪明孩子,到底赶不上姐姐。(《醒世恒言》卷二十七)

(85)九阿姐家有几个粉头,哪一个赶得上你的脚跟来?(《醒世恒言》卷三)

(86)我看起来,他目下虽穷,后来只怕你还赶他脚跟不着哩。(《醒世恒言》卷二十)

(87)你每枉自一船的货,也还赶他不来。(《初刻拍案惊奇》卷一)

(88)(王明)说道:"一夜筵赶不得一夜眠,我们坐得这一夜过哩。"(《三宝太监西洋记》第五十三回)

(89)实在我们年轻力壮的人捆上十个也赶不上。(《红楼梦》第七十一回)

(90)你比他大多了,又是叔叔,倘或赶不上他,又叫老太太生气。(《红楼梦》第九十二回)

(91)我们究竟是一件浊物,还是老太太的儿孙,谁能赶得上他。(《红楼梦》第一百一十一回)

就所见用例来看,"赶"使用的基本结构几乎都是"赶得上""赶不上""赶得着""赶不着""赶不得""赶不来"等形式,它们的句子结构是"X+赶得上/不上+Y",以此判断,"赶"是一个动词,"赶"后边的"上、着、不上、不着、不来"等都是它的结果补语,有时Y不出现,如例(81)、(89),但没有一例是形容词,亦即"赶"后边的成分非差比句结构中典型的结果项。由此来看,"赶"在历史文献中没有比较用法的介词用例。"赶"做介词的用法虽然在历史文献中有用例,却是表时间和起点意义的。如果说比较介词"赶"是从这一用法来的,而不是从动词比较义来的,这就与其他比较用法介词产生过程的共同规律相左。换句话说，从历时的角度来探究“赶”的语法化是行不通的。

另一条路子是现代汉语方言共时平面的考察。遗憾的是在现代汉语方言中“赶”字句没有典型的连动结构，没有出现两可分析，然后再重新分析为介词的用例。因此，对“赶”的语法化问题讨论只能进行一个推测。汉语介词是由动词演化而来，从动词演化到介词，大致经历三个阶段（石毓智，2010）：普通动词→经常或者只出现于次要动词的位置→丧失了普通动词与指示时间信息有关的句法特征而转化为介词。演化为介词的次要动词主要是能够携带施事者、受事者、与事者、工具、处所、时间、范围、目的、方式、原因等词类，它们使用频率较高，容易语法化。作为比较介词的“赶”，它的语法化过程同其他介词一样，也应该是在这样的情况下演变而来的，即由“赶＋NP＋V”连动结构中的“赶”虚化而来。

“赶”字在《说文解字》中已经出现，意思是“举尾走也”，即兽类翘尾奔跑，此义今普通话读 qián。它与做比较词的“赶”在音义上都没有关系，“赶”字不是本字。比较词“赶”的本字当为“趕”。《正字通》：“趕，追逐也。”唐·张鷟《朝野佥载》卷 2：“时同宿三卫子被持弓箭，乘马赶四十余里，以弓箭拟之，即下骡乞死。”“乘马赶”就是乘马追赶。动词发展为比较介词，关键因素是动词一般要具有“超过”义，“超过”义是作为比较词的语义基础和前提条件，“超过”了才会有差距的产生。“赶”字恰好具备这一语义条件。“赶”的本义是追赶，而追赶的预设义是因为 X 与 Y 之间存在着空间距离，X 追赶 Y，就是 X 与 Y 不在同一个起点上，彼此间有空间距离的存在。二者如果要进行“赶”，自然就有了位移意义的存在，即由此到彼。“赶”经过隐喻作用，将“赶”的对象扩展到了空间距离之外的事物上，从空间距离上的追赶发展到诸如认知、能力、条件等方面的追赶。换言之，在隐喻的作用下，人们借助具体空间域上的追赶来表达抽象空间上的追赶，由具体行为动作上的追赶投射到认知、能力、条件等抽象事物的追赶。追赶的结果，理论上说有两种结果：一是追上，即 X 与 Y 之间的距离为零，投射到语言上，就是“赶上”“赶得上”；一是没有追上，即 X 与 Y 之间仍然有距离存在，投射到语言上，就是“赶不上”。“赶上”是不符合表达差比意义的要求，如果将“赶上”用以比较，只能是平比，也就意味着没有“差”的存在。那么，构成差比意义的“赶”，只能是“赶”的否定结果“赶不上”发展而来。作为差比句的比较词，“不及”才符合“差”的语义需求。

上文说到，“赶”字差比句可能是历史上中原官话曾经存在过的一个句式，但是文献中没有体现，其原因何在？我们推测还是属于方言的原因，因为方言的缘故而不用，就像今天使用“赶”字差比句地区的人们写作一样，如果行文，笔下是绝对不会用“赶”的，都会写通行的“比”，用“比”一是不会引起人的误解，同时还显得洋气、不俗。但是文献中何以没有留下一点儿蛛丝马迹，却又的确令人不解。

附　注

① “赶”字句的材料，有的来自已有的方言调查成果，见参考文献，有的系笔者调查得来。河南鲁山资料由孙红举博士提供，甘肃天水、静宁、白银、会宁方言资料由研究生张蓝天提供，谨表谢意。其余来自：曹志耘《汉语方言地图集·语法卷》，商务印书馆，2008 年；何茂活《山丹方言志》，甘肃人民出版社，2007 年；黄伯荣《汉语方言语法类编》，青岛出版社，1996 年；姜岚《威海方言调查研究》，中国文史出版社，2006 年；李改样《芮城方言常用介词浅

析》,《语文研究》1999年第1期;李荣《现代汉语方言大词典》,江苏教育出版社,2002年;林涛《中卫方言志》,宁夏人民出版社,1995年;刘静《大同方言中的"赶"》,《山西大同大学学报》,2009年第2期;莫超《白龙江流域汉语方言语法研究》,中国社会科学出版社,2004年;乔全生《晋方言语法研究》,商务印书馆,2000年;史秀菊《河津方言研究》,山西人民出版社,2004年;宋恩泉《汶上方言志》,齐鲁书社,2005年;王淑霞《荣成方言志》,语文出版社,1995年;毋效智《扶风方言》,新疆大学出版社,2005年;许宝华、宫田一郎《汉语方言大词典》,中华书局,1999年;杨子仪、马学恭《固原县方言志》,宁夏人民出版社,1990年;殷相印《微山方言语法研究》,黑龙江人民出版社,2008年;张安生《同心方言研究》,宁夏人民出版社,2000年;张成材《商州方言词汇研究》,青海人民出版社,2009年;张启焕、陈天福、程仪《河南方言研究》,河南大学出版社,1993年;张一舟等《成都方言语法研究》,巴蜀书社,2001年;朱建颂《武汉方言研究》,武汉出版社,1992年。

② 从历史发展看,北京地区大都话首先形成,东北话在此基础上产生。居住在北京地区的汉族及契丹、女真族经过辽金两朝几百年的密切交往,到元代建都时基本形成了现代北京话源头的大都话。在辽代时,就开始有大批的汉民移居东北,或自愿而迁,或被辽朝俘获而去。他们主要是幽燕地区的汉民,带去的是该地区方言,汉语对东北女真族产生了重要影响,女真人放弃母语,学习使用汉语,汉语在东北各族语言中占了优势。作为当时通行的汉语,毫无疑问是在燕京话为中心的幽燕方言基础上发展起来的。金朝又是在汉化已经相当深厚的基础上建立起来的,史书的有关记载能说明这一事实。"在满族形成阶段,汉语在满族中就已经成为通行的语言了。"(林焘,1987)满清入关时的东北汉语,实际上是早年的幽燕方言,所以北京东北官话成为一体。北京东北官话都有比较意义的动词"赶"也从侧面说明它们同源。

③ 另据韩承红告知,关中已经调查的30个点,除了麟游、陇县、千阳、旬邑外,都说"我赶他大"。

参考文献

黄晓惠　1992　现代汉语差比格式的来源及演变,《中国语文》第3期。
李　蓝　2003　现代汉语方言差比句的语序类型,《方言》第3期。
林　焘　1987　北京官话溯源,《中国语文》第3期。

吕叔湘　1942　《中国文法要略》,北京:商务印书馆,1982。
———　1999　《现代汉语八百词》(增订本),北京:商务印书馆。
马建忠　1898　《马氏文通》,北京:商务印书馆,1983。
钱曾怡　2001　《山东方言研究》,济南:齐鲁书社。
石毓智　2010　《汉语语法》,北京:商务印书馆。
太田辰夫　1958　《中国语历史文法》(修订译本),蒋绍愚、徐昌华译,北京:北京大学出版社,2003。
王春玲　2011　《西充方言语法研究》,北京:中华书局。
魏培泉　2007　关于差比句发展过程的几点想法,《语言暨语言学》5.3。
张　赪　2010　《汉语语序的历史发展》,北京:北京语言大学出版社。
Peyraube, Alain(贝罗贝) 1989 *History of the Comparative Construction in Chinese from the 5th Century B.C. to the 14th Century A.D.* Reprinted Proceeding on the Second International Conference on Sinology Academia Sinica.

上古汉语后附性“者”的语法化及相关问题*

洪　波

（首都师范大学文学院）

0　前言

本文的研究对象是上古汉语后附性语言成分“者”，不涉及作为文字的“者”与“之”“诸”等的纠葛问题。

作为后附性语言成分的“者”不见于殷商甲骨文。传世文献最早见于《诗经》的《大雅》和《鲁颂》（《尚书·洪范》里有1例，但《洪范》的成文年代不易确定）。《大雅》仅《生民之什·卷阿》1见，《鲁颂》仅《駉》4见，且为同句复出。《小雅》“者”已习见。出土文献最早见于春秋时期金文（参见赵诚，2001:267）。

后附性“者”的语源目前还不清楚，《尚书》里动词性成分的转指用法不用“者”。例如：

(1)今商王受……乃惟四方之多罪逋逃是崇是长。（《牧誓》）

这说明《尚书》的语言系统里不用“者”加在谓词性成分之后表示转指。

* 本文的研究工作得到国家社科基金的支持，项目号为11BYY097。

"者"的词源也不清楚，我们不知道它从何而来。出土文献和部分传世文献显示它跟表示"多"义的"诸"和宾格指示代词"之"之间都有很多纠葛。在金文里，表示"多"义的"诸"都写作"者"，例如：[①]

(2)其隹我者侯百生。（兮甲盘）读为：其惟我诸侯百姓。

(3)用乐父兄者士。（子璋钟）读为：用乐父兄诸士。

在金文里，"者"有时也做宾格指示代词"之"解。例如：

(4)卫小子家逆诸。（九年卫鼎）读为：卫小子家逆之。

这种情况在传世文献里也较常见。如《山海经·五藏山经》里宾格代词"之"均作"者"。他如：

(5)礼之中焉能思索，谓之能虑；礼之礼之中焉能勿易，谓之能固。能虑，能固，加好者焉，斯圣人矣。（《荀子·礼论》）

(6)不利而利之，不如利而后利之之利也；不爱而用之，不如爱而后用之之功也。利而后利之，不如利而不利者之利也；爱而后用之，不如爱而不用者之功也。（《荀子·富国》）

"者"与"诸""之"之间的这种纠葛是纯粹文字上的通假还是与"者"的词源有关，我们现在还无法做出明确的判断。

"者"到中古以后逐渐消失了，近代汉语里的"底"另有来源。因此我们也不知道它到哪里去了。

1　先秦时期"者"的用法

朱德熙(1983)将先秦时期后附性"者"的功能归为两大类：转指和自指，但"者"的具体用法是比较复杂的。

（一）"者"附于动词（含形容词）或动词性短语之后，构成名词性结构，转指动词的一个论元成分，一般情况下转指的是动词的施事，也可以转指动词的受事。例：

(7)其为人也孝弟而好犯上者，鲜矣。(《论语·学而》)(转指施事)

(8)初，武城人或有因于吴竟田焉，拘鄫人之沤菅者，曰："何故使吾水滋？"及吴师至，拘者道之以伐武城。(《左传·哀公八年》)(转指受事)

朱德熙(1983)指出"者"提取的是主语，这个认识是正确的。

有时候"者"加在一个名词之后，构成的"者"字结构也表转指。例：

(9)子曰："圣人，吾不得而见之矣；得见君子者，斯可矣。"子曰："善人，吾不得而见之矣；得见有恒者，斯可矣。亡而为有，虚而为盈，约而为泰，难乎有恒矣。"(《论语·述而》)

(10)子曰："论笃是与，君子者乎？色庄者乎？"(《论语·先进》)

例(9)的"得见君子者"中"君子者"的意思是"像君子的人"或"是君子的人"，下文"得见有恒者"与"得见君子者"句法平行。例(10)的"君子者"与下文"色庄者"对文，"色庄者"为转指性"者"字结构无疑，因此这里的"君子者"意思是"像君子的人""是君子的人"，也是转指性结构。

(二)"者"附于动词或动词短语之后，构成名词性结构，该结构指称的是动词或动词短语所表示的行为或者状态。朱德熙将这种用法的"者"称为自指标记。例如：

(11)孔子於乡党，恂恂如也，似不能言者。(《论语·乡党》)

(12)阳虎伪不见冉猛者，曰："猛在此，必败。"(《左传·定公八年》)

从文献用例看，这种用法的"者"字结构主要出现在比况动词后面做宾语。

（三）“者”附于数词之后，构成名词性结构，转指与数量相关的事物。例：

(13)子贡问政。子曰：“足食，足兵，民信之矣。”子贡曰：“必不得已而去，于斯三者何先？”（《论语·颜渊》）

(14)五亩之宅，树之以桑，五十者可以衣帛矣。鸡豚狗彘之畜，无失其时，七十者可以食肉矣。（《孟子·梁惠王上》）

（四）“者”附于状态形容词之后。朱德熙没有讨论到这种用法，袁毓林(1997:165)认为这种用法的“者”是状态词后缀演变而来的助词。例如：

(15)菁菁者莪，在彼中阿。（《诗经·小雅·菁菁者莪》）

(16)微生亩谓孔子曰：“丘何为是棲棲者与？无乃为佞乎？”（《论语·宪问》）

这种用法在《诗经》里比较常见，在先秦其他文献里罕见。《诗经》里主要有两种情况，一是加在叠音状态形容词之后，如例(15)。二是加在“有＋单音节状态形容词”之后，例如：

(17)有卷者阿，飘风自南。（《诗经·大雅·卷阿》）

(18)有菀者柳，不尚息焉。（《诗经·小雅·菀柳》）

“有＋单音节状态形容词”相当于叠音状态形容词，所以以上两种情况实际上就是一种。

《诗经》里这种用法的“者”字结构只有分布在名词前面的，没有分布在名词后面的，而且名词都是单音节的，所以“者”有可能是因为韵律的需要而加上去的。不过结合《论语》的例子(例16)看，这种用法应与第(二)种用法相同，是一种自指用法。

（五）“者”附于数名短语之后，构成名词性结构。朱德熙认为“者”的这种用法是自指性的。例如：

(19)夫三子者之言何如？(《论语·先进》)

(20)冉有曰："夫子欲之，吾二臣者皆不欲也。"(《论语·季氏》)

(六)"者"附于话题之后。这种用法朱德熙归入自指用法。例如：

(21)政者，正也。(《论语·颜渊》)

(22)若寡人者，可以保民乎哉？(《孟子·梁惠王上》)

(七)"者"附于假设小句之后，有表示假设的意味。朱德熙认为这种用法仍然是"者"字的自指用法。例如：

(23)子谓子贱：君子哉若人！鲁无君子者，斯焉取斯？(《论语·公冶长》)

(24)季氏使闵子骞为费宰。闵子骞曰："善为我辞焉。如有复我者，则吾必在汶上矣。"(《论语·雍也》)

(八)"者"附于句末，表示肯定语气。在《论语》里我们见到两例：

(25)安见方六七十，如五六十，而非邦也者？(《论语·先进》)

(26)子曰："恶紫之夺朱也，恶郑声之乱雅乐也，恶利口之覆邦家者。"(《论语·阳货》)

以上两例"者"都位于句末，(25)"者"在语气词"也"之后，在上古汉语里，"也"做句末语气词最靠近句子的命题部分，那么分别在它之后的"者"只能是语气词。(26)是三个并列句，且句子的句法结构相同，前两句句末语气词用的是"也"，最后一句用的是"者"，这个"者"也只能是语气词。

除了上述八种用法之外，还有一种用法必须提到。前面说过"者"与宾格代词"之"之间有纠葛，不仅如此，"者"与定语标记的"之"之间也有纠葛。裴学海《古书虚字集释》认为《诗经》里的"楚楚者茨"即相当于"楚楚之茨"，"者"是定语标记。但这个说法不能成立，因为在《诗经》里我们找不到“楚楚之茨”之类的说法，更何况还有像“是栖栖者”的现象存在，所以我们将这类用法的“者”视为自指用法。不过在先秦散文里确实存在一些“者”用作定语标记的用例。裴学海举到的有：

(27)不道仁义者故，不听学者之言。(《韩非子·显学》)

(28)虚则知实之情，静则知动者正。(《韩非子·主道》)

(29)此持(特)凶言之所自生，而暴人者之道也。(《墨子·非命》)

上述例证中“仁义者故”“动者正”“暴人者之道”的“者”如果确实是定语标记的话，那么有两种可能，一种可能是“者”为“之”的通假字，另一种可能是“者”由上述第二项用法演化出定语标记功能。这两种可能性我们目前无法做出明确的抉择，不过，从汉代以后文献看，除了《汉书》中有“道家者流”“儒家者流”的疑似用例之外，“者”未见有更多的做定语标记的用例，因此通假的可能性会更大一些，故我们暂时不认为这是“者”的一种独立用法。

2 “者”字用法的归纳和讨论

朱德熙(1983)对“者”字的性质和功能做过非常深入的研究。他以结构主义理论的视角来审视“者”字结构，将其一分为二：转指性的和自指性的，相应地，“者”字的功能也一分为二：表转指和表自指。

按照朱德熙的分析，上述(一)(三)两种用法是表转指，(二)(四)(五)(六)(七)五种用法都是表自指，第(八)种用法也是表示自指。

朱先生的分析具有高度概括性，他充分注意了“者”字的语法功能和语义功能，却忽略了“者”字的语用功能。比如出现在话题之后的“者”朱先生认为表自指，这是一种认识，也许是对的，可是，在上古汉语里，话题之后不一定要用“者”，那么“者”字的用与不用，在语用上有什么不同？再比如像“有颜回者好学”，这里的“者”也是表自指，为什么要加这个表自指的“者”呢？不加可不可以呢？据对《论语》《左传》等先秦文献的查考，这个“者”是不能省去的，必须加。必须加的理据何在？

我们认为：分析“者”字的功能，光看它的语法功能和语义功能还不够，也要看它的分布环境和语用功能。

在上述八种用法中，表转指的用法虽然只有两种，但这两种用法的使用频率都是很高的，特别是第(一)种用法，基本上可以肯定是“者”字的原型功能。

表转指的“者”字结构实质上是一个句子的关系化，“者”字的作用是提取句子的主语并使句子关系化为一个名词性短语。从这个角度看，表转指的“者”可视为关系代词(relative pronoun)或关系化小品词(relativizational particle)。从《马氏文通》开始，国内学者大多主张这种用法的“者”是一种代词，《文通》称之为“接读代字”，王力《汉语史稿》称之为“特殊指示代词”，本文认为，从“者”字这种用法的分布位置和使用情况看，似应看作小品词(particle)。[2]小品词一般译为“助词”。

“者”字的关系化有宿主(host)出现和不出现两种情况，宿主出现的情况又有两种情形，一是宿主出现在“者”字结构的后面，这种情况最早见于《诗经》，但其他先秦文献里少见。例如：

(30)彼茁者葭，壹发五豝。(《诗经·召南·驺虞》)

(31)彼姝者子,何以予之?(《诗经·鄘风·干旄》)

(32)彼苍者天,歼我良人。(《诗经·秦风·黄鸟》)

二是宿主出现在“者”字结构的前面,“者”字结构或用“之”引出,或不用。例如:

(33)居是邦也,事其大夫之贤者,友其士之仁者。(《论语·卫灵公》)

(34)伯夷,圣之清者也;伊尹,圣之任者也;柳下惠,圣之和者也;孔子,圣之时者也。(《孟子·万章下》)

(35)子曰:“禘自既灌而往者,吾不欲观之矣。”(《论语·八佾》)

(36)子曰:“士志于道,而耻恶衣恶食者,未足与议也。”(《论语·里仁》)

上述第(二)种用法朱先生归入自指用法,朱先生的意见是正确的。这种用法的“者”主要作用是将谓词性成分名词化。前文将表转指的“者”视为助词,那么它的这种用法也应是助词。

上述第(四)种用法袁毓林(1997)认为是状态形容词后缀演变而来的助词,这种说法我们不取。说状态形容词后缀演变为一个助词,这不符合语法化单向性原则。语法化的结果只会使附着的变得更加附着,而不是相反。

第(五)种用法也是一种自指用法,但它负载着特定的语用信息。

在先秦汉语里,数名结构本身是用来表达不定指(indefinite)的,因此一个数名短语要表达定指(definite),就需要加特定标记,“者”字加在数名短语之后,其作用就是使这个数名短语转而表达定指。

根据我们对《论语》《左传》《孟子》等文献的查考,数名短语加“者”之后都是表达定指的,前引例(19)(20)即是例证,再如:

(37)晋人执晏弱于野王,执蔡朝于原,执南郭偃于温。苗贲皇使，见晏桓子。归，言于晋侯曰："夫晏子何罪？昔者诸侯事吾先君，皆如不逮，举言群臣不信，诸侯皆有贰志。齐君恐不得礼，故不出，而使四子来。左右或沮之，曰：'君不出，必执吾使。'故高子及敛盂而逃。夫三子者曰：'若绝君好，宁归死焉。'为是犯难而来……"（《左传·宣公十七年》）

(38)君子谓华元、乐举于是乎不臣。臣，治烦去惑者也，是以伏死而争。今二子者，君生则纵其惑，死又益其侈，是弃君于恶也，何臣之为？（《左传·成公二年》）

例(37)最有说服力。例中苗贲皇对晋侯说的话里"四子"是第一次出现，是不定指的，所以不加"者"，后面"夫三子者"即晋人所执之晏弱、蔡朝、南郭偃，这是晋侯所知道的，是定指信息，因而加了"者"。

从性质上说，这种用法的"者"与第(二)(四)两种用法没有本质区别，所不同的仅在于这种用法的"者"所与组合的是名词性成分，因此这种用法的"者"也是自指标记。

第(六)种用法是"者"附于话题之后，朱德熙认为与其他场合下"者"字自指用法的功能是一样的。

把这种用法归入自指也无可厚非，从来源上讲，这种用法肯定是从"者"的自指用法演变来的，但有一个问题，在话题之后，可以出现"者"，也可以出现"也"，还可以"者""也"共现，且在《论语》《孟子》等文献里共现的顺序是"也者"。如果说"者"仍是自指标记，那也得承认"也"也是自指标记，而语言事实表明"也"没有名词化功能，是一个语气词，这样来看，话题之后的"者"还是分析为标记话题的语气词为宜。此外，还需要回答一个问题：在话题之后为什么要加"者"？文献证据表明并不是所有的话题都需要加"者"或者"也"，那么加与不加就一定有语用上的区别。

有一个极富启发的现象。在春秋及战国早期文献里，用“有”引出一个专有名词充当话题，其后必加“者”。例：

(39)哀公问：“弟子孰为好学？”孔子对曰：“有颜回者好学，不迁怒，不贰过，不幸短命死矣。今也则亡，未闻好学者也。”(《论语·雍也》)

(40)子游为武城宰，子曰：“女得人焉耳乎？”曰：“有澹台灭明者，行不由径，非公事未尝至于偃之室也。”(《论语·雍也》)

我们知道，用“有”引出的话题都是新引入的话题，也就是第一次提及的话题，据此我们推测“者”出现在话题之后有标记新话题的作用。

我们的这种推测在《论语》里得到另一个语言现象的支持。在《论语》里，如果是交际双方共享性话题，后面一般只能加“也”，不能加“者”。例：

(41)季康子问：“仲由可使从政也与？”子曰：“由也果，于从政乎何有？”曰：“赐也可使从政也与？”曰：“赐也达，于从政乎何有？”曰：“求也可使从政也与？”曰：“求也艺，于从政乎何有？”(《论语·雍也》)

有时为凸显共享性话题，可以“也者”连用。例如：

(42)其为人也孝弟而好犯上者，鲜矣。不好犯上而好作乱者，未之有也。君子务本，本立而道生。孝弟也者，其为仁之本与？(《论语·学而》)

到《孟子》里，“者”“也”作为话题标记的这种区分渐趋紊乱，表现之一就是共享性话题后面也可以单用“者”。例如：

(43)孔子之谓集大成。集大成也者，金声而玉振之也。金声也者，始条理也；玉振之也者，终条理也。始条理者，智之事也；终

条理者，圣之事也。智，譬则巧也；圣，譬则力也。由射於百步之外也；其至，尔力也；其中，非尔力也。（《孟子·万章下》）

直到战国晚期以后"者""也"的这种分工才消失：

(44)鲁人有周丰也者，哀公执挚请见之。（《礼记·檀弓下》）

第（七）种用法朱德熙也归入自指用法，不过他同时也认为这种用法的"者"有表示假设的意味。条件即话题，这已是当今语言学的一种理论共识，因此这种用法的"者"的功能与第（六）种用法没有实质性差别，也是一个具有标记话题作用的语气词。

朱先生还提到誓辞中的"者"，认为在《论语》《左传》等文献里的誓辞中所用的惯用格式"所…… 者"，其中的"者"与假设句末的"者"的功能是一样的。我们同意朱先生的这个分析。例如：

(45)子见南子，子路不说。夫子矢之曰："予所否者，天厌之！天厌之！"（《论语·雍也》）

(46)将盟，齐人加于载书曰："齐师出竟而不以甲车三百乘从我者，有如此盟！"（《左传·定公十年》）

这种情况下的"者"与其他假设句末一样，也可以不用。例：

(47)晏子仰天叹曰："婴所不唯忠于君、利社稷者是与，有如上帝！"乃歃。（《左传·襄公二十五年》）

根据以上分析，我们将"者"字的性质和功能分为六种：

（一）助词：转指标记

（二）助词：自指标记

（三）助词：有定标记

（四）语气词：话题标记

（五）语气词：话题标记/假设标记

（六）语气词：表示论断性语气

3 “者”字的功能演化过程及其机制

“者”字的上述六种功能之间存在着衍生关系，其中最关键的一步是从转指到自指的演变。

袁毓林(1997)讨论过“者”字的转指功能和自指功能之间的衍生关系，他认为“者”字的自指用法是通过谓词隐含而从转指用法演化出来的。他所说的谓词隐含，指的是言说义谓词(“曰”/“谓”之类)的隐含。

不过袁的这种看法只是一种猜想和假设，没有上古汉语语言事实的根据。

在传世文献中，《论语》是“者”用例丰富而又较早的文献，该书囊括了“者”字的所有功能。从《论语》来看，“者”的自指功能是在比况句式中从转指演化而来的。请看下面的例子：

(48)子贡问曰：“贫而无谄，富而无骄，何如？”子曰：“可也。未若贫而乐道、富而好礼者也。”(《论语·学而》)

(49)孔子于乡党，恂恂如也，似不能言者。(《论语·乡党》)

(50)过位，色勃如也，足躩如也，其言似不足者。(《论语·乡党》)

例(48)孔子针对子贡的问题而回答，子贡的问题是“贫而无谄，富而无骄，怎么样？”而孔子的回答从字面来看可以有两种理解，一种理解是“比不上贫而乐道富而好礼的人”，另一种理解则是“比不上贫而乐道富而好礼这样的境界”，按前一种理解，“者”为转指，按后一种理解，“者”为自指。而根据上下文语境的提示情形，该例更倾向于理解为后者。例(49)“似不能言者”承前省略了主语

"孔子","者"倾向于理解为自指,意思是"像不会说话的样子",如果补上主语"孔子",则"者"更容易理解为转指,意思是"孔子像个不会说话的人"。例(50)"其言似不足者"因为句子主语不是指人的,而"不足"正是对"其言"的说明,因此其后的"者"字只能理解为自指。

我们注意到,到了《孟子》里,在比况句中,句子主语即使出现,"者"也只能视为自指的了。如:

(51)孟子将朝王。王使人来曰:"寡人如就见者也,有寒疾,不可以风;朝将视朝,不识可使寡人得见乎?"(《孟子·公孙丑下》)

例中的"如"一般不再理解为比况动词,而理解为助动词,表示道义情态意义。之所以有这样的理解,是因为到孟子时代,这种比况结构已经发生了重新分析,详见下文。

比况动词是广义判断动词,所联系的前后两项在性质上应该相同,而且应是名词性的,典型的比况句式如:

(52)孟施舍似曾子,北宫黝似子夏。(《孟子·公孙丑上》)

因此当比况动词所联系的后项是谓词性的,则需要将其名词化,"者"进入比况动词句的后项,原因就在此。

根据朱德熙(1983),"者"表转指,必须满足一个条件,即所提取的成分缺位。然而在比况句式中,句子的话题往往就是"者"所提取的成分,如例(51)"寡人如就见者",这样就使得"者"字的成分提取功能落空,成为一个羡余成分,从而导致结构的重新分析,"者"保留了其名词化功能而不再表达转指功能,所构成的"者"字结构由此演变为一个自指性的名词短语,"者"也因此由转指功能演化出自指功能。

根据以上分析，"者"由转指演化为自指，是在特定句式中通过语用推理而发生的。语用推理是其功能演化的直接动因(motivation)。

表转指"者"所构成的"者"字结构跟一个光杆名词一样，其指称特性是不确定的，完全依赖于所提取的句子主语而定，如果所提取的句子主语是定指的(definite)，则"者"字结构也是定指的，反之则是不定指(indefinite)甚至是类指的(generic)。

演化为自指标记之后，"者"字结构的指称特性仍然如此。如：

(53)蓼蓼者莪，匪莪伊蒿。(《诗经·小雅·蓼莪》)

(54)丘何为是棲棲者与？(《论语·宪问》)

例(53)"蓼蓼者"是类指，(54)"是棲棲者"因为有指示代词"是"的修饰，是定指的。

不过，无论是转指性"者"字结构还是自指性"者"字结构，在句子中做主语的概率都远远大于做宾语的概率。有人做过一个统计，"者"字结构充当主语相对于其做宾语的比例是8∶2(与"者"字结构相类似的"之s"结构则正好相反)。[③]

根据董秀芳(2010)，古代汉语句子主语并不限制不定指成分。不过，在汉语语法分析中一般不区分主语和话题，董秀芳所说的古代汉语主语不限制不定指成分，主要表现在施事主语上，至于话题，在古代汉语里一般只能容忍类指性成分而不大能容忍不定指成分，最为常见的是定指性成分。

"者"字结构由于经常充当话题，而话题通常都是有定的，"者"字由此衍生出两种功能，即话题标记功能和定指标记功能。

"者"字表自指时本身就具有羡余性，当这种"者"字结构充当话题时，在高频的基础上，由语用推理导致结构的重新分析，话题标记"者"由此而产生。

同样的道理，由于话题的有定性，加上高频基础，发生语用推理，话题的有定性被“强加于”“者”字上，“者”由此衍生出定指标记功能。

至于出现在假设句中的“者”，本身仍是话题标记，正因为如此，“者”可以与假设连词“如”“若”等共现。例：

(55)若不得者，则大忧以惧。(《庄子·至乐》)

(56)即有所取者，是商贾人也，仲连不忍为也。(《战国策·赵策三》)

所以表示假设的“者”是从话题标记“者”演化而来的，如果这种语法化过程已经发生，那么其动因很明显，也是语用推理。

“者”做句末语气词在上古文献中不多见，这种功能是从“者”的话题标记功能演化来的。

赵元任(1965)早就说过，话题即小句，句末语气词同时也可以充当话题标记，古今汉语皆然，所不同的是，现代汉语差不多所有的句末语气词都可以出现在话题之后充当话题标记，在古代汉语里，本为句末语气词而能同时做话题标记的只有“也”。

在《论语》里，“也”和“者”做话题标记差不多一样常见。“者”由话题标记演化为句末语气词显然是“也”类推作用的结果。

根据以上分析，我们把“者”字功能演化的路径图示如下：

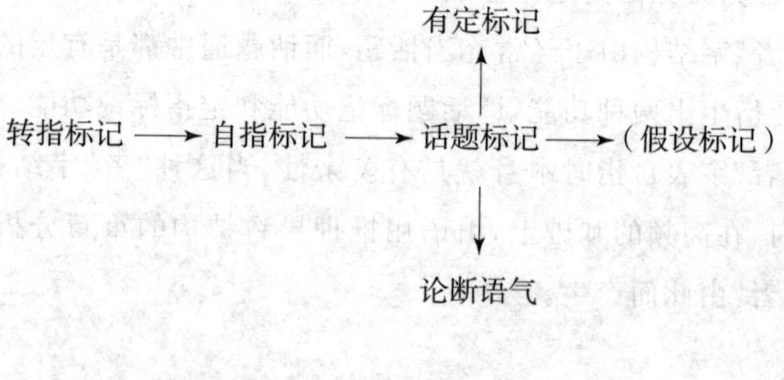

4 相关问题的讨论

(一)Heine & Kuteva(2002)给出的关系代词的语法化方向只有一条，即由关系代词演化为标句词(complementizer)，上古汉语关系代词"者"虽然不是关系代词，但关系化是它的基本功能，而它的语法化方向则完全是另一个样子。不过"者"的语法化也并不是孤立的现象，Yap, Foong Ha & Stephen Matthews(2008)考察了日语、朝鲜语以及藏缅的藏语、拉祜语、Chantyal 语，Yap, Foong Ha(2008)考察了马来语，在这些语言里的相关成分都有与"者"相似的语法化。

据 Yap & Matthews(2008)和 Yap(2008)，在东亚和东南亚诸语言中与"者"有相同或相似的多功能词项，其功能的主要来源是名词化标记(nominalizer)功能，Yap & Wang(2008)也专门考察了古代汉语的"者"和"所"，文章认为"者"最初是一个轻名词(light noun)，由轻名词演化为名词化标记，再演化出关系化标记、表言者立场(stance)的句末语气词等。说"者"最初是一个轻名词无语言事实根据，"者"的名词化功能和关系化功能是并立的，不存在演化关系。不过他们的研究成果丰富了我们的视野，不仅让我们了解到"者"字的功能演化不是孤立现象，而且对于我们认清"者"字的功能以及各项功能之间的演化关系是很有助益的。

(二)朱德熙(1983)认为，"者"所提取的成分在实际话语中必须缺位，这个观察不够准确。前引例(30)—(36)都是"者"提取的成分出现的用例，其中像例(30)—(32)那种所提取的成分分布在"者"字结构的后面的情况除了《诗经》，在其他先秦文献中少见，但也不是绝对没有。例如：

(57)问其所知闾长者杨倩。(《韩非子·外储说右上》)

(三)我们认为例(30)—(32)中的"者"是转指标记,而前引例(15)—(18)中的"者"我们认为是自指标记,两者看上去似乎相同,也有不少人就是这么认为的。

实际上这两种情况是完全不同的。其一,例(30)—(32)因为前面有指示词"彼",表明"者"字结构是名词短语的内部成分,而例(15)—(18)的"者"字结构是否是名词短语的内部成分还值得探讨,我们注意到,在《诗经》里,如果状态形容词后不用"者"名词化,不能置于指示词之后。例如:

(58)嘒彼小星,维参与昴。(《诗经·召南·小星》)

(59)娈彼诸姬,聊与之谋。(《诗经·邶风·泉水》)

(60)髧彼两髦,实维我仪。(《诗经·墉风·柏舟》)

其二,像例(30)—(32)"者"字结构后面的名词都是单音节的,如果是双音节的,则前面的状态形容词就不能加"者",这说明"者"的作用主要在于韵律方面。不过,考虑到有例(16)的存在,我们不把它视为韵律助词,而认为它是一个自指标记。

附　注

① 例(2)(3)(4)转引自赵诚(2001:267),例(4)"家"原文未隶定,字形似"家"字篆书,此处姑以"家"代之。

② 南开大学古代汉语教研室《古代汉语读本》(1987)已将表转指的"者"视为助词,其后赵诚(2001)也持相同观点。

③ 参见石毓智、江轶(2006)《古汉语中后置关系从句的成因与功能》19页。

参考文献

董秀芳　2010　汉语光杆名词指称特性的历时演变,《语言研究》第1期。

石毓智、江　铁　2006　古汉语中后置关系从句的成因与功能,《语文研究》第1期。
袁毓林　1997　“者”的语法功能及其历史演变,《中国社会科学》第3期。
赵　诚　2001　金文的“者”,《中国语文》第3期。
赵元任　1965　《中国话的文法》,丁邦新译,香港:香港中文大学出版社,1980。
朱德熙　1983　自指和转指——汉语名词化标记“的、者、所、之”的语法功能和语义功能,《方言》第1期。
Foong Ha Yap 2008 Nominalizers (and copulas) in Malay. In Maria Jose Lopez-Couso and Elena Seone (eds.) (in collaboration with Teresa Fanago) *Rethinking Grammaticalization in the Twenty-First Century*. Amsterdam/Philadelphia: John Benjamins.
Foong Ha Yap & Jiao Wang 2008 From light noun to nominalier: The grammaticalization of *Zhe* and *Suo* in old and middle Chinese. In Maria Jose Lopez-Couso and Elena Seone (eds.) (in collaboration with Teresa Fanago) *Rethinking Grammaticalization in the Twenty-First Century*. Amsterdam/Philadelphia: John Benjamins.
Foong Ha Yap & Stephen Matthews 2008 The development of nominalizers in East Asian and Tibeto-Burman languages. In Maria Jose Lopez-Couso and Elena Seone (eds.) (in collaboration with Teresa Fanago) *Rethinking Grammaticalization in the Twenty-First Century*. Amsterdam/Philadelphia: John Benjamins.
Heine, Bernd & Tania Kuteva 2012 *World Lexicon of Grammaticalization*. Cambridge: Cambridge University Press.

虚词衍生过程中的语音弱化*

——以汉语语气词为例

李小军

（江西师范大学文学院）

1 引言

虚词往往源于实词或语义较实的词，因此，虚词衍生的过程也大致可以看作是语法化过程。一般认为，一个典型的语法化过程包括语义-语用、形态-句法和语音-音系三个子过程。而语音变化又有一个大致的趋向：音系形式逐渐减少或弱化，完整的音系形式发展为弱化的音系形式。因此，语法化演变引起的语音变化又称为语音弱化。

1.1 语音弱化的类型

Hopper & Traugott(2008:195)指出，屈折型语言语音弱化的形式通常为：元音和辅音脱落，强调或重读语调的丧失导致新形式的词重音的重新调整，相邻的音段之间彼此同化、融合。据此，

* 基金项目：国家社科基金项目"汉语语法化演变中语音弱化及结构省略研究"(编号 10BYY057)。

他们提出一个语法化演变模式：实义词＞语法词＞附着词＞屈折词缀。

汉语在虚词衍生过程中，常常也伴有语音弱化现象，比如声母、韵母、声调等在发声上不同程度地减弱，甚至脱落，有时还会产生合音等。但是，在语音弱化的表现上，汉语这类分析-孤立型语言，与英语等屈折型语言有着显然的不同，即演变的最后结果往往不是词缀，而是语法词或词内成分。据此，吴福祥(2005)提出了一个汉语语法化模式：实义词＞语法词或附着词＞词内成分。

1.2 语音为什么会弱化

语法化怎么会导致语音弱化呢？这可以从不同角度来解释。一认为是仪式化(ritualization)的结果，如 Hopper & Traugott (2008:160)所说："频繁出现的组合形式往往会变得自动化，它们会被储存起来和作为组块来表示。因为这些自动化形式所表示的内容具有可预测性，因而人们在表达时说得较快；语言是线性的结构，由于说得较快，这些自动化形式的各个成分就变得含糊，显著性降低了；经常互相邻接出现的形式甚至可能会融合为一个单一的词，如词干和附着形式。"这可以"而已"为例：

(1)人生天地之间，若白驹之过隙，忽然而已。(《庄子·知北游》)

(2)其母曰："人尽夫也，父一而已，胡可比也？"(《左传·桓公十五年》)

(3)天子、诸侯所亲者，唯长子、母弟耳。(《穀梁传·襄公三十年》)

例(1)"而"为连词，"已"为动词，"而已"为跨层结构；例(2)"而已"为语气词；例(3)语气词"耳"为"而已"的合音形式。合音是语音弱化的一种典型表现形式。简单说，仪式化过程也可以看作是语音磨损(erosion)过程，即刺激的高频重复出现会促使反应者对刺激物的反应持续减弱，并最终导致刺激物的形式(语音)和意义(语义)被磨蚀。

语音弱化还可以从语义表达的重要性来解释。一些学者认为，语言表达存在一种象似性，一个语言单位在语义表达中的重要性与其语音形式成正比；虚词的信息负载量小，语音形式就不太重要。如“我已经吃过饭□”一句，末字“□”可以猜得出来是“了”字，其信息量几乎等于零，所以其读音就非常自由，把它念成[lə、la、lo]大家都可以理解为“了”字。但是其中的“吃”就只能念[tʂhʅ]，念成[tʂha]或[tʂho]人家就会听不懂。(潘悟云，2002)正因此，一些词汇项在语法化过程中，语音就会产生变异，而变异的结果往往是语音弱化。

本质上，这两种解释大同小异，即都认为语义虚化(或主观化)会导致语音弱化，且都与语义表达的重要性及使用频率有关。总的来说，在绝大部分研究语法化的学者眼里，语音弱化已经被视为语法化的一个基本规律而不言自明。甚至很多时候，语音的弱化程度会被用来检验语法化的程度和等级。

但是，语法化并不必然导致语音弱化，如 Hopper & Traugott (2008:142)所说：“语音的磨损并不是一个必备条件，对于语法化而言，贯穿整个斜坡的通道从来不是必然的或所期待的。”为什么语法化并不必然导致语音弱化呢？原因很简单，词汇项的词汇义在淡化(bleaching)的同时，新意义——语法意义却增加了，同时词汇的主观件也增强了。因而语音弱化并不是整齐划一的，非常复杂，因时因地甚至因人而异。比如老派湘语邵阳话中质问对方的

“何底”(你想怎么样?),亦常说成“何哩”,“何哩”是“何底”的弱化形式,但两者并无别义的作用,口语中说哪个,完全凭个人的兴趣或习惯。

1.3 问题的提出

虽然汉语在虚词衍生过程中也常常伴有语音弱化,但因为汉字的非表音性,很多语音弱化现象会被掩盖起来。比如一个词虚化了,语音形式也有所弱化,但仍然采用原来的汉字来记录,而后人看到汉字,却不知道语音是否弱化了。这样,语音弱化的判定就存在一定的困难。有时即使换了一个字来记录,但如果不明本源,语音弱化也无从谈起。那么,该如何判定一个词或结构在语法化的过程中语音弱化了,或者说,语言弱化有哪些表现形式呢?其次,哪些词或结构在语法化过程中容易语音弱化,哪些不会?最后,语音弱化会不会影响演变结果,比如促进、阻碍甚至决定语法化的进程?

这些问题都值得认真去探讨,但目前专门从语音角度讨论语法化的文章却很少。笔者所见,国内只有江蓝生(2000)一篇文章。本文尝试以语气词为例,对以上问题做一些粗浅的分析。选择语气词来讨论,一方面是因为汉语虚词种类、数量较多,选取一类词有助于讨论的集中化;另一方面,相较于其他虚词,语气词的虚化程度最高,因而具有语料的典型性。

另外需要说明的是,本文所据古音主要参照李珍华、周长楫编撰的《汉字古今音表》。

2 语气词语音弱化的判定方法

汉语史上的语气词,除了先秦和中古少数几个不明来源的如

"也""矣""那"外，其他都源于实词，或由其他语气词音变而来。而语气词在衍生过程中，大部分都存在语音弱化现象。

2.1 声韵调的缩减、脱落和变化

语音弱化包括声母、韵母、声调三方面，有些词只是某一方面弱化，有些则是多维弱化。关于语音弱化的梯度，目前学界的看法比较一致。声母的弱化主要表现为语音强度（phological strength）减弱，语音强度弱的辅音发音比较省力。语音强度在发音（articulation）方面按以下的序列递减：塞音——塞擦音——擦音——鼻音——流音——半元音——零声母。在发声（phonation）方面按以下的序列递减：清音——浊音，紧音——松音。韵母的弱化主要表现为主元音的央化，这是因为人们发音时，舌头最自然、最省力的位置是不前不后、不高不低的央元音。声调的弱化主要是促化或零化，实词在虚化的过程中往往会变作轻声，轻声最重要的特点是音长缩短，而入声的特点也是短促，所以虚词很容易混到入声里去。至于零化，就是所谓的轻声，主要特征是失去原来的调类，而不是轻重，发音时常发作 21，也有延续前一字调的。（具体可参潘悟云，2002）

这里选取两组语气词来具体探讨。

2.1.1 语气词"不"和"无"

中古汉语"VP 不"中"不"的性质曾引起诸多讨论，或认为否定词，或认为语气词。不过以前的讨论多限于句法上的。近年来有学者从语音上来论证部分"不"已经语气词化，如冯春田（2000：524—526）、朱冠明（2007）等。

在中古译经《鼻奈耶》中有很多语气词"婆"。如：

（4）汝欲闻四深法义婆？（姚秦·竺佛念《鼻奈耶》卷二）

(5)汝……气力轻健不？结坐中供养充足不？出乞食婆？无疾患婆？无若干想乎？（同上，卷一）

语气词"婆"的来源在理论上有两种可能性，一是源于实词"婆"，二是记音字。不过，无论在语义还是句法上，实词"婆"都没有演变为语气词的可能性，因而只能是记音字。而在中古汉语中与"婆"语音相近、且句法位置相同的只有"不"，因而大致可以确定《鼻奈耶》中语气词"婆"是"不"的音变字。"不"在中古属非母物韵，分勿切，拟音为[pɨuət④]；而"婆"在中古属并母歌韵，薄波切，拟音为[bua①]。两者主要区别一在于声母的清浊，二在于韵尾的有无。浊音清化是汉语语音史的基本规律，而"不"却从清声母[p]浊化为[b]，这正是语音弱化的典型表现。在发声上，浊音弱于清音，因而在语法化演变中，一些词随着语音的虚化，就会从清音变为浊音。比如温州方言的"我这儿"就弱化为"我埯"，"埯"的声母也浊音化了。（参潘悟云，2002）入声韵尾的消失也是语音弱化的一种表现方式，虽然入声韵尾消失是汉语语音史的基本规律，但在当时入声还存在的情况下，"不"的韵尾脱落，却是口语中的语音变异，时人不明所以，就采用了一个与实际口语中音同的字"婆"来记录，而不知道它就是"不"了。

入唐以来，"VP无"中的"无"也逐渐演变为句末疑问语气词，同时反复问句"VP无"也演变为是非问句。在唐宋之际"无"在不同方言区出现了不同的记音字，如"摩""磨""麽"等，元代还有记作"末"的。如：

(6)损失酬高价，求嗔得也磨？（《王梵志诗·借物莫交索》）

(7)众中遗却金钗子，拾得从他要赎麽？（唐·王建《宫词》）

(8)今时于会中还有怀疑者摩？（《祖堂集》卷十一）

(9)阿马，认得瑞兰末？（元·关汉卿《拜月亭》第二折）

中古“无”属微母虞韵，武夫切，拟音为[mɨu①]；“摩”“磨”“麽”属明母歌韵，莫婆切，拟音为[mua①]；“末”在中古属明母曷韵，莫拨切，拟音为[muat④]，在近代汉语中“末”韵尾脱落，作[muɔ④]。

唐宋时期，“无”与“摩”“磨”“麽”等声母相同，韵母有一定差异，怎么会出现“摩”“磨”“麽”等记音字呢？这正是语音弱化的一个极好例证。句末“无”在向疑问语气词演变过程中，语音出现共时变异，韵母发生了变化，产生了[mua①]等音，这就与否定词“无”的语音有了差异，时人不明所以，就采用了与实际口语中读音相同的“摩”“磨”“麽”等来记录。关于这一点，可以用词汇扩散理论来解释，诚如王士元所说，“我们虽然不容易看到语言在变，但很容易看到语言在任何时候都存在共时变异的现象，比如总是有些词具有两个或更多不同的念法。”（王士元，1983）在话语交际中，一个语言单位在表义上越重要，句法地位就越重要，也就越不容易发生共时变异，其演变的速率也越慢。元代出现记音字“末”，也与“麽”的语音分化有关。元代“麽”语音一分为二，一部分介音 u 脱落，读[ma①]，大部分则音变为[muɔ①]。而这时“末”音[muɔ④]，与“麽”相近，加上“麽”本就是记音字，于是一些人（一些方言区）就采用“末”来记录。

还有一个有趣的现象，就是否定词“无”后来声母零化，倒是语气词“麽”“吗”却保留了声母，似乎与一般的语音弱化相反。这可以解释。明母后来分化为明、微二母，否定词“无”与其他微母字如“武”“望”“文”等的声母从 m 变为 v，进而零化。而“麽”则与其他明母字仍旧保留了声母 m，最后的结果就是：否定词“无”声母零化了，而由“无”而来的语气词“麽”“吗”却保留了声母。这也表明，一个词的语义、句法、语音的变化往往是紧密联系在一起的，语义的变化会导致语音的变化，而语音的变化会加速语义及句法演变，最后形成两个完全没有关联的词。

2.1.2 语气词“的”“了”“着(著)”“呢”

这几个语气词在现代汉语中韵母都为 ə，央化了，从发声的角度来说，更省力了，而这几个语气词以前韵母都不是 ə。“的”中古属端母锡韵，都历切，拟音为[tiak④]；“了”属来母篠韵，卢鸟切，拟音为[lieu②]；“着(著)”属澄母药韵，直略切，拟音为[ɖɨak④]；“呢”来源于“里(哩)”和“那(哪)”，还有认为上古的“尔”(即中古的“聻”)亦是“呢”的来源之一，不过现在有争议。“里”属来母纸韵，良士切，拟音为[lɨə②]；“那”属泥母歌韵，诺何切，拟音为[na①]。

至于语气词“了”，一般认为直接源于完结义动词“了”，但刘勋宁(1985)说到在陕西清涧话中，存在一个语气词“也”([ɛ])，如“我山里去也”，而词尾“了”读[lɔ]，语气词“了”读[lɛ]，因此认为语气词“了”是“了也”的合音。照刘勋宁所说，语气词“了”就是一个合音词了。

2.2 不同方言或地域出现不同记音字

虽然汉字很大程度上会掩盖语音弱化这一现象，但是虚词在衍生过程中，随着语法功能的变化，口语中的语音也随之变化，与本字产生了差异，而时人在记录语言时，常常不明本源，而采用不同的记音字。一个常见的情况是，同一个虚词，在不同方言中却被写成不同的字。因而记音字的出现，可作为一条典型的判定标准。

2.2.1 语气词“唦”

“唦”是一个方言语气词，源于“些”的音变，而语气词“些”又直接源于量词“些”。“些”属心母麻韵，写邪切，拟音为[sɨa①]；现商县话作[sɨɛ①]、西安话作[ɕiɛ①]、万荣话作[ɕiE①]。罗翙云《客方言·释词》:“些,今俗为警愓词,其语终则为‘呵’音。”(转引自许宝华、宫田一郎,1999:3334,他们同时转引章太炎《新方言·释词》,指出扬州话、杭州话里也有语气词“些”,音如“洒”或“杀”。)而在全国各地的其他方言中,“哕”的声母或作 s,或作 ʂ;韵母则有 a、A、ɛ、æ、e、ə、ɤ 等多种。因为不明本源,不同方言区也采用了不同的记音字,如“噻”“萨”“洒”“筛”“啥”等。至于从“些”到“哕”的具体音变,可以参阅孙锡信(1999:142)、李小军(2008)。在声母变化的同时,韵母的介音 ɨ 脱落了,部分地方的韵母还央化,读 ə,如湖北麻城;声调方面,一些地方亦读轻声。

2.2.2 语气词同现形式“哩么”“呢么”和“呢吗”

在《醒世姻缘传》、《聊斋俚曲》中有很多“哩”和“么”同现的形式。如:

(10)戴氏道:“你怎么来,这们个腔儿?为甚么不穿棉袄棉裤?是妆俏哩么?”(清·西周生《醒世姻缘传》第七十九回)

(11)每哩咱不瞎,待不吃饭哩么?(《聊斋俚曲·磨难曲》)

《醒世姻缘传》、《聊斋俚曲》都以山东方言为基础,而同期以河南方言为基础的《歧路灯》中“哩么”只一见:

(12)王氏向杏花儿接过相公一看,便问道:“这是三太太你生哩么?”(清·李海观《歧路灯》第六十七回)

同期以北京话为基础的《儿女英雄传》中未见“哩么”,却有多例“呢么”“呢吗”。如:

(13)照这段书听起来,这位安老孺人不是竟在那里玩弄他家老爷呢么?(第四十回)

(14)有人找我说话,你没看见我手里做着活呢吗?有甚

么话你叫他进来说不结了！（第十七回）

汉语史上，疑问句中“吗（么）”不能出现在“呢”的后面，这是由汉语疑问句疑问域限制规律所决定的。少数方言“呢”与“吗”可以同现，但肯定是“吗呢”形式，如湖南邵阳话（李小军，2009c）、广东阳江话（彭小川、张秀琴，2008）、河南商城话[①]等，且“吗”肯定是先与前面的是非问句组合，后面的“呢”表催促、追究。如：

（15）咯样搞要得吗呢？（这样做可以吗＋呢？）

（16）吃嘎饭（哩）吗呢？（吃过饭＜了＞吗＋呢？）

可以推知，《儿女英雄传》里面的“呢么”“呢吗”当是“哩么”的音变形式。明清时期，山东方言多“哩么”，（现在亦是如此）而如翟燕（2008：270）所说，《儿女英雄传》一些人物、背景就设置在山东茌平一带，作者文康的塾师在《儿女英雄传·序》中说道：“书中所指，皆有其人。”因而《儿女英雄传》中杂有山东方言并不奇怪。

“哩”的前身为“里”，“里”起初为方位词，唐以来演变为表“确认，强调”的语气词。[②]不过《醒世姻缘传》、《聊斋俚曲》、《歧路灯》中的“哩么”来源并不单一，很多可能为“了么”如：

（17）你还说叫我管教他！我还是常时的我，他还是常时的他哩么？（清·西周生《醒世姻缘传》第二回）

（18）该小讷子那腿事么？南庄北院的说的少哩么？就是犸虎咬着老羊——就吃下他下半截，他也是不做声的。（《聊斋俚曲·慈悲曲》）

再如前例（12）：

（12）王氏向杏花儿接过相公一看，便问道：“这是三太太你生哩么？”（清·李海观《歧路灯》第六十七回）

上三例“哩”都表现时相关性，相当于“了”，比如例（12）“三太太你生(孩子)哩"只能理解为"三太太你生了"。

"了么"怎么会音变为"哩么"呢？翟燕(2008:265)认为,《聊斋俚曲》中"了"与"熬""道""条""掉""遥"等叶韵,当读为[liau],"了"与"么"连读时,主元音[au]容易脱落,"了么"读为[lima],时人就用"哩么"来记录。此说甚为有理。有意思的是,现在南方很多方言中语气词"了"就作"哩",如四川、湖南、江西等。比如湘方言邵阳话中,"我吃过饭了"一定要说成"我呷(吃)嘎饭哩"。

2.3　结构省缩

语音弱化常常会造成结构省缩。所谓结构省缩,指的是一个语言单位内某些成分的脱落,或一个语言单位结构形式的缩短。屈折型语言,语音弱化与结构省缩有直接的关系,或者说,结构省缩是语音弱化的结果,因为语音的弱化常常会直接造成音系形式的缩短。比如英语的冠词 a,源于数词 one,在语法化的同时,音系形式也缩短了。

汉语语气词的结构省缩主要有两种情况。

2.3.1　连接成分的脱落

实词与实词之间常常有一些连接成分,如介词、连词、副词等,一旦某个实词(一般在句末)向语气词演变,连接成分的句法功能就会弱化,最后导致脱落。这里以"就 X 了"为例略做说明。

"就得了""就好了""就是了""就算了""就行了"等本来都不是语气词,而是在句子中做评价语。"得""好"等都是完结义动词,"就"为连词。如:

(19)所以我们到了船上,无论他是多大的官,你也只要同他拉手就好了。(清·李伯元《官场现形记》第五十五回)

(20)邓九公听见道:"姑娘,你几天儿就回来,这些东西难

道回来就都用不着了？叫个人在这里看着就得了，何必这等？"（清·文康《儿女英雄传》第四回）

此处的"就得了""就好了"大致相当于"就可以了"，而后，随着语义表达重心的前移，"就X了"逐渐演变为语气词。语气词附着在句末，是不需要连接成分的。这样，连词"就"先是成为语气词"就X了"的一部分，并进而脱落为"X了"，如"好了""得了"等。（具体演变过程可参李宗江，2008；李小军，2009a、2009b）

2.3.2　合音

合音语气词无论在普通话还是方言中都大量存在。早的可以追溯到古代汉语的"耳"，为"而已"之合音。近的如"罗（啰）""哟""哦""噢""喽""嘞""呗""咳"等，大致始见于元明时期，有些现在仍在使用。"罗（啰）"孙锡信（1999：150）认为是"了"与"哦"的合音，"哦"出现于元代，如"那一个舍财的爹爹妈妈哦！"（元曲《合汗衫》）。而"咯"和"喽"显然也是"了"与"哦"的合音字。"啦"为"了"与"啊"的合音。"呗"胡明扬（2003）认为是"吧"与"欸（唉）"的合音字。

3　语音弱化对虚词衍生的影响

语音、语义、句法三者之间关系紧密这毋庸置疑，在演变过程中甚至互为因果。我们认为，语音弱化对虚词（语气词）衍生的影响，主要体现在以下几方面。

3.1　衍生新语气词

语气词在形成过程中，随着语音弱化，有时会产生不同的读音，不同的语音形式继而衍生出不同的情态功能，新语气词也就产生了。这里以普通话的“呗”和老派湘方言邵阳话的“咱[tsa^{42}]”“咱[$ts\tilde{a}^{42}$]”以及上古汉语的“耳”为例略做分析。

3.1.1 语气词“呗”

“呗”在中古属并母卦韵，薄迈切，拟音[bæi③]；主要见于佛家语，意为“止息；赞叹”。宋元以来音变为[pai④]，与“罢”近似。但是“赞叹”义的动词“呗”与语气词“呗”并无渊源关系。语气词“呗”如胡明扬（2003）所说，是语气词“吧”和语气词“欸（唉）”的合音。说“呗”是“吧”和“欸（唉）”的合音，这问题不大，关键是两者语气义上的差异。如：

(21) A：上哪儿？ B：还能是哪儿，我朋友那儿呗。（转引自徐晶凝，2008）

上例“呗”显然不能替换为“吧”。“吧”前身是“罢”，源于完结义动词“罢”。如：

(22) 只见一个狱家院子打扮的老儿进前道：“你们看我面放手罢。”（北宋话本《宋四公大闹禁魂张》）

此例“罢”可理解为“算了”，表决断语气。而后，“罢”逐渐衍生出揣测、迟疑语气。如：

(23) 你这话大概也够着“万言书”了罢。（清·文康《儿女英雄传》第二十六回）

但是，语气词“呗”如徐晶凝（2008：197）所说，表“述唯弃责”，即说话人一方面认为自己所说的话是唯一的可能，同时又显得随意、轻率，如例（21）。再如：

(24) 关山林说：“你说谁？”吴晋水说：“还有谁，你老婆呗！”（都梁《我是太阳》）

可以说，“吧”与“呗”的语气义差异较大，可以看作是两个完全不同的语气词。（关于“呗”语气义的形成，我们将另文探讨）“呗”的出现，源于“吧”的音变（“吧”与“欸（唉）”的合音），而“呗”与“吧”语气义的差异出现在音变之后，从这个角度来说，我们认为语音弱化导致了新语气词“呗”的形成。

3.1.2 邵阳话的“咱[tsa^{42}]”与“咱[$ts\tilde{a}^{42}$]”

在邵阳话中，“咱[tsa^{42}]”与“咱[$ts\tilde{a}^{42}$]”呈现出明显的对立互补，[tsa^{42}]语气义指向说话人自己，表尝试；而“[$ts\tilde{a}^{42}$]”指向听话人，表祈使、强调。如：

(25)急麼子，等我呷嘎饭 tsa^{42}。（急什么，等我吃了饭咱。）

(26)到底是嗯是咯样，等我做嘎 tsa^{42}。（到底是不是这样，等我做完咱。）

(27)我安排好哩，走 $ts\tilde{a}^{42}$。（我安排好了，走咱。）

(28)你快点者呷 $ts\tilde{a}^{42}$。（你快一点吃咱。）

语气词“咱”的前身是语气词“著（着）”，而语气词“著”又源于附着义动词“著”，大致出现于唐代。（参看吕叔湘，1984）如：

(29)道安答曰：“汝缘不会，听我说著。”（《敦煌变文·庐山远公话》）

(30)经上分明亲说著，观音菩萨作仁王。（《敦煌变文·破魔变》）

“著”上古属澄母药韵，直略切，拟音为[ȡiak④]；中古时，“著”声母变为 tʂ，随着语气词化，韵母也逐渐弱化——韵尾脱落。宋代时，语气词“著”衍生出一个新的记音字“咱”。“咱”字不见于《广韵》，在近代汉语中属精母家麻韵，音如[tsa②]。从 tʂ 到 ts，乃翘舌与平舌之分，不过南方多混同。

元杂剧中“咱”既可以针对听话人表祈使、强调，也可以针对听话人表尝试。如：

(31)伴姑儿，你醉了，等我咱。(元·张国宾《薛仁贵》第三折)——祈使

(32)爷爷不与孩儿做主，谁做主咱？(元·无名氏《陈州粜米》第二折)——强调

(33)(家童云)那骑马的是俺相公，我在这里等一等咱。(元·无名氏《赤壁赋》第二折)——尝试

其他方言是否也存在鼻化别义现在还不得而知，但邵阳话中[tsa^{42}]与[$ts\tilde{a}^{42}$]不但语气义有差异，语音也分开了，根据结构主义的对立互补原则，[tsa^{42}]与[$ts\tilde{a}^{42}$]可以看作是两个不同的语气词。“咱”的两种语气义“祈使，强调”与“尝试”元代即已出现，邵阳话中通过语音分化的方式将“咱”一分为二，这也属于一种比较典型的音变构词。

有意思的是，宋元之际，从“咱”还衍生出“则个”，这似乎属于语音强化了。关于这一现象，吕叔湘(1984)如是说道：“由此可知此一语助词之脱去-k尾，实肇始于北地，南方保持入声较久，故舍‘者’、‘咱’而取‘则个’也。”“则个”一词在宋元之际还有其他音变字如“之个”“子个”“只个”等，亦可知“则个”当时语音弱化，清晰度下降。如：

(34)奴哥，托付你方便之个。(金·董解元《西厢记诸宫调》卷三)

(35)生曰：“门外拙妻，参拜兄嫂子个。”(同上，卷八)

(36)专等老爷到时，一同开船只个。(元·无名氏《冯玉兰》第一折)

3.1.3 语气词“耳”与“而已”

语气词“耳”为“而已”之合音，起初表限制语气，这点毋庸多说。不过魏晋以来，“耳”还衍生出强调语气。[3]如：

(37)生虏孟获，置军中，问曰：“我军如何?”获对曰：“恨不相知，公易胜耳。”(东晋·常璩《华阳国志》卷四)

(38)帝曰：“百姓思雨，宁可得乎?”玄曰：“雨易得耳。”(东晋·干宝《搜神记》卷一)

(39)乳母求救东方朔。朔曰：“此非唇舌所争，尔必望济者，将去时，但当屡顾帝，慎勿言！此或可万一冀耳。”乳母既至，朔亦侍侧，有谓曰：“汝痴耳！帝岂复忆汝乳哺时恩邪！”(南朝宋·刘义庆《世说新语·规箴》)

而同期的“而已”仍只表限制语气，(直至现代汉语仍是如此)这说明“耳”虽然源于“而已”的合音，但随着语音的分化，“耳”走上了不同的发展道路。中古以来的“耳”与“而已”无论在语音上还是语气义上都有差异，可看作是两个不同的语气词。说它们是两个不同的语气词，它们以后的发展道路也可作为辅证：现代汉语中“而已”仍在使用，“耳”却不见踪迹。虽然“耳”以后的发展演变与语音弱化没有关系，但“耳”的出现却源于“而已”的语音弱化，从这个角度来说，语气词“耳”的形成，语音弱化乃是远因。[4]

3.2 导致语气义变化

有时候，语音弱化虽然会影响语气义的变化，但并不一定产生新语气词。这里以“啵”为例略做探讨。语气词“啵”始见于元代，初期写做“波”。

(40)(正旦云：)父亲息怒，宽容瑞兰一步，分付他本人三两句言语呵，咱便行波！(元·关汉卿《拜月亭》第二折)

(41)跑堂儿的陪笑说道："这是那儿的话，怎么烦起来咧？伺候你老，你老吩咐啵。"（清·文康《儿女英雄传》第四回）

"波"中古属帮母歌韵，博禾切，拟音为[pua①]，现在方言中多作[pu①]、[po①]或[pɔ①]。语气词"波"与"水波"之"波"没有渊源关系，而是"罢"在口语里的记音字，主要表祈请、催促。元明时期，"波"还可以与其他语气词连用，如"者波""只波""麽波""也波"等，甚至在曲中还有"波也哥"的拖腔。

现代汉语中，语气词"啵"主要见于方言，无论南方还是北方都较常见。说话人使用"啵"，往往意味着与听话人的心理距离较近，虽是催促，却带有央求意味。如：

(42)a. 我们走，好啵？　　b. 快点，行啵？

另外，很多时候"啵"近似于"吗"，而不是"吧"。如：

(43)秦妈妈正面盯着徐义德，看他脸上青一阵白一阵，神情有点慌张，便又重复问了一句，"是真的不晓得啵？"（周而复《上海的早晨》）

(44)我说他保准拿第一，你敢打赌啵？（山东微山方言；见殷相印，2006:131）

上两例"啵"显然不宜替换为"吧"。原来，在很多方言里，仍有一个疑问语气词"不"。如：

(45)a. 吃饭不？　　b. 现在去要得不？

"不"与"啵"音近，故而在口语中两者容易混同。不过更有可能的是，"啵"为"不啊"的合音，即"吃饭不啊？"→"吃饭啵？"[⑤] 如此推测的一个佐证是，"啵"比"不"显得亲昵，表明说话人与听话人的心理距离较近，这很可能源于"啊"的舒缓语气。"啵"来源的多样性，导致"啵"的语气义既不同于"吧"，也不同于"不"。"啵"的催促意味源于“吧”，亲昵意味源于“啊”（也可能源于“吧”），而疑问（询问）功能却源于“不”。

3.3 加速语法化的进程

汉字的非表音性常常会导致口语中的语音弱化无法在书面语中表现出来，甚至在一定程度上会阻碍一个语义表达上已经弱化或羡余的成分语音弱化或零形式化。其实口语中也存在这种情况。比如“VP 不”，“不”虚化的确切时间恐怕谁都无法说清楚，就是在口语中，时人在说“VP 不”时，恐怕也难以确定自己说的“不”是否定词还是语气词。这正是语法化的基本原则——渐变原则的体现。但是，一旦语音弱化，新义的语音与本字产生了差异，比如“不”音变为“婆”，时人在说“婆”时，恐怕就不会认为“婆”是否定词，也不会与“婆婆”等产生联系，这就会在一定程度上加快语气词“不（婆）”的使用。一个完整的语法化过程大致包括两个阶段，一是语法创新阶段，二是语法扩展阶段。从这个角度来说，我们认为语音弱化一定程度上会促进语法化的进行。实际上，语音弱化对语法化进程的影响也主要体现为这一点：加速语法扩展的进程。

再如前举“就 X 了”：

(46)你多打点儿酒，让你大叔一块儿吃就得啦。（《鸡屎德子》，转引自孟琮，1986）

上例的“就得啦”如孟琮（1986）所说如果轻读，为语气词，表示一种建议；如果“得”重读，“就得啦”就是“就可以了”的意思，表示一种条件。换句话说，“就 X 了”是否是语气词，得看口语中是否轻读，即语音是否弱化。但是，如果一旦“就 X 了”省缩为“X 了”，如“得了”“好了”“是了”等，无论是口语还是书面语中，说话人（作者）和听话人（读者）都会理解为语气词。这也会加快“X 了”的使用扩展。从这个角度来说，“就”的脱落加速了“就X了”的语法化（词汇化）进程。

再如书面语中句末“些”是否为语气词较有争议，但实际口语中“些”音变为“吵”，甚至在不同地区出现不同记音字，则使语气词“些”“吵”与量词“些”彻底分离开来。

4 结语

4.1 关于语音强化

虚词衍生过程中，语音弱化是一条基本规律，虽然偶尔也存在语音强化的情况，如从“咱”衍生出“则个”，甚至在元代还出现了“也麽哥”“也末哥”“也波哥”等。如：

(47)是必休误了也么哥！休误了也么哥！（元·王实甫《西厢记》楔子）

(48)中流扣舷歌，快活也末哥。（元·张可久《端正好·春游》）

(49)其实我便觑不上也波哥，其实我便觑不上也波哥。（元·石君宝《秋胡戏妻》第二折）

这可能是戏曲中拖腔造成的。为什么会出现语音强化的现象呢？这与语气词的表达功能有关。虚词衍生过程中，词汇义在减弱，同时主观性却增强了，因而现在很多学者喜欢用主观化来称呼语法化。在汉语各类虚词中，应以副词和语气词的主观性最高，特别是语气词，主要表达说话人的主观情态，绝大多数情况下，语气词的有无并不影响句子本身的完整性和句了真值语义条件。这一方面源于语气词附着在句末，因而独立于句子的主干之外；同时句子中可以出现其他传达说话人情感的词，句子本身也可以附带上说话人的语气，可以说，语气词并不是不可或缺的。正因此，越庄重的场合语气词的使用频率越低，越随意的场合语气词的使用频率越高。在话语交际中，说话人有时想特别强调一下，甚至可以将语气词重读，或将音调拖长。比如我们可以这样说："要小心哦——"将"哦"来一个拖腔，传达出说话人的特别关注，这种语调同时意味着说话人与听话人关系比较亲密。

因此，从另一个角度来说，语音强化其实也是语音弱化的一种特殊形式。正是因为语气词的语音可以在一定程度内变化，导致说话人在话语交际中语气词往往比较含糊，而有些场合则可以突出语气词。语气词有时还可以表实义，如：

(50)小姐骂我都是假，书中之意，着我今夜花园里来，和他"哩也波哩也罗"哩。(元·王实甫《西厢记》第二折)

(51)不知这首诗意，小姐待和小生"哩也波"哩。(同上，第四折)

"哩也波""哩也罗"如果一个个拆开，都是语气词，但在句中显然不是语气词，而是通过这种毫无意义的音节来表达幽会，这是因为幽会在当时属大逆不道，红娘自然不敢直接说，于是以这种方式来表达。

4.2 基本规律

前面对虚词衍生过程中的语音弱化现象进行了简单分析，现小结如下：

典型的语法化过程包括语义-语用、形态-句法和语音-音系三个子过程，因而语义、句法的变化会在语音上也有所表现，倒过来，语音的变化又会加速语法化的进程。本文以语气词为例，谈到了语音弱化的特点，以及语音弱化的基本判定方法，认为语音弱化主要体现在以下三方面：声韵调的变化、产生记音字、结构省缩。其实记音字的出现以及结构省缩都源于声韵调的变化，它们之间存在一种因果关系，只不过声韵调的变化并不一定会导致记音字的出现和结构省缩。

就语气词而言，还常常存在语流音变现象，虽然语流音变本身与语法化并无关联，但正是因为语气词语音弱化了，如声母脱落，导致语流音变成为可能。

语音弱化对语法化的影响，主要表现为：促使虚词语义分化，到一定阶段还会衍生出新的虚词，另外，常常会加速语法化的进程。

附　注

① 据杨永龙先生语。

② 关于语气词"里"的用法可参吕叔湘(1984)。

③ "耳"的强调语气来源目前还不十分清楚。不过我们推测有两种可能：一是它自身功能的发展；二是因语音相近，沾染了"尔"的语气义。上古以来"尔"就主要表"强调，提醒"语气，这可以参考李小军(2010)。

④ 审稿人指出："其实语音弱化之后虚词会进一步发展，但是这个进一步的发展与此前的语音弱化并不一定有直接关系。"此说甚为有理，"耳"的发展就证明了这一点。不过我们认为，远因也是因，换言之，如果不是语音弱化，也就不会有语气词"耳"。

⑤ 关于"啵"可能为"不啊"的合音这一点，笔者起初并未想到，乃是匿名审稿人指出的，笔者不敢掠美，在此致谢。

参考文献

冯春田　2000　《近代汉语语法研究》，济南：山东教育出版社。

胡明扬　1981/2003　北京话的语气助词和叹词，载《胡明扬语言学论文集》，北京：商务印书馆。

江蓝生　2000　语法化程度的语音表现，载《近代汉语探源》，北京：商务印书馆。

李小军　2008　语气词“唦”的来源及其方言变体，《语言科学》第4期。

———　2009a　语气词“得了”的情态功能，《北方论丛》第4期。

———　2009b　语气词“好了”的话语功能，《世界汉语教学》第4期。

———　2009c　邵阳方言的“吗呢”问句，《中国语文》第6期。

———　2010　有关语气词“尔”研究的几个问题，《语言学论丛》（四十一），北京：商务印书馆。

李小军、刘　利　2008　语气词“者”的形成及其语气义，《南京师范大学文学院学报》第4期；另载《人大复印资料》2009年第5期。

李珍华、周长楫　1993　《汉字古今音表》，北京：中华书局。

李宗江　2008　近代汉语完成动词向句末虚成分的演变，《历史语言学研究》（一），北京：商务印书馆。

刘勋宁　1985　现代汉语句尾“了”的来源，《方言》第2期。

吕叔湘　1941/1984　释《景德传灯录》中“在”、“著”二助词，载《汉语语法论文集》，北京：商务印书馆。

孟　琮　1986　口语里的“得”和“得了”，《语言教学与研究》第3期。

潘悟云　2002　汉语否定词考源——兼论虚词考本字的基本方法，《中国语文》第4期。

彭小川、张秀琴　2008　粤语阳江话是非问句句末的“麽”“呢”连用，《中国语文》第1期。

孙锡信　1999　《近代汉语语气词》，北京：语文出版社。

王士元　1983　《语言的演变》，《语言学论丛》（十一），北京：商务印书馆。

吴福祥　2005　汉语语法化演变的几个类型学特征，《中国语文》第6期。

徐晶凝　2008　《现代汉语话语情态研究》，北京：昆仑出版社。

许宝华、宫田一郎　1999　《汉语方言大词典》，北京：中华书局。

殷相印　2006　《微山方言语法研究》，南京师范大学博士学位论文。

翟　燕　2008　明清山东方言助词研究，济南：齐鲁书社。

朱冠明　2007　关于“VP不”式疑问句中“不”的虚化，《汉语学报》第4期。

Hopper & Traugott 2003/2008 *Grammaticalization*. 梁银峰译，上海：复旦大学出版社。

也说频率与语法化的关系

李宗江

（解放军外国语学院外训系）

一个语言表达式的使用频率会对其是否发生语法化产生影响，这几乎已经成为语法化理论的常识了。毫无疑问，人们对仅仅提出这样的命题是不满意的，很自然地会追问：频率是怎样影响语法化的？频率高的一定会发生语法化而频率低的一定不发生吗？频率高到多少才能算高？怎样理解频率？从目前对这些问题回答的结果看，并没有多少实质性的进展，只能得出如下的结论：频率对语法化发生的影响仍然是一个有待充分论证的问题，顶多是一个有利于发生语法化的条件，对频率的理解也没有公认的答案。例如彭睿（2011）就这个问题进行了系统深入的讨论，他对频率影响语法化是从一个表达式新的意义产生的角度来理解的，一个新的意义的产生需要经过语用推理，语用推理产生的意义是临时义，而这种临时义要固化为词义不可能在一两个实例中完成，语用推理需要反复进行才可能固定下来。他提出影响语法化的频率并不是指一个语言表达式所有出现次数的累计，而是指进入可能发生语用推理的典型环境之后的次数，他称为“临界频率”。典型环境和临界频率能够较好地解释有些同义实词，但为什么有的会语法化而有的却不能，频率和语法化的关系仍有不少问题无法通过临界频率的高低来说明。本文只是提出一些问题和想法以就教于彭先生和其他学者。

1　临界频率高低是否决定语法化的程度？

既然临界频率理论将影响语法化的频率确定为“临界频率”，那么人们很自然地提出的第一个问题就是：是否临界频率高的语法化程度也高，临界频率低的语法化程度也低？下面让我们来通过“寻”“找”和“寻找”这三个动词的演变情况来检验一下。这三个动词是同义的，汪维辉(2006)认为前二者存在历时替换关系，他考察在近代汉语阶段，“寻”一直是表示“寻找”概念的主导词，进入现代汉语“找”才在通语里代替“寻”。这说明二者在自己的活动时代里，笼统频率应该差不多。但“寻”“找”和“寻找”这三个词在它们活动的年代里，进入如下三个可能语法化为介词的环境里的频率不同。“找”的频率最高，它于清代开始进入以下三个连动式，在现代汉语中这几种分布都很常见。如：

1)引进说话或表达某种情感的对象，可以替换为“跟”。如：

(1)“算了，你先吃饭去吧。”我灰心地对她说，“吃完我再找你说句话。”(王朔《空中小姐》)

(2)叶民主拼命抵制瞌睡的侵袭，心说你老头不见了，找我哭，我女朋友吹了，我还恨不得哭一场哩。(方方《埋伏》)

2)表示伴随对象，可以替换为“跟”。如：

(3)我是愿意你来，一天来看我一眼，尽尽朋友义务就行了。多找那些健康的朋友玩玩。(王朔《浮出海面》)

(4)自从年初以来，我们的副主任就脸红脖子粗地找人干仗，真是可怕极了。（王小波《红拂夜奔》）

3)表示求索对象，可以替换为“跟”。如：

(5)辣辣找邻居借了一只收音机一只座钟摆在堂屋里。（池莉《你是一条河》）

(6)二爷，这怎么算骗您哪，我找您要十万块钱，您非给五万块钱？（相声《风雨归舟》）

历史上的“寻”于宋元之际进入以上几种连动式，最早用例是表示言说对象的，如：

1)表示言说对象。如：

(7)闲寻丈室高僧语，闷对西厢皓月吟。（《西厢记诸宫调》）

(8)吩咐他宅门首只寻玳安儿说话，不见玳安在门首，只顾立。（《金瓶梅》第四十九回）

2)表示伴随对象。如：

(9)武松是何等汉子，怎消忍得这口恶气！一直走到西门庆生药店前，要寻西门庆厮打。（《金瓶梅》第九回）

(10)人散后，仍乘空寻他小姨子们厮混。（《红楼梦》第六十四回）

3)引进求索对象：

(11)先是琴童到家，上房里寻玉箫要皮袄。（《金瓶梅》第四十四回）

(12)便是如常同院长走的那个唤做铁牛李大哥，在底下寻主人家借钱。（《水浒传》第三十八回）

“找”和“寻”的以上几种用法频率如下：

找：

	红楼梦	儿女英雄传	王朔自选集
言说对象	13	12	37
伴随对象	3	2	20
求索对象	2	3	7

寻：

	金瓶梅	水浒传	红楼梦
言说对象	6	2	3
伴随对象	4	1	1
求索对象	3	5	0

“寻”的以上几种用法在宋代还几乎见不到，合成词“寻找”进入以上三种连动式的用例也很难见到，这说明进入以上三种连动式并非是“寻找”义动词的必然分布，确实说明它们的语义和用法在变化。毫无疑问，“找”的临界频率高于“寻”，无论是共时强度还是历时厚度似乎都已不低，可是我们没有发现有任何一部辞书谈到过“寻”和“找”的以上介词用法。这是否说明它们的重新分析并没有完成，临时义还没有固定下来？据我们考察，表示寻找意义的动词在粤方言和萍江话中，都可以引入言说对象和求索对象。说明这种演变是有相应路径的。如：

粤方言：揾佢讲（找他讲）、揾佢借（找他借）

萍江话：qin han gong（找他讲）、qin han jia（找他借）

wan han gong（找他讲）、wan han jia（找他借）

因而我们是否可以说“寻”和“找”或者只说“找”已经有了以上三种介词的用法？

同时一个语法化项的频率还会受到所表示的相关意义的常用性的限制，比如"找"的以上几种环境，出现最多的是表示言说对象，其次是伴随对象，再次是求索对象，这种差别并不代表它们的共时强度不同，而是相对"言说"这个概念来说，在生活中"求索"这个概念用得要少很多。

2 是否新的语法意义的产生都要经过语用推理？

既然临界频率理论认为频率对语法化的影响与新意义的语用推理正相关，那么人们很自然地提出的第二个问题是：是否所有新意义的产生都需要经过典型环境和语用推理？彭文已经排除了某种类推机制产生的新意义与语用推理和典型环境无关，现在我们关心的还有通过隐喻来的意义是否与语用推理和临界环境有关。因为语用推理是从听话者对话语意义理解的角度说的，即一个新的意义是说话者根据特定语境所做出的理解，开始是旧义和新义的两可情形，新义是在特定的典型环境中才发生的。因为所谓典型环境一定是新义和旧义共用的环境，而隐喻有时根本就不可能有新旧义共用的句法或语用环境，如表程度的副词"顶"来自名词"顶端"的意义，作为副词的典型环境当然是状语，可是一个名词是不能用作状语的，也就是说"顶"如果用作状语，意义就已经变了，实际的情况也是这样，"顶"做副词在《红楼梦》和《儿女英雄传》中还几乎不见，但到了清末的《官场现形记》中突然大量出现，其中所见的组合就有："顶好、顶多、顶贵、顶容易、顶相信、顶厚、顶值钱、顶大、顶吃亏、顶要紧、顶有钱、顶欢喜、顶没用、顶得意、顶破烂、顶爱、顶恨、顶灵、顶要紧、顶讲究、顶近便、顶中意、顶靠得住、顶后头、顶稳当、顶红、顶吃重、顶明白、顶阔、顶利害、顶重、顶高兴、顶得宠、顶刻毒、顶有名、顶烦难、顶为难、顶不是好东西、顶要好、顶忌、顶近、顶犯忌、顶对、顶可笑、顶明白、顶不是东西、顶快、顶小、顶讲道理、顶辛苦、顶容易、顶蛮、顶高等、顶雅致、顶羡慕”。这里毫无疑问,“顶”已经是个成熟的副词了,但我们找不到“顶”用在状语的环境中,而同时可以做名词义和副词义两种理解的用例。因而我们觉得至少是一部分通过隐喻机制发生的语法化未必有典型环境并经过语用推理。

我们以为如果你理解的频率直接影响的是语用推理,那么临界频率就是题中应有之义,无须论证!更何况按照彭先生的理论仍然没有解决前面提出的问题:临界频率是具体怎样影响语用推理的?临界频率高就一定发生语法化否则就不会吗?彭文最后说:“即使是高临界频率对语法化的影响也不是绝对的,因为语法化不一定发生,而且导致语法化的因素往往是多元而不是单一的,临界频率只是其中的一个必要条件,而非充分条件。”如此说来,问题似乎又回到了原点。既然如此,那就还可以从另外的角度来理解。也就是说我们不从一个语法化项新的意义产生的角度,而是从它原有的意义的角度,还可以有以下两种理解。

3 对频率的另外两种理解

3.1 从认知上说,一个信息反复出现,可能导致两种结果,一是印象加深,一是正好相反,如果重复过多,反而会淡化人们的印象,所谓“熟视无睹”就是这个道理。一个词语某个意义或功能使用频率过高,反而会磨损其原来的语义或功能,导致新意义或功能的产生。如有些本来已经语法化的词，会进一步发生语法化，我们来看一下现代汉语常用词中的前20个词："的(助)、了(助)、一(数)、是、不、我、在(介)、着(助)、个(量)、有、他、上、这、说、就(副、连)、人、地(助)、里(名)、也、和(介、连)"。这20个词近年来几乎都被人讨论过它们除了上列的用法外继续语法化的个案。再如反义词，如果在频率上是不对称的，频率高的较易发生语法化，比如"里外、大小、好坏、多少、老少、直曲弯、新旧、得失、紧松、苦甜、富穷、动静、远近、上下、白黑、美丑、快慢、头尾、胜败、成败、长短、强弱、方圆、偏斜、热冷凉、善恶、早晚迟、干湿、重轻、硬软、真假、深浅、高低"。以上这些对反义词中排在前面的是频率高的，它们的意义也往往比后者复杂，虚化用法多于后者。另如汉语中的趋向动词、助动词、使令动词、方位名词、表示完成意义的动词等也是使用频率很高的词，它们虚化或继续虚化的情况也比较多。另如量词中的"个"公认是泛化程度最高的，几乎可以替代其他所有的个体量词，它的继续语法化问题近年来已多有讨论，如语法化为无定标记、宾语标记、结构助词等等。从这个角度也可以解释语法化为什么会连续发生，语法化链何以会存在。

3.2 就一个实词来说，其使用频率高往往代表人们语感上非常熟悉，而语感上熟悉最容易从记忆中提取的词应是表达日常生活常用概念的词，特别是与人自身有密切关系的概念，这种常用概念往往是隐喻最有可能用来做喻体的成分，因为比喻都是用熟悉的或具体的概念喻指不熟悉的或抽象的概念，因而这类词通过隐喻而发生语法化的可能性就相对较大。比如表示人身体部位的词，表示人的心理活动、感官动作、肢体动作和生命过程的词等，都较易发生语法化。而且笼统频率必然大于临界频率，因而一般地说笼统频率高临界频率也必然高。请看以下三组表示身体状态改变的词语的笼统频率：

A 组：转身(566) 回身(148) 扭身(50) 掉身(2)

B 组：转头(53) 回头(938) 扭头(125) 掉头(73)

C 组：转脸(36) 回脸(15) 扭脸(47) 掉脸(36)

这些词语都可以进入以下语境：

S＝S1，S2，… 转身 Si… Sn(i，n≥2)

(13)张全义看看孩子，又盯着妻子，一时没了主意，慢慢松开双手，转身望着窗外，葡萄架上杂乱的枝叶犹如他的心情，理不出个头绪来。(陈建功、赵大年《皇城根》)

此句中的“张全义”统领 5 个小句，这 5 个小句代表他的先后发生的动作行为，“转身”用于最后一个小句句首。其他词语的用例如：

(14)正说着，徐伯贤拿起这两盒金丹，回身锁进了密码保险柜。(陈建功、赵大年《皇城根》)

(15)她噌地站起来，噔噔走进卧室，往床上一倒，拉过毛巾被盖在身上，扭身向里闭眼睡觉。

(16)贺玉梅笑道：别不说实话，你和老赵都想让老吕早点滚下台呢。其实，老吕也是瞎操心，要是换上我，就不为这么个半死不活的破厂操心，谁们家的啊，还让别人暗着解气。说完，掉身就走。(谈歌《大厂》)

(17)他定了定神，猛然间想出个主意，转头吩咐那个小司机……(吕雷《火红的云霞》)

(18)那人为她闪开道，回头看了她一眼，出去了。(王朔《顽主》)

(19)张道士不再正眼看金枝了，扭头走向北屋。（陈建功、赵大年《皇城根》）

(20)慧芳倏转身，掉头往回跑。（王朔《刘慧芳》）

(21)他一只手臂搭在方向盘上，转脸看着她。（田小菲《哈得逊河上的落日》）

(22)她只敢躲在外国话里命令鸿渐吻自己。鸿渐没法推避，回脸吻她。（钱锺书《围城》）

(23)掌柜立刻把钱揣起来，扭脸一迭声喊："一壶高末儿。"（王朔《无人喝彩》）

(24)李白玲一笑，掉脸和老邱握手："一路顺风老邱。"（王朔《橡皮人》）

在以上这些表示身体动作改变的词语中，"转身"和"回头"的笼统频率最高，恰恰也是它们俩语法化为了表示"然后"意义的时间关系连接词，如：

(25)我递给了他一支烟，转身去到另一房间问朋友，满心希望朋友比我和冉的父亲智商高点儿。（梁晓声《冉之父》）

(26)杜亦甫本没脱去短衣，轻轻的起来，披上长袍。夜里的春寒教他不得已的吸了一下鼻子。摸着洋蜡，点上，发出点很懒惰无聊的光儿。他呆呆的看着微弯的烛捻儿：慢慢的，羞涩的，黑线碰到了蜡槽，蜡化开一点，象个水仙花心；轻轻炸了两声，水仙花心散化在一汪儿油里；暗了一会儿，忽然想起它的责任来似的，放出一支蜡所应供给的全份儿光亮。杜亦甫痛快了一些。

转身，他推醒周石松。周石松慢慢的坐起来，蜷着腿，头支在膝上，看着那支蜡烛。（老舍《杀狗》）

(27)我们看外国人如何宝爱他们的文化结晶，回头再看我们一班不争气的子孙将祖宗珍贵的遗传，一年一年大批向海外送，不禁愧汗无地。(苏雪林《山窗读画记》)

(28)从刘振才家里出来后，发现两名青年人正在帮邮局同志拉线装电话，一个是搞长途贩运的李志雪，一个是运输专业户耿玉军。我们走过去和他俩聊了几句。“你们为什么赶在年关装电话？”“平常我们忙着挣钱，顾不上；再说我们经常往外跑，需互通信息，没电话确实不方便。”这也许是年轻人办的年货新品种吧！

回头，笔者采访了南汪村党支部书记吕建军和村委主任李占京。他们介绍说……(《人民日报》1995年1月26日)

这些词语还有另一个语法化方向，就是表示“时间很短”的副词，这显然是这些词语的瞬间动作义隐喻的结果。因为是隐喻，所以与频率高低没有关系，它们都演变出了“短时”时间副词的用法，如它们都可以用在以下句子的状语位置：

(29)年纪大了记性不好，转身就忘。

这也说明在特定语法位置或语境中发生的语法化与临界频率相关，而通过隐喻发生的语法化与临界频率未必相关。

参考文献

北京语言学院语言教学研究所编　1985　《常用字和常用词》，北京：北京语言学院出版社。

陈玉洁　2007　量名结构与量词的定语标记功能，《中国语文》第6期。

董秀芳　2004　“是”的进一步语法化：由虚词到词内成分，《当代语言学》第1期。

方　梅　2002　指示词“这”和“那”在北京话中的语法化，《中国语文》第4期。

金福芬、陈国华　2002　汉语量词的语法化,《清华大学学报》(哲学社会科学版)第1期。
李宗江　2007　几个含“死”义动词的虚化轨迹,《古汉语研究》第1期。
———　2008　言说和求索对象标记的来源,《语言学论丛》(第三十八辑),北京:商务印书馆。
———　2011　试析表示身体状态改变的词语的特殊功能,《当代修辞学》第5期。
彭　睿　2011　临界频率和非临界频率——频率和语法化关系的重新审视,《中国语文》第1期。
汪维辉　2006　论词的时代性和地域性,《语言研究》第2期。
吴福祥　2003　汉语伴随介词语法化的类型学研究,《中国语文》第1期。
张庆庆　2007　近代汉语“寻找”义动词更替考,《苏州大学学报》(哲学社会科学版)第3期。
张谊生　2003　从量词到助词:量词“个”语法化过程的个案分析,《当代语言学》第3期。
郑　雷　2006　“看”的语法化分析,《现代语文》(语言研究版)第9期。

焦点分裂句语法化的再思考*

龙海平

（深圳职业技术学院应用外国语学院）

1 前人研究成果述评

本文关于分裂句(clefts)的定义主要参考了 Harris & Campbell(1995:153)，作者从跨语言角度对分裂句进行了描述性定义：

分裂句：(a)包含一个上位句(S_1)和一个下位句(S_2)，(b)前者包含一个系动词，且(c)后者具有关系小句结构。

至于分裂句的特殊形式——“焦点分裂句”(focus clefts)，作者并未定义，只说这种分裂句大致相当于英语的“*it*-分裂句”(*it*-clefts；如：it is by air that all our visitors arrived)。本文沿用作者“焦点分裂句”的说法，同时为了行文方便，我们把焦点分裂句语法化之前的初始判断句称为初始分裂句。①

Givón(1979:209)提出著名的“形态循环”(morphological cycle)：章法成分→句法成分→词法成分→形态音位成分→零形

---

* 本文是教育部人文社会科学研究青年基金项目“类型学视野下的汉语分裂句语法化研究”(项目批准号：09YJC740018)系列论文之一，同时获得“2009 年深圳职业技术学院校级青年创新项目”的资助。

式。作为对这一循环过程的验证，Givón(1979:246—248)认为焦点分裂句[作者的“分裂句”(clefts)相当于本文分析的焦点分裂句]源于包含关系小句的并连构式(paratactic constructions)，即存在下面的历时演变路径：

(1)It's John, the man who killed Mary. → It's John who killed Mary.

Heine & Reh(1984)和 Harris & Campbell(1995)证明 Givón(1979)的演变路径难以成立。Heine & Reh(1984:147—182)分析非洲语言焦点分裂句的语例[作者的“完结性焦点句”(completive focus)相当于本文分析的焦点分裂句]，认为焦点分裂句源于下面形式的判断句：

(2)NP　＋　系动词　＋　小句
　　(主句)　　　　　　(从属小句)

Heine & Reh(1984:181—182)进一步构拟从判断句到焦点分裂句的演变途径：[②]

第一步：格式“NP＋判断词＋小句”形成。句首 NP 代表一个新信息，从句则为已知信息。

第二步：判断词进一步虚化为一个焦点标记，并常用于标识疑问代词。

第三步：疑问词必须负载有焦点标记。

Heine & Reh(1984)的主要问题是强调句首 NP 提供新信息，从而发展成焦点分裂句的焦点化成分(focused constituent)，事实上一般语言多数句式(特别是多数判断句)的句首 NP 通常是不提供新信息的话题成分，然而这并不影响这些语言焦点分裂句的形成。Harris & Campbell(1995:151—168)将初始分裂句分析为“双小句构式”(bi-clausal construction),并且指出“双小句构式”向“单一小句构式”(mono-clausal construction,即焦点分裂句)的演变主要遵循“分裂到焦点构式途径”(cleft-to-focus construction pathway)。这一途径主要有下列三个步骤:

第一步:结构具有双小句构式的所有表面特征,并且不具有单一小句构式的任何特征;

第二步:结构逐步取得某些单一小句构式的特征,同时保持一些双小句构式的特征;

第三步:结构具有所有单一小句构式的特征,并且不具有双小句构式的任何特征。

作者认为第三阶段的焦点分裂句具有下列特征:

(a)(初始)分裂构式的双小句在表面结构上变成单一小句;

(b)被分裂成分在输入端内容小句中具有的语法关系实现为凸显(即焦点)成分;

(c)话语标记(即焦点标记)是下列三者的某种组合:(i)系动词,(ii)关系小句标记,和(iii)形式代词。

Harris & Campbell(1995)是迄今为止语法学界对于分裂句跨语言演变过程的最系统论证,不过也并非无懈可击。首先是初始分裂句的句法语义特征,我们将在 2.1 和 2.2 证明,无论是句法方面(主要是初始分裂句话题成分与焦点分裂句形式代词之间的矛盾,见 2.1),还是语义方面(主要是初始分裂句中关系小句的语义特征,见 2.2),Harris & Campbell(1995)的诸多论断都值得进一步探讨。

其次是焦点标记(focus marker)和焦点化成分的选择，作者认为焦点分裂句的焦点标记应该是系动词、关系小句标记和形式代词三者的某种组合。我们将在3.1证明，焦点标记不应该包含关系小句标记。关于焦点化成分的选择，作者或多或少受英语 *it*-分裂句语法化过程的影响，认为初始分裂句在向焦点分裂句的演变过程中总是焦点标识下位小句 S_2 的中心词成分，即例(3)中的Foc：

(3)

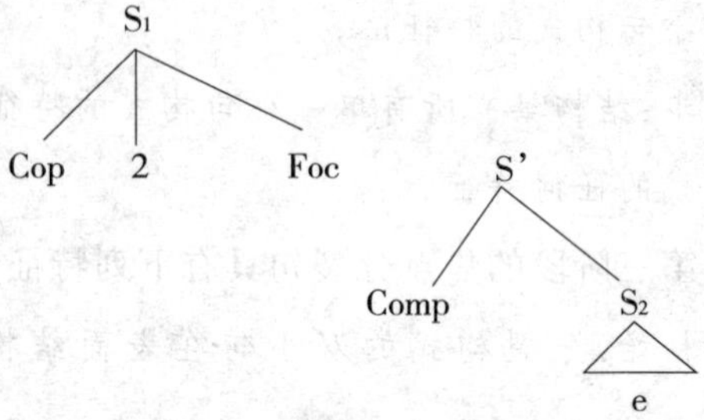

上图为Harris & Campbell(1995:154)跨语言焦点分裂句的树形图，其中 S_1 为上位主句，S_2 为下位关系小句，Cop为系动词(copula)，Foc为焦点化成分(focused constituent)，Comp为标句词(complementizer)，e为空位置，标句词Comp和从属小句 S_2 共同构成S'层。[③] 作者特别强调："在真正的分裂句中，系动词和焦点标记不能插入S'"，这就排除了系动词(Cop)焦点标识关系小句 S_2 相关成分的可能性。我们将在3.2证明，作者的这一论断过于绝对化，汉语中就存在系动词焦点标识 S_2 相关成分的分裂句(参见龙海平、肖小平，2009、2011；肖小平、龙海平，2012)。

Diessel(1999:148—150)列举了安布拉语(Ambulas，隶属塞皮克-拉莫语族塞皮克语支)和莫基利斯语(Mokilese，隶属奥斯特罗尼西亚语族大洋洲语支)下列语例：

(4)安布拉语(Wilson,1980:157)

véte dé wak a [wan méné]

看见(并且) 他 说 啊 焦点标记[4] 你

kaapuk yéménén.

否定词 你去

“他看见他,说:‘啊,是你没去。’”

(5)莫基利斯语(Harrison,1976:311)

ioar Wilson ma pwehng ih

mehu.

焦点标记[5] Wilson 关系小句标记 告诉 他

那件事

“是 Wilson 告诉他那件事的。”

作者认为这两种语言的指示代词 wan 和 ioar 通过下面的语法化途径,直接形成焦点标记:

(6)$[[\text{DEM}\emptyset\ \text{NP}]_S[\text{REL CL}]_S]_S \rightarrow [[\text{FOC NP}]_{NP} :]_S$

如果 Diessel(1999)能够成立,那么焦点分裂句就存在两个不同的语法化路径:(i)包含关系小句的双小句构式(初始分裂句)通过系动词的焦点标记化形成焦点分裂句;(ii)“指示代词+NP+关系小句”形式的判断句直接形成焦点分裂句。Heine & Kuteva(2002)倾向于认可这两个语法化路径,因此分设“系动词>焦点标记”(COPULA>FOCUS;Heine & Kuteva,2002:95—96)和“指示代词>焦点标记”(DEMONSTRATIVE>FOCUS;Heine & Kuteva,2002:111—112)两个词条,分别收录这两个语法化过程。

Diessel(2003:156)和 Pustet(2003:76)指出安布拉语和莫基利斯语在一般判断句中不显性使用系动词。这样说来例(6)所显示的语法化路径，在 ø 位置很可能隐含一个并未显性表达的系动词，因此例(6)$[[\mathrm{DEM}\ ø\ \mathrm{NP}]_S[\mathrm{REL\ CL}]_S]_S$句式其实也是包含关系小句的双小句构式。Diessel(1999)所论述的形成焦点分裂句的特殊路径，很可能只是 Harris & Campbell(1995)所论述的世界语言焦点分裂句语法化路径的一种特殊形式。[6]

2 初始分裂句的句法语义特征

这一部分主要关注这样一个问题：是不是 Harris & Campbell(1995)定义的所有初始分裂句都可以语法化形成焦点分裂句？如果不是，应该在句法和(或)语义上进行怎样的限制或调整？我们从两个方面讨论这一问题：2.1 重点解决 Harris & Campbell(1995)在初始分裂句的话题成分和焦点分裂句的形式代词之间的矛盾；2.2 重点讨论初始分裂句中关系小句的语义限制。

2.1 初始分裂句话题成分和焦点分裂句形式代词之间的矛盾

根据 Harris & Campbell(1995:153)关于初始分裂句的定义，我们可以生成下面形式的初始分裂句：

(7)NP Cop X Rel RC[7]

比较例(7)初始分裂句的简化式和例(3)焦点分裂句的树形图，我们在例(3)树形图中找不到例(7)中 NP 的位置。不过我们可以从 Harris & Campbell(1995:167)关于焦点分裂句性质的描述中得到一些线索：作者认为焦点分裂句的焦点标记是系动词、关系小句标记和形式代词三者的某种组合，鉴于 Harris & Campbell(1995:154)已经排除了关系小句成为焦点化成分的可能性，因此我们推断例(7)初始分裂句中的话题成分 NP、系动词 Cop 和关系小句标记 Rel 演变成了例(3)焦点分裂句中的焦点标记。从例(7)初始分裂句的简化式到例(3)焦点分裂句的树形图,我们可以很容易地找到系动词 Cop 和关系小句 Rel 的位置[例(7)中的 Cop 即例(3)中的 Cop,例(7)中的 Rel 即例(3)中的 Comp],这样说来例(7)中 NP 的去向只有一种可能性,即作者认为 NP 演变成了例(3)中的形式代词。众所周知,NP 作为实词项概念,其语义内涵远非形式代词所能包含,初始分裂句中的 NP 不太可能仅仅演变为焦点分裂句中的形式代词,这就出现了矛盾。

解决这一矛盾有两种途径:(1)缩小初始分裂句 NP 的选择范围,使其只包含能够演变为形式代词的那部分 NP;(2)扩大焦点分裂句形式代词的选择范围,使其与初始分裂句的 NP 保持一致。第一种解决途径有大量语言的语例做支持:众多学者的研究表明,除英语和荷兰语(参见 van der Beek,2003)使用第三人称单数代词担任焦点分裂句的形式代词外,其他语言,如安布拉语(Ambulas)、莫基利斯语(Mokilese)、卡惠拉语(Cahuilla,隶属于犹托-阿兹特克语群塔基克语支)、法语(上述四种语言语例参见 Diessel,1999:149—150)、德语、俄语(上述两种语言语例参见 Hedberg,1990:85—86)都使用指示代词担任焦点分裂句的形式代词。另外 Bolinger(1972)、Ball(1977)、Hedberg(1990)、Calude(2007)也证明英语 *it*-分裂句中的 it 可以替换为 this、that、these、those 等指示代词。学界现有的研究成果似乎表明世界多数语言的焦点分裂句使用形式代词,因此采用第一种途径解决这一矛盾似乎无可厚非。

我们的观点不同,我们主张采用第二种途径解决这一矛盾。我们发现英语使用者在口语中经常使用下列形式的焦点分裂句:

(8) a. What are you so upset about? ——The stuff's my money you're spending! (Bolinger, 1972；引自 Hedberg, 1990:76)

b. They're just fanatics who are holding him. (Hedberg, 2008:14)

上述两个英语焦点分裂句分别用 the stuff 和 they 取代了形式代词 it，表明英语口语中能够接受形式代词为一般 NP 的分裂句。如果说上述焦点分裂句仅仅在英语口语中出现的话，那么下列索马里语(Somali，隶属于亚非语系库施特语族)和汉语焦点分裂句的语例，则既可以在口语中出现，也可以在书面语中出现：

(9)索马里语(Harris & Campbell, 1995:159)[8]

a. anigu	muuska	baan	cunayaa.
我	香蕉	焦点标记	吃

"我在吃香蕉。"

b. adigu	muuska	baad	cunaysaa.
你	香蕉	焦点标记	吃

"你在吃香蕉。"

(10)汉语(袁毓林，2003:4)

a. 我是前天去姐姐家的。

b. 我是昨天碰到的小王。

例(9)引自 Harris & Campbell(1995)关于焦点分裂句的论述，因此可以确认为作者所讨论的焦点分裂句；例(10a)焦点分裂句地位的论述参考 Choi(2006)、Li(2008)、Cheng(2008)、Paul & Whitman(2008)和 Hole(2011)；例(10b)焦点分裂句地位的论述参考 Paul & Whitman(2008)和 Hole(2011)。索马里语和汉语焦

点分裂句的语例表明,形式代词为一般 NP 的焦点分裂句在世界语言中绝非个别现象。考虑到这些现象的存在,我们拟采用第二种途径解决 Harris & Campbell(1995)在初始分裂句话题成分和焦点分裂句形式代词之间的矛盾,即扩大形式代词的范围,使其包含一般的 NP 成分。基于以上考虑,我们将在后文的论述中摈弃形式代词的说法,直接称焦点分裂句形式代词位置的成分为 NP 成分。⑨

2.2 初始分裂句的语义选择

2.1 证明 Harris & Campbell(1995)关于焦点分裂句的定义应该包含形式代词为普通 NP 的分裂句。2.2 则将证明,作者除了需要扩大焦点分裂句的句法范围外,还需要进一步从语义上缩小初始分裂句的选择范围。我们首先看下面汉语焦点分裂句的语例:

(11)a. 这是我喜欢的颜色。

b. *(这是)我喜欢的颜色。⑩

例(11a)符合 Harris & Campbell(1995:153)关于初始分裂句的论述,不过例(11a)所对应的焦点分裂句——例(11b)却在汉语中不存在。这就促使我们思考这样一个问题:Harris & Campbell(1995)关于初始分裂句的描述性定义是不是过于宽泛,导致许多无法形成焦点分裂句的句式也被囊括其中?对于这个问题我们不难做出肯定的回答,难的是如何缩小初始分裂句的范围,从而把那些无法形成焦点分裂句的句式排除在外。

我们认为要缩小初始分裂句的范围还得从语义入手。龙海平、肖小平(2009、2011)分析汉语"S(是)APV 的 O"形式的焦点分裂句(如"我(是)昨天买的票"),肖小平、龙海平(2012)分析汉语"(NP)是 SV 的 O"形式的焦点分裂句(如"(这)是我害的他"),发现这两种句式在初始分裂句阶段，其关系小句"APV 的"和"SV 的"都是限制性关系小句(restrictive relative clause)，我们认为这一观察具有普遍性。

Hedberg(1990：76—77)、Ball(1991：35—59)和 Pattern(2010:227—242)分析英语 *it*-分裂句的演变过程证明，英语 *it*-分裂句初始阶段的关系小句皆为限制性关系小句。三位研究者的发现与现代英语的某些现象相吻合：

(12)a. It is by air that all our visitors arrived.

b. * It is by air, that all our visitors arrived.

英语非限制性关系小句(如 I gave the book to John, who passed it to Mary)的一个典型特征，是关系词(who、where、when 等)之前加逗号。英语的 *it*-分裂句[例(12a)]则不同，我们无法在关系词 that 之前加逗号[例(12b)]，这表明英语焦点分裂句——*it*-分裂句中的关系小句结构，并不具备英语非限制性关系小句的典型特征。另外英语非限制性关系小句不接受 that 作为关系词，而 *it*-分裂句却以 that 作为最常用的关系词。从这两方面讲，英语焦点分裂句中的关系小句都不太可能是非限制性关系小句。[11]

值得指出的关系词前出现逗号并非英语非限制性关系小句所特有的现象，欧洲大陆诸多语言，如法语、德语、西班牙语、荷兰语、瑞典语的非限制性关系小句，都在关系词前加逗号，以区别于这些语言中的限制性关系小句。与英语 *it*-分裂句相对应的是，这些语言的焦点分裂句也不接受关系词前加逗号这一用法。从这个角度讲，众多欧洲语言焦点分裂句中的关系小句似乎都应该是限制性关系小句。

在以英语为代表的欧洲语言之外，Schachter(1973:21)证明库阿语(Akan,隶属于尼日尔-刚果语族克瓦语支)、豪萨语(Hausa,隶属于非洲乍得语族)、伊隆戈语(Ilonggo,隶属于马来-波利尼西亚诸语言)焦点分裂句中的关系小句和这些语言的限制性关系小句都具有句法相似性。

有了以上诸多语言中焦点分裂句的例证,我们认为应该对Harris & Campbell(1995)关于初始分裂句的定义进行语义上的修正:初始分裂句的下位关系小句 S_2 应为限制性关系小句。这一限制可以很好地解释为什么从例(11a)到(11b)的语法化过程无法进行,而下面例(13a)到(13b)的语法化过程却可以进行:

(13)a. 这是我买的票。

b.(这是)我买的票。

例(11a)中的“颜色”为上位概念,关系小句“我喜欢的”无法对“颜色”进行确定个体的限制性修饰,因此不符合我们对于初始分裂句中关系小句的语义限制。例(13a)则不同,这里的关系小句“我买的”可以将中心词“票”限定为确定概念,因此(13b)焦点分裂句能够成立。[12]

3 焦点标记和焦点化成分的选择

焦点分裂句的语法化过程,对于焦点标记和焦点化成分在句法上存在选择关系。3.1重点讨论焦点分裂句语法化过程对焦点标记的句法选择,3.2则讨论焦点分裂句语法化过程对于焦点化成分的句法选择。

3.1 焦点标记的句法选择

Harris & Campbell(1995:167)认为焦点分裂句的焦点标记

是下列三者的某种组合：(i)系动词，(ii)关系小句标记，和(iii)形式代词。我们认为这一观点值得商榷，我们发现作者所举关系小句标记充当焦点标记的语例，全部是该语言焦点分裂句发展到一定阶段，充当焦点标记的系动词和NP成分自然脱落，改由语音韵律充当焦点标记的语例：

(14)布列塔尼语(Breton，隶属于印欧语系凯尔特诸语言；Harris & Campbell，1995：155)

ar　vuale　a　lenn　levrioù.

定冠词　孩子们　关系小句标记　读　书

"(是)孩子们在读书。"

例(14)布列塔尼语语例确实容易造成关系小句标记a充当焦点标记的假象，然而如果观察作者的其他例句，就知道充当焦点标记的并非关系小句标记：

(15)布列塔尼语(Harris & Campbell，1995：157)

ar　vuale　eo　a　lenne

定冠词　孩子们　系动词　关系小句标记　读

al　levrioù.

定冠词　书

"(是)孩子们在读书。"

例(15)与Harris & Campbell(1995)焦点分裂句的树形图[例(3)]相符，因此可以推断，例(15)中布列塔尼语充当焦点标记的并非关系小句标记，而是系动词eo[例(15)的NP成分可能已经省略]。我们认为只是随着系动词焦点标记用法的逐步固化，它的存在不再那么必要，在某些口语中才改由语音韵律充当焦点标记，从而形成例(14)这样的焦点分裂句。

将关系小句标记解释为焦点标记，汉语界也有类似的尝试。袁毓林(2003)认为下列汉语分裂句中存在焦点结构“(是)……的”：

(16)汉语(袁毓林，2003:4)

a. 是瓦特发明蒸汽机的。

b. 瓦特是发明蒸汽机的。

c. 瓦特是发明的蒸汽机。

(17)汉语(袁毓林，2003:6)

这时，他忽然听一声惊心的喊叫："王××，你被捕了！……"

他吃惊地坐起来，不，是两位人民警察把他揪起来的。

袁毓林(2003:5—7)认为“(是)……的”结构既可以标记窄焦点[即句法结构中的某个成分，例如(16a)中的“瓦特”和(16b)中的“发明”]，也可以标识广焦点[即整个事件句，例如(17)中的“两位人民警察把他揪起来”]，同时“‘的’字的前移起到了缩小焦点范围的作用，它用一种显式的标志把被事态句(即‘(是)……的’句)解除焦点地位的宾语O隔离在‘(是)……的’结构所标定的焦点范围之外”。

我们对系动词“是”在汉语分裂句中充当焦点标记的说法并无异议，不过我们不同意“的”也充当焦点标记的说法，我们认为“的”并不具备袁毓林(2003)所宣称的缩小焦点范围的作用。以(16c)为例，汉语使用者的一般语感认为此句的焦点成分是“蒸汽机”，它在“(是)……的”结构所标识的范围之外，“的”的前移无法排除它的焦点地位，同时“的”也无法对它进行焦点标识。⑬

如果将 Harris & Campbell(1995)关于焦点标记构成的论断推广至英语，我们会发现类似的问题。英语中存在下列形式的 *it*-分裂句：

(18)英语(Ball,1994:603—604)

It is with deep regret and after long and searching thought that I hereby submit my resignation as Attorney General, to take effect upon the appointment and qualification of my successor. (R. Kleindienst, 1973, *Letter to R. Nixon*, 687)

例(18)的显著特征是在"it + be + X + that + S"分裂句中,焦点化的并非处于"it+be … that"结构[这一结构是形式代词、系动词和关系小句标记三者的组合,因此符合 Harris & Campbell (1995)关于焦点分裂句特征的描述]之间的 X,而是处于 that 之后的小句 S(I hereby submit my resignation as Attorney General, to take effect upon the appointment and qualification of my successor),Ball(1994:603—604)称之为信息预设 *it*-分裂句(informative-presupposition *it*-clefts)。[14]英语中这种 *it*-分裂句的存在,证明 Harris & Campbell(1995)关于焦点标记包含关系小句标记的论断同样不适用于英语。

基于上文对于布列塔尼语、汉语和英语焦点分裂句的分析,我们主张在 Harris & Campbell(1995)关于焦点标记构成的论断中剔除关系小句标记,而改由 NP 和系动词二者的组合充当焦点标记。

3.2　焦点化成分的句法选择

Harris & Campbell(1995:154)特别指出:"在一个真正的分裂句中,系动词和焦点化成分不能插入 S′"。结合例(3)树形图我们发现,作者所讨论的"分裂到焦点构式"过程其实只有一种可能性,即系动词焦点标识关系小句的中心词成分,我们用例(19)表示这一过程：

(19) It Cop X that S

例(19)展示的是英语 *it*-分裂句的初始状态，句式本身包含一个上位小句"it Cop X"，上位小句的系事成分 X 被下位关系小句"that S"修饰。在"分裂到焦点构式"语法化过程中，系动词演变为中心词 X 的焦点标记，从而形成例(3)树形图所示的焦点分裂句。[关于英语 *it*-分裂句形成过程的论述参见 Ball(1991)、Pattern(2010)等]

我们认为上述分析过程适用于英语 *it*-分裂句的语法化过程，却未必适用于世界其他语言焦点分裂句的语法化过程。为了系统论述这一问题，我们引入国际语言学界关于分裂句的一个原则——邻近原则(adjacency principle)。所谓"邻近原则"指的是在初始分裂句向焦点分裂句的演变过程中，系动词总是显性标识最邻近的名词性成分。据我们所知这一原则首先由 Haries-Deliesle(1978:430)提出，提出伊始就被学界广为引用。(见 Heine & Reh, 1984:147—182; Harris & Campbell, 1995:151—168; Heine & Kuteva, 2002:95—96, 111—112; Paul & Whitman, 2008; Hole, 2011:1712 等)

我们运用"邻近原则"分析世界语言中两种最常见语序的语言——SVO 语言和 SOV 语言的分裂句：

(20) a. SVO 语言分裂句：NP Cop X RC

b. SOV 语言分裂句：NP RC X Cop

由于在 SVO 语言和 SOV 语言中关系小句和中心词的位置一般相反(SVO 语言的关系小句 RC 在中心词 X 之后，SOV 语言的关系小句 RC 一般在中心词 X 之前)，我们从例(20)可以很直观地发现，无论是SVO语言[如例(20a)]，还是SOV语言[如例(20b)]，在“分裂到焦点构式”语法化过程中，系动词在邻近原则的作用下都会显性焦点标识中心词X。值得指出的是SVO语言和SOV语言包含了世界90%左右的语言，因此具有极大的普遍性，这可以解释Harris & Campbell(1995)为什么直接用树形图(3)表示世界语言的焦点分裂句。

Harris & Campbell(1995)忽略了一个问题：例(20)讨论的只是世界SVO语言和SOV语言的一般情况，在某些语言，如SVO语言的汉语中，关系小句RC并不在中心词X之后[例(21)]；而SOV语言的卡努里语(Kanuri；隶属于尼罗-撒哈拉语系撒哈拉语族；参见Fielder，2010)，其关系小句RC亦不在中心词X之前。我们以汉语分裂句为例说明这一问题：

(21)汉语分裂句：NP Cop RC X

根据邻近原则，在汉语焦点分裂句的语法化过程中，系动词Cop将焦点化关系小句RC。由于汉语关系小句经常采用“NP+V+的”形式[如例(22a)中的“昨天买的”和例(22b)中的“我买的”]，而根据邻近原则系动词一般焦点化名词性成分，因此我们可以预见下面的语法化过程：

(22)a. 我是昨天买的票。→

b. 我(是)昨天买的票。

(23)a. 这是我买的票。→

b. (这是)我买的票。

在例(22a)和(23a)中，系动词焦点标识关系小句“昨天买的”和“我买的”中的名词性成分“昨天”和“我”，从而形成例(22b)和(23b)所示的焦点分裂句。[关于这两个分裂句的语法化过程参

考龙海平、肖小平(2009、2011)与肖小平、龙海平(2012)]

如果上述分析能够成立,Harris & Campbell(1995)关于焦点化成分选择的分析似乎值得商榷,我们认为作者不应该武断地认为在焦点分裂句的语法化过程中系动词不能焦点标识关系小句RC的相关成分。这一部分的分析也从侧面验证了我们在3.1中的论述:关系小句标记并不能将焦点化成分和非焦点化成分隔离开来,关系小句标记所隔离开的成分[如例(22a)中的“昨天”和例(23a)中的“我”],同样有成为焦点化成分的可能性。

4 结语

本文从初始分裂句句法语义特征和焦点标记与焦点化成分的选择这两方面讨论了Harris & Campbell(1995)关于世界语言焦点分裂句语法化过程的相关观点。我们通过对比初始分裂句话题成分NP和焦点分裂句形式代词之间的差别,证明焦点分裂句的形式代词应该扩展至包含一般NP成分;同时通过分析初始分裂句的关系小句成分,指出从初始分裂句到焦点分裂句的语法化过程应该进行语义上的限制:初始分裂句的关系小句应该是限制性关系小句,否则无法语法化形成焦点分裂句。在焦点标记与焦点化成分的选择方面,我们分析不同语言的焦点分裂句,指出关系小句标记不具有焦点标记功能;并非所有焦点分裂句的焦点化成分都是关系小句的中心词成分,在特定语序语言(如汉语)中,关系小句的名词性成分也可能被焦点化。

本文的分析可能造成这样一个印象:Harris & Campbell(1995)虽然从跨语言角度分析世界语言焦点分裂句的语法化过

程，但作者的诸多判断更多基于英语和其他 SVO 语言[虽然 Harris & Campbell(1995)所举语例大都来自非 SVO 语言]。我们对作者的诸多观点进行了修正，但客观讲我们对于其他语序语言焦点分裂句的相关特征也知之甚少，因此我们的诸多论断是否已经摆脱了 Harris & Campbell(1995)对于英语和其他 SVO 语言的依赖，或者在多大程度上摆脱了这种依赖，这在很大程度上有赖于后来研究者的进一步验证。

附　注

① 本文所有分析背后皆蕴涵一个基本假设：焦点分裂句源于某种形式的判断句(参见 Heine & Reh，1984：147—182；Harris & Campbell，1995：156—168)，对此后文不再专门说明。

② 三个步骤的表述引自石毓智、徐杰(2001：461)。

③ 本文沿用 Harris & Campbell(1995)的缩略语，另外本文中 AP 表示状语短语(adverbial phrase)，NP 表示名词短语(noun phrase)，O 表示宾语(object)，RC 表示关系小句(relative clause)，Rel 表示关系小句标记(relativizer)，S 表示主语(subject)，V 表示动词(verb)，X 表示关系小句的中心词(head)。

④ 此处"焦点标记"的说法直接引自作者原文。

⑤ 此处"焦点标记"的说法直接引自作者原文。

⑥ 事实上 Harris & Campbell(1995：153)也同样认为作者所构拟的分裂句中的系动词可以是零系动词(zero copula)。

⑦ 除特别说明，本文构拟的初始分裂句都采用 SVO 语序。

⑧ 索马里语焦点标记 baa 存在不同的格形式，如例(9a)中的 baan(baa+aan)就是 baa 的第一人称单数主语黏附语形式(参见 Frascarelli & Puglielli，2006：308—309)。

⑨ 许多研究者认为英语 *it*-分裂句中的 it 为无指成分，而 NP 通常为有指成分，因此似乎存在矛盾。众多学者的研究成果表明，英语 *it*-分裂句中的 it 并非无指：Bolinger(1972)认为 *it*-分裂句中的 it 具有"低信息但非模糊指

称”(low information but not vague reference);Gundel(1977)认为 *it*-分裂句中的 it“对句子话题进行代名词性指称”(makes pronominal reference to the topic of the sentence);Borkin(1984)认为 *it*-分裂句中的 it“显示指称物的已知存在”(suggests the already known existence of a referent);Hedberg(1990)则直接认为 *it*-分裂句中的 it“具有语义内容”(has semantic content)。

⑩ 与 Harris & Campbell(1995)类似,我们把系动词[如例(11b)中的“是”]和 NP[如例(11b)中的“这”]的省略,视为形成焦点分裂句的重要标志,下文同此例。

⑪ 这也从一个侧面证明 Givón(1979:246—248)构拟的焦点分裂句的演变途径无法成立。

⑫ 龙海平、肖小平(2011:306—307)证明除关系小句的限制性外,中心词的定指性是焦点分裂句得以形成的另一条件,此处限于篇幅,不再具体讨论这一问题。

⑬ 关于例(16c)焦点分裂句的语法化过程,参考沈家煊(2008)和龙海平(2011);关于其性质的描述参见 Cheng(2008)和 Hole(2011)。

⑭ 更多关于焦点标识关系小句的 *it*-分裂句的论述,参见 Prince(1978:898)、Geluykens(1984:38)、Declerck(1988)、Delin(1989、1992)、Hedberg(1990)。

参考文献

龙海平　2011　从焦点不确定性看“他是投的赞成票”句式,《汉语学报》第2期。

龙海平、肖小平　2009　已然义“(是)……的”类句式的语法化——以“S是AV的O”句式为例,《语言教学与研究》第2期。

———　2011　“我是昨天买的票”句式及其相关问题,《世界汉语教学》第3期。

沈家煊　2008　“移位”还是“移情”?——析“他是去年生的孩子”,《中国语文》第5期。

石毓智、徐　杰　2001　汉语史上疑问形式的类型学转变及其机制——焦点标记“是”的产生及其影响,《中国语文》第5期。

肖小平、龙海平　2012　从判断句前件扩展看“(NP)是SV的O”句式的形成,《汉语学习》第1期。

袁毓林　2003　从焦点理论看句尾"的"的句法语义功能,《中国语文》第1期。

Ball, C. N. 1977 *Th*-clefts. In C. N. Ball & E. F. Prince (eds.) *Pennsylvania Review of Linguistics* 2(2): 57—64.

——— 1991 The historical development of the It-cleft. Ph. D. dissertation, University of Pennsylvania.

——— 1994 The origins of the informative-presupposition *It*-cleft. *Journal of Pragmatics* 22: 603—628.

Bolinger, D. 1972 *That's That*. The Hague: Mouton.

Borkin, A. 1984 *Problems in Form and Function*. Norwood, NJ: Ablex Publishing Corporation.

Calude, A. S. 2007 Demonstrative clefts in spoken English. Ph. D. Dissertation, University of Auckland.

Cheng, L. L.-S. 2008 Deconstructing the *Shi... de* construction. *Linguistic Review* 25(3/4): 235—266.

Choi, K.-T. 2006 Chinese Shi … de focus constructions: An optimality-theoretic proposal. Master's Dissertation, Simon Fraser University.

Declerck, R. 1988 *Studies on Copula Sentences, Clefts and Pseudoclefts*. Leuven: Leuven University Press.

Delin J. L. 1989 Cleft constructions in discourse. Ph. D. Dissertation, University of Edinburgh.

——— 1992 Properties of *It*-cleft presupposition. *Journal of Semantics* 9: 179—196.

Diessel, H. 1999 *Demonstrative: Form, Function and Grammaticalization*. Amsterdam/Philadelphia: John Benjamins.

——— 2003 Demonstratives in language use and grammar. *Max Planck Institute for Evolutionary Anthropology*, San Marino Summer School, June 9—12, 2003.

Fiedler, I. 2010 Kanuri (Western Saharan, Nigeria). handouts for SFB 632 B7 Workshop, Humboldt-Universität zu Berlin, Nov., 2010. http://www2.hu-berlin.de/predicate_focus_africa/data/B7.Workshop.2010—Fiedler-Kanuri.pdf.

Frascarelli, M. & A. Puglielli 2006 A comparative analysis of restrictive and appositive relative clauses in Cushitic languages. In G. Giusti (ed.) *Contributions to the XXX Incontro di Grammatica Generativa*. Venezia: Cafoscarina.

Geluykens, R. 1984 *Focus Phenomena in English: An Empirical Investigation into Cleft and Pseudo-Cleft Sentences*. Antwerp: Universitaire Instelling Antwerpen.

Givón, T. 1979 *On Understanding Grammar*. New York: Academic Press.

Gundel, J. K. 1977 Where do cleft sentences come from? *Language* 53(3): 543—559.

Harris, A. C. & L. Campbell 1995 *Historical Syntax in Cross-Linguistic Perspective*. Cambridge: Cambridge University Press.

Harrison, S. P. 1976 *Mokilese Reference Grammar*. Honolulu: University of Hawaii Press.

Hedberg, N. 1990 Discourse pragmatics and cleft sentences in English. Ph. D. dissertation, University of Minnesota.

——— 2000 The referential status of clefts. *Language* 76(4): 891—920.

——— 2008 Approaching clefts: Syntax, semantics, pragmatics. *Workshop on Clefts*. Zentrum für Allgemeine Sprachwissenschaft (ZAS). Berlin, Germany, Nov. 28—29, 2008.

Heine, B. & M. Reh 1984 *Grammarticalization and Reanalysis in African Languages*. Hamburg: Helmut Buske.

Heine, B. & T. Kuteva 2002 *World Lexicon of Grammaticalization*. Cambridge: Cambridge University Press.

Hole, D. 2011 The deconstruction of Chinese *Shì...de* clefts revisited. *Lingua* 121: 1707—1733.

Li, K. -N. 2008 Contrastive focus structure in Mandarin. In M. K. M. Chan & H. Kang (eds.) *Proceedings of the 20th Northern American Conference on Chinese Linguistics* (*NACCL-20*). 759—774.

Pattern, A. 2010 Cleft sentences, construction grammar, and grammaticalization. Ph. D. dissertation, University of Edinburgh.

Paul, W. & J. Whitman 2008 *Shi...de* focus clefts in Mandarin. *Linguistic*

Review 25(3/4):413—451.

Prince,E. F. 1978 A comparison of *Wh*-clefts and *It*-clefts in discourse. *Language* 54(4):883—906.

Pustet,R. 2003 *Copulas:Universals in the Categorization of the Lexicon*. Oxford:Oxford University Press.

Schachter,P. 1973 Focus and relativization. *Language* 49(1):19—46.

van der Beek,L. 2003 The Dutch *It*-cleft constructions. In M. Butt & T. H. King(eds.) *Proceedings of the LFG03 Conference*. State University of New York at Albany.

Wilson,P. R. 1980 *Ambulas Grammar*. Ukarumpa. Papua New Guinea:Summer Institute of Linguistics.

唐汪话里语气词“说”“说着”的语法化过程*

罗　端(Redouane Djamouri)

(法国国家科学院)

1　引言

在北方官话中,无论是在北京话里还是在各地西北方言里,“说”字的语法化现象都是常见的。关于青海西宁方言里“说”做句末助词,程祥徽(1980)认为是受藏语影响所产生的语法化现象;张安生(2007)则得出不同的结论,认为这是受阿尔泰语的影响所产生的现象。

本文依据笔者在甘肃省收集的唐汪话共时材料,试图描述该方言里“说”和“说着”做句末助词的用法,以便重新探讨其语法化过程及其外借特征。

应该指出,在西北汉语方言中,从语言演变和发展的角度来看,唐汪话表现出强大的创新性。可见唐汪话里“说”和“说着”的

* 本文得到了法国国家科学基金项目的资助(ANR 2008—2011),是在中国甘肃省进行实地语言调查所得到的结果。对该项目各位参与者以及吴福祥先生、齐冲先生、本书编辑同人的意见和建议,谨此感谢。

语法化过程产生了其他西北方言尚未出现的用法和意义。

“说”是北方汉语最基本的“言语动词”。在这点上，唐汪话并不构成反例。在北方各方言里“说”可以单独用作动词，表示“说话”的意思。它另外也具有引用的作用(quotative use)，可以引进一个宾语句(“说某件事”)。在唐汪话里，“说着”和“说”从引用动词的功能，重新分析为一个带有“证据语气”的助词(evidential particle)。这种证据助词的用法不限于唐汪话，在一些西北方言里也可以见到。但在唐汪话里，“说着”和“说”从证据语气助词的用法又扩展到两个独特的助词：1.“认识情态”的语气助词(epistemic)，2.“真势情态”的语气助词(alethic modal)。

1.1 唐汪话概况

唐汪镇位于甘肃省临夏回族自治州东乡族自治县的东北部。因它在洮河下游西岸边上的平地，故也称“唐汪川”。唐汪以东的临洮县是汉族为主居住的地方。以西的山区大多数的居民是东乡族。据唐汪镇政府办公室 2011 年 4 月提供的统计，“全镇共有 14107 人，其中汉族 6227 人，回族 2387 人，东乡族 5489 人，藏族 4 人”(韩中义，2011：1)。[①]

唐汪东乡学者阿·伊布拉黑麦在 1985 年发表的《甘肃境内唐汪话记略》是语言学史上第一篇描述唐汪话的文章。该文章序文里面，伊布拉黑麦认为：“唐汪话比较特殊，一方面它的词汇中绝大部分词是汉语的，另一方面它又有数、格、态、体等语法范畴。这些范畴与相邻的东乡话极为接近。”从此以后，学界一直坚持这个观点，甚至把唐汪话看为中国西北地区“混合语言”(mixt language)的代表之一。[②]

下面我们简单地介绍唐汪话的主要语法特征，以便更好地了解"说""说着"重新分析为语气词的句法环境。

1.2 词汇

唐汪话词汇明显源于汉语。据我们调查的初步统计,仅从基本词汇来看,汉语单词占 96%。其中,82%属于北方官话通用的基本词汇,13%包括西北方言共用的词汇、河州地区特有的词汇及少数唐汪话专用的词汇。剩下的 4%的词汇是非汉语语言借来的词。东乡话借来的词占 2%,阿拉伯语借来的词占 0.5%,从波斯语借来的词占 0.5%,还有 2%的词来源不明。

1.3 句法大体状况

1.3.1 "宾动"(OV)语序为主

唐汪话通常语序是"主宾动"(SOV)、"修饰语+中心语"(modifier-modified)的语序。在动词前用作宾语或状语的名词必须加上格的标记。下表列举格标记的不同形式及其基本功能:

唐汪话中格的不同形式

Ø	主格、动作格、施事
-xa /-a(哈/阿)	宾格、与格、受益格
-tɕi(底)	属格
-li(里),-ʂã(上)	方位格
-ɕʲɛ(些)	离格
-la(啦)	伴随格、工具格

以下例句表现了格标记的用法:

(1)我　哈三啦　　　缸哈　　　达坂些

wə　xasɛ̃-**la**　　　kã-**xa**　　　tapɛ̃-ɕʲɛ

我　哈三-[伴随]　缸-[宾格]　达坂-[离格]

唐汪里　　　尕驴啦　　　生产队哈

tãwã-**li**　　　kalɥ-**la**　　　ʂətʂʰɛ̃tʷi-**xa**

唐汪-[方位格] 尕驴-[工具] 格生产队-[与格]

拉过给寮。

la-kʷɔ-ki-lʲɔ

拉-过-给-[完成体]

（我和哈三从达坂到唐汪用驴给生产队拉过缸。）

在简单句里，名词主语的标准位置在句首。做宾语和状语的名词通常出现在主语和动词之间，它们在该位置上反映出相当自由的语序。例(2)—(6)的语义相似：

(2) 我　那阿　羊肉哈　炭啦

wɔ　nə-a　jāʐʉ-xa　tʰɛ̃-la

我　他-[收益格]　羊肉-[宾格]　炭-[工具格]

烤给寨。

kʰɔ-ki-ʈʂɛ

烤-[应动]-[未完成]

（我用炭给他烤羊肉。）

(3) 我　羊肉哈　那哈　炭啦

wɔ　jā-ʐʉxa　nə-xa　tʰɛ̃-la

我　羊肉-[宾格]　那-[收益格]　炭-[工具格]

烤给寨。

kʰɔ-ki-ʈʂɛ

烤-[应动]-[未完成]

（同上）

(4) 我　炭啦　羊肉哈　那哈

wɔ　tʰɛ̃-la　jāʐʉ-xa　nə-xa

我　炭-[工具格]　羊肉-[宾格]　那-[收益格]

烤给寨。

k^hɔ-ki-ʈʂɛ

烤-[应动]-[未完成]

（同上）

(5)我　那哈　炭啦　羊肉哈

wɔ　nə-xa　t^hɛ̃-la　jãʐʉ-xa

我　那-[收益格]　炭-[工具格]　羊肉-[宾格]

烤给寨。

k^hɔ-ki-ʈʂɛ

烤-[应动]-[未完成]

（同上）

不过要注意的是主语前面还有话题的位置。用作话题的名词同样必须带有格的标记：

(6)羊肉哈　我　那哈　炭啦

jãʐʉ-xa　wɔ　nə-xa　t^hɛ̃-la

羊肉-[宾格]　我　那-[收益格]　炭-[工具格]

烤给寨。

k^hɔ-ki-ʈʂɛ

烤-[应动]-[未完成]

（羊肉呢，我用炭给他烤。）

(7)炭啦　我　那哈　羊肉哈

t^hɛ̃-la　wɔ　nə-xa　jãʐʉ-xa

炭-[工具格]　我　那-[收益格]　羊肉-[宾格]

烤给寨。

kʰɔ-ki-ʈʂɛ

烤-[应动]-[未完成]

(用炭,我烤羊肉给他。)

话题后主语前还有焦点的位置:

(8)炭啦　　　　羊肉哈　　　我　那哈

tʰɛ̃-la　　　　jãʐʉ-xa　　　wɔ　nə-xa

炭-[工具格]　羊肉-[宾格]　我　那-[收益格]

烤给寨。

kʰɔ-ki-ʈʂɛ

烤-[应动]-[未完成]

(用炭,我烤给他的是羊肉。)

1.3.2　"动宾"(VO)词序

从上面诸例可以看出,唐汪话里的基本词序是"宾动"词序,不过在一些特定的情况下也有显示"动宾"词序的现象。宾语出现在动词后有以下两种情况:

甲、不定指的受事宾语必须出现在"动词+体貌标记"的后面(例9),它不能出现在动词与体貌标记之间(例10),也不能加上宾语标记"哈"(例11):

(9)祖比德　老师哈　问寮　一个　问题。

tsupitə　lɔʂʅ-xa　wə̄-lʲɔ　ɟi kɛ　wə̄tɕʰi

(祖比德问老师一个问题。)

(10)* 祖比德　老师哈　问　一个　问题哈　寮。

tsupitə　lɔʂʅ-xa　wə̄　ɟi kɛ　wə̄tɕʰi-xa　lʲɔ

(11)* 祖比德　老师哈　一个　问题哈　问寮。

tsupitə　lɔʂʅ-xa　ɟi kɛ　wə̄tɕʰi-xa　wə̄-lʲɔ

乙、在句法层次上，动词与其宾语可以组成所谓的“动宾组并”(object incorporation)(例 12、13)；因此动词与宾语之间不能插入体貌标记“寮”“寨”“咧”(例 14、15)：

(12)哈三 看书寮。

xasɛ̃ kʰɛ̃-ʂʉ-lʲɔ

(哈三看了书。)

(13)我 吃羊肉寨。

wɔ tʂʰʃ-jãʐʉ-tʂɛ

(我吃羊肉。)

(14)* 哈三 看寮 书。

xasɛ̃ kʰɛ̃-lʲɔ ʂʉ

(15)* 我 吃寨 羊肉。

wɔ tʂʰʅ-tʂɛ jãʐʉ

1.3.3 体貌标记

在陈述句里，动词后面必须加一个体貌标记。唐汪话有三个体貌标记“寮”(完成体)、“寨”(未完成体)、“咧”(未来)：

(16)我 苹果哈 吃寮。

wɔ pĩkʷɔ-xa tʂʅ-lʲɔ

(我把苹果吃了。) [完成体]

(17)我 苹果哈 吃寨。

wɔ pĩkʷɔ-xa tʂʅ-tʂɛ

[我(正在)吃苹果。] [未完成体]

(18)* 那 苹果哈 吃。③

nə pĩkʷɔ-xa tʂʃ

(她吃苹果。)

1.3.4 复合谓词

在两个动词做复合谓词的情况下，不管是“OV_2-V_1”（例 19）还是“V_2O-V_1”（例 20），主要动词“V_1”一律出现在后面，不能出现在“OV_2”或“V_2O”的前面（例 21、22）：

(19)主麻　底　那天　我　寺里

ʈʂuma:　tɕi　nɛ tɕʰʲɛ̃　wɔ　sɿ-li

周五　的　那天　我　寺-[处所]

呢麻斯哈　做　去咧。

nəmasɿ-xa　tsu　tɕʰi-li

礼拜-[宾格]　做　去-[未来]

（我星期五将要到清真寺去做礼拜。）

(20)主麻　底　那天　我　寺里

ʈʂuma:　tɕi　nɛ tɕʰʲɛ̃　wɔ　sɿ-li

周五　的　那天　我　寺-[处所]

做　呢麻斯　去咧。

tsu　nəmasɿ　tɕʰi-li

做　礼拜-[宾格]　去-[未来]

（同上）

(21)* 主麻　底　那天　我　寺里

ʈʂuma:　tɕi　nɛ tɕʰʲɛ̃　wɔ　sɿ-li

周五　的　那天　我　寺-[处所]

呢麻斯哈　去　做咧。

nəmasɿ-xa　tɕʰi　tsu-li

礼拜-[宾格]　去　做-[未来]

(22)*主麻　底　那天　我　寺里

ʈʂumaː　tɕi　nɛ tɕʰʲɛ̃　wɔ　sɿ-li

周五　的　那天　我　寺-[处所]

去　做呢麻斯咧。

tɕʰi　tsunəmasɿ-li

去　做-礼拜-[未来]

1.3.5　"V1 着 V2"的格式

"V1 着 V2"是唐汪话里常见的结构。V2 作为主要谓语，应该看作限定动词，它后面需要加上体貌标记。至于 V1，它在 V2 的附属下。作为非限定动词(non-finite verb)必须加上副动词标记"着"表示它在句法上的附属形式。要注意的是，"着"本身没有体貌意义，它只能看作是一个句法上的结构助词。

(23)我　家里　看书着　坐寨。

wɔ　tɕʲa-li　kʰɛ̃ʂu-ʈʂɚ　tsʷɔ-ʈʂɛ

我　家-[处所]　看书-[副动]　在-[未完成]

(我正在家里看书。)

(24)我　家里　看书着　坐寮。

wɔ　tɕʲa-li　kʰɛ̃ʂu-ʈʂɚ　tsʷɔ-lʲɔ

我　家-[处所]　看书-[副动]　在-[完成]

(我当时正在家里看书。)

(25)我　家里　看书着　坐咧。

wɔ　tɕʲa-li　kʰɛ̃ʂu-ʈʂɚ　tsʷɔ-li

我　家-[处所]　看书-[副动]　在-[未来]

(我将会在家里看书。)

以上句子里“坐”为主要谓语动词，因此决不能加副动词标记“着”，但必须加体貌标记；同样，作为副动词，“看书”后面的副动词标记“着”是不能省掉的，也不能用体貌标记来代替：

(26)我　家里　　看书着(/*寨/*寮/*咧)。

wɔ　tɕʲa-li　　kʰɛ̃ʂu-ʈʂɚ(/*-ʈʂɛ*-lʲɔ/*-li)

我　家-[处所]　看书-[副动](/*-[未完成]/*-[完成]/*-[未来])

坐寨(/寮/咧/*着)。

tsʷɔ-ʈʂɛ(/-lʲɔ/-li/*ʈʂɚ)

坐-[未完成](/-[完成]/-[未来]/*-[副动])

2 “说”的各种用法

2.1 “说”的实义用法

“说”是目前北方汉语里最基本而通用的“言语动词”。光从其实义用法来看，它最早是由“解说”的意义而引申到以下各种语义：“解说”“辩说”“说服”“议论、描绘”“?提到”“说话”(>“讲道、朗诵”)“交谈”等意义。

2.2 北京话中“说”的语法化现象

这方面的研究以方梅(2006)最有影响。据她的分析结果，在北京话里面“说”有以下语法功能：

甲、引语标记(quotative marker)

(27)她就告诉说，她姑姑来了。

乙、标句词(complementizer)

(28)想问你的是，说如果他们想去，他们应该有什么样的准备。

丙、话题标记(topic marker)

(29)至于说用多少货……他们也都应了……

丁、例举标记

(30)说上哪儿玩儿玩儿去什么的,也就是说,上北戴河呀。

戊、条件从句标记(conditional clause marker)

(31)说你渴了累了,人家那儿有带空调的休息室。

2.3 西宁话中"说"的语法化

这方面的研究以程祥徽(1980)和张安生(2007)最为详尽。据两位学者所提供的例句,可以看到在西宁话里,"说""说着"语法化为"引语标记"(quotative)和"证据标记"(hearsay evidential)。因此,例(32)有两个不同的解释:

(32)傢不来说(/说着)。

(a. 他说他不来)[引语标记]

(b. 听说他不来)[证据标记]

在下面两例中,因在前句已提到谁是说话者,因此句末的"说"和"说着"只能理解为"引语标记":

(33)傢思谋寨,阿妈阿们还没来呵说着。

(他想,妈妈怎么还没回来呢!)

(34)傢说"阿扎儿去哩?"说。

(他说"要去哪儿?")

2.4 "说"语法化的现象

Chappell(2010)根据各种汉语方言的观察,对失去词汇功能(虚化)的言语动词(non-lexical functions of say verbs in Sinitic languages)列出以下类别:

甲、“标句词”（也叫“补足语从句标记”）（complementizer）

乙、“话题标记”（topic marker）

丙、“证据标记”（hearsay evidential）

丁、“虚拟情态标记”（irrealis marker）

戊、与连词合并成为“复合连词”（composite conjunctions）

己、句首“话语标记”（也叫“语用标记”）（clause-initial discourse markers）

庚、句末“话语标记”（clause-final discourse markers）

不仅在西北方言里“说”的语法化是一个常见的现象，在唐汪话里这个现象也是相当明显的。从语言变革的角度来看，唐汪话比其他西北方言（包括河州临夏话）表现出更强的创新性质。

“说”可以单独用来表示“说话”的意思，另外它可以引入一个从句（等于一个宾语句）：“说某件事”。在唐汪话里，“说着”和“说”从它们的引语用法（quotative use）重新分析为表“证据语气”（即“显指语气”）的助词。这种证据助词的用法不限于唐汪话。在一些西北方言里也可以见到。但在唐汪话里，“说着”和“说”从引语助词和证据助词又进一步扩展到“认识情态”的语气助词（epistemic particle）与“真势情态”的语气助词（alethic modal particle）。我们在下文中举一些具体的例子来证明“说着”和“说”的语法化过程。

3　唐汪话里“说”的用法

3.1　实义言语动词

在唐汪话里，“说”做实义言语动词可以表达以下不同意义：

甲、“议论”“描绘”（‘to describe’；‘to explain’）

(35)那　媳妇　那哈　　　说寨。

nɛ　ɕifu　nə-xa　　ʂʷɔ-ʈʂɛ

那　媳妇　他-[宾格]　说-[未完成]

（那个妇人描绘他。）

(36)祖比德　各人哈　　　说寨。

tsupitə　kʷɔʐə̃-xa　　ʂʷɔ-ʈʂɛ

祖比德　各人-[宾格]　说-[未完成]

（祖比德描绘自己。）

乙、“同某人交谈”（‘to speak/talk with smb’）

(37)麦德　那啦　　　说寨。

mɛtə　nə-la　　ʂʷɔ-ʈʂɛ

麦德　他-[伴随]　说-[未完成]

（麦德跟他说话。）

(38)麦德　没　哭着　　说寨。

mɛtə　mɔ　k'u-ʈʂɚ　ʂʷɔ-ʈʂɛ

麦德　没　哭-着　　说-[未完成]

（麦德说话时没哭。）

(39)祖比德　麦德啦　　　说话寨。

tsupitə　mɛtə-la　　ʂʷɔxʷa-ʈʂɛ

祖比德　麦德-[伴随]　说话-[未完成]

（祖比德同麦德交谈。）

丙、“告诉”“提到”“谈到”（‘tell/talk to sb about sth or sb’）

(40)祖比德　麦德哈　　　那底　阿妈底

tsupitə　mɛtə-xa　　nə-tɕi　ama-tɕi

祖比德　麦德-[与格]　她-的　母亲-的

事情哈　　说寮。

ʂʅtɕʰĩ-xa　　ʂʷɔ-lʲɔ

事情-[宾格]　说-[完成]

（祖比德把她母亲的情况告诉了麦德。）

(41)麦德　祖比德啦　　各人哈　　那　说寮。

mɛtə　tsupitə-la　　kəʐə̃-xa　　nə　ʂʷɔ-lʲɔ

麦德　祖比德-[伴随]　各人-[宾格]　他　说-[完成]

（麦德跟祖比德谈到了自己。）

(42)祖比德　我哈　　打电话着

tsupitə　wə-xa　　tatɕʲɛ̃xʷa-ʈʂɚ

祖比德　我-[与格]　打电话-[副动]

那哈　　说底　一篇　文章哈　　说寨。

nə-xa　　ʂʷɔ-tɕi　ʝi-pʰʲɛ　wə̃ʈʂã-xa　　ʂʷɔ-ʈʂɛ

她-[宾格]　说-的　一篇　文章-[宾格]　说-[未完成]

（祖比德给我打电话谈了议论她的一篇文章。）

3.2 "说"用作引语动词

"说"作为引语的主要谓动词时，必须加上一个体标记（见上述"寨""寮""咧"）。按照句式，"说+体标记"在句中有两个不同的分布：

3.2.1 在直接引语句子中，"说"作为主要谓动词时，出现在句末；这与唐汪话一般主谓动的词序完全一致：

(43)"这　水　冷底很"，我底　阿嘎　说寨。

ʈʂɚ　ʂʷi　lə̃-tɕixə　wə-tɕi　aka　ʂʷɔ-ʈʂɛ

这　水　冷得很　我的　哥哥　说-[未完成]

（我哥哥说："水很冷！"）

(44)“这　水　冷底很”，我底　阿嘎　将　说寮。

ʈʂɚ　ʂʷi　lə̃-tɕixə　wə-tɕi aka　tɕʲã ʂʷɔ-lʲɔ

这　水　冷得很　我的　哥哥　刚　说-[完成]

(我哥哥刚说了：“水很冷！”)

3.2.2　在间接引语中，“说”尽管还做引语的主要谓动词，但它出现在引语句的前面。这与唐汪话一般主要谓动词的分布并不一致：

(45)我底　阿嘎 我哈　说寨　这

wə-tɕi aka　wə-xa　ʂʷɔ-ʈʂɛ　ʈʂɚ

我的　哥哥 我-[与格] 说-[未完成] 这

水　冷底很。

ʂʷi　lə̃-tɕixə̃

水　冷得很

(我哥哥跟我说水很冷。)

(46)我底　阿嘎　昨个　我哈　说寮

wə-tɕi　aka　tsʷɔkɛ wə-xa　ʂʷɔ-lʲɔ

我的　哥哥　昨天　我-[与格]　说-[完成]

这　水　冷底很。

ʈʂɚ　ʂʷi　lə̃-tɕixə̃

这　水　冷得很

(我哥哥昨天跟我说水很冷。)

(47)我底　阿嘎　我哈　说寨　那

wə-tɕi　aka　wə-xa　ʂʷɔ-ʈʂɛ　nə

我的　哥哥　我-[与格]　说-[未完成]　他

明早　我哈　　看来咧。

mĩtsɔ　wə-xa　　kɛ̃-lɛ-li

明天　我-[宾格]　看来-[未来]

（我哥哥说他明天来看我。）

3.2.3　从句中引语动词"说"的用法

引语实义动词的"说"也可以出现在从句里面。作为从句的谓动词，它只能出现在从句句末，也必须加副动词标记"着"：

(48)我底　阿嘎　阿达啦　　说着，　　那

wə-tɕi　aka　ata-la　　ʂʷɔ-tʂɚ　　nə

我的　哥哥　父亲-[伴随]　说-[副动]　他

衣裳哈　　穿寨。

jiʂã-xa　　tɕʰʷɛ̃-tʂɛ

衣服-[宾格]　穿-[未完成]

（我的哥哥跟父亲说话的时候，他在穿衣服。）

(49)我　那哈　　那底　阿达　病哈寨

wə　nə-xa　　nə-tɕi　ata　pĩ-xa-tʂɛ

我　他-[与格]　他的　父亲　病-[结]-[未完成]

说着　　（是），　那　吃饭寨。

ʂʷɔ-tʂɚ　（ʂʅ）　nə　tʂʰʅfɛ̃-tʂɛ

说-[副动]　（之时）　他　吃饭-[未完成]

（我告诉他他的父亲得病的时候，他在吃饭。）

3.2.4　要注意的是，在从句里"说着"做引语动词时，同时可以蕴涵"证据语气"的意义。比如：

(50)我底　阿嘎　昨个　那哈　　说着，

wə-tɕi　aka　tsʷɔkɛ　nə-xa　　ʂʷɔ-tʂɚ

我的　哥哥　昨天　他-[与格]　说-[副动]

这　水　冷底很。

ʈʂɚ　ʂʷi　lə̃-tɕixə̃

这　水　冷得很

（据我哥哥昨天跟他所说，水很冷。）

（*我哥跟他说……、*我哥跟他说话的时候……）

(51)麦德　各人　那哈　　说着，　　那　尖底很。

mɛtə　kʷɔʐə̃ nə-xa　　ʂʷɔ-ʈʂɚ　　nə　tɕʲɛ̃-tɕixə̃

麦德　各人　他-[与格]　说-[副动]　他　聪明得很

（据麦德对他自己所言，他很聪明。）

（*麦德说到自己……）

3.3　唐汪话中"说着""说"的语法化

3.3.1　带有"证据"意义的后置词

"说着"有时与名词（或代词）构成一个词组。在这种情况下，"说着"只有"证据标记"的功能。从句法性质来看，只能理解为带有"依据""按照"意义的后置词（postposition）；因此，严格来说，"名词＋'说着'"只能看为"后置介词词组"（postpositional phrase）。在这种用法里，"说着"则再也被不能分析为动词"说"加副动词"着"这样两个成分。因此，我们用 ʂʷɔʈʂɚ 这种写法来表示其连接不可分的形式：

(52)我底　阿嘎-说着，　　这　水　冷底很。

wə-tɕi aka-ʂʷɔʈʂɚ　　ʈʂɚ　ʂʷi　lə̃-tɕixə̃

我的　哥哥-*证据介词*　这　水　冷得很

（据我哥哥说，水很冷。）

（*他说话的时候，水很冷。）

(53)那说着，　　你家　树林里　　　走　底会，

nə-ʂʷɔʈʂɚ　　nitɕʲa　ʂulĩ-li　　　tsʉ　tɕixʷi

他-*证据介词*　他　　树林-[处所]　走　的时候

那　一个　蛇哈　　　踏上寮。

nə　ɟikə　ʂə-xa　　tʰa-ʂã-lʲɔ

他　一个　蛇-[宾格]　踩-到-[完成]

(据他说，他在森林走的时候，踩到了一条蛇。)

3.3.2　“说着”的显指助词用法

简单的陈述句(例55)可以当作言语动词“说”的从句(例54)，言语动词和从句之间也可以加“说着”来做“显指助词”(evidential particle)(例56)：

(54)昨个　下雨寮。

tsɔkɛ　ɕʲaɻɥ-lʲɔ

(昨天下雨了。)

(55)昨个　下雨着　　　说寮。

tsɔkɛ　ɕʲaɻɥ-ʈʂɚ　　ʂʷɔ-lʲɔ

昨天　下雨-[副动]　说-[完成]

(他说过昨天下雨了。)[说话者亲自听到]

(56)昨个　下雨着　　　说着　　　说寮。

tsɔkɛ　ɕʲaɻɥ-ʈʂɚ　　ʂʷɔʈʂɚ　　ʂʷɔ-lʲɔ

昨天　下雨-[副动]　[显指助词]　说-[完成]

(听说有人说过昨天下雨了。)[说话者没亲自听到]

在例(57)显指助词“说着”却可以省略；“吃着”本身具有副动词的功能，因此可以直接出现在谓动词“说寮”之前：

(57)那　饭哈　　　吃着　　　（说着）

nə　fɛ-xa　　　tʂʰʅ-tʂɚ　　（ʂʷɔtʂɚ）

他　饭-[宾格]　吃-[副动]　（[显指助词]）

说寮。

ʂʷɔ-lʲɔ

说-[完成]

[（听说）他说他在吃饭。]

但是在例(58)显指标记“说着”是不能省略的。这是因为动词“吃”后面已经带有一个主要谓动词的标记，即完成体标记“寮”。因此可以推测在功能上“说着”不仅是语义上的“显指标记”，而且在结构上接近于一个“标句词”的成分：

(58)那　饭哈　　　吃寮　　　*（说着）

nə　fɛ-xa　　　tʂʰʅ-lʲɔ　　（ʂʷɔtʂɚ）

他　饭-[宾格]　吃-[完成]　*（[显指助词]）

说寮。

ʂʷɔ-lʲɔ

说-[完成]

[听说他（/有人）说他吃了饭了。]（结构上，等于英文‘He/One said <u>that it is said</u> that he has eaten his meal.’有人说听说他吃了饭了。）

正是因为在上面句子中，“说着”具有“标句词”的句法功能，所以它只能直接出现在主要谓动词的前面。另外，主语只能出现在句首，而不能出现在“说着”与主谓动词“说寮”之间：

(59)（那）饭哈　　　吃着　　　说着

（nə）fɛ-xa　　　tʂʰʅ-tʂɚ　　ʂʷɔtʂɚ

（他）饭-[宾格]　吃-[副动]　[显指助词]

(* 那)　说寮。

(* nə)　ʂʷɔ-lʲɔ

(* 他)　说-[完成]

（听说他说他吃了饭了。）

不过，不用显指助词“说着”时，主语可以出现在句首，也可以直接出现在主要谓动词“说寮”之前：

(60)(那)　饭哈　吃着　(那)　说寮。

(nə)　fɛ-xa　tʂʰʅ-tʂɚ　(nə)　ʂʷɔ-lʲɔ

(他)　饭-[宾格]　吃-[副动]　(他)　说-[完成]

（他说了他在吃饭。）

最后应该指出，显指助词“说着”是可以省掉的；但是如把句末限定动词“说寮”省略掉，句子就不成立了：

(61)呢　饭哈　吃着　(说着)

nə　fɛ-xa　tʂʰʅ-tʂɚ　(ʂʷɔtʂɚ)

他　饭-[宾格]　吃-[副动]　(*[显指助词]*)

*(说寮)。

*(ʂʷɔ-lʲɔ)

*(说-[完成])

3.3.3　“说”用作“非现实情态”助词

“说”用作实义动词，还有一个特殊的语义作用。它在句末做主要动词，可以与一个“认识情态”(epistemic)动词连用。在这种情况下，它不再表达言语动词的意义，而是虚化为一个表“非现实情态”(irrealis)的动词。以下两例显示出“说”做谓语动词时用以接应“盼着”的“认识情态”意义，并再加上一种“虚拟情态”的意义：

(62)麦德　盼着　各人呢　赢咧　*(说寨)。

mɛtə　pʰɛ̃ʈʂɚ　kʷɔʐ̩ə̃-nə　ɟīli　*(ʂʷɔ-ʈʂɛ)

麦德　希望　各人-己　赢　*(说-[未完成])

(麦德希望他自己会赢。)(接近于英文'He would like himself to win.')

(63)麦德　盼着　祖比德　那本　书哈

mɛtə　pʰɛ̃ʈʂɚ　tsupitə　nəpə̃　ʂu-xa

麦德　希望　祖比德　那本　书-[宾格]

那哈　给　*(说寮)。

nə-xa　ki　*(ʂʷɔ-lʲɔ)

他-[与格]　给　*(说-[完成])

(麦德希望祖比德给他那本书。)

在上述例句中,应该注意的是如果想要把谓语动词"说寮"当作一个实义的言语动词,那么必须用副动词标记"着"构成妥当的从句:

(64)麦德　盼着　各人呢　赢咧着　说寨。

mɛtə　pʰɛ̃ʈʂɚ　kʷɔʐ̩ə̃-nə　ɟīli-ʂɚ　ʂʷɔ-ʈʂɛ

麦德　希望　各人-己　赢-[副动]　说-[未完成]

(麦德说他希望自己赢。/别人说麦德希望自己赢。)

(65)麦德　盼着　祖比德　那本　书哈

mɛtə　pʰɛ̃ʈʂɚ　tsupitə　nəpə̃　ʂu-xa

麦德　希望　祖比德　那本　书-[宾格]

那哈　给着　说寮。

nə-xa　ki-ʈʂɚ　ʂʷɔ-lʲɔ

他-[与格]　给-[副动]　说-[完成]

（麦德说他希望祖比德给他那本书。/别人说麦德希望祖比德给他那本书。）

3.3.4 重新分析为“认识情态”的语气助词

“说”“说着”另外可以用作句末“认识情态”的语气助词。我们可以把它们分为两种不同的情况：

甲、“说”“说着”用以接应一个认识情态动词的意义。它们的具体含义在普通话里是不用翻译的：

(66)祖比德　当给　我　那哈　尊重寨

tsupitə　tāki　wə　nə-xa　tsũʈʂũ-ʈʂɛ

祖比德　认为　我　她-［宾格］　尊重-［未完成］

说。

ʂʷɔ

［认识助词］

（祖比德认为我尊重她。）

(67)麦德　祖比德哈　答应哈寨

mɛtə　tsupitə-xa　taj̃ĩ-xa-ʈʂɛ

麦德　祖比德-［宾格］　答应-［结］-［未完成］

那哈　看来咧　说。

nə-xa　k'ɛ̃-lɛ-li　ʂʷɔ

他-［宾格］　看来-［未来］　［认识助词］

（麦德答应祖比德他将会来看她。）（这里的句法形式在英语中的表现为：He promised to visit her.）

乙、“说”“说着”普遍出现在限定动词后面而引入接近于“想”“认为”“打算”等的认识类情态语气。它们在句子中带来的意义是需要以适当的动词来翻译的。例如：

(68)架炭寨　　说着，　　红给寨　　哈，

tɕja-tʰɛ̃-ʈʂɛ　　ʂʷɔʈʂɚ　　xũ-ki-ʈʂɛ　xa

烧-炭-[未完成][认识助词]　热给-[未完成]一下

自　红寨　　罢啦。

tsʅ　xũ-ʈʂɛ　　pala

自　热-[未完成][语气助词]

[想烧炭，取点儿暖，但只(把炉子)烧热了。]④

(69)祖比德　麦德哈　　那哈　　看上底

tsupitə　mɛtə-xa　　nə-xa　　kʰɛ̃ʂã-tɕi

祖比德　麦德-[宾格]他-[宾格]　爱上的

祖丽哈　知道寨　　说。

tsulixa　ʈʂʅtɔ-ʈʂɛ　　ʂʷɔ

祖丽哈　知道-[未完成][认识助词]

(祖比德认为祖丽哈知道她爱上了麦德。)('Tsupitə thinks that Tsulixa knows that she likes Xasan.')

3.3.5　"说""说着"做句末"真势情态"的语气助词

在唐汪话里，作为语气助词的"说""说着"又进一步虚化为"真势情态"(alethic)语气助词了。在这种情况下，它们表达的意义接近于普通话的"很可能"。比如：

(70)那　饭哈　　吃着　　坐寨　　说

nə　fɛ̃-xa　　ʈʂʰʅ-ʈʂɚ　　tsʷɔ-ʈʂɛ　　ʂʷɔ

那　饭-[宾格]吃-[副动]　在-[未完成]

(/说着)。

(/ʂʷɔʈʂɚ)

([真势助词])

(他很可能在吃饭。)

这明显不同于“说”做言语动词的情况，比如：

(71)那　饭哈　吃着　坐着

nə　fɛ̃-xa　tʂʰʅ-tʂɚ　tsʷɔ-tʂɚ

他　饭-[宾格]　吃-[副动]　在-[副动]

说寨。

ʂʷɔ-tʂɛ

说-[未完成]

(他在吃饭的时候说话/他说他在吃饭。)

要注意的是“说着”做“真势助词”的时候，也可以加上副动词，因此它表达的意义只限制于该副动词。这从以下两个例句的对比就容易观察到：

(72)昨个　下雨着　说寨　说着。

tsɔkɛ　ɕʲaɟʯ-tʂɚ　ʂʷɔ-tʂɛ　ʂʷɔtʂɚ

昨天　下雨-[副动]　说-[未完成]　[真势助词]

(很可能有人说昨天下了雨。)

(73)昨个　下雨着　说着　说寨。

tsɔkɛ　ɕʲaɟʯ-tʂɚ　ʂʷɔtʂɚ　ʂʷɔ-tʂɛ

昨天　下雨-[副动]　[真势助词]　说-[未完成]

(有人说昨天很可能下了雨。)

我们再举两个例句来表示“说着”“说”做“真势助词”的情况：

(74)那它里　坐　是就，　你　再　白面哈

nɔtʰali　tʊʷɔ　ʂʅtsʲu　ni　tsɛ　bɛmʲɛ-xa

那边　住　那么　你　再　白面-[宾格]

永远　吃不哈　　说着。

jũjᶣɛ̃　tʂʰʅ-pu-xa　ʂʷɔtʂɚ

永远　吃不下　　[真势助词]

（住在那边，那么你很可能永远都吃不上白面。）

(75)人家　说寨　　　　我　来咧　　　　说。

ʐʅətɕʲa　ʂʷɔ-tʂɛ　　　wə　lɛ-li　　　　ʂʷɔ

他　　说-[未完成]　我　来-[未来]　*[真势助词]*

（他说我很可能要来。）

最后应该指出，如在句末单独出现"说"这么一个助词，听话者就很难断定说话者所要表达的情态、语气。因此，以下例句，原则上可以表达三种不同的意义：

(76)阿訇　来瞭　　　　说。

axũ　lɛ-lʲɔ　　　　ʂʷɔ

阿訇　来-[完成]　*证据/认识/[真势助词]*

（听说阿訇来了。/有人认为阿訇来了。/阿訇很可能到了。）

4　蒙古语、东乡语、元代白话与唐汪话言语动词相似的用法

从以下例句我们可以看到蒙古语、东乡语皆有类似于唐汪话"说着说寨"的结构，但是"说着"还保留其言语动词意义以及其副动词的功能，它并没有虚化为语气助词：

(77)Ter　xun　bi　otʃix-gwi　ge-ʤ　　　xel-ʤee.（蒙古语）

那　人　我　去-[否]　说-[副动]　说-[完成]

（那个人说："我不去。"）

(78)"Tʂɯ-ni gie-de ian kun wo?"

"你的 家-[处所] 什么 人 有[未完]"

giə-dʐɯ asa-dʐɯ wo.(东乡语)

说-[副动] 问-[副动] 有[未完]

(有人问:"你家有谁?")

在元代白话文献里,该成分出现在句末而具有引语功能。在下例,"说+有"应该分析为"说$_{引语动词}$+有$_{谓语动词}$";可见,"说"没有虚化为语气助词:

(79)听得"这周回贼盗多了有。"说有。(校点本《元典章·刑部》224)

无论在蒙古语、东乡语还是元代白话文中,都没有出现与唐汪话句末语气助词"说""说着"同样功能的形式。

最后还应该指出,蒙古语具备显指助词,但是该助词源于存在动词"bi",因此与言语动词是无关的:

(80)ter ir-sen biz。

他 来-[完成] [证据助词]

(他应该来了。)('He must have come.')

由此我们不能判定唐汪话、西宁话做句末助词的"说""说着"是直接由蒙古语或东乡语借来的。我们认为它们是西北方言内部发展的结果。下面我们总结上文的讨论,提出我们对该助词发展过程的观点。

5 结语

首先要指出,唐汪话里的助词"说"和"说着"都是引语动词

"说"通过语法化而产生的语气助词。至于言语动词"说"(to say)在汉语中的来源,我们可以描绘出以下的实义扩散:

"解说、描绘">"说话">"说"(引语动词)

我们注意到,在唐汪话里,"说"单独可以表示这三种不同的意义。

从上面讨论到的各种情况,我们可以对唐汪话里的"说"和"说着"的语法化过程构拟出两个不同的途径:

甲、"说着"的语法化途径:

"说着"(小句里"引语动词+副动词标记")> 证据后置词(即"根据""按照"等意思)> 证据助词(evidential final particle)

乙、"说"的语法化途径:

"说"(引语动词)> 认识情态助动词("盼着……说寮"="希望")> 认识情态助词(用以表示"想"的意义)> 真势情态助词(用以表示"很可能"的意义)

由于经过的是两个不同的途径,助词"说"和"说着"在句子中可以同现:

(81)那　来咧　说着　说。

nə　lɛ-li　ʂ^{w}ɔʈʂɚ　ʂ^{w}ɔ

他　来-[未来体]　[证据助词]　[认识情态助]
(/[词证据助词])

(据说他想来。/据说他很可能要来。)

附　注

① 见唐智(2011)。

② 一些学者认为唐汪话和青海省东部黄南藏族自治州同仁县的五屯话是中国西北部仅有的两个混合语,参见 Wurm et al.(1996)。

③ 例(18)不能理解为陈述句,但用妥当的语调来读可以理解为祈使句:ni pik^{w}ɔ-xa ʈʂʅ! 你苹果哈吃。(你把苹果吃掉!)

④ 这个句子是从一位老人自发的话语中挑选出来的，“炉子”这个话题已在上文提到。

参考文献

阿·伊布拉黑麦（陈元龙） 1985 甘肃境内唐汪话记略，《民族语文》第6期。

程祥徽 1980 青海口语语法散论，《中国语文》第2期。

丁 宏（主编） 2006 《回族、东乡族、撒拉族、保安族民族关系研究》，北京：中央民族大学出版社。

方 梅 2006 北京话里“说”的语法化，《中国方言学报》第1期。

李佳樑 2006 《上海话句末“伊讲”的语气意义及形成》，东京大学驹场中国语言研究会，12月13日。

刘照雄 2007 东乡语，载孙宏开、胡增益、黄行主编《中国的语言》，北京：商务印书馆。

雒 鹏 2010 《唐汪话的语音系统》，重新整理未发表的稿子。

马国忠、陈元龙 2001 《东乡语汉语辞典》，兰州：甘肃民族出版社。

莫 超 2009 《从唐汪话的语法特点看唐汪话的语言性质》，语言接触国际学术交流会论文，北京，9月10—12日。

唐 智 2011 《唐汪社会史专题研究》，陕西师范大学硕士学位论文。

王军虎 2007 《陕西凤翔方言的子变韵和D变韵》，第四届官话方言国际学术研讨会，安康，10月12—15日。

邢向东（主编） 2004 《西北方言与民俗研究论丛》北京：中国社会科学出版社。

———（主编） 2006 《西北方言与民俗研究论丛》（二）北京：中国社会科学出版社。

张安生 2007 西宁回民话的引语标记“说着”、“说”，《中国语文》第4期。

钟进文 2007 《甘青地区特有民族语言文化的区域特征》，北京：中央民族大学出版社。

祖生利 2009 试论元代的“汉儿言语”，《历史语言学研究》第二辑。

Hilary Chappell 2010 Say in Sinitic: from verba dicendi to the irrealis and attitudinal discourse markers. PPT presented at GRAMIS: Conference on grammaticalization and(inter)subjectification Royal Flemish Academy of Belgium for Science and the Arts, Brussels, November 11—13.

Makoto Hayashi 1997 An exploration of sentence-final uses of the quotative particle in Japanese spoken discourse. In Ho-min Sohn & John Haig (eds.) *Japanese Korean Linguistics*. Vol. 6. Stanford Linguistics Association.

Wang Yu-Fang, Aya Katz & Chen Chih-Hua 2000 From 'propositional' to 'expressive' meanings-Shuo('say') in Chinese BBS talk and conversation produced by yong people in Taiwan. *ISCLL* VII, Taipei.

Wurm Stephen A., Peter Mühlhäusler, Darell. T. Tryon(eds) 1996 *Atlas of Languages of Intercultural Communication in the Pacific, Asia, and the Americas*. Berlin and New York: Mouton de Gruyter.

从语义地图看给予动词的语法化：兼论语义地图和多项语法化的关系

潘秋平

（新加坡南洋理工大学）

1 引言

本文的"给予动词"（简称为 $V_{给}$）特指和上古汉语的"与"、现代汉语官话的"给"、现代汉语粤方言的"俾"、现代英语的"give"以及现代马来语的"bagi"等相对应的意义较为概括的"通用给予动词"（general-purpose verb of giving；见 Lien，2005；Chappell & Peyraube，2007；张敏，2011），而不包括其他在表达给予义之外，还具有[十方式]语义特征的"给予类动词"，如上古汉语的"赐、献"等以及现代汉语中的"送、交、寄"等。给予活动是人类日常生活中最为常见的具体活动之一，属于人类经验世界中的基本事件类型，而根据认知语言学对隐喻的论述（Lakoff & Johnson，1980；Lakoff，1987），在人类的认知系统上较具体的事件类型往往作为认知其他较抽象的事件类型的模板，因此人类语言中的给予动词具有许多不同的功能正可从这个角度获得理解。（Newman，1996）从共时的角度入手，人类语言中的给予动词除了能表达客观物体的领有权的转移外，还能充当引入事件的不同参与者的标记。这些标记就包括了接受者或与格标记（如现代汉语官话中的"给"）、受益者标记（如泰语中的 hây）、使役标记（如泰语中的 hây）、被动标记（如广东话的"俾"）及处置标记（如北京话的"给"）等，而从语法化理论来看，这些共时层面上的标记都是从给予动词由历时演变一步步发展而来的。许多学者对此都做了许多有意义的工作，如 Heine & Kuteva(2002)就总结出给予动词的演变路径如下：

GIVE > (1)BENEFACTIVE

(2)CAUSATIVE

(3)CONCERN

(4)DATIVE

(5)PURPOSE

这个看法最大的特点在于给予动词直接演变为不同的标记，而各个标记之间缺乏联系。就不同标记之间的演变关系，一些学者的工作就给予了我们必要的补充，如 Lord、Yap & Iwasaki(2002)与 Yap & Iwasaki(2003)等就从跨语言的角度证明 $V_{给}$ 具有下列的语法化路径：

lexical 'give'>permissive-causative 'give'>passive 'give'

上述的语法化路径也和汉语史学界对"给"的语法化的认识一致。正如洪波(2004)所总结的：

> 由"给予"义发展出使役义，再由使役义发展出被动义，这是汉语语法化的一条规律，在"给"之前，"与""教""交""让"等含［＋给予］语义特征的动词都先后发展出使役义和被动义（参见冯春田，2000，581—648 页；蒋绍愚，2002）。所以，"给"字的使役介词用法是从"给予"义语法化而来，而在被动句中引介施事成分的用法又是从使役介词用法语法化而来，这似

乎没有什么疑问。

除了上述的语法化链条外，Heine & Kuteva(2002)在具体分析给予动词发展到与格标记中也提出下列的语法化链条，进而把与格标记和受益标记加以联系起来：

GIVE>BENEFACTIVE>DATIVE

根据 Heine & Kuteva(2002:154)的分析：

> ... BENEFACTIVE markers may give rise to DATIVE markers, when the main verb is an utterance verb, such as 'say' or 'tell', or a transaction verb, such as 'sell'. In a number of these examples, we are dealing with intermediate stages of evolution where the relevant marker is still used for BENEFACTIVE senses but has acquired DATIVE senses in specific contexts where a BENEFACTIVE interpretation no longer makes sense. Not infrequently, this process is part of a more general chain of grammaticalization: GIVE> BENEFACTIVE>DATIVE.

这个从跨语言角度所取得的结论也和汉语史的证据相一致。洪波(2004)认为“给”字早期所产生的三种用法(即引介受益对象、与事对象和关涉对象)显然不是自发的，而是受“与”字类化而产生的。我们若进一步考察汉语史中和“与”有关的材料(详见洪波 2004)，则会发现用“与”来引介受益对象的介词用法在先秦的时候已出现，例子如下：

(1)所欲与之聚之。(《孟子•离娄上》)

而用“与”来引介另外两种对象的介词用法则最早见于中古早期的文献，如：

(2)公于是独往食，辄含饭两颊边，还，吐与二儿。(《世说

新语·德行》)

(3)太宗与群臣谓王珪曰:"卿识鉴清通,尤善谈论,自房玄龄等,咸宜品藻,又可自量,孰与诸子贤?"(《续世说·品藻》)

由于"与"在先秦汉语的传世文献中也是个给予动词(张敏 2011),因此上边的历时材料和 Heine & Kuteva(2002)从跨语言比较的角度所勾勒的 $V_{给}$ 的语法化链条是不相违背的。

一旦我们承认 $V_{给}$ 的使役和被动标记有关,而受益和与格标记有关,下个问题就是这四个标记之间是否存在着演变关系。就这个问题,目前至少存在着两种不同的看法:曹西蕾和贝罗贝(Chappell & Peyraube,2001、2006)认为 $V_{给}$ 是通过多项语法化(polygrammaticalization)而分别演变出与格标记及使役、被动标记的。具体的过程如下:

$V_{[+give]}$ > dative marker

$V_{[+give]}$ > $V_{[+causative]}$ > passive marker

而张敏(2000)则认为与格标记能演变出使役及被动标记,具体过程如下:

给予动词>(广义)与格标记>使役标记>被动标记[①]

木村英树(2005)的看法也和张敏相近,他认为北京话中的 $V_{给}$ 的语法化路径为:

给予动词>受益者标记>被动标记[②]

目前学界对上述问题至少存在着两种不同的看法,而我们认为从某个特定语言对 $V_{给}$ 进行历时的讨论和分析也不一定能有效地解决这个问题。我们这里且以"与"为例加以说明。根据洪波(2004)对"与"的分析,我们知道"与"引介受益者的介词功能在先秦已产生,而其引介受使者和施事者的介词功能则最早分别在汉代和唐代才出现。体现"与"的使役和被动用法的例子如下:[③]

(4)故忠臣也者,能纳善于君,不能与君陷于难。(《晏子春秋·内篇·问上十九》)

(5)世间一等人,诚堪与人笑。(寒山子诗)

历时材料显示"与"的被动用法在产生时间上晚于使役用法,这符合从跨语言角度对 $V_{给}$ 的历时演变进行考察的结果,但是由于"与"的使役用法明显晚于"与"的受益用法,因此完全立足于历时的文献材料并没有办法解决究竟 $V_{给}$ 的受益用法、使役用法和被动用法之间是一种单项语法化的关系,抑或是一种多项语法化的关系。有鉴于此,我们认为有必要引入新的工具对此进行讨论,而这个新工具就是"语义地图模型"(Semantic Map Methodology)。张敏(2009)就指出,历史语法领域的语法化研究注重人文阐释,而人文阐释可有多种结果,不易证伪,像"与"的语法化,现有的汉语历时文献材料既可支持 $V_{给}$ 的不同介词用法是单项语法化造成的,也能支持这些用法是由多项语法化演变过来的。我们有必要用另一条路子对人文阐释的结果做一个检验,那便得依靠逻辑演算,而"语义地图模型"重"逻辑演算",它主要是根据共时的语料出发加以演算,而演算的结果一般只有一种,可容证伪。

2 "语义地图模型"和历时研究

近年来,在海外语言类型学界兴起的"语义地图模型"(Croft, 2001;Haspelmath, 2003;张敏,2008、2010、2011)为语言共性和个性的研究提供了一种建立在逻辑演算之上的新思路,该模型基于"语义地图连续性假说"(The Semantic Map Connectivity Hypothesis),认为某个语法形式若具有多重功能或用法,而这些相同的功能或用法又在不同语言里一再以同一个语法形式来负载,那么,这些功能之间的关联绝非偶然，而是体现了概念空间为人类所共有。不同的语言以及同一语言的时间变体和空间变体都能在这张反映共性的概念空间上切割出不同的、连续的语义地图，由此彰显跨语言的共性和个性。

张敏(2008)以 Haspelmath(2003)的“工具语及相关角色的语义地图”(图 1)为基础，立足于一百多个汉语方言点，以“自下而上”的研究模式，构建了一幅“以处置和被动为核心的语义地图”(图 2)。

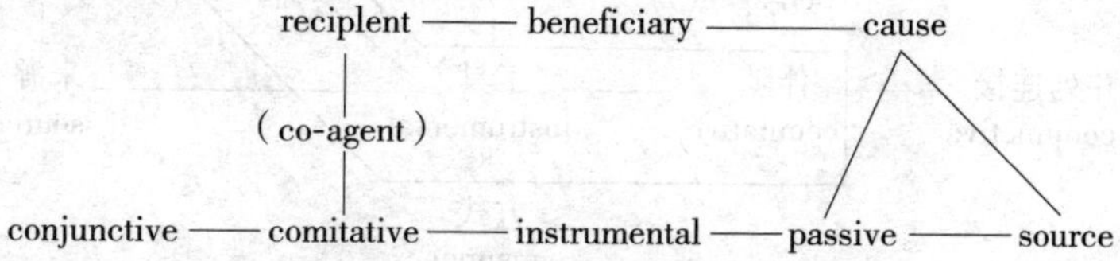

图 1　工具语及相关角色的语义地图

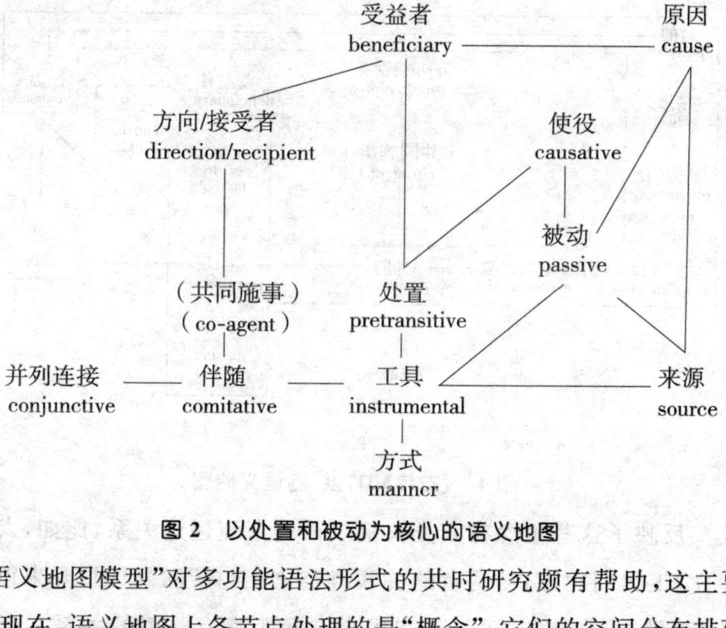

图 2　以处置和被动为核心的语义地图

“语义地图模型”对多功能语法形式的共时研究颇有帮助，这主要体现在，语义地图上各节点处理的是“概念”，它们的空间分布排列

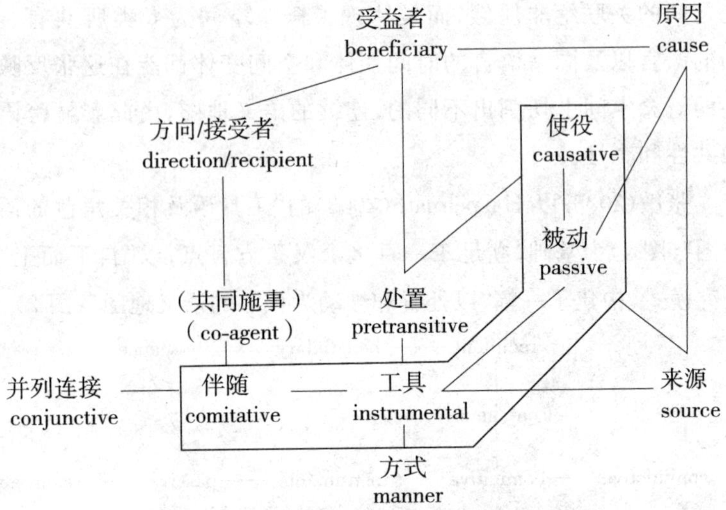

图 3　1828 年粤语中的“俾”的语义地图

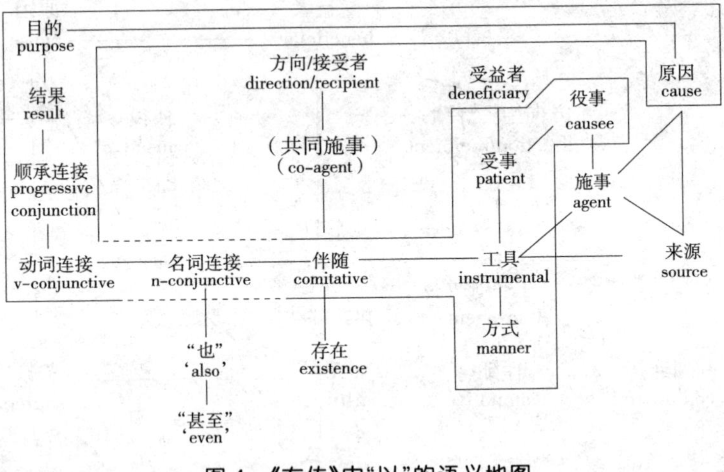

图 4　《左传》中“以”的语义地图

其实反映了这些概念在人类大脑层面的亲疏远近关系，比如，人们建立“工具”和“方式”两者的关联肯定比“工具”和“原因”要来得容易，地图上的相对空间距离和概念空间距离有映射的关系。运用由共时的语言材料建构起来的概念空间能对不同语言的共时系统的多功能现象进行有效的说明。潘秋平(2009)考察了1828年出版的《广东省土话字汇》中的“俾”的用法，发现这些不同的用法可在图2的概念空间上构成一个从使役一直延续到伴随的连续区域；此外，潘秋平、王毓淑(2011)也在近乎相同的概念空间上勾勒出了《左传》中的“以”的语义地图(图4)：

“语义地图模型”除了能就处在不同历史阶段的语言的共时系统中所存在的多功能现象进行探讨外，还能对语言的共时系统中的这种多功能现象所经历过的历时演变做出预测。Haspelmath(2003)就曾专门讨论过“语义地图”和“语法化”之间的关联：

> In addition to summarizing the synchronic relationships between different grammatical meanings, semantic maps can also be an important tool for diachrony, in particular grammaticalization studies. The simplest way in which semantic map make predictions about diachronic change is by showing that some changes presuppose others.

图5是Haspelmath(2003)通过共时的语言材料建构起来的概念空间：

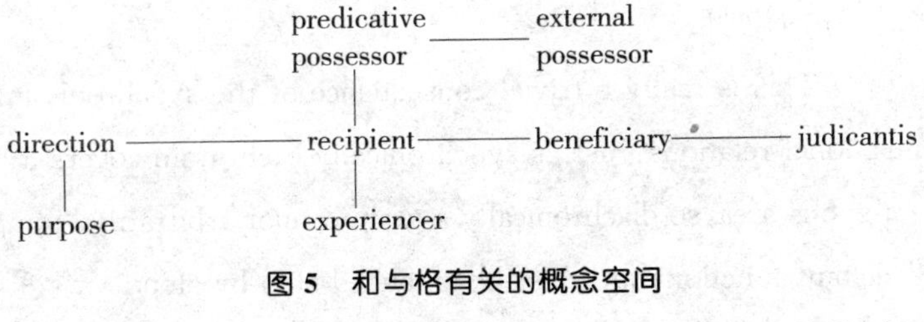

图5　和与格有关的概念空间

而我们只要在图5的概念空间上加上表方向的箭头，就能对不同功能之间的历时演变关系做出推测：

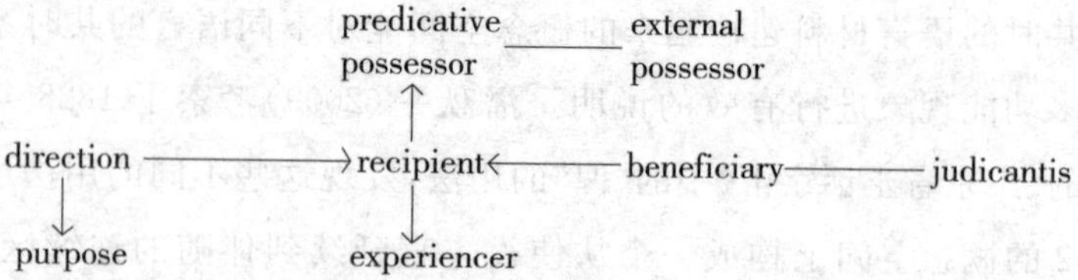

图 6　在和与格有关的概念空间上标示历时的演变方向

须指出的是，立足于已建构起来的概念空间来审视某个语法形式如何在历时演变中产生不同的用法其实背后所依据的还是“语义地图连续性假说”。根据这个假说，某一语法形式的不同用法在任何一个历时阶段的共时的语言系统中都必须能构成一个连续不断链的区域，而由于这个语法形式的不同用法并非一次性地产生，而是经历过一段长时间，因此如果我们把不同历时阶段的共时语言系统按时间线索一个个加以排列起来，这个语法形式的不同用法在同一个概念空间上就必须显示由较小的连续区域逐步扩大为更大的连续区域。换言之，在整个演变过程中，某个特定语法形式所展现的不同用法在历史演变中只能按照节点间的系联轨迹依次获得其他功能，而不能跨过节点跳跃来获得，否则必然在某个阶段无法在体现人类语言共性的概念空间上画出连续不断链的语义地图。Haspelmath(2003)对此有一个很好的说明：

> This is really a trivial consequence of the synchronic implicational relations: Just as synchronically each gram covers a contiguous area, so diachronically a gram cannot arbitrarily “jump” a distant function, but must be extended step by step...

张敏(2008)正是根据这个思路来分析 Bennett(1968)就“给”所提出的语法化路径中所存在的问题的。Bennett(1968)认为给予动词能直接发展出处置标记，再进而发展出被动标记，然而根据图2的概念空间，“处置”和“被动”节点并非直接相连，因此“给予动词>处置标记>被动标记”的这个单项语法化链条得不到支持。

有了这个基础，接下来我们将借助“语义地图模型”这一类型学的分析手段就给予动词的语法化过程进行讨论和分析。

3　问题提出与初步假设

根据第二节，就给予动词的语法化过程，目前存在着两种不同的看法，一种是单项语法化途径，而另一种则是多项语法化路径。前者认为给予动词先发展出(广义)与格标记，再进而发展出使役标记和被动标记，而后者则认为给予动词分别发展出(广义)与格标记和使役、被动标记。由于汉语的历时文献材料无法有效地对上述两种不同看法做出评断(因“与”的受益用法早于其使役和被动用法)，因此本文建议从类型学的角度切入，尝试为给予动词的语法化过程建立起个既符合历时文献材料，又符合人类语言共性的假说。

一旦从语义地图的角度切入来看待给予动词的语法化过程，我们就立刻发现单项语法化路径的假说并不获得支持。原因就在于在图2的概念空间中，“方向/接受者”和“受益”等的节点虽然相连，但是却不和“使役”节点直接相连，因此“给予动词>(广义)与格标记>使役标记>被动标记”的单项语法化链是无法成立的。

再看多项语法化路径的假说，根据这个假说，给予动词的语法化存在着两条不同的路径：

- 途径 1：给予动词＞与格标记[④]
- 途径 2：给予动词＞使役标记＞被动标记

我们不难发现，分开来看，途径 1 和途径 2 都各自是单项语法化链条，但与上面所提到的"给予动词＞（广义）与格标记＞使役标记＞被动标记"的情形不同的是，途径 1 和途径 2 分别能在图 2 的概念空间上切割出连续不断链的区域，而这就和语义地图的连续性假说并不抵牾。［参见图 7 和图 8，这两张图参考了 Auwera & Plungian（1998）的办法，把作为语法化源头的给予动词，即 $V_给$，放置在概念空间之外］

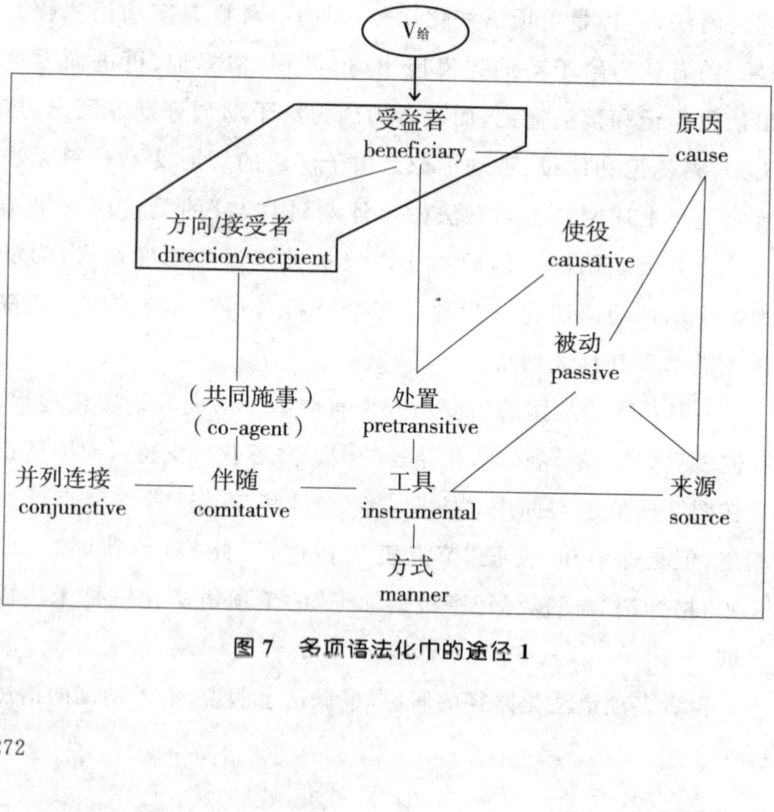

图 7　多项语法化中的途径 1

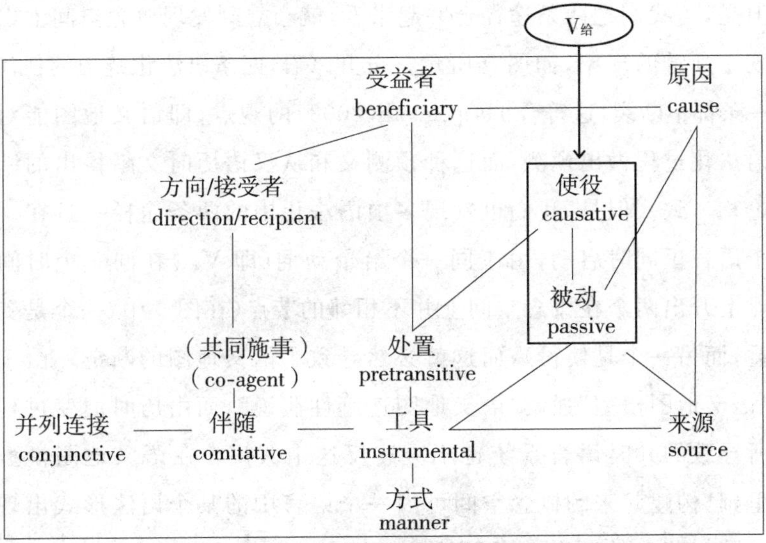

图 8　多项语法化中的途径 2

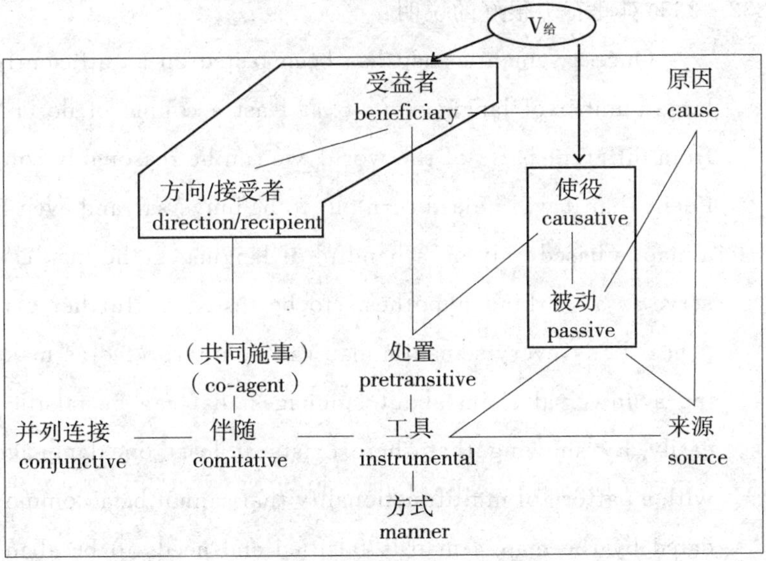

图 9　多项语法化中的途径 1 和途径 2

但是，当我们把两条途径合并起来看，就会立刻发现概念空间上出现了断链的现象，如图 9 所示。分开来看，两条语法化链中的任何一条都不断裂，这符合 Haspelmath(2003)的观点，即语义地图能对语法化过程做出预测，而这种预测又和从汉语历时文献得出的结论相一致。但是，我们也发现多项语法化中的两条途径一旦在一个语言里同时启动，由于同一个给予动词(即 $V_{给}$)在同一个时间点上开出两个在概念空间上并不相邻的节点(在图 9 中，一个是受益，而另一个是使役)，而这就必然导致了语义地图的断链。由于"语义地图模型"强调"语义地图连续性假说"，而由历时演变过程所导致的共时语言系统也不应违反这个假说。在语义地图模型里，已构建起来的概念空间可因一个语言中的某个语法形式出现了跨越节点的断链现象而遭到否定或修改。Haspelmath(2003：232—233)对此有个很好的说明：

> Once a semantic map has been tested on a sufficiently large number of languages(i. e. at least a couple of dozen) from different parts of the world, we can be reasonably confident that it will indeed turn out to be universal, and even if a map is based only on a handful of languages, the map can serve as a working hypothesis to be tested by further evidence. Thus, every semantic map can be interpreted as making a universal claim about languages that can be falsified easily. By showing that there exists at least one language with a pattern of multifunctionality that cannot be accommodated by the map, a map is falsified and needs to be abandoned or at least modified.

面对图 9 的断链现象，我们当然可以对图 2 的概念空间进行简单的修改（即在受益和使役两个节点之间加上一条直线以显示两个概念的关联性，见图 10），以使上述的断链现象消失：

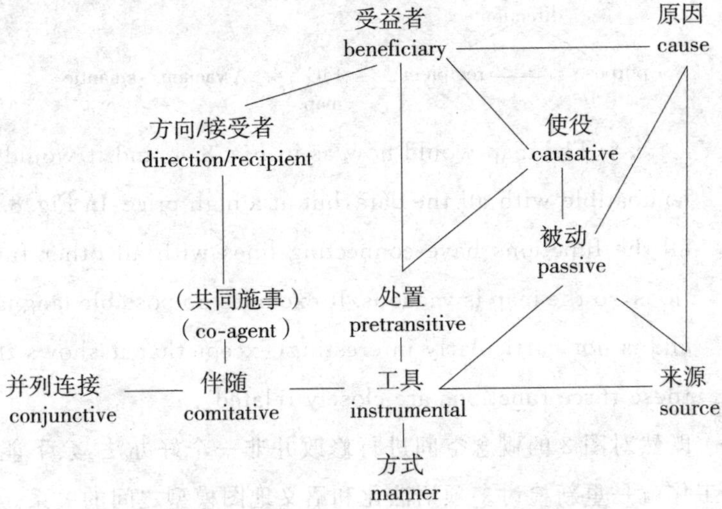

图 10　以处置和被动为核心的语义地图（修改版）

这个修订虽然解决了由给予动词的多项语法化所引发的断链现象问题，但这并不是个好办法，因为从概念空间的构建原则上看，两个节点之间要相连，就必须保证能在人类的众多语言中至少找到一个语言证明某个语法形式确实是同时具有这两个节点的功能，而我们只要再回头审视 Haspelmath（2003）和张敏（2008）的概念空间，就不难明白这样的例子在迄今的语言材料中是没有的。换言之，在受益和使役两个节点间加一条线以显示关联性的做法，并非出自实证材料（empirical data）的要求，而更多是源于理论上的考量（theoretical consideration）。此外，上述的修订也间接造成了受益、处置和使役三个节点之间形成个没有实质意义，且缺乏预测功能的空洞的语义地图(vacuous semantic map),而这样的语义地图又是在构建概念空间时应尽力避免的。Haspelmath(2003:218)就以下图对此有个很明晰的说明:

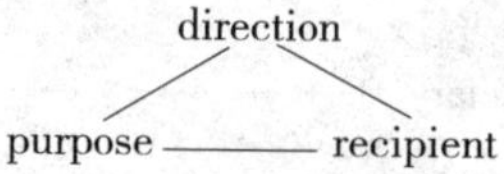

FIG.8.4. A vacuous semantic map.

> ... The map would now as in Fig. 8.4, and it would be compatible with all the data, but at a high price: In Fig. 8.4, all the functions have connecting lines with all other functions, so the map is vacuous. It excludes no possible language and is not particularly interesting(except that it shows that these three functions are closely related).

既然对图 2 的概念空间进行修改并非一个好办法,余下能做的工作就是重新检讨多项语法化和语义地图模型之间的关系。对此,目前学界的主流看法是多项语法化会导致语义地图断链。张敏(2010)在介绍图 2 的具体绘制方法时就指出:

> 先看上述六种功能[5]里仅兼用两种的形式:若能排除干扰因素(如多重语法化等),那么它兼用的那两种功能在语义地图上必须紧邻。

这似已暗示了多项语法化和语义地图相互冲突、无法兼容。至于为什么两者无法兼容,张敏并没有进行更多的说明。Malchukov(2010)的看法也和张敏的一样,认为多项语法化会给语义地图造成难题(problematic for semantic maps)。他通过对巴布亚语言中的位移动词的语法化过程进行讨论而指出:

> Thus, results of polygrammaticalization of lexical items

are more likely to cover regions inconsistent with the map than those which represent further meaning extensions ("lateral" meaning shifts).

至于为什么实词的多项语法化会导致断链现象，他的解释是：

The reason is that polygrammaticalization of a lexical item is construction sensitive and requires a number of preconditions. Thus, for Kaera and Teiwa, Klamer notes the following factors which allowed polygrammaticalization: productiveness of verb serialization; non-distinction of finite and non-finite verbs; lack of three-valent verbs. Given that such preconditions are likely to be areally/genetically restricted, polygrammaticalization effects would not produce a consistent pattern across languages.

按照张敏和 Malchukov 的思路再进行延伸，我们不难得出这样的结论，即在构建概念空间时，由多项语法化所导致的多功能形式都必须被剔除在所引用的材料之外。一旦我们接受了这个说法，给予动词的多项语法化在概念空间上出现断链就成了个很自然的现象。本文不打算采取这个做法，原因有二：

一、从理论(conceptual)的角度着眼，若承认多项语法化和语义地图模型有冲突，而唯有在剔除来源自多项语法化的多功能形式后才能构建概念空间，这就不可避免地意味着当我们面对一批共时的语言材料时，我们首先就必须对材料中的多功能的语法形式的演变历史有一明确的理解，而这种理解又仅能建立在人文阐释上。更准确说，我们得先判断这一多功能的语法形式究竟是经历单项还是多项语法化的历史过程才能开始构建概念空间。如此一来，概念空间的建立就必须依赖语法化的讨论，而重“逻辑演算”的语义地图模型的有效性也就间接受到了削弱。

二、从事实(empirical)的角度着眼，我们也必须注意到 Malchukov(2010)所引用的例子都是和位移动词有关，而根据 Croft (forthcoming)的研究，从跨语言比较的角度看，空间方向虽和能量转移方向具隐喻关系，并呈现一定的规律性，但有意思的是，其中也有例外，而所有的例外都出现在以向格(allative)来充当方式(manner)的标记上。[6] 由于向格的源头一般都是位移动词，而 Malchukov 用来说明多项语法化和语义地图之间不相协调的例子又皆是和位移动词有关，因此我们无法排除这里头的根本问题并不出在多项语法化和语义地图之间的不相协调上，而是在位移动词上面。换言之，位移动词的语法化虽导致了语义地图上的断链现象，但是我们并没有十足的把握说给予动词的语法化也必然导致语义地图的断链，因进入语法化的实词并不相同。

一旦我们不先验地接受多项语法化必然导致语义地图的断链，那么接下来的工作就是重新审视给予动词在跨语言比较中的演变情况。语法化是人类语言中普遍的语言演变现象，而随着研究的日益深入，大量具有语言有效性的语法化模式和语法化路径被揭示出来，显示了人类语言的语法化存在极强的共性特征。所谓共性特征，最主要的表现是，不同语言的语法化过程具有相同或相似的语法化模式或路径，而吴福祥(2005)就称之为语法化演变的共相。贝罗贝等所提出的给予动词的两条语法化路径均被吴福祥列入“共相”，因许多历史句法研究确也为这两个演变链条提出了佐证：

给予动词＞与格标记

“与”汉语(Sun,1996)

‘ná’ Ewe(Heine et al. ,1991)

‘fún’ Yoruba(Lord,1989)

‘kye’ Engenni(Lord,1989)

给予动词＞使役标记＞被动标记

‘k’ak’-i’ Korean(Comrie,1994)

‘-bu-’ Manchu-Tungusic(Nedjalkov,1993)

给予动词＞使役标记(未继续发展成被动)

‘cho’ Vietnamese(Matisoff,1991)

‘qaoy’ Khmer(Matisoff,1991)

‘antaa’ Finnish(Newman,1993)

上述的材料多取自 Heine & Kuteva(2002),而其中就显示了一个特点:给予动词的多项语法化中的两个链条并未同时出现在同一个语言里,而这个初步的观察就给我们提供了一个新的角度来解决由多项语法化所造成的概念空间上的断链现象。这是个值得尝试的路子,因如果上述的观察是准确的话,我们就能找到个让多项语法化和语义地图模型“和平共处”的法子。为此,我们大胆地提出这样的假设,即就给予动词而言,语义地图模型和多项语法化都没有问题,但在处理两者间的关系时则需要加上一定的限制条件。这个做法能避免我们走极端,即必须在按语义地图模型建构起来的概念空间和给予动词的多项语法化之间选择一个,而这种选择本身又确实是有代价的:若认为概念空间有问题,那么现有研究成果中所有的“例内”都变成了“例外”;若肯定多项语法化有问题,那么通过跨语言比较而揭示的重复出现的语法化模式又将如何安顿？有鉴于此，本文不采取非此即彼的策略，而是以多项语法化和概念空间之间并不存在矛盾冲突为前提开展工作。一旦我们接受这个前提，就不难发现真正的关键应就在多项语法化中的两条不同的路径不能在同一个语言里启动。再说得具体些，也就是多项语法化中的两条不同的路径在某个特定的语言中呈现互补分布，因此一个语言只能启动一条。如此一来，这就不会造成概念空间上的断链现象，也安顿了多项语法化和概念空间之间的紧张关系。这一限制条件在以往的研究中皆被忽略了，因此以下我们将通过类型学的研究成果着重说明上述的这个假说在理论上具有一定的合理性，之后我们也将从实证的角度考察现代汉语方言中的给予动词在语法化之后的多功能形式，以进一步支持这个假说。

4　本文的假说和“致使顺序假说”(Causal Order Hypothesis)之间的关系

本文认为多项语法化的两个独立语法化链条在一个特定的语言中构成互补分布，这在语言类型学上是能得到支持的。以下我们将先介绍“致使顺序假说”，然后以此为基础说明本文为解决给予动词的多项语法化问题而提出的互补假说是具有类型学上的根据的。

Croft(1991:184—186)提出了“致使顺序假说”。这个假说认为，SBJ < OBJ < $\mathrm{OBL}_{后项}$ 的语法关系层级对应致使链(causal chain)中的参与顺序。在这个假说的基础上，Croft 进一步从语义

角色的角度区分后项(subsequent)角色和前项(antecedent)角色，并提出人类语言中没有一个表层的格标记(也包括介词等)能同时涵盖后项和前项的角色。按照事件的致使链，能充当前项的语义角色包括了工具、方式、手段、伴随、被动施事、作格、原因等，而能充当后项的语义角色，则包括了受益者、接受者、结果等。前项角色和后项角色的区分可清楚地见于下图：

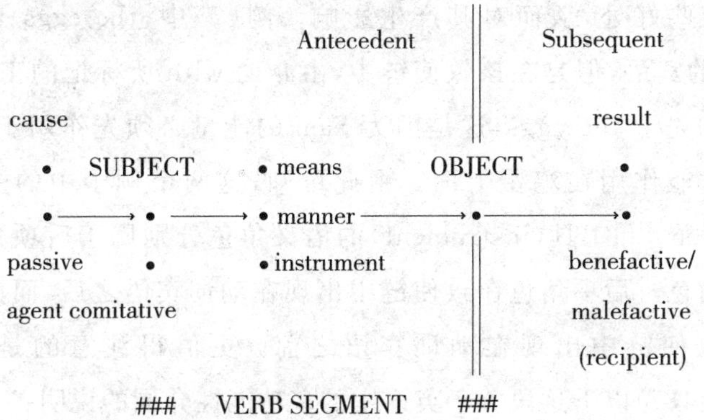

图 11　致使链中题元角色的分布(Croft，1991：185)

Croft(1991：185)曾用以下两个例子来说明这一假说：

(6)Sam baked a cake for Jan.

(7)Sam whipped the eggs with a fork.

例(6)和例(7)中的不同语义角色的成员在致使链中的关系可分别由图 12 和图 13 来表示：

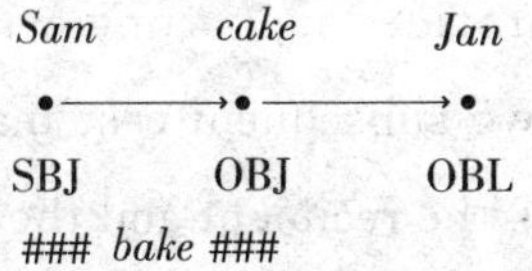

图 12　例(6)的致使链(Croft，1991：185)

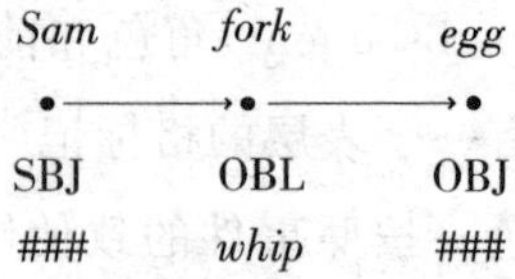

图 13 例(7)的致使链(Croft,1991:185)

例(6)中,cake 是动词 make 的宾语,在该致使链中,由介词 for 标记的受益者 Jan 出现在 cake 后面。整句是说蛋糕的制作为 Jan 带来某些好处,从而对其产生影响。例(7)中,the eggs 是动词 whip 的宾语,但是在该致使链中,由介词 with 所标记的工具 the fork 却先于 the eggs,这是因为 Sam 的能量必须先作用于叉子,继而才能作用在鸡蛋上面。由此可知,这两个例子中的受益者(recipient)和工具(instrument)的语义角色分别属于后项角色和前项角色。后项角色在致使链中出现在动词宾语之后,而前项角色在致使链中出现在动词宾语之前。更值得注意的是 Croft (1991:187)以下这段关于英语中的多功能性介词的说明:

> The basic form of the evidence that I will provide supporting the subsequent-antecedent distinction is that syncretism of thematic roles will occur that no surface case marker will subsume both subsequent and antecedent thematic roles(hence the appropriateness of speaking of antecedent and subsequent case markers as well as thematic roles). English provides supporting evidence for this hypothesis. There are two subsequent case markers, the preposition *to*, which governs the recipient and the result, and *for*, which governs the benefactive. However, only *to* provides positive evidence for the hypothesis since *for* covers only one the-

> matic role. The antecedent case markers *with* and *by* both provide positive evidence for the hypothesis because each covers more than one thematic role, *with* subsuming instrument, manner, and comitative and *by* subsuming means and passive agent. I will consider English to represent three positive pieces of evidence in favor of the subsequent-antecedent distinction since there are three separate syncretisms involves: recipient-result, instrument-manner-comitative and means-passive agent.

根据这个说明，现代英语中的一个语法形式若同时标记不同的语义角色，则这些不同的语义角色和语法形式之间的编码关系完全受制于致使链中的前项和后项角色的区别，例如英语介词 to 仅引入接受者(recipient)和结果(result)两个致使链中的后项角色，而 with 则仅引入工具(instrument)和伴随者(comitative)两个致使链中的前项角色。Croft 也就上述的假说对 40 个语言进行了跨语言的调查，其结果见于下表：

表 1　语义角色共用一个语法形式的考察结果[7]

Syncretisms among antecedent thematic roles	39
Syncretisms among subsequent thematic roles	39
No directionality in the case marking system	5
Syncretisms across subsequent and antecedent roles	2

在这 40 个语言中，Croft 发现展现多义性的语法形式在编码不同的语义角色时，前项角色和前项角色聚合(共 39 次)、后项角色和后项角色聚合(共 39 次)的现象远远高于前项角色和后项角色之间的相互混合(共两次)。如果换算为百分比，则可发现违反上述致使链假说的仅有 2.5%。

就这些比例极微的反例，Croft(1991)并未进行更多的说明和解释，但是在现有的语法化研究中，我们却也不难找到不少这样的例子。Iwasaki 和叶凤霞在一系列的文章中(Iwasaki，1998；Yap & Iwasaki，1998)就指出东南亚语言中的使役和受益标记经常同形，而例子就包括泰语中的 hây 等。就这个现象，Iwasaki(1998：208)在总结的部分就引用了 Matisoff(1991)的看法，并提出受益和使役的关系比一般所理解的还要密切的假说。他更进一步指出，使役标记和受益标记同形体现了这两种范畴之间具有密切的语义关系，而且他也深信这种语义关系也能在东南亚语言以外的其他人类语言中找到证据。

Iwasaki 和叶凤霞的发现对根据"致使顺序假说"而提出的表层语法形式不能同时兼表前项角色和后项角色确实是一大冲击，尤其是考虑到受益和使役等语义角色又是和本文的讨论密切相关的。纵然如此，我们认为在东南亚语言中所发现的受益和使役兼用同一个语法形式来标记并不足以推翻"致使顺序假说"，而这其中的关键就在于 Iwasaki 和叶凤霞都忽略了东南亚是个庞大的语言区域(linguistic area)。所谓语言区域，指的就是在一个有着不同语族的语言的区域里，没有任何亲属关系的语言在结构上因紧密和持久的接触而呈现出了一致性。就东南亚的语言区域而言，Enfield(2003)就敏锐地指出东南亚语言里"得"义语素多功能模式的平行性是区域扩散的产物，而吴福祥(2008)更是进一步讨论了南方民族语言处所介词短语位置的演变和变异，并指出：

> 采用了 Dryer(1992、2007、2008)的分析，若一个语言的动词和宾语的语序是 VO，那么该语言的附置词(前置词/后置词)短语和动词的语序采用 V-PP，反之亦然(即若一个语

言附置短语和动词的语序采用 V-PP，那么该语言的动词和宾语的语序是 VO）；另一方面，若一个语言的动词和宾语的语序是 OV，那么该语言的附置词短语和动词的语序通常采用 PP-V，反之亦然（即若一个语言附置短语和动词的语序采用 PP-V，那么该语言的动词和宾语的语序是 OV）。须指出的是，上述语序关联的概括并非演绎而来，而是基于跨地区和跨语系 625 种语言的定量分析做出的。

……

既然 VO 和 PP-V 这类跨语言罕见的匹配模式只见于汉语，那么触发南方部分民族发生"V-PP＞PP-V"演变或变异的"模式语"就只能是汉语。

由此可见，许多的证据都支持东南亚这个区域内的语言构成了一个语言区域。认清这一点，我们就不难明白 Iwasaki（1998）虽引用 Matisoff（1991）的研究成果来说明受益和使役在东南亚语言经常同形，但这并不足以对"致使顺序假说"构成威胁，因 Matisoff（1991：427—431）自己也明确地在文章中指出以给予动词来充当使役动词和受益标记是东南亚语言区域（Southeast Asian linguistic area）的众多区域语言特征之一。Matisoff（1991）的看法也在 Chin（2011：551）中得到了发挥：

Besides the Chinese language, some neighboring non-Sinitic languages are also found to have the double object verb *give* performing different syntactic functions. For example, *give* in Thai can function as an indirect object marker, a causative verb, and a beneficiary marker ... These languages are spoken in the region known as the Southeast

Asian linguistic area, which is "home to more than a thousand languages, belonging to five major language families: Austronesian, Austroasiatic, Tibeto-Burman, Tai-Kadai, and Hmong-Mien"... These genetically unrelated languages are found to share some linguistic features due to borrowing as a result of their prolonged and extensive language contact.

由于本文关注"致使顺序假说"的有效性,因此也关注致使链中的前项角色和后项角色能否以同样的语法形式来表达,而现在我们也知道东南亚语言中的受益和使役同形是语言接触的结果,并不能用以否定"致使顺序假说"。在这个基础上,很自然地,我们就会关注在东南亚语言中,受益和使役,究竟哪一个是东南亚语言所固有的,而哪一个又是因语言接触而后来发展出来的。Chin(2011:553)的说明对上述问题有提示的作用:

According to Chin's(2009) survey on the multiple usage of *give* in non-Sinitic languages spoken in China, 10 out of 31 languages(from three language families) are found to use the double object verb *give* as the passive marker... This observation might suggest that these non-Sinitic languages have *borrowed* the mechanism of developing the passive marker usage from the causative usage of *give*. This kind of borrowing is proposed by Heine & Kuteva (2002, 2003, 2005) as *contact-induced grammaticalization*. Such a borrowing of a syntactic mechanism in fact is not uncommon in the linguistic area... In this regard, the passive marker usage of *give* in these non-Sinitic languages can be considered an additional areal feature possibly originating from Southern Chinese dialects.

由于中国境内的非汉语中并不都具有被动标记，这就提示我们在这些非汉语中，给予动词发展为被动标记应是接触的结果。这个结论应该是正确的，原因就在于南方汉语，尤其是闽、粤两地的汉语，都以给予动词来表示被动，而不以同样的语法形式表达受益（详见本文第五节）。根据本文较前的论述，我们知道给予动词若要发展出被动标记，就必须经过使役标记的阶段，因此如果一旦接受东南亚语言中由给予动词发展而来的被动标记是接触的结果，这其实也已承认了东南亚语言中由给予动词发展而来使役标记也是接触的结果。

为证明多项语法化的两个独立语法化链条在一个特定的语言中构成互补分布是具有语言类型学上的基础的，本节着重介绍Croft(1991)所提出的"致使顺序假说"。在这一节的结束部分，我们尝试根据"致使顺序假说"来说明如何为给予动词的语法化所引发的语义地图和多项语法化之间的问题寻找解决方案。根据我们上边的介绍，给予动词的语法化过程可概括为以下两个单项的语法化链条：

链条一：给予动词＞使役标记＞被动标记

链条二：给予动词＞受益标记＞接受者标记

若结合 Croft 的假说来审视这两个语法化链条，则不难发现第一个链条所涉及的语义角色在能量转移的过程中都位于受事宾语之前，而第二个链条所涉及的语义角色则都是位于受事宾语之后。将这个观察加入上述两个语法化链条，它们之间的差异就相当清楚了：

链条一：给予动词>使役标记>被动标记（前项角色）

链条二：给予动词>受益标记>接受者标记（后项角色）

可见，给予动词的多项语法化链条中的一条在演变过程中展现了前项角色的聚合，而另外一条则体现了后项角色的聚合，一点也不混淆。一旦掌握给予动词的多项语法化链条中的这个关键性特征，我们就不难立足于同一个"致使顺序假说"进而得出给予动词的多项语法化链条中的两个单项语法化链条在一个特定的语言中必须呈现互补分布；也就是说，若某个语言已启动了多项语法化的链条一，就无法再启动多项语法化的链条二，相反的情形也是如此。从道理上说，必然是如此，因通过语法化（历时演变）而导致语法形式产生不同的功能在共时的层面就体现为一个多义的语法形式，而按 Croft 的类型学考察，从共时的角度入手考察人类语言中的语法形式的多义模式，前项角色和后项角色一般都不混淆。

5 多项语法化中的语法化链条在同一个语言系统中呈现互补分布

这一节主要从实证的角度来论证给予动词的多项语法化中的两条独立链条不会在同一个语言中同时启动，而呈现互补的分布。为证明这一点，我们以现代汉语方言为考察对象，着重观察在这些方言中，受益标记和使役、被动标记是否同形。如果同形，则我们的假说有问题，而若不同形，这就很好地提示我们说在人类语言共时层面上的受益标记和使役、被动标记不能通过语法化而从相同一个动词演变而来，因此如果受益标记源于给予动词，则使役、被动标记就无法从相同的源头发展出来。

这一节分三小节，依次为初步的证据、跨方言的比较证据以及对例外的解释。

5.1 初步的证据

从一些对汉语南方方言描述的著作中，我们不难得到这样的印象，即受益标记从不和使役、被动标记同形。

就客家话的情形，赖惠玲（Lai Huei-ling，2001）从语法化的角度讨论了客家话中的“分”是如何发展出不同功能的。根据她的分析，客家话中的“分”是个典型的双宾动词（也即是本文的给予动词），并由此而发展出使役和被动标记。值得注意的是，这个“分”除了具有以上的功能外，还能充当标句语（complementizer），但就是无法用来引入受益者。江敏华（2006）对东势客家话中的“分”的分析也和赖惠玲的分析相当一致。她指出东势客家话的使役和被动标记为“分”，来源于给予动词，而受益标记则是“同”。例子如下：

(8)你爱分我玩几多日。（你要让我去玩几天。）（使役标记）

(9)这尾大蛇就分这蜈蚣虫咬死。（这条大蛇就被这只蜈蚣咬死了。）（被动标记）

(10)你挑一担面线去同阿爸做生日。（你挑一担面线去为父亲祝寿。）（受益者标记）

此外，项梦冰（1997）也指出连城客家方言的单音节被动标记共有5个，即“拿、分、乞、畀、锡”，但在引入受益者时，用的却是“合”：

(11)我合尔织一件羊毛衣（我给/替你织一件毛衣）

可见，就客家话而言，它的使役、被动标记均源于给予动词，而它的受益标记则来自给予动词以外的实词。

就闽方言的情形，我们这里主要参考了连金发的研究。连金发（Lien Chinfa，2002）考察了明代《荔镜记》中的“乞、将、共、度、互”的用法以及它们在现代汉语闽方言中的使用情形，并把调查的结果用表来加以表示。我们这里仅摘录和本文内容有关的部分：

表 2 “乞、共、度、互”的用法及在现代汉语闽方言中的使用情形

词	功能	晋江	揭阳	龙溪	厦门
乞	使役	+	+		
	被动	+	+		
共	受益	+	+	+	+
度	使役	+			
	被动	+			
互	使役			+	+
	被动			+	+

表 2 里的功能包括了使役、被动和受益，都是和本文的内容密切相关的。按表 2 所示，可发现在这 4 个闽南方言中，它们的使役和被动标记虽然形式上并不一定完全相同（晋江的“乞、度”、龙溪的“互”等），但是却都来自给予动词。至于受益标记，则呈现了高度的一致性，都用“共”。由于“共”在闽语里并不是个给予动词，因此我们再一次看到在汉语南方方言中，受益标记和使役、被动标记并不共用同一个语法形式。吴方言里的情形也大体和闽语一样，以下是上海话的例子：

(12)搿趟比赛侬拨伊参加伐？（这次比赛你让他参加吗？）（使役标记）

(13)拨啥人敲碎脱勒？（杯子被谁敲碎了？）（被动标记）

“拨”在上海话里是个给予动词（张敏，2011），而用以引入受使者（例 12）和施事（例 13）的“拨”显然也是从给予动词发展过来的。至于上海话的受益标记，并不是“拨”，而是“脱”：

(14)搿椿事体我脱侬去办。(这件事情我替你去办。)(受益者标记)

最后,让我们看一下粤语里的情形。根据张洪年(2007)和马诗帆、叶彩燕(Matthews & Yip,1994)等对香港粤语的描写,可发现使役和被动标记皆源自给予动词"俾":

(15)俾人踢咗一脚(让人踢了一脚)(使役标记)

(16)以前嗰个秘书俾经理炒咗(以前那个秘书被经理解雇)(被动标记)

而受益标记则用"同":

(17)请你同佢写啲字(请你为他写些字)

可见,香港粤语的使役、被动标记和给予动词同形,为"俾",而不同于受益标记"同"。

以上我们简单地审视了客家话、闽语、吴语和粤语等现代汉语南方方言里的受益、使役和被动标记的使用情况,发现在这些方言里,受益标记都不和使役、被动标记同形。更值得注意的是,在这些方言里,使役和被动标记皆来自给予动词,而很显然的,受益标记并不来自给予动词。这给本文为解决多项语法化和语义地图模型的纠葛所提出的假说初步提供了必要的实证材料。换言之,在人类语言中,给予动词的多项语法化中的两个独立语法化链条不能在一个语言中同时启动是具有实证的基础的。

5.2 来自现代汉语方言的证据

为进一步检测假设是否正确,即给予动词的两条语法化路径只能在特定的语言中启动一条,我们需要更多的语言事实来总结规律。吴佰声(2009)考察了现代汉语方言中的受益标记,他参考了李荣主编的《现代汉语方言大词典》和李如龙、张双庆编写的《介词》两本工具书，做了大量整理工作，在他的基础上，我们得出下表。

表 3　现代汉语方言的受益、使役、被动标记

		给予动词	引进 Pb 或 Db[⑧] 受益者	被动标记	使役标记
兰银官话	乌鲁木齐	给	给	叫、让	叫、让、给
兰银官话	银川	给	给	叫	叫
北方言区	哈尔滨	给	给	叫	
北方言区	忻州	给	给、和	叫	叫
北方言区	太原	给	给	叫、给	叫、给
秦晋方言	西宁	给	给		
秦晋方言	万荣	给	给	叫	叫、给
官话方言	牟平	给	给	叫	叫
官话方言	济南	给	给	叫、让、给	叫
中原官话	洛阳			叫	
中原官话	徐州	给	给	叫、给	给
中原官话	西安	给	给	叫	叫、给
江淮官话	扬州	给、把	给	给	
江淮官话	南京	给	给、告	给	给
西南官话	成都	给	给		给
西南官话	贵阳	给	给		
西南官话	柳州	给	给	给	给
西南官话	武汉	把	跟		叫
吴方言	丹阳	把	同	把	
吴方言	崇明		脱		
吴方言	苏州				
吴方言	上海		脱		
吴方言	杭州				
吴方言	宁波				
吴方言	金华	分、得	分	得、让	让
吴方言	温州				

（续表）

徽州方言	绩溪		把		
湘方言	长沙	把	跟		把
湘方言	娄底	把			
赣方言	南昌	把	跟		
赣方言	黎川				
客家/赣	萍乡	把	同	把	把
客家	于都				
客家	梅县	分	同	分	
粤方言	东莞	畀	同		
粤方言	广州	畀	同	畀	
闽方言	建瓯				
闽方言	福州	乞	共	乞	乞
闽方言	厦门	互	共	互	
闽方言	雷州	给	共		
闽方言	海口		同合		

虽数据有缺，无法达到穷尽和全面的要求，但我们已大致可以看到一些有意思的现象。首先，和前文小节所观察到的一样，在汉语南方方言里，使役和被动标记皆和给予动词同形，而不和受益标记同形。这个规律十分牢固，从吴语到闽语几乎没有一个例外。其次，汉语北方方言中的一些方言点，如银川、哈尔滨等也体现了同样的规律。当然，这里头也有例外，而值得注意的是，例外都集中在汉语北方方言。如果我们再稍微仔细观察，不难发现汉语北方方言其实也有一个强大的规律，即受益标记几乎毫无例外地都是由给予动词发展过来的。换言之，我们其实能观察到汉语南北方言在受益标记的使用上具有类型学上的差异：北方汉语采用了和给予动词同形的受益标记，而南方汉语则不仅不采用和给予动词同形的受益标记，而且让给予动词发展成使役和被动标记。如果我们

把这个对汉语南北方言的观察用表的形式加以表现，即是：

表 4　汉语南北方言的受益、使役、被动标记

	受益标记来自给予动词	使役、被动标记来自给予动词
北方汉语	＋	?
南方汉语	－	＋

表中打问号的恰好就是北方汉语产生例外的关键处，而须指出的是，北方汉语如果在这一处用了给予动词来充当使役和被动标记，那么一般的情形，除了这个标记外，我们还能观察到另外一个标记。如太原话的受益、使役和被动标记都能用“给”，但它的使役和被动标记除了“给”之外，还有“叫”。这个现象不能不让我们怀疑这是方言之间接触所造成的结果。由于存在这个可能性，我们在下一节将以北京话为例，借助历时的材料，说明北京话是如何从表5的情形发展成表6的情形：

表 5　北京话和汉语南方方言的受益、使役、被动标记(百年前)

	受益标记来自给予动词	使役、被动标记来自给予动词
北京话	＋	－
南方汉语	－	＋

表 6　北京话和汉语南方方言的受益、使役、被动标记(百年后)

	受益标记来自给予动词	使役、被动标记来自给予动词
北京话	＋	＋
南方汉语	－	＋

5.3　对例外的解释

现代汉语北京话的“给”既可以充当受益标记，也可充当使役和被动标记，因此对于本文所提出的假说确实是构成一个例外。按我们前一小节的思路，北方汉语以给予动词发展出受益标记应是固有的层次，而以给予动词发展出使役和被动标记则应是后来的发展。这个想法是能得到支持的。陈前瑞、李宇明(2005)讨论

了北京话"给"字被动句的地位及其历史发展。他们指出下面这个现代北京话例子中的"给"相当于介词"被"的用法。

(18)门给风吹开了。

就"给"的这种用法,他们总结道:

> 太田辰夫(1956)认为,这种用法北京话里是没有的,……。而山田忠司(1998a、1998b)调查《红楼梦》、《儿女英雄传》、老舍的作品,发现除了零星用法外,这些作品中几乎没有介词"给"的被动用法。然而徐丹(1992)、周一民(1998)则确认北京话存在介词"给"的被动用法。不同研究者的不尽相同甚或截然不同的看法,其实反映的是北京话"给"字被动句从无到有的萌生发展过程。

可见,现代北京话中的"给"具被动用法是北京话后来的发展确实是目前学界的共同认识。文章中虽未提及"给"的使役用法,但考虑到前边已交代了给予动词须经过使役标记的阶段才能发展出被动标记,因此我们认为也可把现代北京话的"给"具使役用法视为北京话后来的发展。就北京话为何在后期发展出使役和被动的用法,目前至少有两种看法。这两种看法的主要不同就在于现代北京话的"给"的使役和被动用法是自身演变发展的结果,抑或是方言之间接触所导致的。

陈前瑞、李宇明(2005)考察了北京话"给"字被动句的历史发展,认为北京话中的介词"给"是在助词"给"的诱导下逐步发展出被动用法的。他们的具体做法是分析《红楼梦》、《儿女英雄传》、《小额》(1908)、《四世同堂》(创作于1945—1948)、王朔小说等语料,在这个基础上把北京话"给"字被动句的发展分为四个阶段,即:

酝酿阶段：18世纪中前期(《红楼梦》)

萌芽阶段：19世纪中期—20世纪初期(《儿女英雄传》、《小额》)

推展阶段：20世纪中前期(《四世同堂》)

成形阶段：20世纪中后期(王朔小说)

并认为“给＋VP”“从18世纪中叶受益的绝对优先理解，到19世纪中叶以后发展出处置相对于被动的优先理解，最后在20世纪中后期逐步发展成为被动的优先理解”。这个结论是在大量语料的基础上获得的，因此“给”由受益标记发展为被动标记的发展过程是可信的，但启动(actuate)这个发展过程是否是语言内在机制使然？陈前瑞、李宇明(2005)显然是持肯定的态度，但是一些现象却提示我们北京话的“给”应是受了南方汉语的影响才启动了后期演变过程。

狄考文《官话类编》(Mateer, 1900)收录了由传教士记录的当时北京话的口语材料。正如邹立文《官话类编》序所说的：

> 此书之作，原为西人学官话而作也。所谓官话者，非言尽为官场中话，乃言通行之话也。狄公有志于此书，由来久矣。自二十年前，即有所积蓄，近来五六年间，与仆专作此事，呕心吐胆，不知凡几。

可见此书重视当时的口语材料，此外也让熟悉当时的北京话的人士帮忙审定：

> 此书之成，并非一人之力，曾经分发北京济南南京九江汉口等处，批过数次，又曾亲往各地，协同诸位名士，详加批阅，终则合此诸批，一一审定。要必以通行者为是，兼有不通行者，则并列之。其列法，北京在右，南京在左，如有三行并列，即山东居其中也。是故用此书者，非但可得通行之益，即不通

行者，亦可确知南北终有何不同也。

这两点在狄考文自己撰写的序中也获得强调：

The only practicable alternative was to compare and combine a variety of dialects, which onerous task has accordingly been attempted. In order to exhibit the practical results, the plan of parallel readings has been introduced... The lessons have been constructed with reference to the dialects of Peking, Chinanfu, Chefoo, Nanking and Kiukiang,—all that the circumstances of the author enabled him to compass. In order to compare these dialects, the lessons have been twice revised by the aid of Peking teachers, twice by the aid of Nanking teachers, once by the aid of Chinanfu teachers, and once by the aid of a Kiukiang teacher, in addition to which they have been revised, in whole or in part, by one or more of the best foreign speakers of Chinese in these several places. Pekingese has received a larger share of attention than any other dialect, partly because it is the court dialect, but chiefly because there were more published helps by which it may be known.

上述的文字也说明了《官话类编》重视对当时不同北方方言进行跨方言的比较。正因为如此，我们认为《官话类编》能很好地为我们揭示一百年以前的“给”在北京话口语里的面貌：

给(read kê) is largely used in Southern Mandarin in a causative sense, taking the place to some extent of both 教 and 使. It is never so used in Central and Northern Mandarin.（Mateer，1900：179）

根据这条材料，可知在一百年前的北京话口语里，“给”不能充当使役标记。既是如此，我们可进一步依据类型学上的蕴涵序列推测“给”在当时的北京话口语里也不能充当被动标记。下边的这个材料证实了我们这个推测是正确的：

教，to teach，or 叫，to call，... is also used to form the passive，and in the North，is the generally used colloquial form. It is only occasionally used in the South.（Mateer 1900：128）

由于《官话类编》记录的是1900年的北京话口语，而根据这份材料，可知“给”在当时北京话口语里无法充当使役和被动标记。如果这个结论是正确的，那么为什么《红楼梦》、《儿女英雄传》等以北京话为基础方言的白话文学作品中会出现“给”用为使役标记的例子：⑨

（19）千万别给老太太、太太知道。（《红楼梦》第五十二回）

（20）我的梯己两件，收到如今，没给宝玉看见过，若经了他的眼，也没了。（《红楼梦》第四十回）

（21）我不像你这等怕死贪生，甘心卑污苟贱，给那恶僧支使。亏你还有脸说来劝我！（《儿女英雄传》第七回）

此外，在这些作品中，“给”也能充当被动标记：⑩

（22）我原是给你们取笑的，——拿着我比戏子取笑。（《红楼梦》第二十二回）

（23）就是天也是给气运使唤着，定数所关，天也无从为力。（《儿女英雄传》第七回）

这其实就显示了虽然《红楼梦》和《儿女英雄传》等都是白话文学作品，但是它们毕竟还都是笔语，而吕叔湘(1983)其实很早就指出笔语虽是口语的代用品，但却会包容非口语的成分。根据这个认识，“给”在《红楼梦》和《儿女英雄传》里虽具有使役和被动用法，但这些用法并非当时北京话的口语成分。值得指出的是，《红楼梦》和《儿女英雄传》里包容非北京话口语的成分，“给”并不是唯一的例子。朱德熙(1985)研究了现代汉语方言的反复问句，发现“可VP”和“VP不VP”两类反复问句在现代汉语方言中互相排斥，不在同一种方言里共存，但在《红楼梦》和《儿女英雄传》里，这两种反复问句都存在。对此，朱德熙(1985)做了如下的解释：

> 由于一些流传广、影响大的白话小说(例如《西游记》《三言二拍》里的某些篇)是用“可VP”型方言写的，这种句式逐渐失去了原来的方言色彩，变成了能够代表传统白话小说语言风格的一种句式。一些本来并非“可VP”型方言区的作者也模仿这种句式把它掺杂在自己的作品里。高鹗、文康可能就属于这一类。至于《红楼梦》前八十回里“可VP”型问句特别多，那大概是因为曹家久居南京，曹雪芹幼年时也在南京待过，因此受了南京话影响的缘故。

可见，《红楼梦》和《儿女英雄传》虽是以北京话为基础方言来创作的，但是里头还是包容了一些非当时北京话口语的成分。考虑到这一点，我们认为不应根据《红楼梦》和《儿女英雄传》中出现了“给”具使役和被动的用法而认为“给”的这些功能是语言内部自身发展的结果。此外，如果我们审视老舍的《茶馆》，也可发现里头的“给”多不用作使役和被动标记，而即使找到了一些貌似使役和被动标记的例子，这些例子不仅极少，而且也都能对它们做另一个合理的解释，如：

(24)人家给咱们改了民国(《茶馆》)

这个"给"固然可解释为"让"，表使役，但其实分析为受益也没有问题。按这个分析，北京话口语从18世纪到20世纪中前期，"给"都无法充当使役和被动标记。今天北京话口语里的"给"具有这两种用法应是从20世纪中后期之后才发展出来的，而这里头的动因是方言接触。从方言接触来分析"给"的使役和被动用法是个合理的解释，Chen I-Hsuan(2009)就指出连金发对这个问题的看法：

> A different line of argument is offered as Lien(2008). He proposes that the passive use of *gei* 给 came into MC through relexification. According to Mateer(1900), the permissive causative use of *gei* 给 comes from southern Sinitic languages, and there was no record of its passive use in Mandarin. Not a single instance of *gei* 给 was attested in the MC texts of the 18th to 19th century. Moreover, in the texts, *gei* 给 as a permissive causative verb appeared in the second predicate position of an extended double-object construction. This suggests *gei* 给 was not a full-fledged permissive causative verb yet. It is possible that the passive development of *gei* 给 did not derive from permissive causative but through relexification.

这个解释是可信的，因它和张敏(2011)对北京这个地方的人口改变的观察一致：

> 北京话在二十世纪中期以前应该还是能反映北方话原本面貌的。人口普查资料显示，1936年外省籍的北平人口尽管

高达总人口的57.7%，但其中河北籍占40.2%，山东籍占5.6%，其他各省籍占11.7%；换言之，当时九成以上的北平人口是本地人或华北地区的北方人，大致的比例亦见于1948年的统计资料……。1947至1957年间北京人口激增三倍，相当数量的新增人口是1949年以后移入北京的南方人，这在一定程度上削弱了北京话在北方话里的代表性。

根据这一小节的分析，现代汉语北京话中的“给”虽能同时用作受益和使役、被动标记，看似违反了本文所力图建立的假说，但是实际的情形并非如此。按我们的讨论，现代汉语北京话的“给”在充当受益标记上，这是固有的层次，而“给”在充当使役和被动的标记上，则是因方言接触而产生的后期的层次，并非自身发展的结果。这个情形和东南亚语言中用和给予动词同形的语法标记来引入受益者、受使者和施事者的情形是相当一致的。

6 结语

本文为解决给予动词的语法化过程究竟采用的是单项语法化还是多项语法化的途径而引入了“语义地图模型”这种重逻辑运算的类型学办法。根据目前已建立起来的概念空间，我们发现给予动词的语法化过程应该是涉及了两条不同的独立语法化链条（也就是多项语法化）。这两条独立的语法化链条是：

途径一：给予动词＞与格标记

途径二：给予动词＞使役标记＞被动标记

一旦我们接受这个结论，另外一个迫切的问题也就浮现了：这两条不同的独立语法化链条如果在一个语言中同时启动，则必定无法构成一个连续区域，并导致语义地图的断链，直接违反“语义地图连续性假说”。这个问题虽是因给予动词的语法化过程而引起的，但却也涉及了更深广的理论层面的问题，也即是多项语法化和语义地图之间的关系。学界目前的认识大多倾向于认为多项语法化和语义地图无法匹配，并会导致语义地图的断链。本文以给予动词的多项语法化为考察对象，着重说明现有的认识并不一定完备，进而引入了类型学上的证据，论证给予动词的两条不同的独立语法化链条在同一个语言中构成互补分布。本文为证明这个假说的合理性，也考察了现代汉语方言中的受益、使役和被动标记，指出在现代汉语的共时层面中，某个方言的受益标记往往都不和这个方言中的使役和被动标记同形。当然，在论证的过程中，我们也发现了例外，而这些例外不仅存在于现代汉语方言中，也存在于世界语言中。对于这些例外，我们考察了这些语言和方言的历史，认为例外的产生并不是源于语言或方言的自身的发展，而是因语言接触或方言的接触所导致的，而这个认识和朱德熙(1985)对于反复问句的讨论在精神上是一致的。

附　注

① (广义)与格标记可理解为与格标记和受益者标记。

② 由于目前的研究已证明给予动词必须经过使役才能进一步发展为被动，因此我们只要在受益标记和被动标记之间增添使役标记，就不难看到木村英树(2005)和张敏(2000)的看法是相当接近的。

③ 例 4 取自洪波(2004)，例 5 取自冯春田(2000:608)。

④ 图 2 的各概念节点是题元/论元的语义角色，而“与格”(dative)在意义上通常指接受者，有时也包括受益者，从 Chappell & Peyraube(2001、2006)引用的闽南语文献资料看，途径 1 中的“与格”(dative)包含接受者和受益者。

⑤ 六种功能分别是伴随者(comitative)、受益者(beneficiary)、处置式受事(disposal patient)、并列项(conjunctive)、人类目标(human goal)和工具(instrument)。

⑥ 原文为"the metaphorical mapping between spatial direction and direction of transmission of force is well attested in the same 40 language sample (Croft, 1991: 196; interestingly, the exceptions all involve the use of the allative for manner)..."

⑦ Croft(1991)和Croft(2012)在后项角色共用一个语法形式的统计数字上有差异,前者是30,而后者是39。

⑧ 根据Valin & LaPolla(1997),受益可再进一步从语义上区分成三个小类,即一般受益(plain beneficiaries)、替代受益(deputative beneficiaries)和接受者受益(recipient beneficiaries)。表中的Pb和Db指的分别是一般受益和替代受益。

⑨ 以下三例皆引自李炜(2002:63)。

⑩ 以下两例皆引自李炜(2004:36)。

参考文献

陈前瑞、李宇明 2005 北京话"给"字被动句的地位及其历史发展,《方言》第4期。

冯春田 2000 《近代汉语语法研究》,济南:山东教育出版社。

洪 波 2004 "给"字的语法化,《南开语言学刊——纪念邢公畹先生九十华诞专号》,天津:南开大学出版社;另载《汉语历史语法研究》,北京:商务印书馆,2010。

江敏华 2006 东势客家话"同"与"分"的语法特征及两者之间的关系,《语言暨语言学》7.2。

蒋绍愚 2002 "给"字句"教"字句表被动的来源,《语言学论丛》第二十六辑。

李 荣(主编) 2002 《现代汉语方言大词典》,南京:江苏教育出版社。

李如龙、张双庆 2000 《介词》,广州:暨南大学出版社。

李 炜 2002 清中叶以来使役"给"的历时考察与分析,《中山大学学报》(社会科学版)第3期。

——— 2004 清中叶以来北京话的被动"给"及其相关问题:兼及"南方官

话”的被动“给”,《中山大学学报》(社会科学版) 第3期。
吕叔湘 1983 文言和白话,载《吕叔湘语文论集》,北京:商务印书馆。
木村英树 2005 北京话“给”字句扩展为被动句的语义动因,《汉语学报》第2期。
潘秋平 2009 从语义地图看粤语“俾”的历时演变,载《粤语跨学科研究:第十三届国际粤方言研讨会论文集》,香港:香港城市大学语言资讯科学研究中心。
潘秋平、王毓淑 2011 从语义地图看《左传》中的“以”,《语言学论丛》第四十三辑。
太田辰夫 1991 《汉语史通考》,江蓝生、白维国译,重庆:重庆出版社。
——— 2003 《中国语历史文法》(修订译本),蒋绍愚、徐昌华译,北京:北京大学出版社。
吴佰声 2009 《现代汉语方言中的受益者标记》,新加坡南洋理工大学中文系荣誉学士学位论文。
吴福祥 2003 汉语伴随介词语法化的类型学研究——兼论SVO型语言中伴随介词的两种演化模式,吴福祥、洪波主编《语法化与语法研究》(一),北京:商务印书馆。
——— 2005 语法化演变的共相与殊相,沈家煊、吴福祥、马贝加主编《语法化与语法研究》(二),北京:商务印书馆。
——— 2008 南方民族语言处所介词短语位置的演变和变异,《民族语文》第6期。
项梦冰 1997 《连城客家话语法研究》,北京:语文出版社。
张洪年 2007 《香港粤语语法的研究》,香港:香港中文大学出版社。
张　敏 2000 《语法化的类型学及认知语言学考量——从使役与被动标志兼用现象谈起》,中国第九届近代汉语学术研讨会论文。
——— 2008 《空间地图和语义地图上的“常”与“变”:以汉语被动、使役、处置、工具、受益者等关系标记为例》,南开大学文学院学术报告会论文。
——— 2009 《汉语方言双及物结构类型新论——语义地图和空间地图的结合》,“语义地图与汉语研究”第三讲,北京大学中国语言学研究中心。
——— 2010 “语义地图模型”:原理、操作及在汉语多功能语法形式研究中的运用,《语言学论丛》第四十二辑。
——— 2011 汉语方言双及物结构南北差异的成因:类型学研究引发的新

问题,《中国语言学集刊》4.2。
朱德熙 1985 汉语方言里的两种反复问句,《中国语文》第1期。
Chappell, Hilary & Alain Peyraube 2001 Causative structures in early modern Southern Min: A diachronic approach. Paper delivered at the 10th Annual Conference of the International Association of Chinese Linguistics. University of California at Irvine. June 22—24.
—— 2006 Verbs of giving, datives, causatives and passives in the history of Chinese. Paper presented at the 4th Annual Conference of the European Association of Chinese Linguistics. Budapest, January 20—22.
—— 2007 The diachronic syntax of ditransitive constructions from Archaic Chinese to early Southern Min (Sinitic). Paper presented at the Conference on Ditransitive Constructions, Max Planck Institute for Evolutionary Anthropology, Leipzig (Germany), 23—25 November 2007.
Chen I-Hsuan 2009 *Causative Variants and Related Passives in Southern Min: A Case Study of Grammaticalization*. Taiwan: National Tsing Hua University dissertation.
Chin, Andy C. 2009 *The Verb GIVE and the Double-Object Construction in Cantonese in Synchronic, Diachronic and Typological Perspectives*. Seattle: University of Washington dissertation.
—— 2011 Grammaticalization of the Cantonese double object verb [pei^{35}] 畀 in typological and areal perspectives. *Language and Linguistics* 12.3:529—563.
Croft, William 1991 *Syntactic Categories and Grammatical Relations: The Cognitive Organization of Information*. Chicago; London: University of Chicago Press.
—— 2001 *Radical Construction Grammar: Syntactic Theory in Typological Perspective*. Oxford: Oxford University Press.
—— 2012 *Verbs: Aspect and Argument Structure*. Oxford: Oxford University Press.
Enfield, Nick 2003 *Linguistic Epidemiology: Semantics and Grammar of Language Contact in Mainland Southeast Asia*. London; New York: RoutledgeCurzon.

Haspelmath, Martin 2003 The geometry of grammatical meaning: Semantic maps and cross-linguistic comparison. In M. Tomasello (ed.) *The New Psychology of Language*. Vol. 2. New York: Lawrence Erlbaum Associates Publishers. 211—243.

Heine, Bernd & Tania Kuteva 2002 *World Lexicon of Grammaticalization*. Cambridge, UK; New York: Cambridge University Press.

Iwasaki, Shoichi 1998 Causative and benefactive constructions in Thai. The Fifth Meeting of the Southeast Asian Linguistics Society. May 19—21, 1995. Hotel Park, Tucson, Arizona.

Lai Huei-ling 2001 On Hakka BUN: A case of polygrammaticalization. *Language and Linguistics* 2.2:137—153.

Lakoff, George 1987 *Women, Fire, and Dangerous Things: What Categories Reveal about the Mind*. Chicago: University of Chicago Press.

Lakoff, George & Mark Johnson 1980 *Metaphors We Live by*. Chicago: University of Chicago Press.

Lien Chinfa 2002 Grammatical function words 乞，度，共，甲，将 and 力 in *Li Jing Ji* 荔镜记 and their development in Southern Min. In Ho Dah-an (ed.) *Papers from the Third International Conference on Sinology: Linguistic Section. Dialect Variations in Chinese*. Taiwan: Institute of Linguistics, Preparatory Office. Academia Sinica. 179—216.

——— 2005 Families of ditransitive constructions in *Li Jing Ji*. *Language and Linguistics* 6.4:707—737.

Lord, Carol, Foong Ha Yap & Shoichi Iwasaki 2002 Grammaticalization of 'give': African and Asian perspectives. In Ilse Wischer & Gabriele Diewald (eds.) *New Reflections on Grammaticalization*. Amsterdam: John Benjamins. 217—235.

Malchukov, Andrej L. 2010 Analyzing semantic maps: A multifactorial approach. *Linguistic Discovery*. Vol. 8 Issue 1. 176—198.

Mateer, Calvin Wilson 1900 *A Course of Mandarin Lessons: Based on Idiom*. Shanghai: American Presbyterian Mission Press.

Matisoff, James A 1991 Areal and universal dimensions of grammaticalization in Lahu. In Elizabeth C. Traugott & Bernd Heine (eds.) *Approaches to*

Grammaticalization. Vol. 2. Amsterdam & Philadelphia: John Benjamins.

Matthews, Stephen & Virginia Yip 1994 *Cantonese: A Comprehensive Grammar*. London & New York: Routledge.

Newman, John 1996 *Give: A Cognitive Linguistic Study*. Berlin: Mouton de Gruyter.

Traugott, Elizabeth Closs & Bernd Heine 1991 *Approaches to Grammaticalization*. Amsterdam: J. Benjamins.

Van der Auwera, Johan & Plungian, Vladimir 1998 Modality's semantic map. *Linguistics Typology* 2:79—124.

Van Valin, Robert D. Jr. & Randy J. LaPolla 1997 *Syntax: Structure, Meaning & Function*. Cambridge: Cambridge University Press.

Yap, Foong Ha & Shoichi Iwasaki 1998 'Give' constructions in Malay, Thai and Mandarin Chinese: A polygrammaticization perspective. In M. Catherine Gruber, Derrick Higins, Kenneth S. Olson & Tamra Wysocki (eds.) *CLS* 34. Part 1: *Papers from the Main Session*, Chicago: Chicago Linguistic Society. 421—437.

——— 2003 From causative to passive: A passage in some East and Southeast Asian languages. In Eugene Casad & Gary Palmer (eds.) *Cognitive Linguistics and Non-Indo-European Languages*. Berlin: Mouton de Gruyter. 419—446.

结构助词"底"的语法化环境
——是"N 底 N"还是"V 底 N"？

完　权

(中国社会科学院语言研究所)

1　问题："N 底 N"说的弱点

关于结构助词"底"的来源，影响最大的是"N 底 N"说(江蓝生，1999)：在"N 底 N"结构中，方位词"底"处在结构助词"之"的位置，在一定的语境中产生歧义，发生重新分析，转变为结构助词。反对意见是"N 底 N"在"X 底 Y"中出现最晚(刘敏芝，2008)，且"N 方位词 N"中"底"的频率很低(蒋冀骋，2005；丁或藻等，2009)，不利于语法化。

就具体例子来看，"帏帽底"的"底"做方位名词"底下"解更可靠(冯春田，2000：425)；"张底"实际上可能是蔑称；"闲看枕屏风上，不如画底鸳鸯"是南宋的例子，不足为据，且其中"画"若做动词解，就会有不同的结论。何瑛(2010)补充的例证也值得商榷：

(1)吴郡陈遗家至孝，母好食铛底焦饭。(《世说新语》)

(2)锄如谷法，唯净为佳，其垅底草则拔之。垅底用锄，则伤紫草。(《齐民要术》)

(3)始怜涧底色，不忆城中春。（白居易《寄题盩厔厅前双松》）

(4)惆怅高丽坡底宅，春光无复下山来。（江陵士子《寄故姬》）

(5)突兀海底鳌，首冠三神丘。（白居易《题海图屏风》）

(6)麦底地亦得种，止须急耕调熟。（《齐民要术》）

(7)耿恭拜出井底水，广利刺开山上泉。（顾云《天威行》）

(8)小豆大率用麦底。（《齐民要术》）

(9)凡黍、穄田，新开荒为上，大豆底为次，谷底为下。（《齐民要术》）

(10)地薄者粪之。粪宜熟。无熟粪者，用小豆底亦得。（《齐民要术》）

该文认为(1—6)例表领有，(7—10)例表属性。但实际上这些“底”仍然都具有实在的方所意义“底部、底下”，并未虚化为结构助词。方位词处于结构助词位置上有可能演变为结构助词，但关键要看有没有虚化到失去方所意义。正如“镜中花、水中月、梦中人”中的“中”处于定中之间却不是结构助词，上述例子中的“底”也仍是方位词或处所词。

“铛底焦饭”即锅巴，在锅的底部，而不是泛指锅中的饭，也不是指整锅饭都烧焦了，《南史》中对同一事件的记载可以为证：

(11)又宋初吴郡人陈遗，少为郡吏，母好食锅底饭。遗在役，恒带一囊，每煮食辄录其焦以贻母。（《南史》卷七十三·列传第六十三）

“垅底草”例，何文没有引出随后的一句“垅底用锄，则伤紫草”。有了这一句，“垅底草”只可能理解为“垅底部的杂草”而不可能理解为“垅地的杂草”了。因为有意识种植的紫草,不可能出现在陇上。“涧底色”也是“山涧底部的景色”。

“高丽坡底宅”中的“底”也是处所名词“底部”。“高丽坡”确是专门的地名,但这个“底”却未必如何文所说没有指示方位意义的必要。据北宋钱易的《南部新书》:“江陵有士子,游于交广间,而爱姬为太守所取,纳于高丽坡底。及归,因寄诗曰:‘惆怅高丽坡底宅,春光无复下山来。’守见诗,遂遣还。”可见,这个宅子确实是在叫高丽的山坡的脚下。

“海底鳌”“井底水”二例中的“底”是方位名词“底下”。从处所到方位,是虚化的第一步,但距离结构助词还远得很。“海的鳌”“井的水”理解起来都很生硬。“井底水”和“山上泉”的对仗也说明这个“底”还是方位名词。

“麦底地”,该文也承认是“以麦为底的地”,却又说“底”“重新分析为表属性的结构助词”。但“麦底地”是种过麦子的地,地里只留下了原来麦子的根和一部分茎秆,翻土后,就地粉碎掩埋田里,作为底肥。“麦底地”的结构和“漆面板”类似,意思是“以麦子根茎为底肥的地”。“底”是处所词。今天的陕西榆林清涧话称为“麦底子”[1],“子”尾明确标示出其名词性。

总之,现有例子并不能证明“N 底 N”是“底”语法化为结构助词的环境。[2]

2 事实:结构助词“底”诞生于“V 底 N”

2.1 主要语料

本文秉承江蓝生(1999)的原则:“由实词虚化而成的语法标

记，其最初的用例往往最能透露出它的本来身份。”在没有新出土文献问世的情况下，唐、五代口语语料中最可靠的只有前人常用的敦煌文献和《祖堂集》，但本文对某些语料的认识和前人不尽相同。

敦煌变文中“底”共14例[③]，例(12—22)都在V(包括A)后，并以“V底N”居多：

(一)V底N(8)：

(12)惟愿如来慈念力，为说前生修底因。(《金刚王丑女因缘》)

(13)闲闲夏泰礼贫道，欲说当本修低因。(《目连变文》)

(14)唯愿世尊愍四众，解说昨夜见底光。(《功德意供养塔生天因缘变》)

(15)汝等昨夜见底光，非是释梵四天王。(同上)

(16)佛把诸人修底行，校量多少唱看看。(《妙法莲华经讲经文》)

(17)已满今生发底愿，并无魔难及诸灾。(《维摩诘经讲经文》)

(18)酬报因中行底行，故教作用满三千。(《妙法莲华经讲经文》)

(19)我等摆头嫌底事，他家心愿不忙惊。(《补编·妙法莲华经讲经文》)

(二)V底(2)：

(20)莫将浮贿施为，非是菩萨行藏，此是俗门作底。(《维摩诘经讲经文》)

(21)其医人忽尔抬头，见此中官，更言曰：阿娍(姨)道底是那。(同上)

(三)A 底 N(1)：

(22)到家各自省差殊，相劝直论好底事。(《无常经讲经文·愚痴意》)

(四)N 底(3)：

(23)更有师人谩语一段，脱空下卦烧香呵，来出顷去，逡巡呼乱说词。第一且(更)道上头底，第二(更道)东头底，第三更道西头底。(《不知名变文》)

《祖堂集》中的结构助词"底"共 230 例，其中相当于现代汉语"的$_2$"和"的$_3$"的有 203 例，而其中动词后的"底"就有 166 例(统计参考刘敏芝，2008)：

(一)V 底 N(126)：

(24)洞山云："把将德山落底头来!"(洞山和尚)

(二)V 底(40)：

(25)师曰："默底是? 说底是?"(云岩和尚)

(三)A 底 N(6)：

(26)师云："达底人尚自如此，岂况是你诸人。"(玄沙和尚)

(四)A 底(9)：

(27)师曰："将虚底来。"(慧忠和尚)

(五)N 底(17)：

(28)国师云："这个是马师底，仁者作摩生?"(西堂和尚)

(六)N 底 N(5)：

(29)有人问："大业底人，为什摩阎罗天子觅不得?"(云居和尚)

2.2 参考语料

禅宗语录也可供参考。为了严格控制语料的可靠性[④]，本文采用《大正藏》和《新纂续藏经》中记录唐人言语且唐代即已成书的禅宗语录[5]，其中结构助词“底”用例如下。

《江西马祖道一禅师语录》[6]中有1例：

(30)业礼跪而问曰：“三乘文学，粗穷其旨。常闻禅门即心是佛，实未能了。”祖曰：“只未了底心即是，更无别物。”

《庞居士语录》[7]中有1例：

(31)看君骑底驴，总是如此色。无事被鞭杖，有理说不得。

《黄檗断际禅师宛陵录》和《黄檗山断际禅师传心法要》[8]中有4例：

(32)呜呼！劝尔兄弟家，趁色力康健时，讨取个分晓处不被人瞒底一段大事。

(33)教尔知那得树上自生底木杓，尔也须自去做个转变始得。

(34)师云：“甚么心教汝向境上见。设汝见得，只是个照境底心。”

(35)尔但离却有无诸法。心如日轮常在虚空，光明自然不照而照。不是省力底事。

以上6例都是“V底N”结构。

《镇州临济慧照禅师语录》[9]中有32例：

(一)V底N(21)

(36)是尔如今与麽听法底人，作麽生拟修他证他庄严他。

(37)师云，得者是不得。云，既若不得，云何是不得底意。

(二)V底(9)

(38)尔欲得识祖佛麽。只尔面前听法底是。

(39)道流，是尔目前用底，与祖佛不别。

(三)N底(2)

(40)时仰山作知客。接得书,便问,这个是黄檗底,那个是专使底。

《法华经玄赞要集》中有21例[10]:

(一)V底N(20)

(41)一崛摩罗华,未开底华;二迦摩罗华,已开华;三奔茶利迦,亦云芬陀利华,正开底华。

(42)虽问一人,多人欲闻,生希有心。问底人有二。一有能问,二所问。

(二)N底(2,含代名词)

(43)言若依正法等者,在山北近山下,不是在山底头。

(44)设使下二天加功用行。亦变他底不得。故不应为倒。

《福州玄沙宗一大师广录》[11]中有81例:

(一)V底N(65)

(45)彦晖问:"如何是日用底事?"

(46)"如此见解,即是落空亡底外道,魂不散底死人。溟溟漠漠,无觉无知。"

(二)V底(6)

(47)师又云:"我比来问你诸人是个吃底物?是你不会了。只管觅对话。有什么了期?我今直向你道,承言须会宗。吃是吃底,用是用底。"

(三)A底(4)

(48)师乃呵云:"看着总是一样底,无一个有智慧。"

(四)N底(14,含代名词)

(49)峰云:"是你作么生?"师云:"只是人人底。"

这些“底”也主要出现在“V 底 N”中。更早的禅宗语录六祖《坛经》和七祖神会录[12]中都没有发现结构助词“底”，而其后禅师开始使用“底”并渐次增多。这正反映了结构助词“底”逐渐发展起来的样态。

2.3　两个特点

参照刘敏芝(2008)对《祖堂集》和祝敏彻(1982)、丁或藻等(2009)对《朱子语类》的统计，列表比较唐宋口语文献中“底”前词语的词性如下：

时代	文献	名词	代词	数词	形容词	动词
唐代	马祖录					1
	庞蕴诗偈					1
	黄檗录(两种)					4
	临济录	2				30
	《法华经玄赞要集》	1	1			20
	《玄沙广录》	6	8		4	63
	敦煌变文	3			1	10
五代	《祖堂集》	18			31	171
宋代	《朱子语类》	662	37	6	1840	2029

历时语料反映出两个特点。一，结构助词“底”发展的大势是先有“V 底 N”，“V 底”次之，“N 底”又次之，“N 底 N”格式最晚最少。它从出现直到宋代，都主要后附于动词性成分，且主要是“V 底 N”结构。唐五代时“V 底 N”“V 底”占绝大多数。从《祖堂集》起，情况渐变。不过，尽管“N 底”不少，但“N 底 N”结构仅有 3 例，且可视为省略了动词(曹广顺，1995)。虽然在现代一般人的语感中，“的”前成分以形容词及名词为原型，但从历史语料来看，到宋代才出现较多的“N 底(N)”格式(刘敏芝，2008)。

二，从敦煌变文到《祖堂集》，动词后的“底”还有一个重要的发展。敦煌变文的 8 例“V 底 N”中的动名之间的语义关系，都是名词为广义受事。而到了《祖堂集》的126例“V底N”中，名词是动词的广义受事的有27例，广义施事的有89例。另有10例动词短语部分可以看作同位语小句，“底”可以看作是同位语小句的标记，其功能是自指。如：

(50)师与王大王说古今成人立德底事。(长庆和尚)

(51)作摩生是汝入门底事?(保福和尚)

刘敏芝(2008:61)注意到《祖堂集》中“底”前动词性成分做定语的相对于名词性成分和形容词性成分高达92%，并解说为“动词充当定语时如果不加标记，则容易引起歧义”。这固然有可能，却不是主要原因。因为动词无标记做定语而不歧义的用例也很多(李晋霞，2008)，这个特征古今皆然，敦煌文献中就有，比如：

(52)贫道慈亲不积善，亡魂亦复落三涂。(《大目乾连冥间救母变文》)

所以，这个“底”当有别的用途。重视“底”在产生发展期主要出现在动名之间这个特点，可以在没有新见文献的情况下，提出一个不同以往的假设。

3 解释:“底”的语法化

3.1 从名词到处所词、方位词

据大徐本《说文解字》:“底，从广，氐声。山居也。一曰下也。”所以，“底”最初的意义可能是指在山脚下依山而筑的窑洞，与“邸”同源。引申出处所名词“底部”义后，继而发展为方位名词“底下”义，即“下也”。大概从《说文》的时代起，“底”的原型意义已经是表达方所了[13]。在敦煌变文和《祖堂集》中有“底”的处所词用例：

(53)师垂语曰："是你诸人欲知保任，向高高山顶立，向深深海底行。"(《祖堂集》)

(54)师云："不觉时迁变，萧然洞底风。"(《祖堂集》)

(55)斗不着底，死亦难当。(《庐山远公话》)[14]

第一个"底"是纵向的"底"；第二个发展为横向的"尽头"；第三个则代表更进一步的事件尽头，就如同"将革命进行到底"中的"底"。以空间来理解时间，是基本的语法隐喻(Lakoff & Johnson，1980)。"底"从处所词发展为方位词的用例如下：

(56)烧却前头草，後底火来，他自定。前头火著，後底火灭。(《李陵变文》)

(57)师行次，云岩避边侧立，待师到，云："後底，後底。"(《祖堂集》)

方位词"底"是语法化为结构助词"底"的起点，这是本文和江蓝生(1999)的共识。不同的是，本文认为语法化的环境不是低频的"N 底 N"，而是先在高频的"V 底 N"结构中发展出标示动作结果的用法，继而才泛化为结构助词。

有必要申明，本文所取的词类观是沈家煊(2007、2009)提出的"名动包含模式"。汉语动词是名词的次类，不仅具有动词的特征，还具有名词的一般特征，可以用作指称语，指称一个活动，即将抽象的活动视为一个具体的事物。该模型不仅有利于解释"V 底 N"如何成为"底"语法化为结构助词的环境，还有利于解释如何从"V 底 N"发展到"N 底 N"。

3.2　从标示空间方位到标示动作结果

从对唐代语料的统计来看，"V 底 N"是结构助词"底"最初出现时频率最高的语法结构，有可能是促发结构助词"底"产生语法化的环境。面对语料，最直接的判断可能是“底”从充当关系小句标记开始发展为结构助词。但实际上并非如此简单。因为根据关系化的可及度等级“主语＞直接宾语＞间接宾语＞旁语”（Keenan & Comrie，1977），最有可能是从小句施事主语的关系化开始，其次是受事宾语等，而语料中看来并非如此。

以下分析从敦煌变文中最主要的10个例子（例12—21）开始。仔细观察，可以发现它们的句法表现体现出了一定的内在发展逻辑：

第一，“V底N”共8例：“修底因（2）、修底行、行底行、发底愿、见底光（2）、嫌底事”。从外部整体性上来看，整个结构是指称性的，处于论元位置。从内部结合性来看，VN之间不只是修饰关系，“底”后名词都是此前动词语义上有关联的某种概念角色，详后。“V底”例“此是俗门作底”中的动词“作”语义上的动作对象是已经话题化了的“此”。

第二，这几个例子里的动词以动作动词为主，“修”“行”“作”“发”“见”都是。前三个的及物性、过程性都很强，因而更为典型。剩下的一个“嫌”尽管是心理动词，但也具有及物性，必须带宾语。

第三，“修底因（2）、修底行、行底行、作底（此）”中名词的语义角色都是结果。修行的结果是产生了会导致某个情况出现的“因”；“因”是“修”的结果，在“修”动作发生之前并不存在，当“修”经过一段时间完成动作以后，“因”作为结果才出现，因此不是动作的对象，不是受事。同样，“行”是“修”或“行”的结果，“此”是“作”的结果。

另外三个动词不太一样，有了发展。“愿”虽然对言者而言，是不需要依赖“发”而存在，但是对听者而言，“发”的过程结束后，才知道言者完整的“愿”是什么。因此,“愿”相对于“发”而言,既有结果性,也有对象性。“光”相对于“见”来说,对象性就更强了,但是也未必没有结果性。我们知道,“看”和“见”是不一样的。“看”强调动作本身,“见”则一定是有结果的。所以可以说“我看了,但是没有看见”,但是不能说“我见了他,但是没有看他”。因此,“光”对于“见”来说,具有知觉经验上的结果性。当然,“事”对于“嫌”而言,只有对象性而没有结果性。这说明“底”前后的动名语义关系得到了发展。

从数量比例和语义联系的表现来看,在这几个“V 底 N”用例中,更具有基础性和原型性的情况是,N 是 V 在语义上的结果。所以,“底”发展为结构助词时最初的功能是标示动作的结果,即标示一个动作进行到“底”之时产生的结果。由上文可知,“底”在敦煌变文的时期,已经从表达物体最下部的空间处所发展出了表示一个事件发展在时间上的尽头的意义。那么,“修底因”中的“底”就是“斗不着底”中的“底”的进一步虚化。

在这个实词虚化的过程中,由空间到时间的隐喻(Sweetser,1990;Heine et al.,1991;Bybee et al.,1994;沈家煊,1998)是发挥重要作用的一个机制。“底”不是代表动作本身的最后一个阶段,或者说不是隐喻了动作空间内的一个处所;而是代表整个动作已经结束,并且导致出现了结果,或者说是隐喻了动作空间外的一个方位,在那个方位上,结果作为一个事物出现在那里。以“修底因”来说,“因”不是“修”的最后一个阶段,而是在“修”的动作完成后才出现的。所以,“底”的这个功能必然是在“底”不仅能表示处所“底部”,而且进一步虚化出方位词“底下”义之后才出现的。

第四,“V 底 N”结构的 8 个例子中,有 5 个在动词前标明了动作发生的时间："前生""当本""昨夜"（2次）"今生"。时间都是在说话时之前。也就是说，相对应的"VN"结构所陈述的事件是在说话前已经发生了的。而实际出现的"V底N"结构是对此事件的指称。比如例(12)所在的语段：

(12')佛在之日，有一善女，也曾供养罗汉，虽有布施之缘，心里便生轻贱。不得三五日间，身死。有何灵验？此女当时身死，向何处托生？向於波斯匿王宫内托生，此是布施因缘，得生於国王之家。轻骂贤圣之业，感得果报，元在於我大王夫人。才生三日，进与大王；大王才见之时非常惊讶。世间丑陋，生於贫下。前生修甚因缘，今世形容转差。……於是枪旗耀日，皂纛隐映，七宝珍财，奉献其佛。百寮从驾如行，千官咸命从后，同赴祇园，谢女端正。经於一宿，已届祇园，谢佛重恩，再三请问：

下御辇，礼金人，更将珍宝献慈尊，我女前生何罪过？一场丑陋卒难陈。

赖为如来亲加备，还同枯木再生春，惟愿如来慈念力，为说前生修底因。

"底"在语篇中的这种表现跟现代汉语"的"相一致（完权，2010）。用认知入场的当前话语空间分析（Langacker，2008；完权，2009）来说，就是当前话语框架再次调用此前话语框架陈述过的事件，但其目的却是为了指称。当一个事件言者认定听者不知道的时候，或者说可及度最低的时候，适合的表达就是陈述；而当一个事件言者认定听者知道的时候，或者说可及度相对较高的时候，适合的表达就是指称。因此V在这里表现出的是指称性。这种既可以陈述也可以指称的表达，现代汉语的"的"也继承了下来：

(58)问：谁写的字？　　　　答：他写的字。

问：这是什么玩意儿？答：他写的字。

同样是“他写的字”，因语境的不同而偏重于陈述或者指称。这种情况，只有当名词是动词的结果时才比较典型，“我昨天到的北京”就不大可能用于指称地点。

第五，“V底N”结构的8个例子中，有3个是充当言说动词的宾语：“说”“欲说”“解说”。可见，“动名”结构所陈述的事件在这个小句中因为被转述而被指称为“V底N”。这种转述不是完整的有过程的叙事，而是对已经发生的事情做命名式概括，亦即指称。而且，言说的重点不在于动词所表征的动作，而在于名词所表征的这个动词带来的结果，而“底”就是为了标示结果在这个隐喻式的时间轴上的方位。佛经讲唱文学中常常需要在言说中指称此前叙说过的对象，这种语用动因有可能是结构助词“底”产生的最初动力之一。

3.3 “V底N”也是参照体-目标结构

“V底N”结构处于论元位置，具有指称性，有利于它最终演变为“N的N”，因为二者认知基础都是参照体-目标结构(沈家煊、王冬梅，2000)。参照体需要满足两个条件：和目标体相关，比目标体凸显。如果以结果为目标体，那么动作便是合适的参照体。“施事-动作-结果”是Lyons(1977：498)所谓的“形成一个情景概念并加以描写的最基本和最普通的方式”的“配价图式”(valency schemata)之一。因此当动作作为参照体被激活的时候，结果就会被连带激活。

由于动作结果的状态或变化，只能出现在动作完成之后，所以从时间上看，动作的过程自然比结果显著。又因为动作始终是可见或可感的，而结果只有出现在动作过程完成之后，是不可见(invisible)、不显著的。比如“盖房子”，我们可以一直看到动作“盖”

在进行着，而“房子”作为结果，必然只是随着“盖”的过程发展渐渐成形，在“盖”的动作完成之后才真正出现。“修底因”中，动作“修”体现为可知可感的吃斋、供养、行好事等等，需要较长的过程。多行善举，才结善缘；屡犯恶业，终得恶因。“因”是修行到底才带来的结果，而且比较抽象。所以为了识别“因”，以造成这个结果的动作“修”为参照体非常恰当。

当“修底因”这样的例子出现时，“底”已经从标示方位的功能，进一步虚化出标示隐喻性的时间轴上的方位的功能。一个动作的结果，处于这个动作所占据的时间轴上的尽头，即“底”这个位置。其实质就是标示动作参照体。

3.4 参照体标示功能的泛化

泛化是语法化的重要机制，指的是一个实词的语义成素部分消失，从而造成自身适用的范围扩大（Bybee et al.，1994；沈家煊，1998）。“底”在发展出了标示动作参照体的功能后，迅速出现了泛化，可以表示任何参照体-目标结构式，这就成为了具有完整功能的结构助词。在语料中可以观察到泛化的合理途径。下面是逻辑上可能的过程：

第一，“V底N”结构处于小句言说动词后的论元位置，是指称性的。V是典型的有过程性的行为动词，N是V的结果。比如：“为说前生修底因”，“欲说当本修低因”。在变文这种讲唱文学中，言说动词的出现自然是高频的。“底”从处所词发展成了结构助词。

第二，“V底N”结构用于其他动词、介词后的指称语位置。比如：“酬报因中行底行”，“佛把诸人修底行，校量多少唱看看”。这个指称语在前文有相应的陈述形式，如例（12’）所示；或者实际上已经发生并且言者已知，听者可推。

第三，由于话题化的作用，“底”后的名词移位到了句首，这样，“V底”结构就出现了，形成了判断动词“是”和“底”搭配的句式。并且，“底”还可能因此发展出类似语气词的用法。比如：“此是俗门作底。”

第四，这个趋势的进一步发展就是“V底”结构单独出现在论元位置。在一定的语境下，参照体可以转喻目标体，所以在“底”具有参照体标记功能时，“V底”便具有了代替“N”的功能，如“阿娍（姨）道底是那”。其形成机制是语用推理（Bybee et al.，1994；沈家煊，1998），听者依靠语境从言者有限的话语中推导出没有说出而实际要表达的隐含义。如果一种话语形式经常传递某种隐含义，这种隐含义就逐渐固化，最后成为那种形式固有的意义。“V底”结构就是这样，比如例（21）就很容易从情景中推导出“阿姨道底话是那”：

（21’）有一内侍罢官，居于山水，忽得疾病，令人寻医。有人言某村、某聚落，有一处士名医，急令人召到，便令候脉。候脉了，其人云：更不是别疾病，是（坐）后风。其大官甚怒，便令从人拖出，数人一时打决。其人叫呼，更有一人内侍，亦是罢官，看来见外面闹，内使多露头插（梳）于墙头于面曰：此人村坊下辈，不识大官，不要打捧（棒），便令放去。其医人忽尔抬头，见此中官，更言曰：阿娍（姨）道底是那！

在挨打情急之下，言者肯定是选择尽量少说。在此语境中以“道”为参照体，目标体“（求情的）话”可及度很高。所以只需要出现参照体，听者就能够推理出目标体。但参照体标记“底”必须出现，否则听者就得不到“道”是参照体的提示，也就不能够推理出目标体来。值得注意的是，“话”是“道”在概念上的广义受事。

“V底”出现的另一个因素是“N”话题化到前面去了，如前文分析的“此是俗门作底”。

第五，“V底N”结构中的动词由典型的行为动词扩展到不典型的行为动词和其他动词，甚至是连动结构。动名之间的语义关系也从结果宾语泛化为了其他广义的受事（undergoer；Van Valin，1993、2001）宾语。比如：“汝等昨夜见底光”，“我等摆头嫌底事”。

第六，“V底N”结构中动名之间的语义关系从名词是动词的广义的受事，泛化到也可以是广义的施事（actor；Van Valin，1993、2001）。这个现象在唐末的几种禅话录中开始大量出现，比如：“开底花”，“问底人”，“听法底人”。从“注意力窗口化”的认知过程来看，最初是事件路径的窗口化，后来扩展到相互关系的窗口化，就从“V的O”扩展到了一般性的“V的N”。

第七，“V底”结构所转指的名词也发生了泛化，可以转指广义的施事了。敦煌变文中还没有这样的例子，这个过程在《祖堂集》中才比较明显，刘敏芝（2008：58）举出了多个例子，比如转指施事：“乞眼精底是眼不”，转指感事：“不会不疑底，不疑不会底”，转指主事：“将谓有气力底是”。

第八，“V底”和“N”之间形成同位关系，或者说“底”成了同位语小句的标记。《祖堂集》中有几个这样的例子：“入门底事”，“今古成人立德底事”，“攒簇不得底病”。在作为我们的参考语料的几种禅话录中，早期几种没有，唐末的几种才有。如：“喻（逾）墙底道理”（《玄赞要集》），“应机说法底佛性”（《玄沙录》）。

第九，“底”所附着的V，如果动作意味比较空，比如“作”，就很容易导致脱落，这可以解释“大业底人”中为什么很容易理解为省略了一个动词。这也是“N底N”结构渐渐产生的动因之一。而

"N 底 N"结构产生的最根本的原因，是汉语的动词是名词的一个次类，自古皆然。（沈家煊，2007）从次类扩展到整个大类，是很自然的泛化。

第十，结构助词"底"和处所词"底"的隐喻关系彻底脱离，可能是在南宋。这时候出现了"譬如将做底花去比生成底花"（《朱子语类》）这样的例子，动词后出现了补语"成"取代了"底"最初的位置，"底"成了纯粹的结构助词。这时候也是"底"在语音上弱化成"的"的时候，"底"的语法意义就距离原来的处所、方位的词汇意义非常远了。

4　结论

方位词"底"在"V 底 N"环境中语法化为结构助词。其后，V 经历了从动作动词到普通动词再到普通名词的泛化，N 相对于 V 的语义角色经历了从结果到广义受事再到广义施事乃至同位关系的泛化，当"V 底 N"发展为一般意义的"N 底 N"的时候，这种动名之间的语义关系便淡化（bleaching）至消失。"底"的功能从标示处所发展到标示动作在时间轴上的结果，再到标示结构成分的关系，在变化中不变的是标示参照物的功能。

附　注

①　感谢陕西师范大学中文系博士生贺雪梅提供语料。

②　方位名词有和结构助词相近的语法作用（储泽祥，2002；刘丹青，2003:222；陈玉洁，2007），但这并不是历史上结构助词"底"产生的原因。

③　本文所引敦煌文献主要依据黄征、张涌泉的《敦煌变文校注》和潘重规的《敦煌变文集新书》。这个数据参考了刘敏芝（2008:46）和吴福祥（2004:137）的统计。

④ 本文不把《洞山良价禅师语录》、《洞山悟本禅师语录》、《潭州沩山灵佑禅师语录》、《袁州仰山慧寂禅师语录》和《抚州曹山本寂禅师语录》等后人编集的语录视为唐代语料，未加采用。

⑤ 本文使用台湾 CBETA 电子本《大正藏》及《新纂续藏经》。《大正藏》中包括：《江西马祖道一禅师语录》、《庞居士语录》、《黄檗断际禅师宛陵录》、《黄檗山断际禅师传心法要》、《镇州临济慧照禅师语录》、《楞伽师资记》、《善慧大士语录》（又称《傅大士语录》，唐楼颖编）、《百丈怀海禅师广录》（唐裴休集）。《新纂续藏经》中的唐代文献《法华经玄赞要集》、《福州玄沙宗一大师广录》中有结构助词“底”，其他如《曹溪大师别传》（虽然内容伪造却也是唐代成书）、《大珠慧海禅师语录》（仅用其上卷《顿悟要道入门论》，下卷《宋史·艺文志》未著录，可能是伪书）、《赵州从谂禅师语录》等 138 种中的“底”，除去专有名词外，共有 400 多个，大多数为名词。五代禅师法眼文益（885—958 年）的《宗门十规论》是评论禅门机语的第一部书，其中提到的代表人物有：曹山本寂、洞山良价、临济义玄、云门文偃、沩山灵佑、仰山慧寂。这六人的语录当是他所亲见，都可用作唐代语料。

⑥ 道一（709—788 年，或 688—763 年）今四川什邡市马祖镇人。《江西马祖道一禅师语录》由唐代裴休（791—864 年）集纂。

⑦ 衡阳人庞蕴（？—815 年），马祖道一门下俗家弟子。《庞居士语录》由其同时代的于頔编集。《旧唐书·经籍志》只有《庞蕴诗偈》，故而其诗句比较可靠，可作为唐代语料。（谭伟，2002）

⑧ 两书均为唐代裴休亲录，前者年份不详，后者成书于唐大中十一年（857 年）。黄檗希运禅师（？—850 年），福州人，马祖道一再传弟子。

⑨ 由唐代慧然集纂。临济慧照禅师，即义玄（？—867 年），今山东菏泽东明人，学法于黄檗希运。

⑩ 为唐镜水寺沙门栖复所集，编订于唐文宗大和（827—835 年）末年。

⑪ 由智俨在玄沙师备禅师（835—908 年）还在世时的唐光化三年（公元 900 年）编订。

⑫ 惠能（638—713 年）、神会（684—760 年）在世和《朝野佥载》及《隋唐嘉话》记事时间相近。《坛经》据敦煌本《摩珂般若波罗蜜六祖惠能大师于韶州大梵寺施法坛经》。《神会和尚禅话录》是杨曾文据数种敦煌本精校汇编而成的中华书局 1996 版，此书中的敦煌文献部分未曾入藏。

⑬ 从先秦起，“底”的字义就沿着两条道路发展。另一条是动词“止、

滞、致”的意思。

⑭　刘敏芝（2008：46）把该例归入“动＋底”类，不妥。原文如下：“于是道安闻语，作色动容，啧善庆曰：……但知会下座者，不逆其意，若是诸人即怕你道安，是他善庆，阿谁怕你。于是善庆闻语，转更高声，遥指道安怒声责曰：……于是道安被数，䤻䤻非常，耻见相公，羞看四众，遂揽典尺，抛在一边，渐近前来，怒声责曰：‘善庆，汝岂不闻道，斗不着底，死亦难当。岂缘一鼠之愆，劳发千钧之弩。汝欲见吾之鼓，不辞对答往来。蟭蟟共鹏鸟，如同飞对。……’”考虑上下文意，这个“底”当是方位词。全句的意思是“斗争不到底，杀头都难抵”，亦即“我跟你没完，否则还不如让我死了算了”。黄征、张涌泉《敦煌变文校注》第297页注368称此句“当为俗谚，表示斗竞之无谓，永无休止之时”，可取。

参考文献

曹广顺　1995　《近代汉语助词》，北京：语文出版社。

陈玉洁　2007　联系项原则与“里”的定语标记作用，《语言研究》第3期。

储泽祥　2002　“底”由方位词向结构助词的转化，《语言教学与研究》第1期。

丁彧藻、蒋　平　2009　汉语前置关系从句语法化下的语言共性研究，《语言研究》第2期。

冯春田　2000　《近代汉语语法研究》，济南：山东教育出版社。

何　瑛　2010　结构助词“底”源自方位词新证——兼谈《辞源》“底”条释义二三，《古汉语研究》第1期。

江蓝生　1999　处所词的领格用法与结构助词“底”的由来，《中国语文》第2期。

蒋冀骋　2005　结构助词“底”来源之辨察，《汉语学报》第1期。

李晋霞　2008　《现代汉语动词直接作定语研究》，北京：商务印书馆。

李　讷、安珊笛、张伯江　1998　从话语角度论证语气词“的”，《中国语文》第2期。

刘丹青　2003　《语序类型学与介词理论》，北京：商务印书馆。

刘敏芝　2006　宋代结构助词“底”的新兴用法及其来源，《中国语文》第1期。

———　2008　《汉语结构助词“的”的历史演变研究》，北京：语文出版社。

沈家煊　1998　实词虚化的机制——《演化而来的语法》评介，《当代语言学》

第3期。
——— 2007 汉语里的名词和动词,《汉藏语学报》第1期。
——— 2009 我看汉语的词类,《语言科学》第1期。
沈家煊、王冬梅 2000 “N的V”和“参照体-目标”构式,《世界汉语教学》第4期。
谭 伟 2002 《庞居士语录》的抄本与明刻本,《文献季刊》第4期。
完 权 2009 入场理论:认知语法的新进展,《外国语》第6期。
——— 2010 语篇中的“参照体-目标”构式,《语言教学与研究》第6期。
吴福祥 2004 《敦煌变文12种语法研究》,开封:河南大学出版社。
祝敏彻 1982 《朱子语类》中的“地”、“底”的语法作用,《中国语文》第3期。
Bybee, Joan, R. Perkins & W. Pagliuca 1994 *The Evolution of Grammar: Tense, Aspect, and Modality in the Languages of the World*. Chicago: The University of Chicago Press.
Heine, Bernd, Ulrike Claudi & F. Hunnemeyer 1991 *Grammaticalization: A Conceptual Framework*. Chicago: The University of Chicago Press.
Keenan, E. L. and B. Comrie 1977 Noun phrase accessibility and universal grammar. *Linguistic Inquiry* 8: 63—99.
Lakoff, George & Mark Johnson 1980 *Metaphors We Live by*. Chicago: University of Chicago Press.
Langacker, Ronald W. 2008 *Cognitive Grammar: A Basic Introduction*. New York: Oxford University Press.
Lyons, John 1977 *Semantics*. Vol. 2. Cambridge: Cambridge University Press.
Sweetser, Eve 1990 *From Etymology to Pragmatics: Metaphorical and Cultural Aspects of Semantic Structure*. Cambridge: Cambridge University Press.
Van Valin, Robert 1993 *Advances in Role and Reference Grammar*. Amsterdam: John Benjamins.
——— 2001 *An Introduction to Syntax*. Cambridge: Cambridge University Press.

语法复制与结构演变*

吴福祥

（中国社会科学院语言研究所）

1 引言

任何语言在演变、发展过程中都会不同程度地跟其他语言发生接触（Thomason，2001a）。语言接触（language contact）是指“特定的语言个体或语言社团同时熟悉并使用一种以上的语言”（参看 Weinreich，1953；Thomason，2001a）。换言之，语言接触指的是一种社会语言学状况（sociolinguistic situation）而非语言演变的过程。[①]语言接触常常（但并非必然）导致语言发生演变，语言学家把这种演变称作“接触引发的语言演变”（contact-induced language change）。这种演变的典型情形是语言特征在不同语言之间的迁移（transfer），发生迁移的特征最常见的是词汇，但也可以是句法、形态及音系等结构特征。[②]

本文在 Heine 和 Kuteva（Heine，2007；Heine & Kuteva，

* 本项研究得到广西大学科研基金项目“平话与粤语语法的比较研究”（X051094）、广西哲学社会科学“十一五”规划项目“基于语言接触的壮语平话语法关系研究”（06FYY003）和国家社科基项目“侗台语中接触引发的语法演变和变异”（09BYY062）资助。

2003、2005、2006、2007）的基础上讨论接触引发的语法结构的复制，着重以中国境内南方民族语言的事实为例探讨语法结构复制的类型及其识别和判定。

2 语法复制

2.1 何谓“语法复制”

语言接触中，一种语言是怎样从另一种语言中获得语法特征（语法语素或语法结构）的？在很长的一段时期内，人们通常用“借用”（borrowing）来指称这种语法特征的迁移过程。Harris &Campbell（1995：122）甚至将“借用”作为句法演变的三个基本机制之一：

> “借用”指的是这样的一种演变：一种外来的句法模式（外来模式的复制品或至少是形式上非常相似的结构式）通过所接触语言中“供贷模式”（donor pattern）的影响被并入到“借语”之中。

但跟此前的绝大部分文献一样，Harris &Campbell（1995）的“借用”失之笼统和歧异，这个术语在概念上等于 Weinreich（1968）和托马森（Thomason，2001a；Thomason & Kaufman，1988）的“干扰”（interference），以及 Heine & Kutava 等众多学者的“迁移”（transfer）。实际上，Harris &Campbell（1995）所定义的“借用”近于“接触引发的语法演变”。

Heine 和 Kuteva（Heine，2007；Heine & Kuteva，2003、2005、2006、2007）在 Weinreich（1953）的基础上，将接触引发的语

法演变分为“语法借用”(grammatical borrowing)和“语法复制”(grammatical replication):语法借用是指一个语言(源语)的语法语素迁移到另一个语言(受语)之中;语法复制则是指一种语言(模式语)仿照另一语言(复制语)的某种语法模式,产生出一种新的语法结构或语法概念。语法复制包括“接触引发的语法化”(contact-induced grammaticalization)和“结构重组”(restructuring)两个方面,前者是指一个语言(复制语)对另一个语言(模式语)的语法概念或语法概念演变过程的复制,后者是一个语言(复制语)对另一个语言(模式语)语法结构的复制。

Heine & Kuteva(2005、2006、2007、2008)的分析框架可图示为:

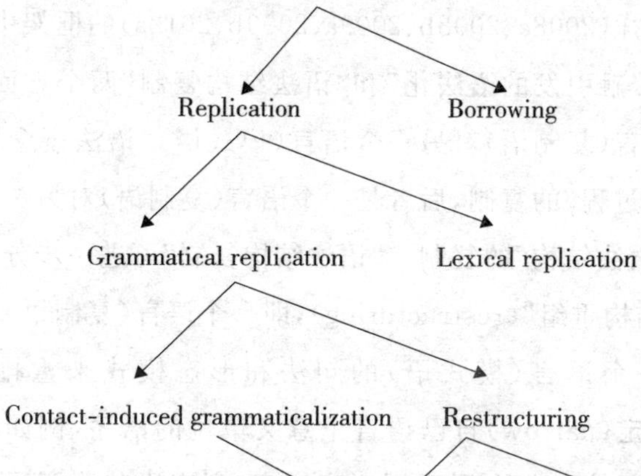

图 1 Contact-induced linguistic transfer(Heine &Kuteva,2008:59)③

吴福祥(2008a、2008b、2009a、2009b、2012a)利用东南亚语言的资料对 Heine & Kuteva(2005、2006、2007、2008)的上述“语法复制”的理论模型做了比较重要的修正,其修订后的模型是:

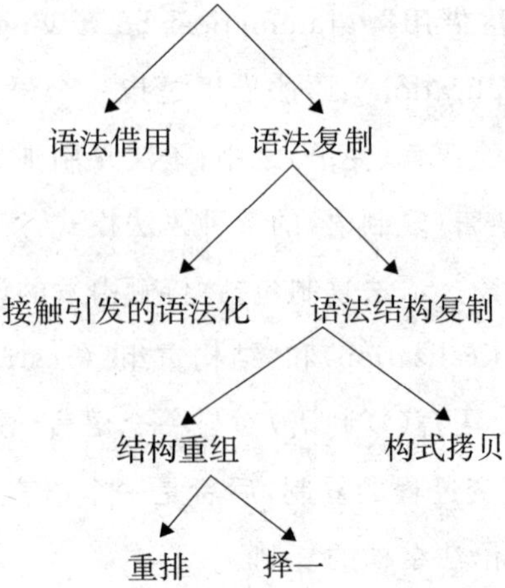

图 2　接触引发的语法演变的机制(吴福祥,2012a)

在吴福祥(2008a、2008b、2009a、2009b、2012a)的框架中,语法复制包括“接触引发的语法化”和“语法结构复制”两个方面,前者是指一个语言(复制语)对另一个语言(模式语)“语法概念”或“语法概念演变过程”的复制,后者是一个语言(复制语)对另一个语言(模式语)“语法结构”的复制。“语法结构复制”可进一步分为两个小类:(i)“结构重组”(restructuring),即一个语言(复制语)的使用者依照另一个语言(模式语)的句法和形态模式来重排(rearrange)或择定(narrow)自己语言里意义单位的语序,例如印度北部阿萨姆邦境内的侗台语受周边印度-雅利安语和藏缅语影响而发生(或正在发生)语序重组,譬如 Kamti 语和 Phake 语的小句语序已由固有的 SVO 重排为 SOV(Wilaiwan,1986;Morey,2006),而阿含语固有的小句语序 SVO、领属结构式语序 NG 已被重组为 SOV、GN。(Enfield,2003;Thomason& Kaufman,1988)(ii)“构式拷贝”(constructional copying),即一个语言的使用者仿照另一个语言的模式，用自己语言的材料构建出与模式语对等的语法(形态/句法)结构式。比如很多南方民族语言的使用者利用本族语言的材料复制了汉语正反问结构式"VP不VP"(吴福祥，2008a)。

结构重组和构式拷贝这两种机制最大的区别是，前者通常要有一个特定的语法结构作为重组的基础，也就是说，在结构重组之前，特定语言(复制语)中必须存在某种相关的结构式，可见这种机制的使用总是"有所依凭"；另一方面，构式拷贝则无需相关结构式作为运作的基础，相反，其使用完全是"无中生有"。二者的区别可概括为：

表1 结构重组和构式拷贝的区别

结构重组	重组已有的(形态)句法模式	有所依凭
构式拷贝	构建全新的(形态)句法模式	无所依凭("无中生有")

2.2 南方民族语言中若干语法结构复制的实例

如前所述，语法结构复制主要通过两种机制来实现，即结构重组和构式拷贝。下面我们以国内南方民族语言的材料来进行说明。

2.2.1 结构重组

2.2.1.1 重排

所谓"重排"，典型的情形是：模式语M中有一种语序为A-B-C的结构式，复制语R也有对应的结构式，但语序却为A-C-B(或其他语序模式)。于是，语言R的使用者依照模式语M的模式将其语言的A-C-B语序重排为A-B-C，以取得与语言M模式的一致(即A-C-B → A-B-C)。这种结构重组的方式在国内南方民族语言中比较常见，酌举数例如下。

Ⅰ.领属结构式语序

领属结构式(genitive construction)是指由领属语(genitive)

和核心名词(noun)构成的名词性结构式。在世界语言中,领属结构式语序有"名词+领属语"(NG)和"领属语+名词"(GN)两种模式。比如法语里,当名词充当领属语时位置须在核心名词之后,而在汉语里所有领属语均居核心名词之前:

(1)法语:*le* *bras* *de* ***Jean*** [N-G]

冠词 胳膊 领属标记 Jean

吉恩的胳膊

汉语:我的房子 [G-N]

在中国南方民族语言(侗台、苗瑶、南亚和南岛)中,领属结构式语序有NG、GN和NG/GN三种类型。拙作(吴福祥,2009a)证明,这些民族语言里领属结构式固有的语序模式同于法语(NG)而异于汉语,GN和NG/GN则是受汉语影响而发生演变或变异的结果。例如下面(2)中,傣语的领属结构式保留了固有的NG语序;标话则在汉语影响下重排为GN;布央语领属结构式NG/GN的交替模式和变异类型,显示该语言正处在"N-G>G-N"演变之中。

(2) 傣语(喻翠荣、罗美珍,1980:81):

NG:xɔ^{1} to^{1} xa^{3} 我的锄头

锄头 我

məŋ^{2} tai^{2} 傣族地方

地方 傣族

标话(梁敏、张均如,2002:99):

GN:a^{1} tsɔ^{3} ken^{5} lɔk^{10} 伯父的房了

伯父 间 屋

tsi³ sy³ tsu² liak⁸ 支书的儿子

支书 个 儿子

布央语(李锦芳,1999:78):

NG:miə¹¹ tsɛ⁵⁴ ma⁰ uːn⁵⁴ 小孩的伯母

伯 母 小孩

GN:ma⁰ uːn⁵⁴ ti³³ miə¹¹ tsɛ⁵⁴ 小孩的伯母

小孩 的 伯 母

Ⅱ.关系小句结构式语序

关系小句和核心名词的语序在人类语言中有"名词-关系小句"(NRel)和"关系小句-名词"(RelN)两种类型,比如英语采用的是前一种模式,日语和汉语则使用后一种语序:

(3)英语:the book [that the student bought]

N Rel

[学生买的]书

日语:[gakusei ga katta] hon

学生 主格 买.过去时 书

[学生买的]书

在中国南方的民族语言(侗台、苗瑶、南亚和南岛)中,关系小句和核心名词的语序有 NRel、RelN 和 NRel/RelN 三种类型。拙作(吴福祥,2009b)证明,这些民族语言关系小句和核心名词固有的语序模式同于英语而异于汉语和日语,RelN 和 NRel /RelN 则是受汉语影响而发生演变或变异的结果。例如下面(4)中,傣语的关系小句结构式保留了固有的 NRel 语序;标话则在汉语影响下重排为 RelN;而毛难语关系小句结构式 NRel /RelN 的交替模式和变异类型,显示该语言正处在"N-Rel>Rel-N"演变之中。

(4) 傣语(喻翠荣、罗美珍,1980):

NRel: kun² au¹ pa¹ 捕鱼的人(81)

人 捕 鱼

kam² an² su¹ tsau³ va⁶ nan⁴

话 的 你 说 (助词)

di¹ tɛ⁴.

好 很

你说的话很好。(73)

标话(梁敏、张均如,2002):

RelN: jɔ² tsuŋ⁵ kɛ⁶ tau⁶ 咱们种的豆(114)

咱们 种 的 豆

tsau² maːi⁶ kɛ⁶ lan² 捕鱼的人(117)

捉 鱼 的 人

毛难语(梁敏,1980):

NRel: ai¹ zən¹ kwai¹ ˀja⁵ ka⁵

个 人 犁 田 那

犁田的那个人(37)

RelN: laːk⁸ ce³ na⁴ ti⁰ ɦu⁴

孩子 吃 的 粮食

孩子吃的粮食 (68)

Ⅲ.处所介词短语的语序

表处所的附置词结构(PP)相对于主要动词(V)的位置,在人类语言里有 V-PP 和 PP-V 两种模式,比如英语里这种处所介词短语总是位于主要动词之后,汉语则位于主要动词之前:

(5) 英语：He is reading [in his home].

V PP

汉语：他[在家里] 看书

PP V

在中国南方的民族语言（侗台、苗瑶、南亚和南岛）中，处所介词短语和主要动词的语序有 V-PP、PP-V 和 V- PP/PP-V 三种类型。拙作（吴福祥，2008b）证明，这些民族语言里固有的语序模式同于英语（即 V-PP）而异于汉语，PP-V 和 V-PP/PP-V 则是受汉语影响而发生演变或变异的结果。例如下面(6)中，傣语处所介词短语和主要动词的语序保留了其固有的语序模式 V-PP；标话则在汉语影响下重排为 PP-V；而黎语 V-PP/PP-V 的变异模式则显示该语言正处在“V-PP＞PP-V”演变之中。

(6) 傣语（德宏）（喻翠荣、罗美珍，1980：70）：

V-PP：kau⁶ het⁹ la³xɔŋ¹ ti⁶ pə³tsin⁶.

我 做 工作 在 北京

我在北京工作。

标话（梁敏、张均如，2002：113）：

PP-V：tsia¹ ȵy⁴ mui¹ to³ phiam³ thu¹.

我 在 那 山 砍 柴

我在那个山上砍柴。

黎语（欧阳觉亚、郑贻青，1980：65）：

V-PP：na¹ a:p⁷ dɯ³ ŋa:i³ nom³.

他 洗澡 在 边 河

他在河边洗澡。

PP-V：na[1] dɯ[3] ŋaːi[2] nom[3] aːp[7].

他 在 边 河 洗澡

他在河边洗澡。

Ⅳ.动词后宾、补共现的语序

当动词后同时出现宾语和结果补语时，汉语的语序是 VCO，而在英语近似结构式里结果补语则位于宾语之后：

(7)汉语：他 射死了 鸟　他 关紧了 门

VC O　VC O

英语：He shot the bird dead

V O C

He closed the door tight

V O C

中国南方的民族语言（侗台、苗瑶、南亚和南岛）里，动词后宾语和结果补语共现的语序有 VOC、VCO 和 VOC/VCO 三种类型。拙作（吴福祥，2009c）证明，VOC 是这些民族语言固有的语序模式，VCO 和 VOC/VCO 则可视为受汉语影响而发生演变或变异的结果。例如下面(8)中，傣语里动词后宾语和结果补语共现的语序保留了固有的语序模式 VOC；茶洞语则在汉语影响下重排为 VOC；而拉珈语 VOC/VCO 的变异模式则显示该语言正处在“VOC>VCO”演变之中。

(8) 傣语（喻翠荣、罗美珍，1980：90）：

VOC：xau[1] jɯ[2] sə[1] taːi[1] to[1] nɯŋ[6].

他 射 老虎 死 只 一

他打死了一只老虎。

茶洞语（李锦芳，2007：1333）：

VCO：mən² wak⁷ tai¹ tsi⁴ hja¹ kok⁸ tak⁸ nəm⁴.

他 打 死 了 两 只 老 虎

他打死了两只老虎。

拉珈语(毛宗武、蒙朝吉、郑宗泽,1982:165):

VOC：lak⁸ wak⁸ naːŋ⁴ tiŋ⁶ lieːu³.

他 洗 衣服 干净 了

他洗衣服干净了。

VCO：lak⁸ wak⁸ tiŋ⁶ naːŋ⁴ lieːu³.

他 洗 干净 衣服 了

他洗干净衣服了。

2.2.1.2 择一

"择一"作为语序重组的一种方式,通常是指这样的情形:复制语 R 具有两种或两种以上的结构模式(比如 A、B)来表达同一种语法功能,而模式语 M 表达同样语法功能的结构模式只有一种(比如 A 或 B);于是,复制语的使用者从 A、B 等两种或两种以上的结构模式中选择了语序模式 A 或 B,以与模式语 M 建立起一对一的等同关系。(参看 Heine & Kutava,2005:114)。不过这种结构重组的类型,我们目前在东南亚语言里尚未发现特别清楚的实例,但别的语言并不罕见。比如巴西境内一种叫 Kadiwéu 的南美洲语言,跟葡萄牙语有密切的接触关系,这种南美洲语言属于无基本语序的语言,也就是说,这种语言的小句语序可以有 OVS、VOS、SOV、OSV、VSO 和 SVO 六种模式。值得注意的是,Kadiwéu 使用者中 Kadiwéu-葡萄牙语双语人群则通常采用 SVO 语序,而这种语序正好跟葡萄牙语的基本语序 SVO 匹配。这个事实表明，复制语 Kadiwéu 语的双语人群，从他们可选的六种语序模式中选择在模式语葡萄牙语中普遍流行的基本语序 SVO，从而与葡萄牙语建立起一对一的等同关系（参看 Thomason，2001b：1642；Heine & Kutava，2005：61）。如图 3 所示：

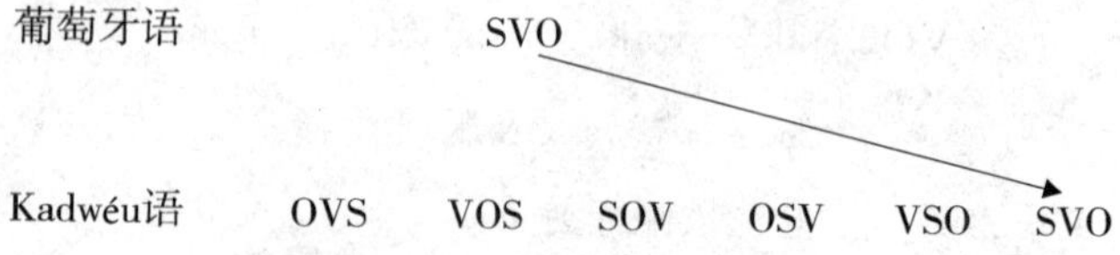

图 3 Kadiwéu 语和葡萄牙语接触中的语序（参见 Thomason，2001b：1642）

2.2.2 构式拷贝

如前所述，构式拷贝跟语序重组最大的差别是，前者没有相关的结构作为基础或依凭，完全是“无中生有”，而后者一定有个相关的结构存在。据我们初步观察，南方民族语言中某些跟汉语一致的结构式，实则源于这些语言对汉语相关结构式的拷贝。

2.2.2.1 “A-not-A”型极性问句

中国南方很多民族语言（藏缅、侗台、苗瑶、南亚及南岛）跟汉语一样也拥有“A-not-A”型极性问句［如（9）］。我们（吴福祥，2008a）曾证明，这些民族语言的“A-not-A”疑问构式（及其变式）是在汉语影响下产生的，具体说，是对汉语“VP 不 VP”模式的“复制”（replication）。

(9)壮语（韦庆稳、覃国生，1980：71）：

sou^{1}　ɣo^{4}　bou^{3}　ɣo^{4}　(ne^{6})？

你们　知　不　知　呢

你们知道不知道（呢）？

毛难语（梁敏，1980：54）：

nam^{3} lɔːt^{7} kam^{3} lɔːt^{7}？水热不热？

水 热 不 热

普标语（梁敏、张均如、李云兵，2007：77）：

kɯ^{45} mie^{53} nam^{45} mie^{53}？ 他来不来？

他 来 不 来

优诺语（毛宗武、李云兵，2007：81）：

naŋ^{22} nɔ^{13} ne^{22} nɔ^{33} tɔ^{35} mɔ^{31} tɔ^{35} mai^{35}？

他们 今天 杀 不 杀 猪

他们今天杀不杀猪？

勉语（毛宗武、蒙朝吉、郑宗泽，1982：60）：

mwei^{2} khoːi^{1} maːi^{3} khoːi^{1} tɕɛːŋ^{2}？你开没开门？

你 开 没 开 门

克蔑语（陈国庆，2005：139）：

ɤn^{35} in^{33} ma^{31} in^{33}？他来不来？

他 来 不 来

傈僳语（徐琳、木玉璋、盖兴之，1986：102）：

e^{33}dʒɛ^{44} de^{42} ma^{31} de^{42}？喝不喝水？

水 喝 不 喝

阿昌语（戴庆厦、崔志超，1985：78）：

nuaŋ^{55} lɔ^{35} ma^{31} lɔ^{35}？你去不去？

你 去 不 去

回辉话（郑贻青，1997：105）：

nau^{33} zaːi^{32} pu^{33} zaːi^{32}？他来不来？

他 来 不 来

2.2.2.2 “V 不 C”式能性述补结构

世界上很多语言用情态动词、助动词、小品词或词缀来表达情态范畴(Bybee et al.,1994)。汉语则有所不同,除了助动词和小词外汉语还用能性述补结构“V 得 C / V 不 C”来表达情态范畴:

(10)a. 这东西太沉,小孩拿不动,大人才拿得动。

b. 外边下雨,咱们出得去出不去?

吴福祥(2012b)证明,汉语这种表达情状可能性(situational modality)的述补结构“V 不 C”罕见于世界语言,极有可能为“华文所独”。④

但值得注意的是,国内部分少数民族语言跟汉语一样,也拥有表达情状可能性的述补结构“V 不 C”[如(11)]。有证据显示,这些语言中的“V 不 C”极有可能是对汉语能性述补结构复制的结果。⑤

(11)布依语(喻翠容,1980:52):

ko^{1} tam^{5} ni^{4} ma^{3} mi^{2} sa:ŋ^{1}. 矮的这棵长不高。

棵 矮 这 长 不 高

仫佬语(王均、郑国乔,1980:68);

fɛ^{4} ŋ^{5} ljeu^{4} 做不完 fɛ^{4} lai^{3} ljeu^{4} 做得完

做 不 完 做 得 完

布努语(毛宗武、蒙朝吉、郑宗泽,1982:115)

ɲe$^{3'}$ tuŋ$^{1'}$ hoŋ$^{1 \cdot 1'}$ nau$^{3 \cdot 3'}$ tai^{5}nau^{3} θu^{6} ma^{2} caŋ^{4}?

一 点儿工 这 今天 做 不 完

这点儿活儿今天干不完?

勉语(毛宗武、蒙朝吉、郑宗泽,1982:41);

nen^{2} nuŋ^{2}nuŋ^{2}-ŋat^{8}ŋat^{8} ȵei^{1} ko:ŋ^{3} n̩^{5} tshwat^{7}.

他 吞吞 吐吐 地 讲 不出

他吞吞吐吐地讲不出。

畲语(毛宗武、蒙朝吉,1986:82):

ka^{3} khje^{4} kwei^{6} tsha^{4}taŋ^{1} kwa^{5} ha^{6} ŋŋ^{4}.

路 很 窄 车子 过 不 去

路很窄,车子过不去。

布庚语(李云兵,2005:158)

ʑin^{44} wei^{24} tɕou^{44} kaŋ^{31} kui^{44} ,so^{31} ʑi^{31} tɕɯ^{44}

因为 路 很 窄 所以 车

tsei^{31} mɯ^{44} ʑau^{31}.

过 不 去

因为路很窄,所以车过不去。

木佬语(薄文泽,2003:122):

tau^{31} a^{55} lau^{53} (to^{24}) 读不起(书)

做 不 起来 书/字

ku^{24} a^{55} sei^{24} 吃不饱

吃 不 饱

回辉话(郑贻青,1997):

nau^{33} sa^{33} sien^{11} lu^{33} hu^{33} zao^{24} pu^{33} phi^{55}.

他 的 钱 多 得 数 不 完了

他的钱多得数不完。(97)

ʔa^{11} kai^{33} haːi^{33} hu^{33} pha^{43} pu^{33} phi^{55}.

老 人 累 得 走 不 了

老人累得走不动。(86)

2.2.2.3 "VV"式动词重叠模式

表示"短时、少量或尝试"的动词重叠形式"VV(V 一 V)"罕见于世界语言，但部分南方民族语言却跟汉语一样也具有这种语法模式［如(12)］。我们认为，这些语言的“VV(V 一 V)”重叠形式极有可能是复制汉语动词重叠式的结果。[6]

(12) 壮语(韦庆稳、覃国生，1980：39)：

oːk^{7} ɣoːk^{8} pai^{1} pjaːi^{3} pjaːi^{3}. 到外面去走走。

出 外 去 走 走

拉珈语(毛宗武、蒙朝吉、郑宗泽，1982：147)：

kwa^{4} kwa^{4} 摸摸(摸一下)

摸 摸

tsen^{1} tsen^{1} 吃吃(尝一下)

吃 吃

畲语(毛宗武、蒙朝吉，1986：37)：

mɔ^{6} mɔ^{6} 看一看 ka^{1}pji^{3} ka^{1}pji^{3} 走一走

看 看 走 走

勉语(毛宗武、蒙朝吉、郑宗泽，1982：38)：

kaːt^{7} kaːt^{7} 割一割 ȵen^{6} ȵen^{6} 吃一吃

割 割 吃 吃

京语(欧阳觉亚、程方、喻翠容，1984：79)：

tsuŋ^{5} tai^{1} di^{1}ja^{1} tsai^{5} tsai^{5}. 咱们出去走走。

咱们 出去 跑 跑

thaːu^{3} lən^{6} thaːu^{3} lən^{6} 讨论讨论

讨论 讨论

布庚(李云兵，2005：123)：

ti^{55} o̱^{44} da^{31} da^{31} 给我看看

给 我 看 看

tu^{44}　ʑa̱u^{44}　n̥a̱^{31}　n̥a̱^{31}出去走走
出　　去　　走　　走
回辉话(郑贻青,1997:72):
ha^{33}　sioŋ^{21}　sioŋ^{21}　khiaŋ^{32}你想想看
你　　想　　想　　看

3　如何识别和判定语法结构的复制

如前所述,接触引发的语法演变有语法借用和语法复制两类。语法借用因为有语音线索可做凭借,通常相对容易识别和判断;但语法复制只是语法意义或语法结构的迁移,并不涉及任何语音成分的复制,那么,这类接触引发的语法演变如何判定和识别?特别是,接触引发的语法结构的复制跟语言独立发生的语法演变一样都是自然的演变,甚至都是语言中反复出现的语法演变,我们如何确定某个语法结构的演变是接触引发的语法复制而非该语言内部因素促动的语法演变?我们目前想到的判定语法结构复制的标准或参数主要有以下数端。

3.1　语言类型学的语序关联

所谓"语序关联"(word order correlations),简单地说,是指不同语序之间存在蕴涵(implicational)关系。Dryer 的定义是:"如果一个'成分对'X 和 Y 呈现这样的情形:X 位于 Y 前这种形式在 VO 型语言里远比在 OV 型语言里常见,那么＜X,Y＞ 则是一个'关联对'(correlation pair),其中 X 是动词模件(verb patterner),Y 是宾语模件(object patterner)。"(Dryer,1992:87,2009)下面的表 2 是 Dryer(1992、2007、2009)发现的无争议的语序关联对:

表2 语序关联对(参看 Dryer,2009:186)

动词模件	宾语模件	示例
动词	宾语	*ate+the sandwich*
附置词(adposition)	NP	*on+the table*
名词	关系小句	*movies+that we saw*
冠词	N'	*the+tall man*
系词	表语(verb predicate)	*is+a teacher*
“想”义动词(‘want’)	VP	*wants+to see Mary*
时-体助动词	VP	*has+eaten dinner*
表否定的助动词	VP	
标补词(complementizer)	小句(S)	*that+John is sick*
疑问性小词(question particle)	小句(S)	
状语从句	小句(S)	*because+Bob has left*
表复数的小词(plural word)	N'	
名词	属格定语(genitive)	*father+of John*
形容词	比较基准	*taller+than Bob*
动词	附置词短语(PP)	*slept+on the floor*
动词	方式副词	*ran+slowly*

根据 Dryer(1992、2007、2009),表2所列的“成分对”跟动词和宾语的语序有单向关联和双向关联之分。单向关联是指动、宾成分对和相关成分对之间的单向蕴涵关系。比如动词和宾语的语序跟名词和关系小句语序之间就是一种单向关联:

(13) VO ⊃ NRel; RelN ⊃ OV

这两个蕴涵式读为:若一个语言是 VO,那么它的关系小句和名词的语序是 NRel,反之不然;若一个语言的关系小句和名词的语序是 RelN,那么该语言是 OV,反之不然。

双向关联是指动、宾成分对跟相关成分对之间的双向蕴涵关系。比如动词和宾语的语序跟名词和附置词的语序之间就是一种双向关联:

(14)OV ⇔ Po; VO ⇔ Pr

这两个蕴涵式读为：若一个语言是OV，那么它通常使用后置词(Po)，反之亦然；若一个语言是VO，那么它通常使用前置词(Pr)，反之亦然。

Dryer(1992、2007、2009)的分析显示，附置词短语(PP)、动词(V)成分对跟动词、宾语(O)成分对之间，以及领属语(G)、核心名词(N)成分对跟动词、宾语成分对之间也是双向关联，即：

(15) a. VO ⇔ V-PP； OV ⇔ PP-V

b. OV ⇔ GN； VO ⇔ NG

(15a)是说：若一个语言的动词和宾语的语序是VO，那么该语言的附置词(前置词/后置词)短语和动词的语序采用V-PP，反之亦然(即若一个语言附置词短语和动词的语序采用V-PP，那么该语言的动词和宾语的语序是VO)；另一方面，若一个语言的动词和宾语的语序是OV，那么该语言的附置词短语和动词的语序通常采用PP-V，反之亦然(即若一个语言附置词短语和动词的语序采用PP-V，那么该语言的动词和宾语的语序是OV)。(15b)则读为：若一个语言是OV，那么其领属语和核心名词的语序通常是GN，反之亦然；若一个语言是VO，其领属语和核心名词的语序通常是NG，反之亦然。

就本文的论题而言，类型学的语序关联的发现给我们的启示是：

(a)既然VO型语言通常具有或者只见NG、NRel、V-PP等语序模式，因此作为VO型语言，我们有理由相信，国内南方民族语言固有的语序模式应是NG、NRel、V-PP而非GN、RelN、PP-V，前述的傣语(侗台语)正是在上述三个语法参项上完全保持固有的语序(NG、NRel、V-PP)，而标话(侗台语)则可视为在相关语序参项上完成了由 NG、NRel、V-PP 到 GN、RelN、PP-V 的语序演变。

(b)既然汉语的 VO&GN、VO&RelN、VO&PP-V 这类匹配模式在世界语言中极为罕见甚至绝无仅有，那么部分民族语言业已完成或正在发生的 NG>GN、NRel>RelN 和 V-PP>PP-V 演变和变异，就不大可能是这些语言独立发生的平行性或普遍性演变。因为如果某种语法结构是跨区域、跨语言罕见的模式，那么这种语法结构在同一区域内若干语言中的存在，极有可能是语言接触导致的区域扩散的结果，而不大可能是语言话语或历史演变的普遍原则或平行演变作用的产物。(吴福祥，2008a)

(c)既然 VO&GN、VO&RelN、VO&PP-V 这类跨语言罕见的匹配模式均只见于汉语，那么触发中国南方部分民族语言发生"NG>GN、NRel>RelN、V-PP>PP-V"等语法演变或变异的"模式语"就只能是汉语。

3.2　发生学关系的分布模式

识别和判定接触性语言演变的一个重要方法是观察和比较某一特征在相关语言的亲属语或姐妹语中的分布模式。基本的假设是：给定某个语言特征 P 为语言 M 和语言 R 所共有，而这两个语言在地域上是紧邻关系且处于长期密切的接触之中。如果特征 P 也见于跟语言 M 有发生学关系的语言但不见于跟语言 R 有发生学关系的语言；那么可以推断，这是接触引发的语言特征迁移的实例，更明确地说，P 是由语言 M 移入语言 R 的。(参看 Heine & Kuteva，2005、2007)

根据上述假设，如果我们将上述南方民族语言 GN、RelN、PP-V、VCO 等语序归因于汉语的影响，那么最好的证据是这些民族语言的境外亲属语或姐妹语，其对应结构式的语序是 NG、NRel、

V-PP、VOC而非GN、RelN、PP-V、VCO。事实上，这样的证据并不难得到：在我们所能观察到的与国内侗台、苗瑶、南亚及南岛语发生学关系极近的境外语言中，相关的语序几无例外地是NG、NRel、V-PP和VOC。请看下表：

表3 境外若干侗台、苗瑶、南亚及南岛语领属结构式的语序（吴福祥，2009a:11）⑦

语言			领属语结构式语序		资料来源
名称	系属	使用国家	NG	GN	
标准泰语	壮傣语支（侗台）	泰国	+		Iwasaki & Inkaphirom, 2005
老挝语	壮傣语支（侗台）	老挝	+		Enfield, 2007
侬语	壮傣语支（侗台）	越南	+		Saul & Wilson, 1980
越南语	孟高棉语（南亚）	越南	+		Thompson, 1965
柬埔寨语	孟高棉语（南亚）	柬埔寨	+		Jacob, 1968; Ehrman, 1972
Chrau语	孟高棉语（南亚）	越南	+		Thomas, 1967
Katu语	孟高棉语（南亚）	越南	+		Costello, 1969
Brôu语	孟高棉语（南亚）	越南	+		Miller, 1964
Pacoh语	孟高棉语（南亚）	越南	+		Watson, 1976
Kmhmu C	孟高棉语（南亚）	老挝	+		Enfild, 2003
芒语	孟高棉语（南亚）	越南	+		Enfild, 2003
Ngeq语	孟高棉语（南亚）	越南	+		Enfild, 2003
藩朗占语	占语支（南岛）	越南	+		Thurgood, 2005; Blood, 1977
罗格莱语	占语支（南岛）	越南	+		Lee, 1966
老挝白苗	苗语支（苗瑶）	老挝		+	Enfild, 2003
越南勉语	瑶语支（苗瑶）	越南		+	Enfild, 2003

表4 境外若干侗台、苗瑶、南亚及南岛语关系小句结构式的语序（吴福祥，2009b:79）

语言			关系小句位置		资料来源
名称	系属	使用国家	NRel	RelN	
标准泰语	壮傣语支（侗台）	泰国	+		Iwasaki & Inkaphirom, 2005
老挝语	壮傣语支（侗台）	老挝	+		Enfield, 2007
侬语	壮傣语支（侗台）	越南	+		Saul & Wilson, 1980
老挝白苗	苗语支（苗瑶）	老挝	+		Enfield, 2003
越南勉语	瑶语支（苗瑶）	越南	+		Enfield, 2003

（续表）

越南语	孟高棉语(南亚)	越南	+		Thompson,1965;Miller,1976
柬埔寨语	孟高棉语(南亚)	柬埔寨	+		Ehrman,1972;Jacob,1968
Chrau 语	孟高棉语(南亚)	越南	+		Thomas,1976
Katu 语	孟高棉语(南亚)	越南	+		Costello,1969、2000
Brôu 语	孟高棉语(南亚)	越南	+		Miller,1964
Pacoh 语	孟高棉语(南亚)	越南	+		Watson,1976
Muong 语	孟高棉语(南亚)	越南	+		Enfild,2003
藩朗占语	占语支(南岛)	越南	+		Thurgood,2005

表 5　境外若干侗台、南亚及南岛语处所介词短语的位置

（吴福祥,2008b:12）

语言			处所介词短语位置		资料来源
名称	系属	使用国家	V-PP	PP-V	
标准泰语	壮傣语支(侗台)	泰国	+		Iwasaki & Inkaphirom,2005
老挝语	壮傣语支(侗台)	老挝	+		Enfield,2007
侬语	壮傣语支(侗台)	越南	+		Saul & Wilson,1980
越南语	孟高棉语(南亚)	越南	+		Thompson,1965;Clark,1974
柬埔寨语	孟高棉语(南亚)	柬埔寨	+		Jacob,1968
Chrau 语	孟高棉语(南亚)	越南	+		Thomas,1967
Brôu 语	孟高棉语(南亚)	越南	+		Miller,1964
Katu 语	孟高棉语(南亚)	越南	+		Costello,2000
藩朗占语	占语支(南岛)	越南	+		Thurgood,2005

表 6　境外若干侗台、苗瑶、南亚及南岛语动词后宾补共现的语序

（吴福祥,2009c:67）

语言			动宾补语序		资料来源
名称	系属	使用国家	VOC	VCO	
标准泰语	壮傣语支(侗台)	泰国	+		Iwasaki & Inkaphirom,2005
老挝语	壮傣语支(侗台)	老挝	+		Enfield,2007
侬语	壮傣语支(侗台)	越南	+		Saul & Wilson,1980
老挝白苗	苗语支　(苗瑶)	老挝	+		Enfield,2003
越南语	孟高棉语(南亚)	越南	+		Thompson,1965
柬埔寨语	孟高棉语(南亚)	柬埔寨	+		Jacob,1968;Ehrman,1972
Pacoh 语	孟高棉语(南亚)	越南	+		Enfield,2003

（续表）

老挝克木语	孟高棉语（南亚）	越南	＋		Enfield,2003
Baharic 语	孟高棉语（南亚）	越南	＋		Enfield,2003
藩朗占语	占语支（南岛）	越南	＋		Thurgood,2005

同样，如果我们将上述民族语言中极性问构式“A-not-A”的存在归结于对汉语正反问构式“VP 不 VP”的拷贝，最好的证据是与这些语言具有发生学关系的境外姐妹语或境外亲属语中没有“A-not-A”。幸运的是，事实果真如此：在我们目前所观察到的境外藏缅语、侗台语、苗瑶语、南亚语和南岛语中确实未见“A-not-A”。（详见吴福祥，2008a）⑧

3.3　语法描写者的观察和判断

在某些语言的调查报告、参考语法和研究文献中，语法描写者有时不同程度上对相关语言中某些语序模式或结构式的产生或来源从语言接触的角度进行分析和解释。这类观察和判断间或可以作为判定语法复制的一个重要证据。特别是有些语法描写者同时是对象语言的母语者，其观察和判断尤其值得关注和信从。下面是国内南方民族语言的调查报告和研究文献中，一些语法描写者针对特定语言中相关语序模式（如 GN 和 RelN、PP-V、VCO）受汉语影响发生演变或变异的现象所做的观察和描述。

3.3.1　GN 和 RelN 语序

壮语（韦庆稳、覃国生，1980：76）：“壮语体词性修饰词组，定语一般要放在中心语的后面，但在汉语的影响下，有时也可以放在中心语的前面。”

毛难语（梁敏，1980：84—85）：“毛难语以名词为中心的修饰词组，其修饰成分（除数词和量词外）原来都是放在中心词后面的。但在汉语影响下，有些修饰成分也可以放在中心词之前……”

标话（梁敏、张均如，2002:99、117）："名词受别的名词修饰时，侗台语族其他语言的修饰成分大都放在中心词的后面。而标话受汉语的影响较大，故修饰成分大都移到中心成分的前面去了。……使用结构助词 $kε^6$ '的'时，修饰成分只能放在中心词的前面。""修饰成分在前的一般都是汉语影响而改变的词序。"

布努语（毛宗武、蒙朝吉、郑宗泽，1982:83）："近些年来，因受汉语的影响，修饰的名词也可以在被修饰的名词前面。"

巴那语（陈其光，2007:1609）："修饰成分在前的形式是在汉语影响下后起的。"

京语（欧阳觉亚、程方、喻翠容，1984:123）："京语以名词为中心的修饰词组，其固有的语序是：修饰成分在名词的后边，只有数量词修饰名词时，在名词的前边。由于受汉语的影响，现在也有将数量词以外的修饰成分前置的。"

倈语（李旭练，1999）："定语一般都置于中心语之后…… 但是由于受汉语的影响，倈语的一些定语已经逐渐转移到中心语之前。"（162—163）"倈语以名词为中心的修饰词组或以名词词素为中心的修饰式合成词，其固有语序是：修饰成分一般在名词之后，只有数量词修饰名词时，修饰成分才在名词之前。由于受汉语的影响，倈语以名词词素为中心的修饰式合成词特别是以名词为中心的修饰词组，数量词以外的修饰成分也可以置身于中心语之前。"（172—173）

3.3.2 PP-V 语序

佯僙语（薄文泽，1997:136）："除前置副词外，谓词性修饰词组的修饰语大多位于被修饰语之后，而汉语除补充成分外，谓词性修饰词组的修饰语一般都在被修饰语之前。由于受汉语的影响，现在，许多本来只能后置的修饰成分也可以前置了。如：由 ȵɛu⁶‘在’构成的介词结构，在修饰动词时一般位于动词之后做补语，直到现在，传统故事、礼仪用语中还是如此，而在现代口语中，‘ȵɛu⁶结构’经常位于被修饰动词的前面，后置的说法反而被认为是不合规范的了……”。

木佬语（薄文泽，2003：127）：“木佬语谓词性修饰词组的修饰语一般都在被修饰语之前，这也是汉语影响的一个结果，本来，介词结构在动词性结构中充当修饰、补充成分，一般都位于动词的后面充当补语。……但是，现在介词结构位于动词后面的使用方式非常少。更普遍的是介词结构位于动词的前面，做状语……”

京语（欧阳觉亚、程方、喻翠容，1984：114、123）：“介词结构做状语，京语固有语序是：介词结构在被修饰的中心词之后。由于受汉语的影响，现在有将介词结构放在被修饰的动词前面的用法。”

3.3.3 VCO 语序

壮语（韦庆稳、覃国生，1980：77）：“在动词后面带有宾语和补语的情况下，壮语固有语序一般是：动＋宾＋补。但在汉语影响下，这种语序也可以有条件地改变。……动词后面带的是被处置的数量宾语和结果补语时，也可以改变语序为：动补宾。”

仫佬语（王均、郑国乔，1980：80）：“如果一个句子里有补语又有宾语，通常的词序是：谓语-宾语-补语。但有的补语也能放在宾语的前面。……‘谓-宾-补’格式是仫佬语中原有的结构形式，‘谓-补-宾’是在汉语影响下后起的用法。”

佯僙语（薄文泽，1997：135）：“动词后面如果既带有宾语又带有补语，佯僙语的固有语序是‘动＋宾＋补’。由于汉语的影响，当补语是结果补语时，补语和宾语的位置可以互换。”

木佬语（薄文泽，2003：126）："动词后面如果既带有宾语又带有补语，木佬语的固有语序是：动＋宾＋补。由于受汉语的影响，当补语是结果补语时，补语和宾语的位置可以互换……"

俫语（李旭练，1999：173）："当俫语动词既带宾语又带补语的时候，如果带的是结果补语，其固有的语序是：动词＋宾语＋补语……由于受汉语的影响，这些句式的补语和宾语常常可以互换位置……"

3.4 人口统计学变量

一般说来，语言接触以及由此导致的语法迁移有时对某个言语社会中特定阶层和人群有更多的影响，因此这类受语言接触更多影响的人口统计学种类（demographic categories）往往能显示更为明显的语法迁移的效应。在这种情况下，像年龄、性别、职业、教育程度等人口统计学变量即可为我们识别语法迁移的方向提供一些重要线索。（Heine&Kutava，2005、2007）比如，假定语言 A 和语言 B 共享的语法范畴或语法结构 F 是语法复制的结果，若 F 在 A 语言里的使用只限于知识阶层或受过教育的其他人群，而 B 语言里 F 的使用则没有这种限制。那么，F 的迁移方向极有可能是"B＞A"，即语言 A 里 F 的出现是对语言 B 对应模式复制的结果。

譬如黎语"由于大量使用海南话的结构助词'的'kaːi³，修饰关系的词序也产生了新的格式。名词的修饰语可以在被修饰语之前"（欧阳觉亚、郑贻青，1980：74）。但据欧阳觉亚、郑贻青（1980：74），这种"修饰语＋核心名词"结构式只用"在干部的口语里"，"广大群众还不是像干部那样地说话"。欧阳觉亚、郑贻青（1980：72）还极有见地地指出："一般地说，从汉语吸收进来的语法现象，首先是通过干部、知识分子，然后才逐渐扩大到人民群众中去的。如果某一语法意义有两种不同的表达形式，老人、妇女或不懂汉语的人所用的多是固有语法形式，青年、干部或知识分子所用的多是新起的。”又如黎语里由 dɯ³“在”、khu¹“对、和”、thɯːn¹“从”这类介词参与组成的介词短语通常用在动词之后做状语（欧阳觉亚、郑贻青，1980：38—39），但“在知识分子及干部的口语中，尤其是用黎语翻译汉语的时候，这些介词结构几乎都可以用在动词之前……这可能是受汉语的影响，一般群众多把这些状语放在中心词之后”（欧阳觉亚、郑贻青，1980：39、65）。

黎语中 GN、PP-V 的使用只限于知识阶层、政府官员等受过教育的人群，但这样的限制并不见于汉语。可见黎语 GN、PP-V 的出现一定是汉语影响的产物。

再如莫语（杨通银，2000：155）：“动词带有宾语和补语时，固有词序一般是‘动＋宾＋补’，但现在补语也可以移到宾语前，甚至年轻人多用补语在前的这种新结构，而放弃了固有的补语在后的结构。”莫语里 VCO 语序模式的使用主要限于年轻人群，但这样的限制并不见于汉语。可见莫语 VCO 模式的出现应是汉语句法影响的产物。

4　结语

本文在 Heine & Kuteva（Heine，2007；Heine & Kuteva，2003、2005、2006、2007）的基础上讨论语法结构的复制及其判定。主要结论是：

i. 语法复制并不等于接触引发的语法化，也包括语法结构复制，而后者又含结构重组和构式拷贝两个次类。

ii. 语法复制并不一定以复制语存在相关结构或使用模式作

为基础和前提,它也可以无中生有地复制模式语的特定结构。

iii. 语法结构复制的识别和判定并非完全不可能,相反,有若干标准或参数可以用来作为识别和判定语法结构复制的依据。

附　注

① 国内有些文献误将"语言接触"等同于"语言接触引发的演变"。

② 从受语(recipient language)角度说,"接触引发的语言演变"除了"特征的迁移"(=特征的增加)外,还包括"特征的消失""特征的替代"以及"特征的保留",等等。详见吴福祥(2007)。

③ 在 Heine & Kuteva 这个研究模型中,"接触引发的语法化"占有举足轻重的地位,事实上,他们的语法复制理论主要关注的就是"接触引发的语法化";至于"结构重组"(restructuring),特别是其中的"重排"(rearrangement),他们认为通常(或主要)是接触引发的语法化的一种后果或副现象。

④ 情状可能性(situational modality)属于"情状情态"(situational modality),后者与"认识情态"(epistemic modality)相对待。

⑤ 一个重要的证据是,具有这种"V 不 C"能性述补结构的民族语言,其在国外的亲属语或姐妹语未见这种结构式。

⑥ 我们的证据是,这些具有动词重叠形式"VV(V 一 V)"的民族语言,其在国外的亲属语或姐妹语未见这种结构式。另一方面,有些民族语言的语法描写者已明确将相关语言中动词重叠形式"VV(V 一 V)"的出现归因于汉语语法的影响。例如梁敏(1980:84)就将毛难语中动词重叠形式"VV(V 一 V)"的使用视为毛难语受汉语语法影响的一个重要方面。

⑦ 老挝白苗和越南勉语的例外,目前还难以做出圆满的解释。或许这两种语言中的 GN 模式是从国内苗瑶语中复制的,或许这两种语言在迁移海外之前就已从汉语中获得 GN 模式。

⑧ Clark(1985:60,1989:209)提到,Christian Bauer 曾告诉他,泰国境内的孟语(Mon language)可能具有"V-neg-V"型极性问构式(但西边缅甸境内的孟语则没有这种疑问格式),例如:

klɜŋ　*hù*　*klɜŋ*　'Are you coming, or not?'
come　Neg　come

不过，Christian Bauer 强调，这种极性问形式属于“非孟语”(un-Mon)特征，而且是一种新近的语法借用(grammatical loan)。因为这种“V-neg-V”型极性问句也属于“非台语”特征，它很可能是孟语从北面毗邻的彝语借入的。

参考文献

薄文泽　1997　《佯僙语研究》，上海：上海远东出版社。

———　2003　《木佬语研究》，北京：民族出版社。

陈国庆　2005　《克蔑语研究》，北京：民族出版社。

陈其光　2007　巴那语，载孙宏开、胡增益、黄行主编《中国的语言》，北京：商务印书馆。

戴庆厦、崔志超　1985　《阿昌语简志》，北京：民族出版社。

李锦芳　1999　《布央语研究》，北京：中央民族大学出版社。

———　2007　茶洞语，载孙宏开、胡增益、黄行主编《中国的语言》，北京：商务印书馆。

李旭练　1999　《俫语研究》，北京：中央民族大学出版社。

李云兵　2005　《布赓语研究》，北京：民族出版社。

梁　敏　1980　《毛难语简志》，北京：民族出版社。

梁　敏、张均如　2002　《标话研究》，北京：中央民族大学出版社。

梁　敏、张均如、李云兵　2007　《普标语研究》，北京：民族出版社。

毛宗武、李云兵　2007　《优诺语研究》，北京：民族出版社。

毛宗武、蒙朝吉　1986　《畲语简志》，北京：民族出版社。

毛宗武、蒙朝吉、郑宗泽(编著)　1982　《瑶族语言简志》，北京：民族出版社。

欧阳觉亚、程　方、喻翠容　1984　《京语简志》，北京：民族出版社。

欧阳觉亚、郑贻青　1980　《黎语简志》，北京：民族出版社。

王　均、郑国乔　1980　《仫佬语简志》，北京：民族出版社。

韦庆稳、覃国生　1980　《壮语简志》，北京：民族出版社。

吴福祥　2007　关于接触引发的语言演变，《民族语文》，第2期。

———　2008a　南方语言正反复问句的来源，《民族语文》第1期。

———　2008b　南方民族语言处所介词短语位置的演变和变异，《民族语文》第6期。

———　2009a　南方民族语言领属结构式语序的演变和变异，《东方语言学》(第六辑)，上海：上海教育出版社。

——— 2009b 南方民族语言关系小句结构式语序的演变和变异,《语言研究》第3期。
——— 2009c 南方民族语言动宾补语序的演变和变异,《南开语言学刊》第2期。
——— 2012a 《语序重组与构式拷贝:语法结构复制的两种机制》,"香港中文大学中国语言及文学系50周年系庆活动——承继与拓新:汉语语言文字学国际研讨会"(2012年12月17日至18日;香港中文大学)论文。
——— 2012b 试说汉语几种富有特色的句法模式——兼论汉语语法特点的探求,《语言研究》第1期。
徐 琳、木玉璋、盖兴之 1986 《傈僳语简志》,北京:民族出版社。
杨通银 2000 《莫语研究》,北京:中央民族大学出版社。
喻翠容 1980 《布依语简志》,北京:民族出版社。
喻翠荣、罗美珍 1980 《傣语简志》,北京:民族出版社。
郑贻青 1997 《回辉话研究》,上海:上海远东出版社。
Bybee, Joan., Revere Perkins and William Pagliuca 1994 *The Evolution of Grammar: Tense, Aspect and Modality in the Languages of the World*. Chicago: University of Chicago Press.
Clark, Marybeth 1985 Asking questions in Hmong and other Southeast Asian languages. *Linguistics of the Tibeto-Burman Area* 8.2: 60—67.
——— 1989 Hmong and dreal South-East Asian. In David Bradley (ed.) *Papers in South-East Asian Linguistics*. No. 11: *South-East Asian Syntax*. 175—230.
Dryer, Matthew 1992 The Greenbergian word order correlations. *Language* 68: 81—138.
——— 2007 Word order. In Timothy Shopen (ed.) *Clause Structure, Language Typology and Syntactic Description*. Vol. 1: 61—131. Cambridge: Cambridge University Press.
——— 2009 The branching direction theory revisited. In Sergio Scalise, Elisabetta Magni and Antonietta Bisetto (eds.) *Universals of Language Today*. 185—207. Berlin: Springer.
Enfield, Nick J. 2003 *Linguistic Epidemiology: Semantics and Grammar of Language Contact in Mainland Southeast Asia*. London and New York:

Routledge Curzon.

Harris, Alice. C. & Lyle Campbell 1995 *Historical Syntax in Cross-linguistic Perspective*. Cambridge: Cambridge University Press.

Heine, Bernd 2007 Typology and language contact: Word order. Tallinn, 21—24 March 2007.

Heine, Bernd & Tania Kuteva 2003 On contact-induced grammaticalization. *Studies in Language* 27.3: 529—572.

——— 2005 *Language Contact and Grammatical Change*. Cambridge: Cambridge University Press.

——— 2006 *The Changing Languages of Europe*. Oxford: Oxford University Press.

——— 2007 Identifying instances of contact-induced grammatical replication. Paper presented at the Symposium on Language Contact and the Dynamics of Language: Theory and implications. Max Planck Institute for Evolutionary Anthropology, Leipzig, 10—13 May 2007.

——— 2008 Constraints on contact-induced linguistic change. *Journal of Language Contact — THEMA* 2(2008): 57—90.

Morey, Stephen 2006 Constituent order change in the Tai languages of Assam. *Linguistic Typology* 10: 327—367.

Thomason, Sarah 2001a *Language Contact: An Introduction*. Edinburgh: Edinburgh University Press.

——— 2001b Contact-induced typological change. In Martin Haspelmath, Ekkehard König, Wulf Oesterreicher and Wolfgang Raible (eds.) *Language Typology and Language Universals: An International Handbook*. Volume 2: 1640—1648. New York: Walter de Gruyter.

Thomason, Sarah Grey & Terrence Kaufman 1988 *Langue Contact, Creolization, and Genetic Linguistics*. Berkeley and Los Angeles: University of California Press.

Weinreich, Uriel 1953 *Languages in Contact*. The Hague: Mouton.

Wilaiwan, Kanittanan 1986 Kamti Tai: From an SVO to an SOV language. In Bhadriraju H. Krishnamurti (ed.) *South Asian Languages: Structure, Convergence and Diglossia*. 174—178. Delhi: Motilal Barnarsidass.

“有＋$N_{双}$”的熟语化趋势及其语义倾向探源

吴为善

（上海师范大学对外汉语学院）

0　引言

0.1　现代汉语的“有”是个高频率常用词，看似简单，其涉及的句法语义问题却并不简单。《现代汉语词典》（第5版）对“有”的释义多达11个义项，除了一些标记性专门用法之外，“有”的词汇意义集中在两个义项：一个表示“拥有”；另一个表示“存在”。从语义引申关系来说，凡拥有了的东西总是存在的，但存在的东西却未必是值得拥有的；显然“存在”义属于客观范畴，而“拥有”义属于主观范畴，是否值得拥有取决于人们认知上的价值评判。因此，“存在”的义域要大于“拥有”的义域。这种语义上的关联在句法上的投射形成了两种不同的构式（“领有句”和“存现句”），“有”字句究竟表“拥有”还是表“存在”，通常认为取决于“有”的主语的生命度。例如：

(1)a. 村民们有很多漂亮的小楼。（表拥有）

b. 村子里有很多漂亮的小楼。（表存在）

例(1)a句中“村民们”指人，生命度极高，“有”表“领有”；b句中“村子里”带方位词“里”，处所义凸显，“有”表“存在”。因此传统语法认为句首成分的语义特征对“有”的语义以及整个构式具有强制性，a句是以指人主体为标记的“有”字领有句，b句是以处所话题为标记的“有”字存现句。

0.2　从功能上分析，“有”字构式有两种情况，其一是“有”直接同名词组合成“有＋N”的短语构式，其二是构成“有”字句构式“NP_1＋有＋NP_2”。笔者认为两者在结构上是一种扩展关系，但表达功能不一样。例如：

(2)a.大娘有过三个儿子，可都在打鬼子时牺牲了。

b.大娘有儿子，有房子，有存款，不用别人操心。

(3)a.路上有了一大堆垃圾，过往行人很不方便。

b.路上有垃圾，有痰迹，有烟头，脏乱差现象十分突出。

例(2)a句中“有过三个儿子”是“有”字领有句，“有”后带体标记，“儿子”前有数量修饰，是陈述一个动态的“事件”；b句中“有儿子”是“有＋N”的短语构式，“有”直接与通指类名“儿子”组合（往往有并列项同现），是描述一种静态的“状态”。例(3)a句中“有了一大堆垃圾”是“有”字存在句，“有”后带体标记，“垃圾”前有数量修饰，是陈述一个动态的“事件”；b句中“有垃圾”是“有＋N”的短语构式，“有”直接与通指类名“垃圾”组合，是描述一种静态的“状态”。可以说例(2)(3)中的“有过三个儿子”“有了一大堆垃圾”分别是“有儿子”“有垃圾”的有界化扩展，两者的表达功能不同。关于“有”字句构式，学界已有较为充分的描写和解释，本文集中探讨的是“有＋N”短语构式。

0.3　“有＋N”构式中N可以是单音节，但出于双音化的动因，多数已词汇化，分别成了动词、形容词或属性词（参见《现代汉语词典》第5版“有”词条）。例如：

动　词：有底　有数　有心　有戏　有意　有余　有种

形容词：有劲　有理　有力　有利　有名　有趣　有效

有益　有缘

属性词：有偿　有机　有限　有形

语料表明，最常见的是“有＋$N_{双}$”构式，具有明显的熟语化趋势，并表现出显著的语义倾向。根据我们对《现代汉语词典》（第5版）、《现代汉语八百词》（吕叔湘主编）、《动词用法词典》（孟琮等编）、《现代汉语短语解析词典》（李临定等编）、《汉语惯用语词典》（黄斌宏主编）等工具书及北京大学现代汉语语料库的搜索，共找到500多个不同的较为固定的“有＋$N_{双}$”搭配用例（不包括开放的自由组合用例），可见该构式能产性很强。本文以“有＋$N_{双}$”短语构式为考察对象，先讨论“有＋$N_{双}$”的熟语化趋势，然后讨论“有＋$N_{双}$”的语义倾向。

1 “有＋$N_{双}$”的熟语化趋势解析

1.0 近些年来随着认知语言学的兴起与发展，Gilles（1994）、Gilles & Turner（1998）等学者提出了概念整合理论，所谓概念整合（conceptual blending）指的是对两个来自不同认知域的概念有选择地提取部分意义整合起来进而形成一个复合概念结构的过程。概念的整合效应依赖于两个因素：一个是整合“框架”，另一个是输入“元素”，在“框架”的作用下“元素”产生整合效应，浮现新的意义（emergent meaning）。语料表明，“有＋$N_{双}$”构式具有强烈的熟语化趋势，实质上就是概念整合的结果。整合度呈现由低到高的渐变序列，导致熟语化程度同步呈现由弱到强的渐变序列，是一种共时语法化的现象。笔者发现，“有＋$N_{双}$”熟语化程度的强弱，取决于N的“具体性”语义特征的强弱，两者呈现反向共变关系，N的语义越抽象，熟语化程度越高。例如：

(4)a. 他有手艺　　他有技术　　他有能力

b. *他很有手艺　　?他很有技术　　他很有能力

(5)a. 他有房子　　他有家产　　他有实力

b. *他很有房子　　?他很有家产　　他很有实力

例(4)(5)a序列中“手艺、技术、能力”和“房子、家产、实力”在语义上都形成具体到抽象的渐变序列，语义的抽象与语义的泛化有关联，语义越抽象概括的范围就越大，由此熟语化的程度也同步递增。上述两例b序列中“有手艺”“有房子”整合度较低，属于开放性的述宾短语组合；“有技术”“有家产”整合度较高，处于中间状态；而“有能力”与“有实力”已经能受程度副词“很”的修饰，整个构式具有了形容词的功能，熟语化程度很高。基于这样的思路，“有＋$N_{双}$”构式的熟语化程度大致呈现为如下三个等级序列。

1.1　述谓性构式(A式)

现代汉语中，较常见的是“有”与具体名词的组合。例如：

(6)a. 有电脑　有汽车　有手机　有孩子　有别墅

有花园　有首饰

b. 有股票　有房产　有公司　有遗产　有存款

有文凭　有朋友

例(6)的“有”表“拥有”，一般具有积极义(值得拥有)的具体名词都可以进入该构式。所谓具体名词一般指具有三维空间的实体(如例a)，也包括一些可物化的事物名词(如例b)。整个构式表示“拥有义”，在句中具有述谓性功能，通常描述主体的某种状态。这一类构式基本上是一种开放性的自由组合，可扩展为有界化形式，“有”可带体标记，名词前可以加数量之类的修饰语。例如：

(7)有(了)一台电脑　有(了)两辆汽车　有(了)三部手机

有(过)不少股票　有(过)多套房产　有(过)几家公司

这一类构式还可以换序，说明内部相对而言比较松散。例如：

(8)电脑有(了)一台　汽车有(了)两辆　手机有(了)三部

股票有(过)不少　房产有(过)多套　公司有(过)几家

总的来说，这个等级的“有＋$N_{双}$”构式的整合度相对来说较低，我们把它称为A式。

1.2　评述性构式(B式)

“有＋$N_{双}$”构式的重大突破是抽象名词开始进入该构式，$N_{双}$语义的抽象必然导致“有”的语义的虚化，这是词语组合在范畴认知层次上的同一性原则所决定的。因此，抽象名词的进入意味着“有＋$N_{双}$”构式整合度将逐渐提高，整体功能将逐渐转化。它们既保留了A式的特征，又发展出新的整体功能，即评述性功能。有两种情况，下面分别加以讨论。

第一种情况，“有＋$N_{双}$”构式中的$N_{双}$大多是表示积极义的“能力”范畴的抽象名词。例如：

(9)有条件　有机会　有权利　有实力　有权力　有潜力

有能力　有办法　有把握　有能耐　有本事　有决心

上述“有＋$N_{双}$”经常用于“有＋$N_{双}$＋VP”构式，表示具有某种能力处理某事，整体功能类似于助动词。例如：

(10)有条件研发产品　有机会参加会议　有权利提出控告

有能力治理污染　有办法解决难题　有把握战胜对手

第二种情况，“有＋$N_{双}$”中的$N_{双}$大多是表示积极义的“属性”范畴的抽象名词，数量极大。例如：

(11)有出息　有才华　有礼貌　有品位　有自信
有威信　有威望
有尊严　有情操　有教养　有情趣　有主见
有远见　有气质
有激情　有热情　有文采　有修养　有魄力
有魅力　有风度
有福气　有骨气　有灵气　有勇气　有运气
有志气　有才气
有良心　有孝心　有耐心　有悟性　有血性
有灵性　有生气
有活力　有毅力　有派头　有劲头　有天赋
有灵感　有深度
有见识　有追求　有理想　有抱负　有主张
有交情　有个性
有效果　有哲理　有气势　有好处　有威力
有趣味　有韵味
有诚意　有创意　有新意　有善意　有希望
有收获　有启发

上述“有＋$N_{双}$”构式的整体功能已经发生变化，整体上相当于一个形容词，具有一定凝固性，明显的标记是前边可以加程度副词“很”。丁声树等(1961)、赵元任(1979)、贺阳(1994)、李宇明(1995)、姚占龙(2004)等学者对此都有过阐释，不再赘述。

上述两组实例说明此类“有＋$N_{双}$”构式已经开始凝固，整体功能也发生了变化。值得注意的是，由于整体功能的转化导致了“有”字意义变得淡化、空灵了，有可能成为名词转化为形容词的形式标记。谭景春(1998)证明，名词转化为形容词的途径之一是“有＋$N_{双}$”中“有”的脱落。例如：

(12)你还真挺有本事的。→你还真挺本事的，愣把他给说服了。

老人的生活挺有规律的。→老人的生活挺规律的。

她很有个性。→她很个性的。

这都是很有感情的话。→这都是很感情的话，她已运用得非常熟练。

小李当时很有理智。→小李当时很理智。

学生对老师很有礼貌。→学生对老师很礼貌。

他穿上军装显得很有威风。→他穿上军装显得很威风。

老先生对文字改革工作很有热情。→老先生对文字改革工作很热情。

《现代汉语词典》(第5版)给这类名词转指的形容词释义时就用“有＋名”的构式。例如：

理智［形］：有理智(P.836)

礼貌［形］：有礼貌(P.833)

威风［形］：有威风(P.1143)

热情［形］：有热情(P.1412)

但是，这一类“有＋$N_{双}$”构式还处在变化过程中，还没有完全成为固定搭配，$N_{双}$具有一定的可替换度，整体熟语性还不强。总的说来，这一等级的“有＋$N_{双}$”构式的整合度显然比A式要高，我们把它称为B式。

1.3　熟语化构式(C式)

“有＋$N_{双}$”构式整合的后果是熟语化，整个搭配日益凝固，构式义更加凸显。也有两种情况，下面分别讨论。

第一种情况，“有＋$N_{双}$”构式中的$N_{双}$都是一些抽象名词，从语义倾向来分析都是中性的，但整个构式表达的却是积极义(见括号内的解释)。例如：

(13)有气氛(气氛很好)　有组织(组织有序)

有质量(质量上乘)

有理由(理由充分)　有标准(标准严格)

有概念(概念新颖)

有价值(价值极大)　有规律(规律明显)

有内容(内容充实)

有作用(作用很大)　有理论(理论性强)

有特点(特点显著)

有学问(学问渊博)　有经验(经验丰富)

有学历(学历很高)

有文化(文化程度高)　有证据(证据确凿)

有积累(积累深厚)

有原则(能坚持原则)　有规矩(能遵守规矩)

有结果(达到了预期目标)

《现代汉语八百词》(P.630)注明此类组合“不用程度副词，也能有程度深的意思”。这说明此类构式已经成为固定搭配，熟语性很强。熟语化的极端形式就是“词汇化”，整体意义超越了字面意义，下列实例《现代汉语词典》(第5版)已经列为词条。例如：

有意思：有意义，耐人寻味；有趣；男女之间有爱慕之心。

有意识：主观上意识到的；有目的、有计划的。

有年纪：指年纪很大了。

有日子：指有好些天了。

沈家煊(2006)曾对“有意思”的用例做过解释：“有意思”不等于“有＋意思”，我们说“这些话有意思”，什么话没有意思呢？两者整合后的浮现意义是“有趣，耐人寻味”，如果没有这个浮现意义，“有意思”就没意思了。余例类推。

第二种情况，“有＋$N_{双}$”构式中的$N_{双}$体现的大都是隐喻义，这是熟语化的典型标志，下列实例大多已被《汉语惯用语词典》收录：

(14)有反响　有出路　有节奏　有方向　有目标
有窍门　有分量　有门路　有味道　有胃口
有靠山　有城府　有架子　有后台　有背景
有分寸　有肝胆　有底子　有肚量　有眉目
有根基　有骨气　有肩膀　有斤两　有角色
有棱角　有脸面　有墨水　有声色　有手腕
有头脑　有心眼　有眼光　有油水　有准谱

语料显示，这一类构式内部极少有扩展，有些似乎可以扩展，但意思不一样。试比较：

(15)a. 舞台上有精心制作的背景。
b. 你不能跟他比，人家可是有背景的。

(16)a. 别担心，林子里有很多出路。
b. 这些孩子还是有出路的，我们要多加引导。

(17)a. 发现了小分队留下的标记，总算有了行进的方向。
b. 今晚咱有方向了，去老刘家打麻将。

(18)a. 院子里有一些栽种葡萄的架子。

b. 这个主任有架子，不好打交道。

上述实例中，a 句是“有”字存现句，而 b 句中的“有＋$N_{双}$”是一种熟语化表达。例(15)中的“有背景”不是指舞台背景，而是指背后支撑的有权势的人物或势力；例(16)中的“有出路”不是指具体出路，而是指人生的正途；例(17)中的“有方向”不是指行进方向，而是指怎么打发时间有了着落；例(18)中的“有架子”不是指栽培架子，而是指为人处世的言行举止。

综合上面两种情况，这一类“有＋$N_{双}$”构式的共同点是整个构式熟语化了，与 B 式不同的是此类熟语化构式自身已蕴涵了程度义，不用程度副词也能表示程度深，说明程度义已渗透到构式中，这是概念高度整合的结果。这类似于音系研究中常提到的“魔鬼”(ghost)形式，虽然听不到，但“语迹”(trace)却还能产生作用。解正明(2007)认为此类构式的构式义表示“非常量”，笔者非常赞同。总的说来，这一等级的“有＋$N_{双}$”构式的整合度最高，我们把它称为 C 式。

1.4 综上所述，A 式是“有”与具体名词的整合，具有述谓性，整个构式表现为原型特征；B 式是“有”与抽象名词的整合，具有评述性，整个构式的功能相当于形容词，可以前加“很”来凸显程度量；C 式是“有＋$N_{双}$”的熟语化构式，蕴涵程度义，整个构式义体现“非常量”。A 式、B 式、C 式呈现出如下的共变序列：

A式 ……………… B式 ……………… C式

整合度：低 ——————————→ 高

熟语化：弱 ——————————→ 强

2 “有＋$N_{双}$”的语义倾向探源

2.0 上文讨论“有＋$N_{双}$”构式的熟语化趋势时所列举的用例，其中的$N_{双}$都是表积极义的名词，“有”的语义从实到虚，但基本上还是定位在“拥有”的义域。但事实上$N_{双}$表消极义的用例也不是没有，这是一个颇有意思的问题，现在我们来讨论“有＋$N_{双}$”的语义倾向。上文指出，传统语法主张句首成分的语义特征对“有”的语义以及整个构式义具有强制性，以指人主体为标记的构成“有”字领有句，以处所话题为标记的构成“有”字存在句。但是进一步考察发现，这种解释并不全面。事实表明，有时构式主体的语义角色不确定，但人们在理解时会通过转喻认知机制加以调整，确认“有”表拥有或存在。例如：

(19)a. 家里有汽车。　　b. 家里有垃圾。

例(19)两句的主语都是“家里”，理解a句时人们会将“家里”转指家中主人，即“家中主人拥有汽车”；理解b句时人们会将“家里”转指居家住所，即“居家住所存在垃圾”。有时构式的主体明确指人，但“有”也未必表示拥有。例如：

(20)a. 老王有钱。(表拥有)

b. 老王有病。(表存在)

(21)a. 这个女人有魅力。(表拥有)

b. 这个女人有问题。(表存在)

上面两组例句的主语分别相同，都是生命度极高的指人名词；例(20)的宾语“钱”“病”都是具体名词，例(21)的宾语“魅力”“问题”都是抽象名词。但是从话语理解的角度来看，两例中a句的“钱”

"魅力"都是人们所期待拥有的东西或属性,我们倾向于把"有"理解为"拥有";b句的"病""问题"不是人们所期待出现的现象,我们倾向于把"有"理解为"存在"。可见,虽然上述两组例句的主语不是处所词,无法强制"有"表示"存在",但从普遍的认知机制来看,人们倾向于将积极义与"拥有"匹配,将消极义与"存在"匹配。这表明在"有"字句中,"有"表"拥有"还是"存在",认知机制上的"默认值"取决于宾语名词的语义倾向,名词的积极义激活"拥有",名词的消极义激活"存在";而主语位置上名词语义角色的指派只是一种外在的句法强制。例如:

(22)a.老教授有汽车。　　b.院子里有汽车。

例(22)中宾语"汽车"是公认值得拥有的东西(积极义),a句的主语"老教授"强化了"有"表"拥有",而b句的"院子里"却强制性赋予"有"表"存在"。

2.1　这种内在的认知机制显然与"有"的原型义有关。《说文解字·有部》对"有"的解释是:"不宜有也。《春秋传》曰:'日有食之。'从月,又声。"章炳麟批判了许慎的训解,认为他的解释"说《春秋》虽可尔,说字则不可通"。事实上,文献中对此也早有疑问,并对"有"的诠释加以纠正。如《广雅·释诂》解释:"有,取也。"清王筠《说文释例》说"'有'字从又从肉会意"。近代研究古文字的学者据毛公鼎、令鼎诸古字形,断定"有"字系从又持肉之象。(陆宗达,1981:221)也就是说,根据古汉字字形分析,"有"是个会意字,表示"手"提着"肉",自然表示"拥有"。值得思考的是为什么用"手提着肉"来转喻"拥有"呢?很显然,在上古时期,由于生产力低下,生活质量也不高,能吃到肉是一件不易之事。《孟子·梁惠王上》曾描绘了以王道治国的美好情景:

五亩之宅，树之以桑，五十者可以衣帛矣。鸡豚狗彘之畜，无失其时，七十者可以食肉矣。百亩之田，勿夺其时，八口之家可以无饥矣。

可见当时只有辈分高的老人才能“衣帛食肉”，“肉”是当时人公认的“值得拥有的好东西”。因此，“肉”的原型义应该是“拥有(美好的物品)”。

直到现代汉语，“有”字句的语义倾向还延续了这种原型义的特征，通常表示“好”“多”的积极义。南昌方言中至今仍有这样的说法，如“听说那家人家好有诶！”“好有”指的是家境“很富裕”，说明“有”在这里传达的是“富足”之意。(章丽燕，2011)刘丹青(2010)指出，领有动词本性里潜存表多、表好倾向，自古而然，如：《说文·有部》段王玉裁注：“有，谓本是不当有而有之称，引申为凡有之称”，《诗·邶风·谷风》：“何有何亡”，毛传：“有，谓富也”，《诗·小雅·甫田》：“终善且有”，朱熹集传：“有，多也”。汉语“有”字这一倾向尤其显著，从而形成特有的语义倾向和信息结构，与英语 have 之类较为中性的领有动词不同。领有句的“有＋宾语”结构本身倾向于表多表好，因此只有倾向多和好的定语才能与整个动宾结构达到语义和谐，从而整合成一个尾焦点。笔者认为刘丹青的观察和结论是符合语言事实的。

2.2　从本文的考察来看，“有＋$N_{双}$”构式的这种倾向同样是很显著的。事实上学界对此早有关注，如邹韶华(1988)、贺阳(1994)、李明宇(1994)、沈家煊(1996)、石毓智(2001)等学者都指出了这种倾向。笔者依据本文考察，进一步举证如下：

第一，该构式的原型是“有”与具体物质名词搭配的开放性述宾短语(A 式)，语料显示与“有”搭配的名词大多表示值得拥有的东西(积极义)。什么是“值得拥有的”,取决于某一社会群体的规约性,比如在当代一些大中城市里可以列举的有“房子、汽车、电脑、手机、股票、存款、文凭”等等(详见1.1)。有时一些很普通的东西(未必是公认值得拥有的)也与“有”搭配。例如:

(23)大家都累坏了,只见屋里**有水缸**,**有草席**,便痛痛快快地喝个够,然后躺在草席上美滋滋地睡着了。

(24)条件是差一点,但**有桌子**,**有椅子**,**有书架**,对我来说已经很满足了。

例(23)“有水缸、有草席”不是什么值钱的东西,但对累坏了的人们来说,却感到很痛快,心里美滋滋的;例(24)“有桌子、有椅子、有书架”本也不足为奇,但对于说话人而言已经很满足了。可见这样的“有+$N_{双}$”构式的出现都有语境信息的支撑,使得一般的“有+$N_{双}$”的语用表达获得了积极的评价义。

第二,在“有+$N_{双}$”构式中,整合度提升和构式成型的标志是抽象名词进入该构式(B式)。语料表明,能进入该构式的抽象名词,大多属于积极义的“能力”或“属性”范畴(详见1.2)。最有说服力的是该构式C式中有一部分$N_{双}$抽象名词,从语义倾向来分析是中性的,并不凸显积极义,但整个构式表达的却是积极义。如“有气氛(气氛很好)、有组织(组织有序)、有质量(质量上乘)、有理由(理由充分)”。本来,“气氛”可能好也可能不好,“组织”可能有序也可能无序,“质量”未必上乘,“理由”未必充分,但进入“有+$N_{双}$”构式之后,表示的却是积极的一面(见括号中释义)。这类构式有些已经经过整合而进一步词汇化了,如“有意思(耐人寻味)、有意识(有目的有计划)、有年纪(年纪大)、有日子(好多天)”(详见1.3)。邹韶华(1988)曾认为这是因为积极意义的词使用频率高,通过“语境频率联想”的作用，结果中性词就体现了含积极意义的性质特征。笔者认为，这是因为“有＋$N_{双}$”构式已经形成了特定的构式义，即“拥有美好的事物或属性”，因此，虽然这些抽象名词表示的是中性义，但一旦进入该构式就获得了积极义，这种现象可称为“构式赋义”(coercion)，是构式成型的一个重要特征。

第三，就总体而言，在我们所收集到的500多个不同的比较固定的搭配中，词语本身表示积极义的，或整个构式表示积极义的，占总数的90%，表示消极义的词语只占10%左右。这里还不包括“有”与具体物质名词搭配的开放性述宾短语(A式)，也没有引进使用频率的参数，如果考虑上述两个因素，这个比例将会是悬殊的。语料的统计频率是定量分析的基本依据，认知构式语法创始人Goldberg(2006)针对如何避免“过度概括”(over generalization)的现象，提出了“统计优选”(statistical pre-emption)的概念，“统计优选”包含三个主要变量，其中首先就是出现频率，即给定的构式出现的频率足够高，才能有效地先于其他构式而被选择。笔者赞同这个观点，本文对“有＋$N_{双}$”构式的统计数据表明，该构式的原型是表示积极义的。

2.3　我们说“有＋$N_{双}$”构式表达积极义，是就总体倾向而言的，在实际语料中，与“有”搭配的表示消极义的词语不是没有，只是所占比例很少。例如：

属于A式的有：

有垃圾　有烟头　有痰迹　有废纸　有伤疤　有次品　有污水

属于B式的有：

有威胁　有诱惑　有怨气　有成见　有心计　有难度　有偏见

属于C式的有：

a. 有看法　有意见　有问题　有情绪　有脾气
有议论　有顾虑

b. 有疙瘩　有把柄　有压力　有内幕　有漏洞
有包袱　有水分

上述实例中的$N_{双}$都表消极义，一个共同特点是不论“有”的语义是实是虚，都定位在“存在”的语域，即我们倾向于把“有”理解为“存在”。A式的$N_{双}$都是具体名词，整个构式属于开放性述宾短语组合。B式的$N_{双}$都是抽象名词，整个构式的功能向形容词漂移，前边能加“很”修饰。C式熟语性很强，其中a类用例中的$N_{双}$在语义上是中性的，但整个构式表消极义；b类用例中的$N_{双}$体现隐喻义，是熟语化的典型标志。具体分析可分别参见上文1.1、1.2、1.3的论述，不再赘述。

值得解释的是，“有＋$N_{双}$”构式总体倾向表积极义，为什么还会出现少数表消极义的用例？笔者认为这是构式定型的必然后果，是一种普遍的句法类推现象。比如述补构式“V死”，其中“死”虚化为表“程度达到极点”，由于“死”的语义原型表消极义，能进入该构式的V也是表消极义的动词，如“气死了、恨死了、饿死了、累死了”，但构式定型后也出现了部分表积极义的动词，如“乐死了、笑死了”。又比如述人的数量谓语构式“NP一个”，整个构式表消极义，能进入该构式的NP也都表消极义，如“傻瓜一个、混蛋一个、小混混一个、书呆子一个”，但构式定型后也出现了部分表积极义的名词，如“模范一个、好汉一个”。刘丹青(2005)在论述作为典型构式句的非典型“连”字句时指出，非典型“连”字句的强调义来自整个构式的表义作用，因而是更典型的构式句。笔者完全赞同他的观点，表消极义的“有＋$N_双$”构式是非典型的，是该构式定型的类推后果，但又更具典型性。

2.4　综上所述，“有＋$N_双$”构式的语义倾向呈现如下的态势：

主观凸显义域：←—— 表“拥有”——→｜← 表“存在”→

$N_双$语义特征：……积极义…… 中性义……｜……消极义……

客观潜在义域：←———————表“存在”———————→

“有”的客观潜在义域是表“存在”，主观凸显义域具有认知上的选择性，其中表“拥有”涵盖了积极义或中性义的名词，而表消极义的名词与表“存在”匹配。

3　余论

本文的探索表明了一个语言事实：名词本身表积极义还是表消极义，不仅仅是词汇层面的感情色彩问题，还会对句法构式产生影响。在“有”字句中，“有”表“拥有”还是“存在”，认知机制上的“默认值”取决于宾语名词的语义特征，积极义激活“拥有”，消极义激活“存在”，从而分别形成“有”字领有句和“有”字存现句，“有＋$N_双$”构式表现出同样的语义倾向。其实不仅名词如此，形容词、动词也有类似的表现。

学界早就注意到量度形容词中，表积极义的（如“大、长、高、远”）是无标记形式，表消极义的（如“小、短、矮、近”）是有标记形式。如果问“这个房间有多大？”事实上房子可能大也可能小，如果问“这个房间有多小？”那么房间一定很小。可见在疑问句中，表积极义的词义辖域能涵盖表消极义的词义辖域，反之则不行。相关现象还涉及性质形容词在状位的表现，性质形容词处在状位，可以看作是两个述谓结构的整合,其中状位成分是降格的次谓语。如“成功地发射了导弹”“光荣地加入了组织”“认真地准备考试”“敏捷地回答问题”等,其中能处在状位的大多是表积极义的(见所举例),表消极义的(如“失败、可耻、马虎、迟钝”)一般不会进入这个句法位置。

学界对动词在这方面的表现显然关注不够,笔者注意到,表积极义的动词容易与及物性相关,我们说“很高兴见到你”“他有望晋升高级职称”,“高兴”“有望”都能带谓词性宾语,表消极义的如“伤心”“无望”一般不能直接带谓词性宾语,只能说“见到你很伤心”“他晋升高级职称无望”。同类现象如我们说“凝聚人心”“人心涣散”,我们说“赢了对手”“对手输了”;表积极义的“凝聚”“赢”可以带宾语,表消极义的“涣散”“输”一般不带宾语。相关现象还包括性质形容词通过使动用法转指的动词(兼类词),如“繁荣(市场)”“明确(宗旨)”“方便(群众)”“丰富(生活)”等,大多是表积极义的;表消极义的如“萧条、模糊、麻烦、单调”一般不能转指动词。

对此学者们公认与人们的认知机制有关。如沈家煊(1996)认为在“有+名”结构中,积极意义的词使用频率高,体现的是社会心理的乐观原则,即人总是看重和追求好的一面,摒弃坏的一面。久而久之,积极意义的词使用频率就高于消极意义的词的频率。石毓智(2001)认为这一构式的形成与把社会平均标准作为基数的社会认知活动有关,从逻辑上讲任何大于零的量都可以看成“有”,但固定下来的“有+名”短语通常指的是高于社会一般标准的量。笔者认为就动因来分析可以归结为人们社会规约性的“期望值”:表积极义的事物是人们所期望拥有的,表积极义的行为是人们愿意付诸行动的,表积极义的属性是人们喜欢凸显的。总之,词义的语义特征[+积极]或[−积极]不仅仅是词义层面的表征,还会在句法层面有所“投射”,而这正是值得我们去进一步探索的机理。

参考文献

丁声树等 1961 《现代汉语语法讲话》,北京:商务印书馆。

贺 阳 1994 “程度副词+有+名”试析,《汉语学习》第4期。

黄斌宏(主编) 2009 《汉语惯用语词典》,北京:商务印书馆。

李临定等(编) 2008 《现代汉语短语解析词典》,北京:商务印书馆。

李宇明 1995 能受“很”修饰的“有X”结构,《云梦学刊》第1期。

刘丹青 2005 作为典型构式句的非典型“连”字句,《语言教学与研究》第4期。

——— 2010 《汉语“有”字领有句的语义倾向和信息结构》,第十六次现代汉语语法学术讨论会论文。

陆宗达 1981 《说文解字通论》,北京:北京出版社。

吕叔湘(主编) 2009[1980] 《现代汉语八百词》(增订本),北京:商务印书馆。

孟 琮等(编) 1987 《动词用法词典》,上海:上海辞书出版社。

沈家煊 1996 英汉对比语法三题,《外语教学与研究》第4期。

——— 2006 《概念整合和“浮现意义”》,复旦大学望道论坛学术报告。

石毓智 2001 《语法的形式和理据》,南昌:江西教育出版社。

谭景春 1998 名形词类转变的语义基础及相关问题,《中国语文》第5期。

解正明 2007 《基于社会认知的汉语有标记构式研究》,北京语言大学博士研究生学位论文。

姚占龙 2004 也谈能受程度副词修饰的“有+名”结构,《汉语学习》第4期。

章丽燕 2011 《“有+$N_{双}$”构式的整合度高低及其层级分布》,上海师范大学硕士学位论文。

赵元任 1979 《汉语口语语法》,北京:商务印书馆。

邹韶华 1988 中性词语义偏移的原因及其对语言结构的影响,《语法研究和探索》(四),北京:北京大学出版社。

Adele E. Goldberg 2006 *Constructions at Work*: *The Nature of Generalization in Language*. Oxford: Oxford University Press.

Fauconnier, Gilles 1994 *Mental Spaces*. New York: Cambridge University Press.

Fauconnier, Gilles & Mark Turner 1998 Conceptua integration net works. *Cognitive Science* 22.2.

陕北神木话的助动词“敢”及其语法化*

邢向东

（陕西师范大学文学院）

陕北神木话的助动词“敢”有四个义项，都属于情态意义：①表示有勇气、有胆量；②表示允许，义为“可”，用于否定式祈使句；③表示可能，对事件的可能性进行推测；④表示要，用于否定式祈使句，表达与推断情况相反的愿望。本文描写助动词“敢”的意义和用法，并通过与周边方言及元代口语文献的比较讨论它们之间的区别与联系。

1 表“有勇气、有胆量”：敢$_1$

神木话“敢”表“有勇气、有胆量”的用法和普通话相同，可以称之为“敢$_1$”。可独立充当谓语，也可在动词性短语前做状语。主语必须是有生的人、动物，动词均为自主动词。否定形式是“不敢”。

* 本文曾在“第四届西北方言与民俗国际学术研讨会”（北方民族大学）、“中国语言学发展之路——继承、开拓、创新国际学术研讨会”（北京大学）、“第六届汉语语法化问题国际学术讨论会”（陕西师大）上宣读，蒙陆俭明、侯精一、刘勋宁、张谊生、吴为善、陈前瑞等先生提出宝贵意见；黑维强、张军先生和贺雪梅同学在修改中提供了多种帮助。谨此致谢。

例如：

(1)你敢你问去[kəʔ⁰],我可是不敢。

(2)我敢开车嘞。

(3)羊起火生了气了也敢顶人嘞。

(4)毛驴不敢弹人踢人。

2 表"允许"：敢$_2$

"敢$_2$"出现在带"不"的否定祈使句中，意义是"可"。"不敢"义为"别"，表示制止。后头可接动词性短语，也可独立充当谓语。普通话"敢"没有同类用法。例如：

(5)台子这么高，可不敢跳可别跳！

(6)上课不敢说话别说话！

(7)不敢教狗回家来别让狗进了家！

(8)(制止某人的行为)不敢别！

这种句子的主语是人(大多省略)，动词是自主性动词。其使用语境是：说话人认为祈使对象所做的事可能有危险或不合情理，因此加以制止。

"敢$_2$"还可构成反复问句，询问对方能否做某件带有冒险性的事。回答是"敢/不敢"。如果是反问句，则使用是非问形式。例如：

(9)孩伢儿□[tsɔ⁵³]孩子已经吃了两颗鸡蛋了，再敢给吃不了？——敢嘞/不敢了。

(10)孩伢儿□[tsɔ⁵³]孩子已经吃了两颗鸡蛋了，再敢不敢给吃了？——敢嘞/不敢了。

(11)孩伢儿□[tsɔ⁵³]孩子已经吃了两颗鸡蛋了，还敢给吃

嘞？（＝不敢给吃了）

邢向东、张永胜（1997：235—236）曾描写过内蒙古晋语“敢”的这种用法，指出“‘不敢’义为‘不可’，是陈述句中的‘敢’经语义扩展演化来的”。侯精一（1999：385—386）、郭校珍（2008：42）都谈到山西晋语这类用于否定句的“敢”，将“敢”释为“可”。冯爱珍描写闽南话的“敢”，也谈到这类“敢”字，多用于否定句和疑问句，例如：“伊恰细，你不敢去拍伊他太小，你不能打他。”（1998：285）

3　表“可能”：敢$_3$

3.1　“敢$_3$”表示对可能性的推测，相当于普通话的“可能”。从时间关系看，多构成未然句，但也不排斥已然句。“敢”前面常带有表示担心的语气副词“还［xɛ^{44}］”，句末语气词是“嘞［ləʔ^{0}］”。其特点是，句子主语可以是有生性的人或动物，也可以是无生性的事物，后头的动词既有自主动词，也有非自主动词。有生名词做主语如：

（12）这么捻捻路走了半天还没到，□［niɛ^{213}］二舅还敢走岔嘞这么点儿路走了半天还没到，你二舅可能走岔了。（未然）

（13）我真儿爽利没考好，还敢不及格嘞我今天完全没考好，有可能不及格。

（14）这人还敢是新来的老师嘞这人可能是新来的老师。

（15）鸡还敢教黄鼬吃了嘞鸡很可能被黄鼠狼吃掉了。（已然/未然）①

例（13）如果从已经考过的角度看，是对已然事态的推测，从评卷的角度看，是对未然事态的推测，其实它注重的是“不及格”的可能性，并不强调已然或未然。例（15）只有在特定的语境下才能确定已然、未然。无生名词或不能发出动作的名词做主语都是未然句，动词一般是非自主、不可控的，例如：

(16)明儿还敢下雨嘞明天可能要下雨。

(17)真儿这场戏还敢演不成嘞今天这场戏可能演不成了。

(18)这茇[pəʔ⁰]树还敢死嘞这棵树可能要死。

(19)这孔窑还敢塌嘞这个窑洞可能要塌。②

3.2 与肯定句相应的疑问式有两种。一种是“敢不敢＋VP”式的反复问句，表示疑问程度较高的询问。肯定回答用“敢”，否定回答不能用“不敢”，而要用表可能的“V 不 C”式。例如：

(20)你说这天气敢不敢下雨？——敢嘞可能。/下不起不会下。

(21)钥匙敢不敢扔丢嘞？——也敢嘞也可能。/扔不了不会丢。

一种是“不敢＋VP＋吧”式的揣测句，表达否定性的推测。“吧”是表揣测的句末语气词。例如：

(22)这事情不敢黄了吧这事儿不会黄吧？

(23)□[niɛ²¹³]哥哥不敢往西沟调吧你哥哥不会往西沟调吧？

(24)真儿不敢起风吧今天不会起风吧？

(25)这几天不敢下冷子吧这几天不会下冰雹吧？

这是从客观情况的发展来观察，用揣测句表示否定性的推测。揣测句是带有倾向性的问句，肯定形式倾向于否定，否定形式倾向于肯定。所以，它表示比直陈句肯定程度较低的推测。“敢”的意义与肯定句对当，是“可能”。

4 表“要”：敢$_4$

“敢$_4$”只能构成“可＋不敢＋VP”式祈使句，表达与所推测的可能性相反的愿望。“不敢”在普通话里没有完全相当的词语，大致相当于“不要/别”，神木话中同义的说法是“不能”。“可”是语气副词。例如：

(26)张老师可不敢调上走了张老师可别调走。

(27)这么冷的天毛头出去，可不敢拍了这么冷的天气光着头出去，可别感冒了。

(28)真年可不敢遭下年成今年可别遭了饥荒。

(29)工地上可不敢出了事故工地上可别出了事故。

这种句子从主观愿望出发，表达带有推测性的意愿：说话人推测某事情有可能发生，希望它不要发生。该句式也可用“可不敢”打头、后接“教”字式的兼语短语，构成“可＋不敢＋教＋VP”式祈使句。这种句子是用使令形式表达说话人的愿望，“教”后的成分未必是后头动词的施事，只是借用特殊的句式而已，例如：

(30)可不敢教张老师调上走了张老师可别调走。

(31)可不敢教工地上出了事故工地上可别出了事故。

从句子形式看，“不敢$_4$”句同“不敢$_2$”句一致，其间存在密切联系。从情态意义看，则是“敢$_4$”同“敢$_3$”有密切联系。

据此，“不敢$_4$”的意义可归纳为“希望不要”，“敢$_4$”的情态意义可分析为表可能的“要”。它在神木话中的同义词是“能”，如：“真年可不能遭下年成。”“可不能教张老师调走。”③

“敢$_1$”“敢$_3$”构成的肯定句，句末语气词都是“嘞”，表示断定、确认的语气。

5 与其他陕北晋语的比较

我们就助动词“敢”的用法调查了部分陕北晋语，发现与神木话有同有异，同大于异。其中“敢$_1$”“敢$_2$”的用法完全相同，不必赘述。下文只谈“敢$_3$”“敢$_4$”。

5.1 横山话④

5.1.1 横山话与“敢$_3$”对应的肯定句，常说“敢个[kəʔ⁰]＋VP”，也有只说“敢＋VP”的，例如：

(32)a. 鸡敢个教黄鼬吃了。(已然，叙述)

b. 就这么个管也不管动儿价就这样管都不管的话，鸡还敢教黄鼬吃哩嘞。(未然，判断)

(33)a. 天阴成这么个，明儿上今天敢个下雨也。(未然，叙述)

b. 天阴成这么个，明儿上明天还敢个下雨嘞。(未然，判断)

(34)a. 这茇树敢个死下了。(已然，叙述)

b. 这茇树还敢死嘞。(未然，判断)

在神木话中，(32a)(33a)(34a)都不能说，其对应说法是，(32a)：“鸡不敢定教黄鼬吃了。”(33a)：“明儿不敢定下雨也。”(34a)：“这茇树不敢定死下了。”据我们分析，这几例神木话不能说的原因在于，神木话“敢”只能用于表判断的句子，句末语气词必须是“嘞”，而横山话这几句末尾分别用了时制助词兼表申明语气的“了、也”，构成的是表示推测的叙述句(与判断句相对而言)，可见，横山话“敢$_3$”的使用范围、频率都高于神木话。

相应的揣测句用“不敢＋VP＋么[məʔ⁰]”，例如：

(35)这个事情不敢黄哩么？

(36)今儿上今天不敢起风么？

(37)那个人不敢就是新来的老师么？

此类否定性推测句，横山话更常用的说法是在“不敢 VP 么”

前再加一个语气副词“敢”，但其后有停顿，似乎有提顿词的作用：“今儿上敢今天大概，不敢起风么？”“这茇树敢这棵树大概，不敢死哩么？”神木话与之相同，如：“真儿敢大概不敢起风吧？”

5.1.2 “不敢$_4$”句，横山话相应的说法是“不敢＋教＋VP”，“不敢”后是“教”字组成的兼语短语。例如：

(38)张老师不敢教调上走哩嘞。

(39)今年不敢教跌下年成嘞。

相对来说，横山话与神木话“敢$_4$”相当的用法，句式要求严格，不如神木话自由。

5.2 清涧石盘话⑤

5.2.1 清涧石盘话也有表推断的“敢$_3$”，而且用法更广，频率更高。句子大多表示对未然事件的推测，少数也可推测已然事件。同神木话最重要的不同是，石盘话推测未然事态的句子，句末用表后事时兼申明语气的助词“去也”，而神木话只能用语气词“嘞”，例如：

(40)那是个儿人，那敢跑的公社告去也他是个泼皮，可能跑到公社去告去。

(41)缠来缠去，敢把那疙瘩玻璃弄烂去也。

(42)再发山水洪水，园子种菜的小块水地棱棱就敢塌去也可能要塌。

表已然的句子，石盘话句末用“了”，神木话没有相应的说法。例如：

(43)你看那脸黑侵侵家，敢跟婆姨斗阵来了[liəʔ^0]看他黑着个脸的样子，可能是跟妻子吵架了。

(44)那茇树上的蜂窝敢蹋掉了[liəʔ^0]那棵树上的蜂窝可能掉了。

(45)那眼旧窑敢塌了[liəʔ^0]。

和横山话一样，石盘话的上述句子同神木话最明显的区别仍然是在句子的功能类型上：石盘话用的是叙述句，神木话用的是判断句，因此导致句末语气词和使用频率的差异。

与肯定句相应的揣测句有两种。一种是"圪＋不敢＋VP＋么"，用否定形式表示推测，多表示与愿望相反的推测。从与横山话的比较来判断，这个"圪"疑即副词"敢"的促化。例如：

(46)a. 猫圪[kəʔ³]不敢把肉得溜的去了么猫不会把肉叼走了吧？

(47)a. 局长圪不敢跑到□[ȵiɑ³¹²]乡上去么局长不会到你们乡上去吧？

(48)a. 这几天圪不敢下冷子么这几天不会下冰雹吧？

另一种是"敢(语气副词)＋不是＋VP＋么"，如上面三个例句也可说成：

(46)b. 猫敢不是把肉得溜的去了么猫不会把肉叼走了吧？

(47)b. 局长敢不是跑到□[ȵiɑ³¹²]乡上去么局长不会到你们乡上去吧？

(48)b. 这几天敢不是下冷子也么这几天不会下冰雹吧？

石盘话的这两种问句，第二种神木话完全没有，第一种除了前面加副词"圪"以外，句末语气词也不同，石盘话用"么"，神木话用"吧"。

"敢$_3$"也可以构成反复问句。例如：

(49)你说明儿敢不敢下冷雨——敢嘞/下不下。

(50)老师敢不敢忘了给你说了——敢嘞/不会。

总之，石盘话"敢$_3$"的用法，同横山话比较接近，比神木话功能更完整，适用的句式更自由。

5.2.2　神木话的"敢$_4$"句，即"可＋不敢＋VP"句式，在石盘话中要用"可是＋不敢＋教/让＋VP"格式，即"不敢"后面加上"教、让"等使令动词，构成祈使句，表达与所推测可能性相反的愿望。其中“可是”义为“无论如何、千万”。有时也可单用“可”，语气较“可是”为弱，且频率很低。例如：

(51)a. 可是不敢教猫把肉得溜的去了[liəʔ⁰]千万别让猫把肉叼走了。

(52)a. 可是不敢教张老师调得去了千万别把张老师调走。

(53)a. 这来来家大的雨光脑出去，可是不敢教拍了这么大的雨光着脑袋出去，千万别感冒了。

(54)a. 今年可是不敢教遭下年成了今年千万别遭了饥荒。

也可省去“可(是)”，命令的语气由强转弱，例如：

(51)b. 不敢教猫把肉得溜的去了别让猫把肉叼走了。

(52)b. 不敢教张老师调得去了别把张老师调走。

(53)b. 这来来家大的雨光脑出去，不敢教拍了这么大的雨光着脑袋出去，可别感冒了。

(54)b. 今年不敢教遭下年成了今年可别遭了饥荒。

同石盘话相比，神木话很少使用 b 式，同时在 a 式中，“教”字兼语式的出现频率也比较低。

总之，与神木话一样，清涧石盘话“敢”也包含有“可能”(敢$_3$)和“要”(敢$_4$)两个义项，其用法比神木话更普遍。同时据黑维强先生观察，绥德话助动词“敢”也有这两个义项，其用法也同横山、清涧石盘更为接近。

6 同元代文献《原本老乞大》和《新校元刊杂剧三十种》的比较

张相《诗词曲语辞汇释》将诗词曲中的“敢”归纳为三个意义，

例句从唐五代开始，以元曲为主。"敢（一）"云："犹可也；亦犹可是也。""敢（二）"云："与管同，犹正也；准也；定也。""敢（三）"云："犹会也，肯也。"其中"敢（一）"相当于本文的"$敢_2$"，"敢（二）"为语气副词，本文暂不涉及。敢（三）与本文的"$敢_1$""$敢_3$"都有关系。（张相，1997：32—36）太田辰夫指出："敢""从五代到近古有用于推量的，但现代不这样用了"（太田辰夫，2003：189）。

元代口语中，"敢"的使用频率极高，功能十分多样。其中有的是语气副词，有的是助动词。我们穷尽搜索了两部元代文献，以观察助动词"敢"的功能和用法。结果如下。

6.1 《原本老乞大》（郑光，2002；李泰洙，2003）中，"敢"共出现 24 例，其中"敢则"1 例，表确认语气（副词）两例，表"有胆量、有勇气"（相当于"$敢_1$"）10 例，表"可"（"$敢_2$"）1 例，表"可能"义（"$敢_3$"）10 例。表"可"的用于是非问句，如：

(55)15 右 01：小人有一句话，敢道吗？

表"可能"如：

(56)06 右 06：这伴当，你敢不会煮料的法度。

(57)16 左 02：参儿高也，敢到半夜也。

(58)17 右 02：这里到夏店有多少近远？敢有三十里多地。

(59)30 左 01：大医说，你脉息浮沉，你敢伤着冷物来。

以上情况表明，"敢"表推测的"可能"义，在元代口语中已经十分常用。

值得注意的是，在《原本老乞大》中，"敢"表推测义时所出现的句子，功能上都属于叙述句，与横山、清涧石盘相同，与神木话有所不同。

6.2 《新校元刊杂剧三十种》（徐沁君，1980）中，"敢"的用例共146个。其中可以确定为表确认语气(副词)的19例,表“有胆量、有勇气”的75例,表“可”的4例,表“可能”的19例,表“能、能够”的15例,表“肯、愿意”的1例。其余13例或有两解,或因上下文脱漏,暂时难以确定意义和用法。

表允许、情理的“可”义的4例,其中两例是疑问句。例如:

(60)既为臣子,怎敢将主所杀?我将这行仁慈有道理忒忠孝的申生我委实下不得手!(狄君厚《晋文公火烧介子推》第二折)

(61)[三煞]不肖呵虽近族呵削了大权,贤仁的虽草泽呵加与重爵。正韶乐,明周礼,开学校。一壁交有司家削减的刑罚省,一壁交关市处征收的税敛薄。释了故杀,饶了强盗。济贫困不敢侮于鳏寡,免差徭而况取于逋逃!(郑光祖《辅成王周公摄政》第二折)

表推测的“可能”义的19例,例如:

(62)(正旦带酒上,云:)恰共女伴每蹴罢秋千,逃席的走来家。这早晚小千户敢来家了也。(关汉卿《诈妮子调风月》第二折)

(63)[黄钟醉花阴]楚汉争锋竞寰宇,楚项籍难赢敢输。此一阵不寻俗,英布谁如,据慷慨堪推举。[喜迁莺]多应敢会兵书,没半霎儿,嗏,出马来熬翻楚霸主。(尚仲贤《汉高皇濯足气英布》第四折)

(64)(云)怎生信别人言语,便交征伐去。果然曾反呵不枉了。若不曾反呵,这老子那里问三监是俺弟兄,敢都杀了,枉死了无罪生灵。(郑光祖《辅成王周公摄政》第三折)

(65)本师法旨:为凡间有一人姓陈名季卿,此人有神仙之

分，交我点化此人。望见这青龙寺有一道紫气，敢有此人在这寺里。（范康《陈季卿悟道竹叶舟》第一折）

表“能、能够”的15例，如：

(66)[隔尾]那鞭却似一条玉蟒生鳞角，便是半截乌龙去了牙爪，那鞭着远望了吸吸地脑门上跳。那鞭休道十分的正着，则若轻轻地抹着，敢交你睡梦里惊急列地怕到晓。（尚仲贤《尉迟恭三夺槊》第二折）

(67)[哭皇天]交我忍不住微微地笑，我迭不得把你慢慢地教。来日你若见那铁幞头红抹额，乌油甲，皂罗袍，敢交你就鞍心里惊倒。（尚仲贤《尉迟恭三夺槊》第二折）

(68)[梅花酒]你若将我恼犯了，我敢搭住你那头梢，膀转身摇，腾的漾过你那花梢。我敢腌臜臜打碎你脑，我敢各支支撅断你腰。（马致远《马丹阳三度任风子》第四折）

值得注意的是，表“能、能够”义的15例中，有4例是“敢＋兼语短语(交＋VP)”的格式。与陕北话“敢$_4$”的“不敢＋兼语短语”格式，除了肯定、否定形式对立以外，完全相同。

表“肯，愿意”的1例：

(69)[后庭花]你命干是丙丁戊己庚，干元亨利贞。正是一字连珠格，三重坐禄星。你休道俺不著情，不应后我敢罚银十锭，未酬劳先早陪了壶瓶。（马致远《泰华山陈抟高卧》第一折）

从本文对助动词“敢”的几个义项的划分来看，表“能、能够”和“肯、愿意”两种用法均属动力情态，可以包括在“敢$_1$”的范围内。

上述元代文献中，不仅令陕北话中“敢”的几种用法已一应俱全（包括做表确认的语气副词），而且还有表“能、能够”“肯、愿意”的用法。

7 “敢”几种用法的区别与联系

情态可以分为三类：动力情态（dynamic modality）、义务情态（deontic modality）、认知情态（epistemic modality）。动力情态表人的能力、意愿、胆量等，义务情态表必须、允许等，认知情态表情理上的可能、应当等。（彭利贞，2007：51—58；宋永圭，2007：26—63；朱冠明，2005：17—21；廖秋忠，1989）根据这个分类，神木话中“敢$_1$”表敢于义，属动力情态（《新校元刊杂剧三十种》中表“能、肯”的用法，亦属动力类情态）；“敢$_2$”表允许义，属义务情态；“敢$_3$”表推测义，属认知情态；“敢$_4$”表“要”义，用于祈使句，兼有推测和允许两种意义，兼属认知类和义务类。总之，“敢”的四个义项分属情态的三个大类，渐次虚化，存在引申关系。

7.1 “敢$_1$”和“敢$_2$”。因为“敢$_2$”只有否定形式，所以我们直接分析“不敢$_1$”和“不敢$_2$”的关系。见表1。

表1

	词义	主语	动词	人称	语气	情态义
不敢$_1$	无胆量	＋人、动物	＋自主	自由	陈述	动力类
不敢$_2$	不可	＋人	＋自主	第二	命令	义务类

从“不敢$_1$”句到“不敢$_2$”句，动词的语义特征没有变化，但主语范围有所缩小，由人、动物缩小到人；使用的句类由陈述句变为祈使句。主语的人称随之发生变化，“敢$_1$”句主语是自由的，“敢$_2$”句主语限于第二人称。在各种句类中，祈使句的主观性是最强的。由于句子的语气由陈述变为命令，“不敢 VP”的意义也由“没有胆量 VP”演化为“不可 VP”。这其实是一个主观化过程：（沈家煊，

2001:268—275;张伯江,1997)

(预设:做某事有危险)你没有胆量做某事→(预设:做某事有危险、有悖情理)你不可做某事。

实际使用中,"不敢"的制止对象多为儿童、学生之类"弱者",制止的行为具有某种危险性或不合情理,都是"敢"的原始意义在起作用的反映。因此,"不敢$_1$"和"不敢$_2$"之间有引申关系,经历了主观化的过程。

7.2 "敢$_1$"和"敢$_3$"。为了说明"敢$_1$"和"敢$_3$"之间的关系,我们将《新校元刊杂剧三十种》中表"能、能够"的用法也列入。请看表2。

表2

	词义	主语	动词	人称	语气	情态义
敢$_1$(敢于)	有胆量	+有生,+施事	+自主	自由	直陈	动力类
敢$_1$(能够)	有能力	±有生,+施事	+自主	自由	直陈	动力类
敢$_3$	可能	±有生,±施事	±自主	第三、第一	推测	认知类

从"敢$_1$"句到"敢$_3$"句,主语的范围从有生名词扩展到一切事物。主语与动词的语义关系从施事扩展到非施事,其中绝大多数主语不是动词的施事。动词的范围则由自主动词扩大到非自主动词,肯定句的语气从直陈变为推测。就主语的人称以及说话人与主语的关系来看,"敢$_1$"句的主语无限制,说话人和主语可能一致,如"我敢发言嘞",也可能不一致,如"他敢要水嘞"。"敢$_3$"句的主语以第三人称居多[偶尔可见第一人称,如例(13)],说话人与主语不一致,如例(17):"真儿这场戏还敢演不成嘞。"例(32a):"鸡敢圪教黄鼬吃了。"例(40):"那敢跑的公社告去也。"元代口语用例如例(62—67),说话人与句子主语都不一致。

从词义的虚实来看,认知类情态义比动力类更抽象,主观性更强。从意义之间的联系看,“有胆量→有能力→有可能”之间构成了一个连续体[普通话的“能”有“有能力或有条件做某事”“有可能”等用法,否定形式都是“不能”,其间显然存在引申关系。(吕叔湘,1999:414—415)]。因此可以推测,“敢$_3$”是“敢$_1$”语法化的结果,其中表“能够”的用法起了桥梁的作用。元代口语中的大量用例正好填补了今方言中的空白。至于今陕北话中“敢”没有表“能够”的用法,则可能是在方言助动词发展的过程中,由于“能”的竞争而失落了。

由于“敢$_1$”和“敢$_3$”之间是渐变关系,所以当“敢”字句结构为“S有生+VP自主”时,不论肯定句还是疑问句,都有可能出现歧义,如“他敢迟到嘞”有两个意义:“他有胆量迟到/他有可能迟到。”“他不敢迟到吧”也有两个意义:“他没胆量迟到/他大概不会迟到。”这一点可以证明,“敢$_3$”是“敢$_1$”功能扩展、语义虚化的结果。

7.3 “敢$_4$”和“敢$_3$”“敢$_2$”

“敢$_4$”只用于否定句,是“敢$_3$”的进一步语法化。它与“敢$_3$”之间的关系,一如“敢$_2$”与“敢$_1$”之间的关系。具体来说,“敢$_3$”用于肯定句和疑问句,表示推测某事有可能发生,“敢$_4$”则用于否定句,希望据推测可能发生的事情不要发生。如例(28)可构成以下平行句式(神木):

(70)肯定句:真年还敢遭年成嘞今年可能要遭饥荒。

反复问:真年敢不敢遭下年成今年会不会遭饥荒?

揣测问:真年不敢遭年成吧今年不会遭饥荒吧?

否定句:真年可不敢(教)遭下年成今年可别遭了饥荒。

再如例(48a)构成的平行句式(清涧石盘):

(71)肯定句:这几天敢下冷子也这几天可能会下冰雹。

反复问：这几天敢不敢下冷子这几天会不会下冰雹？

揣测问：这几天圪不敢下冷子么这几天不会下冰雹吧？

否定句：这几天可是不敢教下冷子这几天可别下冰雹。

不过，说"敢$_4$"是"敢$_3$"进一步语法化的结果，只是说出了事情的一个方面。另一方面，"敢$_4$"句和"敢$_2$"句形式相同，都是否定祈使句。"敢$_4$"句中"不敢"的意义同样是"别"，是对可能性的"制止"，因此，两者之间存在密切联系。以清涧石盘话为例：

(72)a. 可是不敢往下跳千万别往下跳。（敢$_2$句）

b. 不敢往下跳别往下跳。（敢$_2$句）

(51)a. 可是不敢教猫把肉得溜的去了千万别让猫把肉叼走了。（敢$_4$句）

b. 不敢教猫把肉得溜的去了别让猫把肉叼走了。（敢$_4$句）

对于没有方言语感的人来说，(51a)(51b)与(72a)(72b)之间没有什么区别，都是在命令听话人"别做某事"。事实上，(51a)(51b)可做两重分析，一为对听话人发出的命令：小心猫，别让它把肉叼走，这时"不敢＋教……"是要求听话人实施的行为；一是用祈使句形式表达自己的担心和愿望：猫别把肉叼走。"不敢＋教……"只是一个固定的"句套子"，并非要听话人实施的行为。[⑥]讲这种方言的人多半会做第二种理解。由此可见，"敢$_4$"也可看作是"敢$_2$"语用推理导致功能扩展的结果。（高增霞，2003：423—426）

"敢$_2$"和"敢$_4$"的区别如下：第一，"敢$_2$"句的主语是人，可以支配自己的行为；而"敢$_4$"句的主语不一定是人，即使是人，也支配不了自己的行动，所以，真正的主语是言者主语。第二，"敢$_2$"句中的动词为自主、可控动词，"敢$_4$"句中的动词大多为非自主、不可控动词。因此，第三，两种句子的祈使对象有所不同，"敢$_2$"句的祈使对象是人，"敢$_4$"句的祈使对象是事。如例(26)张老师是否调走并不是他本人能够支配的，其祈使对象是"事"：希望这件事不要发生。例(28)的祈使对象是"遭年成"之事，只有言者主语，没有句法主语。

由于"敢$_4$"的形成可能有"敢$_3$"(可能义)和"敢$_2$"(可义)两方面的因素，因此，它同时兼有认知类和义务类情态的意义，就能得到很好的解释。

7.4 前文指出，横山话、清涧石盘话中，"敢$_4$"组成的句子，大都构成"不敢＋教(兼语)"式，神木话也可用这种结构。我们在分析《新校元刊杂剧三十种》时发现，"敢"表"能够"义的 16 例中，有 4 例后头是"交"构成的兼语短语。其中两例已见前文。其余两例如：

(73)[乌夜啼]敢交你这汉随何这答儿里偿了俺那天臣命！汉中王见面不如闻名，分明见把自家请。交你做了人情，交我枉了扑腾。觑楚江山似火上弄冬凌，汉乾坤如碗内拿蒸饼。你也不言语，不答应，却不但行好事，莫问前程。(尚仲贤《汉高皇濯足气英布》第二折)

(74)[醉春风]不强如你教幼女演裁剜，劝佳人学绣刺。要分付不明白冤屈重刑名，魔合罗呵全在你！你！出脱妇人啣冤，我敢交大人享祭，强如着小童博戏。(孟汉卿《张鼎智勘魔合罗》第四折)

表可能义的 19 例中，也有 1 例用"敢＋交(兼语)"式：

(75)[殿前欢]若官司见呵敢交咱受刑罚。(带云)早是禁断赛社。(唱：)私抬着个当坊土地撞人家。你丕丕地走唬得我参又怕，摆列着两行头踏。(张国宾《薛仁贵衣锦还乡记》第

四折）

这种情况表明，今方言中“不敢＋教（兼语）”格式并非方言的创新，而是从元代以来的口语中继承下来的。不同的是，《新校元刊杂剧三十种》中该句式都用于“敢”表“能、能够”义的肯定句，今方言则用于“敢”表“（不）要”义的否定句。

综上，“敢”的四个义项之间的关系可图示如下：

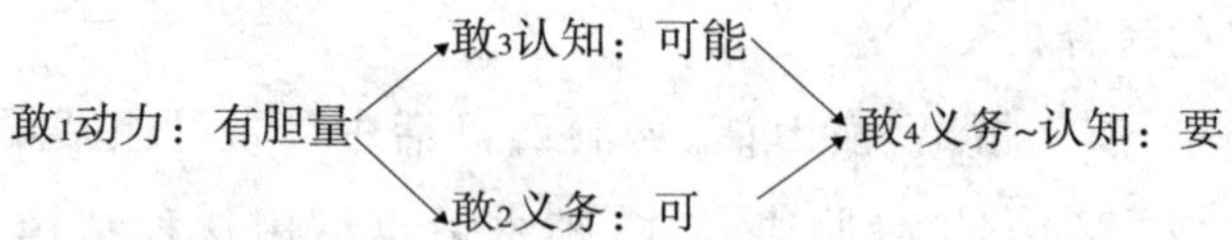

除了助动词“敢”，神木话以及陕北晋语中还有一个使用频率更高的语气副词“敢”。（邢向东，2006；周利芳，2008）关于它的用法以及同助动词“敢”的区别与联系，将另文讨论。此处不赘。

附　注

① 陕北晋语中，表使令、被动意义的动词、介词读阴平或阴平上，笔者一贯将其记为“教”字。在本文所引元代文献中，这个词写成“交”字。因此，本文记录方言和引用文献时所用字形不一，并没有特别的意义。

② 神木话的“想”也可表可能，用于对当前事态的推测。如：“真儿这个天想下雨嘞。”“肚子圪拧得想疼嘞。”“我看你是想挨打了。”“想”表可能比“敢”受限，不能构成否定句。作者将另文讨论。

③ 吕叔湘主编《现代汉语八百词》（1999：592）指出，“要”表可能时，否定式只能用“不会”。不过，如果是表达说话人的愿望，则应当用“别”，如“千万别下雨”“千万别出什么意外”。“别”正是“不要”的合音形式。

④ 横山话语料由中国社科院民族研究所张军博士提供。

⑤ 清涧石盘话语料由陕西师大文学院博士生贺雪梅提供。

⑥ 请比较（52b）：“不敢教张老师调得去了别把张老师调走。”（54b）：“今年不敢教遭下年成了今年可别遭了饥荒。”被祈使对象根本无法实施兼语短语所表示的行为，说明此处的“不敢＋教（兼语）”只是一个“句套子”。

参考文献

冯爱珍　1998　从闽南方言看现代汉语的“敢”字,《方言》第4期。

高增霞　2003　汉语的担心-认识情态词“怕”“看”和“别”,《语法研究和探索》(十二),北京:商务印书馆。

郭校珍　2008　《山西晋语语法专题研究》,上海:华东师范大学出版社。

侯精一　1999　“断”“可”“敢”,载侯精一《现代晋语的研究》,北京:商务印书馆。

李泰洙　2003　《〈老乞大〉四种版本语言研究》,北京:语文出版社。

廖秋忠　1989　《语气与情态》评介,《国外语言学》第4期。

吕叔湘主编　1999　《现代汉语八百词》(增订本),北京:商务印书馆。

彭利贞　2007　论情态与情状的互动关系,《浙江大学学报》(人文社会科学版)第5期。

沈家煊　2001　语言的“主观性”和“主观化”,《外语教学与研究》第4期。

[韩]宋永圭　2007　《现代汉语情态动词否定研究》,北京:中国社会科学出版社。

[日]太田辰夫　2003　《中国语历史文法》(修订本),北京:北京大学出版社。

邢向东　2006　《陕北晋语语法比较研究》,北京:商务印书馆。

邢向东、张永胜　1997　《内蒙古西部方言语法研究》,呼和浩特:内蒙古人民出版社。

徐沁君　1980　《新校元刊杂剧三十种》,北京:中华书局。

张伯江　1997　认识的主观表达,《国外语言学》第2期。

张　相　1997　《诗词曲语辞汇释》,北京:中华书局。

郑　光　2002　《原本老乞大》,北京:外语教学与研究出版社。

周利芳　2008　内蒙古丰镇话的语气副词“管(兀)”和“敢情”,《语文研究》第4期。

朱冠明　2005　情态与汉语情态动词,《山东外语教学》第5期。

汉语疑问词虚指用法的来源

张　定

（中国社会科学院语言研究所）

0　引言

现代汉语疑问词有成系统的非疑问用法，例如：

(1)a. 真希望哪个有权有势又善良又英俊的北京小伙，娶了小白姑娘。（毕淑敏《预约死亡》）

b. 宝康，你这人什么都好，就一条：太傲。（王朔《你不是一个俗人》）

吕叔湘（1942）将非疑问用的疑问指称词称作“无定指称词”，认为其用途有二：表不知的可称为虚指（1a），表不论的可称为任指（1b）。赵元任（1979）指出了疑问词用于非疑问功能时韵律上的差异：不定的意思，往往是轻声（1a）；随意的意思，通常带重音（1b）。本文只关注虚指用法，将具有这类用法的疑问词称作“轻读疑问词”；任指用法有不同来源，请参看张定（2013）。

传统学界描写这类现象时，或侧重虚指的各种意义，或概括出现的语境。丁声树等（1961）指出，疑问代词表虚指有各种情形，或是不知道，或是想不起、说不上，或是不必明说。吕叔湘（1985）敏锐地区分出虚指用法的一些句式，包括间接问句、“不知什么”、假设句、否定句、肯定句、是非问句等，这一深刻认识几乎接近 Haspelmath (1997)对不定代词各种功能的界定。

自黄正德(Huang,1982)以来，疑问代词的非疑问用法开始受到形式学派学者的关注。这些学者在形式句法学背景下，重点阐述疑问词用作无定指时的制约条件。黄正德(1982)指出，汉语 Wh-词用作量化词(quantifiers)有严格的限制。大体上只有两种语境下这些词可以用作量化词(在这两种语境之外，所有这些词都必须用作疑问词)。一是所谓“情感”语境(affective context)，即在否定句、是非问句或条件小句中的某个适当位置。换言之，在这种情况下，它们都是“否定极性词”(negative polarity items, NPI)：

(2)a. 他不喜欢什么。(否定句)

b. 如果他想吃什么，他会跟你说。(条件句)

c. 你想吃什么吗？/你想不想吃什么？(是非问句和 A-not-A 问句)

这类语境中出现的就是虚指的疑问词。二是当这些词出现在辖域标记(scope marker)“都”之前的位置时，可以用作量化词，这一类是任指：

(3)a. 谁都喜欢他。

b. 你什么时候来都可以。

李艳惠(Li,1992)将不定指的 Wh-词出现的语境概括为三类：(a)真值被否定的语境：否定句；(b)真值不固定的语境：疑问句、条件句、非叙实动词的补足语；(c)真值不是直接断言的语境：“好像”“可能”语境以及推理的“了”。

在汉语历史语法领域，疑问代词的虚指用法也受到一些学者的关注。陈承泽(1922:29)早已指出，“谁”字在古文中有用为“或人”之义者，如：“谁以为二士使其一士者执别使其一士者执兼。”(《墨子》)吕叔湘(1985)也指出古代汉语里的疑问代词已经有虚指用法,例如:“廷尉验治何人,竟得奸诈。”(《汉书》71隽不疑)可是大规模的发展是近代汉语里才开始的;到了现代,所有的疑问代词都有虚指的用法。

与以往研究不同,本文将在Haspelmath(1997)的“不定代词语义图”框架下,试图回答以下问题:现代汉语疑问词的虚指用法究竟从何而来?各种虚指用法之间存在什么样的扩展方向?Haspelmath(1997)的有关分析和解释尚需怎样改进?

1 Haspelmath的不定代词语义图

Haspelmath(1997)堪称语义图研究文献中最经典的专著,也是类型学研究最重要的成果之一,它引发了类型学界对语义图模型的广泛关注(Croft,2007),该书在语言取样、功能选定、图形绘制以及分析解释等方面成为后来同类研究的典范。作者深入考察了40种语言(外加100种其他语言以扩充考察的广度),发现不同语言的不定代词在9种功能上具有不同的映射方式,因此并不能有效确定普遍的不定代词范畴。但是,不同语言中不定代词的功能映射具有严格的制约,因此,作者首先构建了包括9种功能的普遍的“概念空间”,然后使用“语义图”来表征这些制约。图1是不定代词的“概念空间”(Haspelmath称之为“蕴涵图”)[1]:

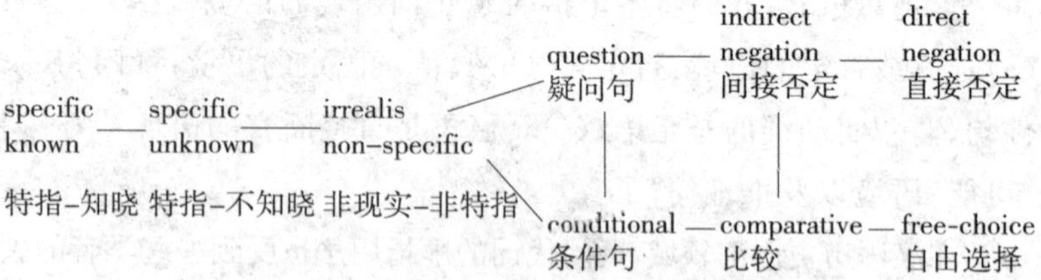

图1 不定代词功能的概念空间(Haspelmath,1997:4、64)

语言中的不定代词总是成系列出现。英语主要有三组不定代词：*some*-系列（*someone*，*something*，*somewhere* 等）、*any*-系列（*anyone*，*anything*，*anywhere* 等）和 *no*-系列（*no one*，*nothing*，*nowhere*，*never* 等）。其中，*some*-组覆盖“特指-知晓”“特指-不知晓”“非现实-非特指”“疑问句”和“条件句”五种功能：

(4) a. 特指-知晓（Haspelmath，1997：46）：

I met with someone [known to me] at 19 hours.

b. 特指-不知晓（P. 47）：

John is looking for some book on reserve (* and I know which one).

c. 非现实-非特指（P. 40）：

On Saturday they will go somewhere.

d. 疑问句（P. 82）：

Do you think those men want to do some work? (Because my road needs to be repaired.)

e. 条件句（P. 83）：

I promise you that, if you eat some spinach, I'll give you ten dollars.

any-组包含“疑问句”“条件句”“比较”“间接否定”“直接否定”和“自由选择”六种功能：

(5) a. 疑问句（P. 34）：

Have you heard anything new about the ozone hole?

b. 条件句（P. 34）：

If you tell anybody, we'll punish you.

c. 比较（P. 35）：

The boy can run faster than anyone in his class.

d. 间接否定(P. 35):

We doubt that Juan applied anywhere.

e. 直接否定(P. 34):

He didn't do anything to help her.

f. 自由选择(P. 48):

After the fall of the Wall, East Germans were free to travel anywhere.

而 *no*-组只覆盖"直接否定"的功能(P. 31):

(6) I noticed nothing.

根据英语中三组不定代词的功能分布可以绘制出英语不定代词的语义图。图 2 上出现了两处功能分布的叠合:*some*-组和 *any*-组在"疑问句"和"条件句"功能上叠合,*no*-组与 *any*-组在"直接否定"功能上叠合。

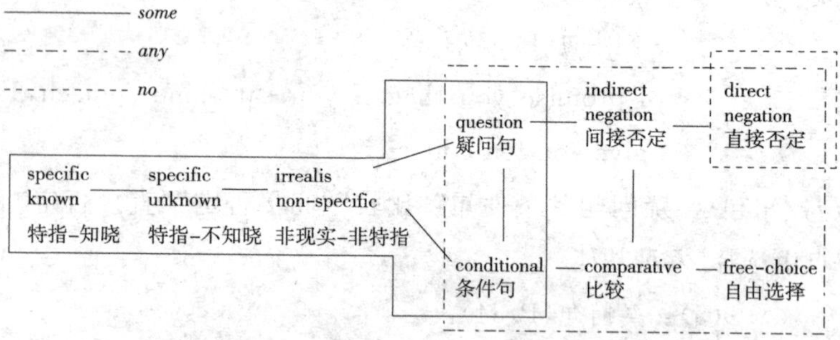

图 2　英语不定代词语义图(Haspelmath, 1997:65)

2　不定代词的主要功能类型

Haspelmath(1997)界定和甄别了语言中不同系列的不定代

词最常表达的一些重要的功能。本节将尽可能结合汉语实例对这些功能维度做出初步的介绍，汉语没有恰当例证的，用其他语言代替。

2.1 否定：否定不定代词

许多语言的否定句中都有特殊的专用不定代词，其中的否定辖域扩展到这个不定代词，例如拉丁语的 nemo 和英语 nothing 等，语义上表示"不存在"(non-existence)。其中有些共时上或者至少历时上包含一个形式上表否定的构词要素。有些语言里，一个不定代词本身就足以表达句子否定，例如英语和拉丁语的情况，古汉语的"莫"也是如此(7a)；有些语言里，否定代词与动词否定共现(7b)。此外，还有一些语言里没有专用的否定不定形式，在这种情况下，所使用的不定形式还具有其他非否定的功能，现代汉语属于此类(7c、7d)。

(7)a. 曰："保民而王，莫之能御也。"(《孟子·梁惠王上》)

b. 保加利亚语(Hapelmath,1997:31)

Ni- koj　　ne　　se　　obadi.

NEG-谁　　NEG　REFL　打电话

没有任何人打电话。

c. 别看他们一天到晚嘻嘻哈哈，什么都不在乎，其实才不是那么回事呢。(王朔《顽主》)(用于"否定"功能)

d. "还有什么要求吗？"(王朔《一点正经没有》)(用于"疑问句"功能)

根据否定成分的句法位置，"否定"功能可以分为两种情况。一是"直接否定"，即否定不定代词是否定句的一个论元，如例

(7a)。二是“间接否定”，包括“上位否定”(superordinate negation)和暗含否定(implicit negation)两类，它们都具有“反叠加性”(anti-additive)的共同语义特征。[②]上位否定指被否定的不定代词出现于从属小句，尤其是否定提升(negative raising)的情况(8a)；暗含否定指由“否认”“拒绝”等动词所表达的否定(8b)。汉语的不定形式对这些否定功能不做区分。

(8)a. 我不相信他有什么宗教的信仰。(老舍《敬悼许地山先生》)

b. 他矢口否认对周仁有什么疑心……(陈建功、赵大年《皇城根》)

2.2 否定极性(negative polarity)或等级颠倒(scale reversal)

语言里有些系列的不定代词还与否定语境关联，这与否定代词相似，但并不限于表示“不存在”。除了否定小句，还可以出现在条件小句(protasis)和疑问句等其他语境中。具有这种分布的表达形式一般称之为“否定极性词”。

语言里普遍使用表最小单位的词汇性表达形式作为否定极性词，但有些语言还具有一系列具有这种特征的不定代词，最著名的否定极性不定代词当然是英语的 *any*-系列。汉语的“任何”也被众多学者视为否定极性词，此外，汉语疑问词系列也可用作否定极性词。下面主要结合汉语的实例说明否定极性词的各种允准条件。

NPI 一般不用于陈述肯定句(declarative affirmative)：

(9)* 我拿了任何/什么书给他看。

允准 NPI 的最重要、最典型的语境是直接否定或小句否定：

(10)我没有拿任何/什么书给他看。

其次是疑问句，尤其是是非问（yes/no question，“A-not-A”问句）或极性问（polar question，“-吗”问句）：

(11)a.“有没有什么办法能作家也当了地狱又不下?”（王朔《一点正经没有》）

b.“你当时看到过什么吗?”（余华《河边的错误》）

以及条件句的条件小句：

(12)“你有什么话就放心说吧，如果牵扯到你的什么不法行为，只要不是法无可绾……你盗窃的数额大吗?”（王朔《枉然不供》）

NPI 还可以出现在少数只带有某种否定含义的非否定的语境中。主要有：

否定性的量化词“很少”：

(13)他很少批评什么，选择什么，而又无时不在默默的批评，默默的选择。（老舍《四世同堂》）

暗含否定的“难、怀疑、免得”等词语的补足语：

(14)a.一般人是难以从这日本小老头当时的脸上捕捉到什么的。（梁晓声《激杀》）

b.不过我很怀疑谁控制自己感情的能力有这么老到。（余华《命中注定》）

c.因为我们在实录真人真事，免得这篇小说发表后引起什么麻烦，这种防范措施还是必要的。（张贤亮《浪漫的黑炮》）

比较标准，包括差比（inequality）和平比（equality）的标准，这种语境与否定的联系不太明显。

(15)a.歌声似乎比什么语言都更响亮，都更感人……（老

舍《内蒙风光》)

b. 小顺子与妞子的福气,在夏天,几乎比任何人的都大。(老舍《四世同堂》)

Haspelmath(1997:36)认为,通常被看作否定极性的各种语境表现上并不一致,最重要的否定极性语境包括疑问句、条件句、比较标准、间接否定和直接否定。

2.3 特指性(specificity)和非特指性(non-specificity)

许多语言的不定系列表现出特指和非特指的功能差异。某个表达形式,如果说话人预设其所指对象的存在以及其独一无二的身份,它就是特指的;反之是非特指的。下面的名词短语"一个男人"在(16a)中是特指的,在(16b)中是非特指的。

(16)a. 他要去找一个男人。那个男人曾经有过一个名叫杨柳的女儿。(余华《此文献给少女杨柳》)

b. 后来我和家珍商量着怎么也得给凤霞找一个男人,我们都是要死在她前面的,我们死后有凤霞收作,凤霞老这样下去,死后连个收作的人都没有。(余华《活着》)

(16a)中说话人预设了一个独一无二的男人的存在,而在(16b)的非特指解读中,所指对象的身份还没有确定。

区分特指和非特指的一个重要句法策略是,只有特指的NP才具有一个"话语所指对象"(discourse referent),即可以在直陈小句中用一个照应形式回指,例如(16a)中的"那个(男人)"。Rullmann & You(2006:188)指出,照应形式还可以是零形式的,例如."昨天我买了一本书,带 ø 回家了。"

只有特指的NP才能用一个存在句来释义,下面(17a、17b)分别对应(16a、16b)：

(17)a.(特指)有一个男人，他要去找(他)……

b.(非特指)* 有一个男人，后来我和家珍商量着怎么也得给凤霞找(他)……

与“特指/非特指”密切相关的是“现实/非现实”(realis/irrealis)的区分。对特指/非特指做出区分的语言(例如俄语、立陶宛语)里，有些语境只有特指的NP是可能的。尤其是在过去完整体(perfective past)或现在进行体(ongoing present)的肯定陈述句这种典型的现实句里，说话人对实体的存在和可识别性做出承诺，而非特指不定代词是不能接受的。例如立陶宛语里，特指的不定形式是kaž-WH，非特指的形式是WH nors，前者可以出现于现实语境，后者则不能(Hapelmath，1997:39)：

(18)a. Kaž-kas　atėjo.

INDEF-谁　来了

有人来了。(特指)

b. * Kas　nors　atėjo.

谁　INDEF　来了

有人来了。(非特指)

非现实语境内部不一。有些非现实语境中，特指和非特指的不定形式都可以出现，包括“想”或“希望”语境(19a、19b)、将来句(19c)、非直陈(non-indicative)情态句(19d)以及认识(epistemic)情态句(19e)等。

(19)a. 金枝想说点什么，却好像又不便开口。(陈建功、赵大年《皇城根》)

b. 我真希望能遇上点什么奇迹……(刘心武《我可

不怕十三岁》)

c.……金一趟他不知道,还要举行个什么仪式……(陈建功、赵大年《皇城根》)

d. 凭他这一身衣服,就能半夜里丢失点什么……(老舍《骆驼祥子》)

e. 她知道,周仁既然要找她,一定是有什么事了。(陈建功、赵大年《皇城根》)

而有些非现实语境中只能出现非特指的不定形式,由于语用因素,特指义被排除出去。这些语境包括祈使句、疑问句和条件小句。

祈使式描写未实现的事件,因此允许非特指的不定形式,这些语境排除特指不定代词:

(20) a. 野求笑了好几气,才说出来:"你自己买点什么吃!"(老舍《四世同堂》)

b. 什么时候咱们逛一逛纽约的唐人街。(汪曾祺《旅途》)

Haspelmath 指出,特指不定形式在祈使式里不允许出现,原因是违反格赖斯合作原则(不足量准则)。一方面,说话人让听话人去做某事,但另一方面又没有向听话人透露某种关键的信息。例如,如果(20a)里出现特指的不定形式("你自己买某个东西吃"),说话人就会清楚地表明他所预设的是,听话人应该买某个独一无二的东西,但又没有说是哪个东西。因此无法期待听话人能实现这个请求。相反,如果说话人用了一个非特指的 NP,他就暗示听话人所买对象的身份并不重要。说话人留待听话人去选择,听话人因此能够实现这个请求。

类似的解释适合疑问句。疑问句里，不定短语只能是非特指的：

(21)——“你常看到过什么人吗？”马哲又问。

——“看到过。”孩子立刻回答。

——“是谁？”（余华《河边的错误》）

这段对话很有启发性。马哲在孩子答话后又用“是谁”进一步追问，这表明马哲在第一句问话中并没有预设某个独一无二的人的存在。语用上，疑问句和祈使句密切相关，说话人都要求听话人补充缺漏的信息。如果在疑问句中使用特指的不定形式，说话人也未能向听话人透露某种关键的信息，因而违反了格赖斯合作原则。

条件小句也只允许非特指的不定短语。例如：

(22)如果谁对演出有兴趣，会后可以留下来观看。（王朔《千万别把我当人》）

Haspelmath(1997:43—44)认为，条件小句可以视为对听话人的一种指示(instruction)：“让我们假定……”，这是一种基本的祈使句结构，如果其中包含一个特指的不定短语，语用上就会导致类似祈使句和疑问句里那样的不可接受性。

上面将疑问句和条件句放在非特指的语境中予以讨论，前文提及，它们也是否定极性语境，因此就出现了一个叠合(overlap)。实际上，很多语言里，同一个不定代词既可用于非现实、非特指的语境（祈使句、将来句、情态句、“想”或“希望”句等），又可用于否定极性语境。

非特指性和否定极性语境之间的重合进一步扩展到否定极性的核心情况：任何在否定辖域内的不定短语都是非特指的。

但是，跟疑问句和条件句不同的是，否定句也允许特指的不定短语。例如：

(23)a.（非特指）他一辈子不吃<u>任何</u>蔬菜。（* 别人都吃它。）（汪曾祺《星期天》）

b.（特指）他一辈子不吃<u>某</u>种蔬菜。（别人都吃它，只有他不吃。）

(23b)中，不定短语“某种蔬菜”不在否定辖域内，因此可用(24)的存在句来释义：

(24)有<u>某</u>种蔬菜，他一辈子不吃。

特指和非特指不定短语的各种允准语境如表1所示[3]。

表1　特指和非特指不定短语的允准语境（Haspelmath，1997：45）

<table>
<tr><td>过去完整体，
现在进行体</td><td>“想”、将来、
分配</td><td>祈使句</td><td>疑问句、
条件句</td><td>在否定辖域内</td></tr>
<tr><td colspan="2">特指可能</td><td colspan="3">（特指不可能）</td></tr>
<tr><td>（非特指不可能）</td><td colspan="4">非特指可能</td></tr>
<tr><td colspan="3">无否定极性</td><td colspan="2">否定极性</td></tr>
</table>

这个表显示，过去完整体、现在进行体等典型的现实语境里，只能出现特指不定形式；祈使句、疑问句、条件句和否定辖域的语境里，只能出现非特指不定形式；而“想”、将来句和分配语境里，特指、非特指都可以出现，但意义有别。根据这些语义区别，可以确定一个重要的跨语言变异参数：有些语言里，不同的不定系列在否定极性和无否定极性之间做出区分，例如英语的 *some*-和 *any*-系列；而另有些语言里，不同的不定系列在特指性和非特指性之间做出区分，例如俄语的 *-to-* 和 *-nibud-* 系列。从这个角度来说，现代汉语跟俄语的情况类似，疑问词系列只能用于非特指的语境。

2.4 说话人的知晓(knowledge of the speaker)

有些语言里,选用不同的不定系列往往体现说话人对所指对象的知晓与否。不过,这个区分只适用于特指的短语,特指短语的所指对象的可识别性是被预设的。而非特指短语的所指对象原则上是不可识别的,不会出现说话人对它的可识别性问题,这些表达形式一定是说话人未知的。Haspelmath 将这些功能区分概括如下:

表 2 (不)定指性、(非)特指性以及说话人的知晓(Haspelmath,1997:46)

<table>
<tr><td colspan="3">不定指</td><td>定指</td></tr>
<tr><td>非特指</td><td colspan="2">特指</td><td></td></tr>
<tr><td colspan="2">说话人不知晓</td><td>说话人知晓</td><td>(说话人和听话人都知晓)</td></tr>
</table>

例如俄语中,如果说话人不能识别所指对象的身份,只能使用 *-to* 系列,具体情况比较复杂,有时说话人不知道所指对象的身份(25a),有时说话人忘了要告诉说话人什么(25b);但是,如果说话人可以识别所指对象,但说话人不想让听话人知道所指对象的身份,就要使用 *koe*-系列或限定词 *odin*“一”(26a、26b)。下面的例子引自 Haspelmath(1997:46):

(25) a. Maša vstretilas's kem-to okolo
Maša 遇到 跟 谁-INDEF 在……旁边
universiteta.
大学
“Maša 在大学旁遇到一个人(不知晓)。”或“Maša 在大学旁不知遇到谁了。”

b. Čto-to ja tebe xotela skazat'.
什么-INDEF 我 你 想 告诉
我想告诉你什么来着(我忘了)。

(26) a. Ja vstretilas's odnim čelovekom segodnja
我 遇到 跟 一 人 今天
v 19 časov.
在 19 点
今天19点我遇到一个人(知晓)。

b. Maša vstretilas' koe s kem
Maša 遇到 INDEF 跟 谁
okolo universiteta.
在……旁边 大学
Maša在大学旁边遇到一个人(知晓)。

现代汉语里对说话人是否知晓所指对象的身份似乎不做区分。对照上面例句中汉语的译文可以看出,无论说话人是否知晓,汉语都可以用"一(个)"表达。不过,现代汉语里,多用于非特指语境的"什么"前加表示定指的"那"构成"那什么",两者糅合在一起表达特指的、说话人不知晓的所指对象。例如:

(27) a. 那回是我怎么着啊,我是在中学呢,那天,咱,咱学校演那什么,阿,阿里巴巴,N,侦察英雄,是哪国的?苏联的一个演侦察英雄的。(Coco语料,北京话)

b. 说相声儿的,摔跤的,都在北边儿拉那一带。就在靠那个、那个、那个、那个、那什么,新的那饭馆儿那儿孩儿,〈丈夫插话:中华电影院〉后身儿,全是,那点儿地方,就在那点儿地方。(Coco语料,北京话)

c. ……记得她自己说过,她的名字是叫作什么姑娘的。什么姑娘，我现在已经忘却了，总之不是长姑娘……先前的先前，我家有一个女工，身材生得很高大，这就是真阿长。后来她回去了，我那什么姑娘才来补她的缺……于是她从此也就成为长妈妈了。（鲁迅《朝花夕拾》）

例（27a、27b）来自北京话口语录音的转写语料，两例里的前后语境表明，说话人预设了所指对象独一无二的存在，但一时又想不起来。例（27c）的语境明确显示，叙述人预设了所指对象独一无二的存在，但因为“忘却”而不知道所指对象的身份，因此也使用“那什么”这种杂糅的表达形式来编码特指-不知晓的功能。

2.5　自由选择不定代词

许多语言都具有一个特定系列的不定代词表达自由选择的意义。自由选择不定形式语义上类似全称量化词（universal quantifiers）“every”（“每”），许多情况下可以被全称量化词代替而没有明显的真值条件的改变。但是，在另外的一些语境里两者又有重要差别：

（28）a.（自由选择）你可以跟任何人结婚。

b.（全称）你可以跟每个人结婚。

自由选择不定形式语义上是非特指的，因此不能出现在不允许非特指不定形式出现的语境里，如过去完整体和现在进行体：

（29）a. *他昨天买了任何东西。

b. *他正在骂任何人。

但是，自由选择不定形式比非特指不定形式限制更多。它们出现的最典型的环境是表可能性（possibility）的句子，表客观可能性或允许（例 28a）。在大多数其他典型的非特指语境里，自由选择不定形式听起来很别扭。例如：

(30)a.“想/希望”：?丽丽希望你跟任何人结婚。

b. 祈使句：?明天你去镇上，请给我买任何东西④。

c. 将来句：?下星期我将去任何地方。

自由选择不定形式尤其不能出现在表必要性的语境里，这与可能性语境形成鲜明对比：

(31)a. 你可以(*必须)跟任何人结婚。

b. 我允许(*要求)你跟任何人结婚。

自由选择不定形式还可以出现在通指(generic)语境里，这种语境不便纳入可能性语境：

(32)a. ……任何动物的能力都是有限的……(阴法鲁、许树安《中国古代文化史》)

b. 任何公民享有宪法和法律规定的权利，同时必须履行宪法和法律规定的义务。(《中华人民共和国宪法》)

在对40种语言做出详细考察的基础上，Haspelmath 将这些跨语言反复出现的主要语义、语用区别概括为表3。

表3　不定代词的主要功能(Haspelmath，1997：52)

<table>
<tr><td rowspan="2">特指</td><td colspan="2">说话人知晓</td></tr>
<tr><td colspan="2">说话人不知晓</td></tr>
<tr><td rowspan="7">非特指</td><td colspan="2">非现实语境</td></tr>
<tr><td rowspan="5">否定极性</td><td>条件句</td></tr>
<tr><td>疑问句</td></tr>
<tr><td>比较标准</td></tr>
<tr><td>间接否定</td></tr>
<tr><td>直接否定</td></tr>
<tr><td colspan="2">自由选择</td></tr>
</table>

那么，基于 Haspelmath(1997)的不定代词框架，汉语轻读疑问词的虚指用法与上述九种功能之间存在什么样的关联？

3 轻读疑问词系列的功能分布

初步考察发现，轻读疑问词系列可用于“非现实-非特指”“疑问句”“条件句”“直接否定”和“间接否定”五种功能，这与 Haspelmath(1997:307—308)的考察是一致的；不过，考察还发现，这一系列还具有“特指-不知晓”的功能。下面主要以限定词“哪”为例对这些功能进行分析，“哪-”例证较少的，以其他轻读疑问词补充。

3.1 非现实、非特指

轻读疑问词用于“非现实-非特指”语境非常普遍。例如：

“想”“希望”“期待”等语境：

(33)a. 署名“旧史”，我想当是哪一位作家的化名。(曾卓《文学长短录》)

b. 于是他幻想哪一天能调回城里就好了！(刘心武《公共汽车咏叹调》)

c. 真希望哪个有权有势又善良又英俊的北京小伙，娶了小白姑娘。(毕淑敏《预约死亡》)

d. 我期待着弟弟从哪个休息室里走出来，带着他迷人的忧郁，抱起他的吉他。(朱文《我爱美元》)

将来句：

(34)您能给我留个地址么？哪天我到您家跟您好好聊聊。(王朔《你不是一个俗人》)

非直陈情态句：

(35)a. 他四处乱飞的碎片像柳絮一样总会附着在哪一个女人身上。(张贤亮《绿化树》)

b. 不用多久，他就会把我弄到哪个工厂、机关里去了……(张炜《秋天的愤怒》)

认识情态句：

(36)a. 这小说我好像在哪本刊物上读过，不要是抄袭吧。(王朔《修改后发表》)

b. 大概她俩都在农二师的哪个团场当了农工了吧。(张贤亮《肖尔布拉克》)

祈使句：

(37)哪天你一定去看看，保你喜欢。(王朔《无人喝彩》)

以上这些都是非现实语境，但是我们注意到，轻读疑问词系列也可以出现在典型的现实语境里，例如过去完整体(38a)和现在进行体(38b)的肯定直陈句：

(38)a. ……笑声刚停，杨重又说了几句什么，笑声又起。(王朔《顽主》)

b. 老陈正在给什么人细声细语打电话……(王朔《修改后发表》)

按照 Haspelmath(1997:45)的概括，在这些典型的现实语境里，非特指不定形式是不能出现的。那么，如何解释这种现象？我们认为，这种情况与轻读疑问词系列的来源结构“不知＋疑问词”密切相关。详见第5节。

3.2 疑问句：

(39)a. 写作有什么窍门吗？(王朔《顽主》)(是非问)

b. 会不会哪个处借去了？（谌容《减去十岁》）（A-not-A 问）

3.3 条件句

轻读疑问词可以出现在各种条件句里，简单地说包括一般条件句、假设条件句、暗含条件句等。例如：

(40) a. ……你们如能找到哪个处室可以接收，让他们再来找我不行了？（刘震云《一地鸡毛》）

b. 假定哪个工厂把产品质量的检验任务完全交给生产工人，其结果势必导致产品质量的大幅度下降。（郑人杰《实用软件工程》）

c. 哪个和尚吃粥吃出了声音，他下来就是一戒尺。（汪曾祺《受戒》）

需要注意的是，轻读/光杆疑问词系列不能出现在无条件句（"（无论/不论/不管）＋疑问词……都/也"）里，这种条件句就是一般文献上所说的"参数让步条件句"（parametric concessive conditional clause）或"全称让步条件句"（universal concessive conditionals）。这类条件句是汉语疑问词任指用法的来源结构。

3.4 直接否定

Haspelmath（1997：308）根据 Li（1992）的材料，认为在直接否定功能里，"什么"最理想，"谁"其次，"哪个"不可接受。这种观察未必完全符合实际情况，例如"哪（个）"可用于直接否定：

(41) a. 街上没有哪个人注意到我。（刘心武《白牙》）

b. 我想不出哪个正派人会答应扮演这种角色。（王朔《人莫予毒》）

3.5 间接否定

由于缺少材料，Haspelmath(1997)没有举出汉语光杆疑问词的间接否定功能，但他根据经验认为它们有间接否定功能。下面是我们检索到的间接否定的例证，包括上位否定(42a、42b、42c、42d)和暗含否定(42e、42f)。

(42)a. 车内的景象更是惊人，我不相信自从火车发明以来会有哪个地方曾经如此密集地装载过活生生的人。(余秋雨《千年庭院》)

b. 我不认为我们已经有了什么决定性的发现。(王朔《人莫予毒》)

c. 我一点没觉得她有什么魅力，甜俗罢了。(王朔《痴人》)

d. 他并不讨厌或者反对这种唱法，但他也不认为这种唱法有多大意思。(王蒙《夜的眼》)

e. 再说，尽管在金秀的追问下，他矢口否认对周仁有什么疑心，实际上，这疑心又何曾解除过？(陈建功、赵大年《皇城根》)

f. 有时在课堂上，这两个人远远相视一笑，我就总怀疑我哪个字又念错了……(王朔《我是你爸爸》)

4 不定代词产生的几种来源结构

从形式上看，语言中不定代词最常见的类型是“疑问词＋不定性标记”，也有一些语言里光杆疑问词直接用作不定代词。Haspelmath(1997:174)发现，在他的100种语言样本中，64种语言的不定形式是基于疑问词的，而其中又有31种语言直接将光杆疑问词用作不定代词。由此可见不定代词和疑问词之间的密切联系。

疑问词的不定用法产生于某些普遍的来源结构。Haspelmath（1997：130—154）从语法化的角度，概括出基于疑问词的不定形式的四种主要来源结构，并对这些结构中不定形式的最初功能和扩展方向提出假设。Haspelmath & König（1998）更为详细地探讨了疑问词派生出不定功能的一系列来源结构和扩展方向。这些论述对我们探讨汉语轻读/重读两个系列不定形式的形成具有极大的启发作用。下面首先介绍相关研究成果。

4.1 "dunno"（不知）类

语言中跟疑问词结合的有些不定性标记来自"I don't know"（"我不知"）或类似意义的小句，这种类型尤其在欧洲语言里得到充分证实。例如（Haspelmath，1997：131）：

（43）古英语

nāthwā "somebody"（某人）

< ne wāt hwā "(I) don't know who"［（我）不知谁］

这种来源结构语法化程度很低，一般来源义都很清楚。"（我）不知"成为不定标记的原因很明显：不定代词通常都是用于说话人不知晓所指对象之时；演变的历时过程也很容易重构：最初的来源结构是内嵌于母句"我不知"的间接参数问（即 Wh-问句），其中内嵌问句的大部分都省略了，因为这些被省略的信息明显能从语境中获得［这种类型的语境省略叫作"截省"（sluicing）］。下面从（a）到（b）是 Haspelmath（1997：132）假设的演变路径：

（44）a.（She told him $something_i$.）

（她 告诉他 某事。）

I don't know what [it_i was].

我不知 什么[它是]。

b. She told him I don't know what.

她 告诉他 我不知 什么。

这种高度有标记的"句法混合形式"（syntactic amalgam）容易发生重新分析，最初的母句"我不知"重新分析为一个不定性标记，随着频率的增加，它会经历根本的语音缩减。[⑤]

这种来源结构只能产生"特指-不知晓"的功能，原因是，在所有非特指功能中，因为所指对象是非特指的、无人知晓的，因此说话人如果说他不知道所指对象，那是没有意义的。下面的例子形成明显的对比：

（45）a.（特指）丽丽想跟一个北京人结婚。我不知道是谁。

b.（非特指）你可以跟任何人说话。* 我不知道是谁。

4.2 'want/please'（想/使愉快）类

语言中跟疑问词结合的有些不定性标记来自"want"（想）、"please"（"使……愉快"）或类似意义的表达形式。例如（Haspelmath，1997：134）：

（46）俄语

kto-libo "anybody"（任何人）libo < ljubo（爱，适合）

kto-ugodno "anyone"（任何人）ugodno（合适）

Haspelmath 假设这些不定代词的来源结构是"非特指自由关系小句"（non-specific free relative clause），它首先产生自由选择功能。

4.3 “it may be”(无论是)类

许多不定性标记中都含有一个义为“be”(是)的动词形式。例如:

(47)法语

qui que ce soit “anyone”(无论他是谁/任何人)

Haspelmath 假设这些不定代词的来源结构是“参数让步条件小句”:

(48)You can take something$_i$, whatever it$_i$ may be.

你 可以拿 某个东西,无论什么 它 是。

这种来源结构与自由关系小句在许多语言里结构非常相似,但两者的区别在于后者充当主句的论元,而前者不是。但由于某种理解不当的重组(ill-understood restructuring),前者变成了后者:

(49)You can take whatever it may be.

你 可以拿 无论什么 它 是。

这种来源结构最初的意义是自由选择,原因是,让步条件句表达的是结果和一系列先行条件之间的关系;但跟一般条件句不同的是,让步条件句蕴涵了结果,因此先行条件对于结果而言是不相干的(irrelevant),让步条件句也被称作“无关条件句”。

4.4 “no matter”(不要紧)类

这种类型的不定性标记来自“it does not matter wh-”(Wh-都不要紧)或“it's all the same wh-”(Wh-都一样)义的表达形式。例如:

(50)法语

n' importe qui “anyone”(任何人)

il n'importe(pas)“it dose not matter”(不要紧,没事)

这种类型的不定代词语法化程度不高,其中的不定性标记语义上是非常透明的,它最初表达自由选择功能。

5 轻读疑问词的来源结构及扩展方向

基于上述研究成果和本文的考察，我们对汉语疑问词各种虚指用法的来源做出以下判断：轻读疑问词系列来自上位母句为“不知”的间接问句，即 Haspelmath(1997)所说的“dunno”(不知)类，首先表达“特指-不知晓”的功能，然后再扩展出非现实-非特指、疑问/条件功能，轻读疑问词的直接否定和间接否定功能来自回声答句。

5.1 来源结构

现代汉语里，如果说话人不知晓所指对象的身份，他常常会使用“不知(道)＋参数问句”的形式。与“不知(道)”关联的既可以是句子主语，也可以是言者主语(即说话人)。与句子主语关联时，“不知(道)”要放在主语之后(51a)；但与言者主语关联时，“不知(道)”的位置比较自由。例如：

(51)句子主语

a. 张三不知道谁来了。

b. * 不知道张三谁来了。

(52)言者主语

a. 不知张三吃了什么。

b. 张三不知吃了什么。

下面的例子来自真实语料，其中“不知/不晓(得)”都用于言者主语：

(53)a. ……书记不知什么时候已经走了，前两排仍然空着。(阿城《棋王》)

b.……嘴里唧唧咕咕的不晓得说了些什么。(老舍《骆驼祥子》)

但是,用于言者主语时,汉语有一种强烈的倾向或制约:“不知”一般不能出现在宾语位置。例如:

(54)[?]张三吃了不知什么。

如果到了(54)这一步,我们就可以认为,“不知”已经语法化为一个不定性标记,或者至少已经朝着不定性标记迈出了巨大的一步。但这不是古今汉语的常态。我们在语料中也能发现少数这样的例句,其中“不知+疑问词”出现在介词或动词之后,这似乎显示“不知”确实有了向前发展的倾向。例如:

(55)a.他觉到痛快,好像就这么跑下去,一直跑到不知什么地方,跑死也倒干脆。(老舍《骆驼祥子》)

b.现在皮夹子旧了,给我掷在不知什么地方了。(钱锺书《围城》)

c.缺少的一角画面却被不知哪个多事的人补上几笔,补得很恶劣。(老舍《恋》)

d.他用了不知什么东西,把眉毛上的黑痣子烧去了,对着镜子直出神。(老舍《黑白李》)

e.于是看小旦唱,看花旦唱,看老生唱,看不知什么角色唱……(鲁迅《社戏》)

f.我点了根香,找出瓶不知谁丢这儿的香水漱漱口……(王朔《浮出海面》)

前文提到,在“截省”语境中,由于很多信息可以从语境获得,最初的来源结构——内嵌于母句“(我)不知”的间接参数问句的大部分都省略了。我们发现,现代汉语有时连“不知”也省略了,表达的意思是，说话人预设了所指对象独一无二的存在(特指)，但其并不知晓或者不能确定。例如：

(56)a. 客厅里传来马青一个人的快速说话声，当他停顿时，响起一片欢笑，笑声刚停，杨重又说了几句什么，笑声又起。(王朔《顽主》)

b. 老陈正在给什么人细声细语打电话，捂住话筒扭着个脸下巴堆起一层褶子皮，低声问："什么稿子？"(王朔《修改后发表》)

c. 行李架上取下沉重的行李，而她则一动不动，愁眉不展地坐在那里凝眸注视着窗几上的什么东西。(王朔《千万别把我当人》)

上面的语境明显是现实语境。我们认为，由于汉语句法上抵制言者"不知"的成分进入宾语位置，而从"截省"语境又可以获得说话人"不知"的信息，因此，早在表达"特指-不知晓"功能的时候，说话人就很自然地将"不知"省略了。更重要的是，非特指的语境抵制"不知"，正如 Haspelmath 所说的，如果说话人说出"不知"，反倒没有什么意义。我们也确实未检索到"不知"用于非现实-非特指语境的例子。

上述判断得到上古汉语的证实。上古汉语里，疑问词"谁"和"何"用于"特指-不知晓"功能时，一般要内嵌于上位母句"不知"；西汉以后，才出现不用"不知"的例证。[6]

(57)a. 故海不辞东流，大之至也；圣人并包天地，泽及天下，而不知其谁氏。(《庄子·逍遥游》)

b. 今君又尚厚积余藏，欲以遗所不知何人而忘公家

之事日损。(《史记·孟尝君传》)

c. 延尉验治何人,竟得奸诈。本夏阳人,姓成,名方遂。(《汉书·隽不疑传》)(师古曰:凡不知姓名及所从来者,皆曰何人,他皆类此。)

d. 歙自书表曰:臣夜人定后,为何人所贼伤,中臣要害。(《后汉书·来歙传》)(李贤注:何人,谓不知何人也。)

根据这个判断,我们进一步认为,汉语的轻读疑问词系列也可以用于“特指-不知晓”的功能,而且这一功能是其最初功能。图 3 是轻读疑问词语义图。

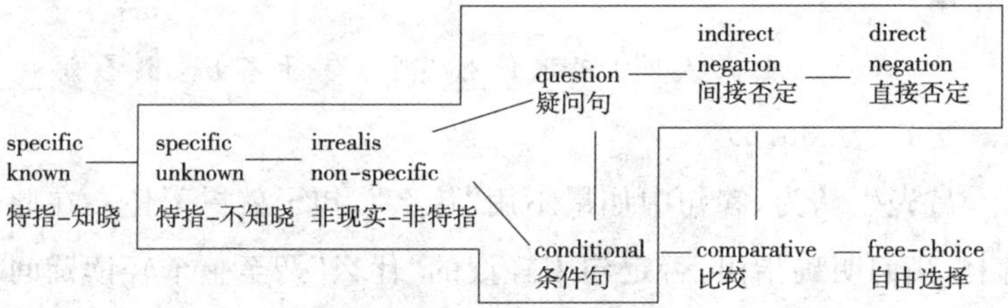

图 3　轻读疑问词语义图

5.2　扩展方向

duno 类轻读疑问词系列最初表达“特指-不知晓”,那么其他功能从何而来?Haspelmath(1997:153—154)将 dunno 类不定形式的功能扩展路径概括如下:

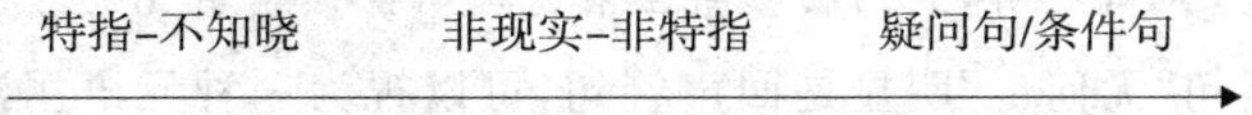

Haspelmath 认为,这一语法化过程中最重要的语义演变是语义弱化(weakening)。对于来源义为“不知”的形式来说,最重要的演变是说话人的不知晓不再被强调。不过,由于语法化程度较高的“不

知”类标记并不常见，Haspelmath 并未能详细展开这一过程。

这种观点可以解释汉语轻读疑问词的部分功能扩展，但汉语的轻读疑问词还能表达直接否定和间接否定的功能。假若顺着 Haspelmath 的思路，并且又不违反语义图邻接性要求，那么最自然的推断就是轻读疑问词从疑问句功能又扩展出间接否定和直接否定的功能。那么，如何解释其中的语义演变过程？我们认为，Haspelmath 的假设还需要补充，轻读疑问词用于否定句的功能直接来自回声答句。

吕叔湘（1985：158）在谈到否定句里的“什么”时，有一段话非常精彩，大概意思是，否定性答句中的“什么”对句子起到一种支撑的作用。

(58)（王夫人问）你想什么吃？（宝玉答）也倒不想什么吃。（红 35.6）

吕先生认为，答句中如果不用“什么”，句子就撑不住。在此基础上，我们明确指出，否定句中轻读的“什么”乃至整个轻读疑问词系列都来自回声答语。这一判断得到上古汉语语料的支持。我们检索了大量上古汉语的文献，发现除了用在内嵌于“不知”母句的间接问句之外，无一例表虚指的“谁”和“何”毫无疑义地用于疑问句和条件句，但是却出现了用于否定句的例子。例如：

(59)星坠木鸣，国人皆恐，曰：是何也？曰：无何也。是天地之变，阴阳之化，物之罕至者也。（《荀子·天论》）

上句“无何也”明显是回声答句，可以视为一种元语用法。我们推测，经过回声答句的过渡，轻读疑问词可以进一步出现在描述性话语中。例如：

(60)太子曰：“君侯赐击衣，不以为寒也，欲召击，无谁与

谋，故敕子以鸡鸣时至，诗曰：'东方未明，颠倒衣裳，颠之倒之，自公召之。'"（贾谊《新序》）

"何"还可以构成一些固定的格式，可用于否定句。例如：

(61)a. 虽有善者，亦无如之何矣。（《礼记·大学》）

b. 知不可奈何，而安之若命，惟有德者能之。（《庄子·德充符》）

c. 在骨髓，司命之所属，无奈何也。（《韩非子·喻老》）

d. 太子闻之，驰往，伏尸而哭极哀，既已无可奈何。（《战国策·燕策三》）（《史记·刺客列传》"无"作"不"。）

e. 孤无奈越之先君何。（《国语·吴语》）

f. 王飨醴，命公胙侑。公请隧，弗许。曰："王章也，不可以二王，无若政何。"（《国语·晋语四》）

g. 边人奴婢愁苦欲亡者多，曰：闻匈奴中乐，无奈侯望急何。（《史记·匈奴列传》）（《词诠》卷二(43)：言"无法怎样对付侯望急"。）

综上所述，汉语轻读疑问词的不定功能可能具有不同的来源：轻读疑问词最初的"特指-不知晓"功能来自内嵌于上位母句"不知"的间接问句，在"截省"语境中，"（我）不知"等实体成分省略，然后扩展出用于非现实-非特指、条件句和疑问句的功能；轻读疑问词的直接否定功能来自回声答句。

汉语的间接否定例证不多，而且就轻读疑问词而言，汉语对间接否定和直接否定功能似乎并不区分，因此我们不敢断言轻读疑问词的间接否定功能是否来自直接否定功能。间接否定功能很可能也直接来自回声答句。例如：

(62)——你相信他买了什么吗?

——我不相信他买了什么。

6 余论:疑问-不定代词之谜

语言中的不定代词和疑问词关系密切。前文提到,Haspelmath(1997)的100种语言样本中,64种语言的不定形式是基于疑问词的,而其中又有31种语言直接将光杆疑问词用作不定代词。而在Haspelmath(2005)的326中语言样本中,基于疑问词的不定代词有194种。Bhat(2004)也指出,世界上大多数语言中,疑问词和不定代词或者形式等同,或者具有派生关系;该著引述Ultan(1978)的考察,发现79种语言样本中,77种语言显示了这种形式等同或派生关系。从形式上看,这些语言的不定代词都是由疑问词加上附缀或小词派生而来,但从语义上看,这一派生过程似乎相反,因为疑问词的语义结构比对应的不定代词更为复杂:

(63)a. 他想吃点什么。

b. 他想吃点什么?

两者的共同特征是都表示不知晓(ignorance)或信息空缺(information gap),但不同之处在于疑问词还有"询问信息"之义,换言之,(63b)的疑问预设了(63a)的陈述。Bhat(2004)指出,从语义的角度来说,疑问代词"并入"(incorporate)了不定代词,按照Klima(1964)的说法,疑问代词是由底层的疑问算子WH加上一个不定代词转换派生而来。这一现象或矛盾被Bhat(2004)称为"疑问-不定代词之谜"(Interrogative-Indefinite Puzzle)。

面对这一迷局,Bhat(2004)提出了一种比较激进的解决办法。

他认为，疑问句中出现的仍然只是不定代词，而不是什么疑问代词。因为在这些语言中，疑问句中使用不定代词的目的只是表明说话人对某一特定成分的不知晓，而疑问和焦点的意义并非通过什么代词来表达，而是通过疑问小词、语调、焦点小词、焦点构式等来表达。Bhat 认为，这一办法还可以解释为什么所谓间接问句中的疑问词并不涉及任何疑问（“我知道他想吃点<u>什么</u>”）。此外，Bhat(2004)还发现，即便从形式上看，也有少量语言显示出相反的派生过程，例如 Lele 语的疑问代词 kóngō“which(M)”和 tóngō“which(F)”似乎由对应的不定代词 kóng(MSg)和 tóng(FSg)派生而来。

如何看待汉语中的“疑问-不定代词之谜”？汉语语法学界以往对不定代词这一范畴的关注似乎不多，要说汉语疑问句中的疑问词仍然只是不定代词，响应者恐怕寥寥无几。因为有个重要的事实摆在这儿：从历史上看，疑问在先，不定在后；虚指如此，任指亦然。

附　注

① 这 9 种功能的界定详见第 2 节的论述。

② van der Wouden(1997:99)对“反叠加性”的界定是：一个函项 f 是反叠加的，当且仅当 $f(X \vee Y) = f(X) \wedge f(Y)$。例如 nobody 是反叠加的：Nobody sings and dances ⟷ Nobody sings and nobody dances（没有任何人唱歌和跳舞⟷没有任何人唱歌并且没有任何人跳舞）。有关论述另见 Ladusaw(1996:325)。

③ 表中的“分配”(distributive)语境本文不予讨论，可参看 Haspelamth 的有关论述。

④ 如果祈使句被解释为允许、劝说而非命令，就可以出现自由选择不定形式。例如：“现在，你在清晨或是午后走进<u>任何</u>一个小城吧。”（戴望舒《在

一个边境的站上》)因此,这样的祈使句不能视为"自由选择不定代词可以出现在可能性语境,不能出现在其他非特指语境"这一概括的例外。(Haspelmath,1997:50)

⑤ Haspelmath 因此将这种形式称为"dunno"类,即来自"I don't know"的缩略。

⑥ 下面《战国策》的两个例子似乎可以理解为省略了"不知",其中(2)似乎扩展到非现实-非特指语境,句中含有情态成分"可(以)"。

(1)夫轻强秦之祸,而信谁之谋臣,王必悔之矣。(《战国策·韩策一》)

(2)苏秦之事,可以请行;可以令楚王亟入下东国;可以割益于谁;可以忠太子而使楚益入地;可以为楚王走太子;可以……可以使苏子自解于薛公。(《战国策·齐策三》)

参考文献

陈承泽 1922/1982 《国文法草创》,北京:商务印书馆。

丁声树等 1961 《现代汉语语法讲话》,北京:商务印书馆。

鹿钦佞 2005 《疑问代词"什么"非疑问用法的历时考察》,延边大学硕士学位论文。

吕叔湘 1942/1982 《中国文法要略》,北京:商务印书馆。

—— 1985/2004 《近代汉语指代词》,江蓝生补,上海:学林出版社。

张 定 2013 汉语疑问词泛指用法的来源——兼谈"任何"的形成,《中国语文》第2期。

张尹琼 2005 《疑问代词的非疑问用法——以"谁"和"什么"为主要样本的探索》,复旦大学博士学位论文。

赵元任 1979 《汉语口语语法》,吕叔湘译,北京:商务印书馆。

Bhat, D. N. S. 2004 *Pronouns*. Oxford: Oxford University Press.

Cheng, Lisa L.-S. 1991 On the typology of wh-questions. PhD, MIT.

Cheng, Lisa L.-S. & Anastasia Giannakidou 2005 The non-uniformity of Wh-indeterminates with free choice in Chinese. Draft.

Croft, William 2007 Typology and linguistic theory in the past decade: A personal view. *Linguistic Typology* 11:79—91.

Haspelmath, Martin 1997 *Indefinite Pronouns*. Oxford: Clarendon.

——— 2003 The geometry of grammatical meaning: Semantic maps and cross-linguistic comparison. In M. Tomasello(ed.) *The New Psychology of Language*. Vol. 2. New York: Erlbaum. 211—243.

——— 2005 Indefinite pronouns. In Haspelmath, Martin, Matthew Dryer, David Gil, Bernard Comrie (eds.) *The World Atlas of Language Structures*. Oxford: Oxford University Press.

Haspelmath Martin & König, Ekkehard 1998 Concessive conditionals in the languages of Europe. In Johan van der Auwera(ed.) *Adverbial Constructions in the Languages of Europe*. Berlin: Mouton de Gruyter.

Huang, C.-T. J. 1982 Logic relations in Chinese and the theory of grammar. PhD dissertation, MIT.

Ladusaw, William A. 1996/2001 Negation and polarity items. In Lappin, Shalom(ed.) *The Handbook of Contemporary Semantic Theory*. 外语教学与研究出版社、布莱克韦尔出版社.

Li, Yen-Hui Audrey 1992 Indefinite Wh in Mandarin Chinese. *Journal of East Asian Linguistics* 1: 125—155.

Rullmann Hotze & Aili You 2006 General number and the semantics and pragmatics of indefinite bare nouns in Mandarin Chinese. In Klaus von Heusinger and Ken Turner(eds.) *Where Semantics Meet Pragmatics*. Elsevier.

van der Auwera, Johan & L. Van Alsenoy 2008 Indefiniteness maps: Problems, prospects and 'retrospects'. Atti del Convegno della Società Italiana di Glottologia(Palermo, 2008).

——— 2009 Mapping indefiniteness: Towards a neo-Aristotelian approach. Proceedings 19th International Symposium on Theoretical and Applied Linguistics, Thessaloniki April 2009.

van der Wouden, Ton 1997 *Negative Contexts: Collocation, Polarity and Multiple Negation*. London/New York: Routledge.

预设否定叠加的方式与类别、动因与作用*

张谊生

（上海师范大学语言研究所）

0 前言

0.1 在现代汉语的否定表达中，对一个事件（event）的语义否定，大致可以有两个角度、两种方式：一种是命题否定（statement negation），另一种是预设否定（presupposition negation）。预设否定的对象不是命题本身，而是发话人认为受话人按常理应该具有的相应预期值。[1]比如按照一般的常识，一定的条件或努力就会产生相应的效果。所以，当有人说：

A_1. 张三有一身的本事。　　B_1. 李四忙乎了一个月。

受话人马上就会形成这样的推断和预期："张三很能干，想必很成

* 本文曾经在"第六届汉语语法化问题国际学术讨论会"（2011年8月，西安）上宣读。根据吴福祥、匡鹏飞等先生的建议和意见，做了较大修改；如仍有不妥，责任自负。本文是国家社科基金项目（07BYY048）"近30年来汉语虚词的发展变化及其演化趋势研究"专题成果之一，并获得上海市重点学科三期"汉语言文字学（S30402）"的资助。对于受到与得到的各项资助与指教，笔者表示由衷的谢意。

功”，“李四下力了，效果当不错”。然而，在现实世界中，经常会出现一些与人们的推断不相符合的情况。譬如有人尽管很有本事或付出了努力，但由于种种原因，并没能取得预期的效果。那就是：

A_2. 张三有一身的本事，但是至今一事无成。

B_2. 李四忙乎了一个月，可是一点效果也没有。

上面两句都是转折复句，其转折关系都是以特定的预设为前提和依据的。A_2的预设是：有本事的人，都应很成功；B_2的预设是：忙乎了一个月，肯定会有效果。在现代汉语中，对于这种与正常的推断和预期不相符合的情况，当然可以采用这种以预设为前提的转折复句，但是更为便捷、简明的方法则是，在叙述某一情况或行为的同时，在谓语中插入预设否定副词，[2]比如“空”或“白”，对命题的预设直接加以否定。所以，这两句话又可以表述为：

A_3. 张三空有一身的本事。

B_3. 李四白忙乎了一个月。

0.2 自从20世纪90年代以来，与汉语预设否定有关的语言现象开始逐渐受到关注，并陆续发表了一系列研究成果。[3]不过，限于研究的角度与依据的理论，现在看来，仍有不少问题有待进一步探究与深化，特别是有关预设否定的叠加强化表达式。比如复置式：

A_4. 张三白白空有一身的本事。

B_4. 李四瞎白忙乎了一个月。

“空有”和“白忙乎”本身就已否定了“有本事”与“忙乎”的预期效果，再加上“白白”与“瞎”，就构成了复置的叠加式。迄今为止，有关预设否定的叠加形式，还未见有论著提到过，更遑论探讨其动因与作用了，因此，本文准备从语法化的角度略加考察与分析。

0.3 关于叠加(superposition)与强化(reinforcement)及其在语法化过程中的性质与作用，Hopper & Traugott(1993:87—

93)、Christian(1995:20—22)、Sebastian & Sypniewski(1995)、Sypniewski(1996)等,都曾有所介绍与论及。Sypniewski(1996)曾将叠加定义为:"Briefly functional superposition is a theory that claims that, under certain circumstances a linguistics expression can have secondary function overlaid onto a primary function, resulting in a new, bistratal function."(简单说,功能叠加理论是指在一定语境中语言表达的基层功能被另一层功能所复叠而导致的新的双层功能)国内学者也从不同角度分析过汉语的叠加现象,比如王海棻(1991:366—373)、刘志生(2005:114—116)、于峻嵘(2006:90—92)、石锓(2007:99—105)的相关研究;尤其是刘丹青(2001:71—81)、马清华(2003:79—88)、江蓝生(2008:483—497)的研究,结合汉语事实,展开了深入的探讨,提出了不少精辟的观点。尽管前人的成果并没有直接关注预设否定的叠加现象,但前人的研究无疑为本文提供了启示与依据。

0.4 本文将依次考察"白(白)、空、干、瞎、徒(然)、虚、枉(然)"等(包括部分同源的形容词)在表达预设否定功能时的各种叠加现象[④]:首先描写并归纳叠加的方式及其类别,然后探讨并揭示叠加的原因及其产生的作用与后果,最后是总结与启示。

本文的例句,主要选自通过百度网、人民网等检索到的报道、博客、小说等。所有的例句均标注出处,依次标注篇目、日期、报刊或网站,以备复核。过长的例句略有删节。

1 叠加的方式与类别

1.0 根据预设否定叠加的不同方式,可以首先分为双重叠加与多重叠加两个大类；其中双重叠加是基本的叠加形式，共有三种方式：蕴涵叠加式、复置叠加式、交互叠加式。

1.1 **蕴涵叠加式**。所谓蕴涵(entail)叠加式，就是指有些动词及其短语，本身已蕴涵了与预设否定相近的否定义素，一旦前加否定词，就形成了否定义叠加的表达形式。例如：

(1)所以如果真是17天不开张，一家店最多少赚340万，并将白损失170多万，但是如果其全国所有的门店都门可罗雀则一个月下来也有近亿元的损失。(《家乐福中国网站被黑》2008—04—18搜房网)

(2)家住庄河的王先生告诉记者，因为挂历出现错误，自己白白损失了一单买卖，虽然经济损失不大，但还是让他觉得窝火。(《一本挂历俩七月 白白丢了好生意》2010—08—01《大连晚报》)

“损失”本来就含有“无代价地失去或消耗”这样的义项，前加“白、白白”虽能强化主观情态，但表达的基本语义还是“无代价地失去”，所以，这类搭配都是蕴涵叠加式。再比如：

(3)我特别怕遇到这种欺骗行为，其实薪水倒不是太重要，关键是白耽误我很多时间，影响找其他工作。(《大学生找工作 面临三道难关》2009—02—23《城市快报》)

(4)我们兄妹是想过投奔南海门，只不过南海门已经公布了一年内不再招收任何弟子的禁令，为了不想空耽误一年时间才远到天山来碰碰运气。(《明室英雄传》2010—12—09幻剑书盟)

(5)破案那是你们公安局的事与我何干，你们把人弄错了还有理了，这个人绝对不是金强，你们去找应该要找的人，不

要在我这儿瞎耽误工夫。(《克星》2010—11—13 文学屋)

“耽误”本来就表示“白白错失/浪费时机”,加上预设否定词,意思还是差不多。又比如:

(6)从前我想唱京剧,买了两盒京剧的伴奏磁带,可惜伴奏的调门太高,我唱不了,白糟蹋了,后来到老年剧协唱过一次,唱了四遍都不上弦。(《关于京剧的调门,求教于方家》2003—04—25 京艺社区)

(7)年纪小又如何,甘罗还不是12岁拜相吗,哪像我们这些蠢人,空有一把年纪,也只是空糟蹋食物而已。(《月子》2008—10—09 鸟瞰小说网)

(8)有人说:“是演习呀?哎呀,这不是干吓唬人,干糟蹋人吗!”(《震惊》2010—10—25 读吧)

(9)有钱了就瞎糟蹋。(《向左看往右走》2010—12—29 阳光地带)

“白、空、干、瞎”的预设否定义与“糟蹋”蕴涵的否定义“无谓地(耗费)”也因大体相近而重叠。总之,由于一部分词语本身就含有“无效益地放弃、失去、耗费”等否定性语义,从而导致否定副词的附加只能凸显言者情态、展现各词个性,而不再起否定预设的作用。蕴涵叠加式中被叠加成分所蕴涵的否定义虽然与预设义基本上等值,但其本身不是预设义,所以,严格地讲,此类叠加式,不是双重预设义的叠加,而是预设义与等值蕴涵义的叠加。

1.2 **复置叠加式**。所谓复置(overlay)叠加式,就是指在已经用了预设否定副词的VP前再叠加另一个否定词,从而形成重复附加的叠加形式。比如“空”可以用来复置叠加:

(10)我说齐哥,你要再考就一定要自己拿主意考哪里,别

听女人的，女人头发长见识短，别到时又空瞎忙一年。（《一个贱男人的爱情》2008—10—19 天涯社区）

（11）肖方雨大叫道："快停下。"自己不会开车，一时之间竟是帮不上一点儿的忙，只能空干着急。（《都市第一混》2011—01—07 纵横小说网）

（12）这种艰难是无形的，耗费脑汁的，倘若解决不好，纵然有再大的气力，都只能是空徒叹息，无济于事。（《野猪出没的线路》2008—07—02 新浪博客）

反过来，预设否定副词"空"也可以被其他预设否定词重复叠加。例如：

（13）不会是我吧，拿四元钱买彩票的人多的是，我瞎空高兴什么！整个早上，我心不在焉地做着生意，心早就飞回到家里抽屉去了。（《中了五百万以后》2007—06—06 易网博客）

（14）人们的兴奋劲儿立刻蔫了下来，竟异口同声地发出了倒嘘声"切！"扯到衣裳的人，更是将那些碎裂的白裳纷纷抛扬起来，竟都是徒空欢喜一场。（《七品仙妃戏游龙》2011—01—12 看吧小说阅读网）

（15）突然我发现几棵长满不知名的野果的树，急忙喊堂叔来辨认，结果他也不认识，为了安全起见而没有采摘，万一中毒，枉空丢了小命那可不值哟！（《美丽的云阳山》2008—11—10 红网论坛）

比较而言，在这些否定词当中，"白（白）"的否定义最典型，使用频率也最高，所以，复置到其他各否定词前面的概率也相对最高。下面就以"白白"的复置式为例：

（16）非洲南部领先一球，全场沸腾，然而终极，东道主白白

空欢喜一场，墨西哥队在比赛第79分钟将比分追平。（《沙巴拉拉率先破门南非队空欢喜一场》2010—06—12我的网站）

(17)不过，你的方式太过温和，到最后根本就没有一个人明白你的意思，你也只能在一旁白白干瞪眼。（《一周星运》2006年9月7日西祠胡同）

(18)梁医生有点儿失望了，恐怕是走错道了，显然，现在回头再去，也赶不上这个赴约了，白白瞎忙乎了一个晚上。（《特色之死》2010—12—28起点中文小说网）

与"空、干、瞎"不同的是，被"白白"复置的"徒、虚、枉"大多已有语素化倾向。[5]例如：

(19)对自己的复习计划一点没有执行力，这计划只是白白徒费自己的精力。[A Good Condition（《一个好条件》）2008—12—05百度空间]

(20)我认为我很不被尊重，很不被理解，工作艰苦却不被肯定，再忍辱做下去搞不好到最后既没有功劳也没有苦劳，白白虚费大好光阴。（《城市之歌》2010—11—23起点中文小说网）

(21)这样的信口雌黄，粗简草率，误人子弟，真是糟蹋了听众的一腔信任，白白枉费全南京的适龄青少年把她当偶像一样崇拜了那么多年。（《枉费》2005—11—15天涯社区）

此外"干"与"瞎"，"徒"与"枉"等互相间也都可以复置，但自由度与复置率相差较大。[6]

1.3 **交互叠加式**。所谓交互(mutual)叠加式，大致有两种情况，一种是两个否定副词交替使用，再一种是否定副词与相关的否定形容词一起共现，互相配合。先看前一种：

(22)你嘟嘟半天都是白说瞎想，一般来说：好女人都是离

不开孩子的女人。谁说有了孩子就不追求精神生活了？(《神妈妈眼中的女人》2006—02—10 百度网)

(23)孩儿空长白活了若许年，做您这堪称人中龙凤之人的干儿子都觉不配，只要您不嫌弃我无能无用，能做您老的干儿子我已深感荣幸。(《珍珠泪》2010—10—24 幻剑书盟)

前后两个 VP 在语义上既是相近的，又是互补的。再譬如，下面是“着急”的交互叠加式：

(24)工行按照一般规律是在行情结束的时候才会上场，并且不会涨多少，现在散户只能干急白瞪眼，错过一两千点行情。(《留言》2009—07—22 东方财富网·股吧)

(25)一个娱乐经纪公司，比别人近水楼台先得月能获得一批优质的艺人资源，这也是无可厚非，别人也只能干瞪眼白着急却无可奈何的事情。(《陈楚生给中国娱乐圈出了一大考题》2009—01—07 新浪博客)

甚至还可以是三项互补式，三个短语的并用；同样是结构上并列，语义上互补。例如：

(26)其实各人有各人的命数吧，现在操心也只是瞎着急干上火，白扯而已，于事绝对没有好处。(《明明不是你》2010—07—22 百度贴吧·寒武纪年)

(27)有了教科研意识，但如果只是讲在口中、停在心中而并未付诸实践，那还是等于空想白说瞎做梦。(《学校教育科研目前面临的问题与对策》2009—03—31 刨文网)

再一种交互叠加式须要另一预设否定形容词配合。譬如“白、空、瞎”可以这样交互表达：

(28)大多数农民比较淳朴、实在，认为这是白说空话，心

里不喜欢、不接受，而我在开展活动时没有考虑到家长。(《我进行感恩教育的一点体验》2009—10—13 教师俱乐部)

(29)认为奥巴马相对来说经验不足，只会空说白话，让美国人感到极度地不安，不过这样的观点几率不高。(《总统选举民主党胜算大》2008—02—21 鼎盛军事·防务论坛)

(30)对久不参与进攻的麦迪来说，只要能积极地打球，对大家都是个安慰。如果真能鼓励出他的求胜之心，也算没白说瞎话。(《捏雷霆姚明学会打球，说麦迪回来只是鼓励》2009—01—10 新浪论坛)

(31)娘反驳说："别在那里瞎说白话了，谁说有我咱家就富不起来？要不是我你家不定什么样呢？"(《夫人》2006—02—27 天涯俱乐部)

(32)最后还想对你说的是，你知道中西差距，但却不知道差距多少，怎么追赶，等于空说瞎话！(《不傻不天真，网民的力量足以撬动地球》2008—04—03 网友评论)

(33)有的则利用现代网络优势，盲目照搬照套，瞎说空话，没有自己特色的廉政教育。(《以科学发展观推进廉政教育的几点思考》2010—10—09 新华网)

尽管"白话、空话、瞎话"的"白、空、瞎"都是形容词性语素，但宾语"形＋名"所表示的否定义与否定副词异曲同工，可以互相补充，构成交互叠加式。就语义蕴涵看，交互式"白＋说空话"与蕴涵式"白＋丢弃"相近，只是交互式的VP中含有另一预设否定形容词。

那么，应该怎样看待"副＋动"与"形＋名"之间的关系呢？很显然，这些副与形，不但语义同源，而日功用相通，处于不同的句位完全就是为了能适应特定的配合需要。请比较：

(34)还得加一条，国际比赛每赢一场，允许四氏同堂一次，否则只能干着急白上火。(《孔乙己版中国足球队》2007—09—09 海归网)

(35)这着的干急，上的白火，为的只是给父母办个签证。(《干着急，白上火》2010—02—02 新浪博客)

可见，对于发话人而言，只要表达有需要，就可以移位、可以调整，无须考虑词性的限制。

1.4 **多重叠加式**。多重叠加式是以复置作为基本手段前附于其他叠加式，构成多层否定的叠加形式。也可以分为三种：复置＋蕴涵、复置＋连用、复置＋交互。先看复置＋蕴涵。例如：

(36)后来站上说已开通，然而可能是我天生愚笨，还是屡试屡败，那邮箱依然一动不动，稳如泰山，活活吊人的胃口，还白白瞎耽误功夫。(《再说那气恼热闹的"邮箱"》2009—11—6 人体艺术套图中心)

(37)但是人算不如天算，等冬瓜和石头同志把石头搬好以后，就再也没有车子开过了，白白瞎折腾了一番。(《我的川藏线——菜驴队单车骑行川藏纪实》2009—08—24 天涯社区)

(38)地铁策略哥的报道早先我在网上、电视上看过。个人认为是个有形没质，更谈不上策略的人，白白瞎浪费了头顶的乾坤帽大名。(《别嫉妒人家月赚 50%，因为人是策略哥》2010—11—18 铁血社区)

(39)这个角色起的名字太好了，巧有七重，却只是白白空浪费了力气。(《回家了》2005—07—24 博客)

"瞎耽误""瞎折腾""瞎浪费"和"空浪费"，本来是蕴涵叠加式，一旦前面再加上"白白"，就构成了复置＋蕴涵的多重叠加形式。再看连用三个否定词/语素的复叠+连用：

(40)谢东又对着白山武馆的那些学徒，大声说道："你们，这辈子也白瞎枉为一个中国人了。黑白对错是非不分，还有什么脸习武啊。"(《猛男戒指》2010—06—04 鸟瞰小说网)

(41)不用逃避也不哭泣，世界只有我和你。空枉痴心白努力，千纠万缠想留住你，你却偏偏离我而去。(《为什么梦里没有你》2010—04—28 中国原创音乐基地)

"枉为"已词汇化，"白瞎+枉为"是复置的否定词再与否定语素叠加的复置+连用，而"空枉痴心+白努力"则是复置的否定词修饰"痴心"再与否定短语"白努力"并存的复置+连用。

交互+复叠是在一些由否定副素与否定形素组成的交互叠加式习语前，再复置否定副词：

(42)那么，全国开展"迎奥运讲文明树新风"礼仪活动都是白徒有虚名，将严重地影响国家形象、进而影响全球会众对"北京 2008"的期望值，对我们国家 8 年来为筹办几个月后举行的奥运会在祥和气氛下召开都是不利的。(《不抵制家乐福就叫"汉奸"、"不爱国"吗？》2008—04—20 新浪博客)

(43)我就开始哭闹了，他就骂我，说没想到我是个这么水性杨花的女人，从以前讲求精神恋爱的纯情小女生变成了一个整天想着亲热的欲壑难填的可怕女人！看来我还真要出墙一回了，别白白枉担了这虚名！(《有没有被老公用 sex(性)冷暴力逼迫准备红杏出墙的？》2009—01—20 贴库网)

"徒有虚名、枉担虚名"都是交互叠加格式，再加"白白"就成了复置+交互的多重叠加式。

据此，可以将预设否定叠加的两个大类、六种方式，列表归纳如下：

表1　汉语预设否定的双重叠加式与多重叠加式

	双重叠加式			多重叠加式		
类别	蕴涵叠加	复置叠加	交互叠加	复置＋蕴涵	复置＋连用	复置＋交互
用例	白白糟蹋	白白空耗	白说空话	白瞎耽误	白瞎枉为	白徒有虚名

总之，预设否定叠加这一语言现象不但方式灵活多样，而且使用频率也不算低，表明叠加式绝非少数偶现的特例，正相反，不同的叠加式在相关的表达中都具有各自存在的理据。

2　叠加的动因与作用

2.0　本节讨论否定叠加的基本动因及其相应的作用，大致可以概括为相辅相成的四个方面：主观凸显与强化、词义磨损与羡余化、兼顾特色与多样化、结构整合与习语化。

2.1　**主观凸显与强化**。Christian(1995:75)和刘丹青(2001:75)曾分别举过英语"on top of"与汉语"到/在于"等叠加的例子。预设否定也一样，为了强调结果的无效性并凸显主观情态，发话人就会有意无意地重复使用预设否定成分。就以"枉担"与"虚名"叠加为例，复置与交互本来都是叠加式，结合起来就成了复置＋交互的多重强化。例如：

(44)林希晨苦笑一下，说："小丫头，你可真是相当地不讲道理，<u>枉担</u>了<u>你安静的外表</u>，<u>温柔的气质</u>。"(《若爱只是擦肩而过》2010—11—15 百度文库)

(45)专家必须给出详细的、有足够说服力的评审意见，不能<u>只担虚名</u>，做人情，而是应该负相应的学术责任。(《专家眼

中的中国社会科学前沿研究状况》2008—01—18 中国网)

两种表达式语义虽然清楚但力度都不够,一旦运用了叠加式,强化效果就能充分展现。例如:

(46)《青蛇》里小青最后纵身跃进茫茫沧海,留下一个“潇洒”的背影,世人都以为她不过是冷血的青蛇,实在是白白枉担了她满腔真诚,热爱一场。(《我不是卡门 不是白蛇》2006—02—11 天涯社区)

(47)自古至今,枉担虚名者何其多也,向来注重务实精神的国人一直致力于在虚名中求传奇,舍不得将莫须有的“虚名”去掉。(《吴光伟:枉担虚名》2009—03—23 天涯博客)

在此基础上,还可以再进一步强化,形成了复置与交互相结合的多重叠加的强化式。例如:

(48)《芙蓉女儿诔》是一篇思想性和艺术性俱佳的祭文,有宝玉的如此情义,晴雯也算没白白“枉担了虚名儿”。(《〈芙蓉女儿诔〉浅析》2007—06—10 新浪博客)

(49)纵有倾国倾城之实又怎样,缺乏妙笔将荣华富贵谱成脍炙人口的音乐剧,不啻白白枉担了红颜祸水的虚名。(《受宠若惊》2010—05—16《生果日报》网络版)

总之,就叠加式的基本作用而言,就是表达效果的强化(effective reinforcement),表达过程中主观量的增强,是叠加式得以一再出现的最根本的动因。也就是说,发话人使用一重预设否定是一次主观计量,而二重否定的叠加就是主观上的再次增量,以此类推。试比较:

(50)而且,宋朝世袭的皇帝家族还要受到很多限制,例如不能掌握实权,只有虚名,不能与朝臣交往,还要集中居住,不

能在社会上随便走动等。(《〈红楼梦〉中的儒佛道》2010—09—02 新浪博客)

(51)至于美国的“支持”,文章认为那是徒有其名,因为对联合国改革最为消极的是美国,白宫岂能“只支持日本一国”“入常”。(《美国“支持”日本“入常”徒有其名》2005—04—18 新华网)

(52)有时爱情徒有虚名,一个人执谁之手,与谁偕老,无关爱情,无关对象,只是命里的一场数字游戏而已。(《有时爱情徒有虚名》2008—05—21 西祠胡同)

(53)我忿忿地对老公嚷嚷着,那白鱼和罗汉鱼差不多大呀,为什么就那么笨蛋,不会反击吗?这不白白地徒有虚名,一个响亮的名字——战舰吗?!(《马白白》2008—05—04 百度贴吧)

很显然,随着预设否定词的相互配合与再度叠加,后两句的主观程度一句比一句强。

叶斯柏森(Otto Harry Jespersen)在《语法哲学》(*Philosophy of Grammar*)中曾举过如下例句,在一个否定句内,被强调的否定可以出现在代词、副词、形容词等各个方面:

(54)Nobody never went and hinted no such things.(根本没人去暗示过这件事。)

(55)I can't do nothing without my staff.(不带随从我什么也干不了。)

叶斯柏森认为:“在强烈的感情影响下,说话者想要绝对保证否定的意义得到充分理解,因此,他不仅把否定词加在动词上,而且加在句中任何易于构成否定的成分上:事实上他给整个句子蒙上了一层否定色彩而不是把否定局限在一个地方。"[7]可见，为了强化，可以突破常态句法规则的限制，而汉语的"形名$_{状}$ ＋V＋形名$_{宾}$"交互叠加式，当是叠加式中最灵活一种：

(56)太极拳之所以能在众多的武术拳种中脱颖而出，大放异彩，绝不是靠空口说白话，而是一招一式地打出来的。(《孙式太极拳的训练方法》2008 年 01 期《武当》维普资讯网)

(57)因为白口说空话谁都会，自己不一定保证百分之百做到的事情非要构思出个幻境来，让女人天天美滋滋地期盼。(《80 后的你们，都是有房子才结婚的吗?》2010—3—25 天涯社区)

(58)要不就是代表民众利益的人大代表工作做得不到位，要不就是物价部门负责人空口说瞎话，无论是哪一方说谎，都有失责之嫌。(《说谎的是人大代表还是物价局?》2009—11—12《信息时报》)

(59)我真怀疑这是白口说瞎话，如果这篇文章的作者不太健忘的话，应该记得《决战前的较量》也是一部反映前苏联英雄的电影。(《好莱坞国际主义精神的神圣体现》2003—09—25 天涯社区)

当然，尽管方式相同，但"空口"与"白口"的性质还是有所不同的，"空口"已经副词化。

如果说，叠加的方式与层次越繁复，表达的强化程度就越高，那么，预设否定叠加的表义强度，大致可以概括为下面 A、B 两种各具特色的强化程度等级序列：

(60)A：白费＜白浪费＜白白空费＜白白空浪费；

B：空说＜说空话＜白说空话＜白口说空话。

2.2 **词义磨损与羡余化**。在长期的演化过程中，有一部分预设否定副词在功能上逐渐定位而黏着，语义上则日益磨损含糊而需要叠加，从而导致了否定义的羡余(redundancy)。

在近代汉语中，“白、空、干、瞎”与“虚、徒、枉”以及“坐、浪”等，都是可以自由运用的预设否定副词。[8]发展到现代，情况发生了分化，大致有三种情况：a. 随着词汇化的发展和独用率的减少，“坐、浪”现在已基本退出了现代汉语的预设否定副词系统，不过，作为黏着语素，在“坐失、坐视、浪费”等单词中还保留着含糊的否定义。b.“虚、徒、枉”虽然也已在“徒劳、虚耗、枉费”等词以及一些成语格式中已固化，但偶尔还可以单用，还维持着预设否定词的资格。c.“白、空、干、瞎”相对自由，用频较高，且很少词汇化。

随着否定义的淡化与功能义的固化，现在已很少有人知道“坐、浪”还可以表预设否定，于是就会在“坐V、浪V”动词前，再叠加一个预设否定副词。譬如“白白+坐V”：

(61)春节放假7天，对商家来说，更是黄金时机，但遗憾的是，有些商家却固守传统的经营观念，白白坐失商机。(《假日经济大有文章可做 节假商机大商家莫坐失》2000—02—15《福州日报》)

(62)以往不是民营油企不愿意供油，而是没有进油的渠道，白白坐视商机的流失，而某些大型企业却是囤油待涨。(《谁将“有幸”成为第一个被告?》2008—08—01 山西新闻网)

在“浪费”等词中“浪”已经语素化了，所以经常被叠加；而“浪得、浪得虚名”的词汇化与习语化也在发展中，其中的“浪”同样因黏着而变得语义含糊，也常被叠加。例如：

(63)果然是白白浪得一副不着一物的臭皮囊！难道你以

为老子跟你一样会把网络当成事业么？[《女人为难女人到底为难般》(跟帖)2006—05—30 天涯社区]

(64)要说最郁闷的应该是天津，几十年白白浪得个“直辖市”的虚名，要不是刚刚上马的滨海新区，谁还记得这个大城市。(《中国失落城市》2008—11—17 洛阳社区)

在极为有限的搭配中，“浪”还保留着副词功能，可以否定“花钱”等，但否定仍需叠加式：

(65)处所政府也曾经组织上映，还请了一些剧团送戏到工地，可是农民工根本不领情，往往是一场演出只有几个人看，白白浪花钱。(《茶楼卫生管理制度让农民工快乐多一点》2010—07—06 美食资讯网)

(66)但是是不是真的韩国国内流行的化妆品品牌要进行明确承认，否则可能会白白浪花钱也买不到真的韩国化妆品。(《韩国化妆品品牌那么多该如何选择？》2010—10—22 手机卡招商网)

正因为少数曾经的预设否定副词词义已经磨损、淡化，发话人或者不甚理解或者为了表述更加清楚，就会选用各种叠加表达式。就其表达作用来看，就是导致否定义的羡余化。譬如下面的“白、空、干、瞎”分别附加于“浪费”，语素“浪”的否定义已基本羡余了：

(67)交流站那个江南区图书馆几乎从不开门，白浪费几十部电脑在里面。(《南宁的图书馆设在哪儿好》2010—12—26 时空博客)

(68)与其站着说话不腰疼，空浪费唾沫，还不如到比赛的时候，像韦迪说的那样多下地铲上几脚来得实在。(《多说空话不如多铲几脚》2010—02—05《成都日报》)

(69)既然怎么穿都不好，那就不如随便穿，省得干浪费时间和精力。(《女人涅槃记》2010—09—04 百度文库)

(70)盲目的不合理的投资，只能是乱花钱，瞎浪费人力、物力。(《"弯道超车"更要"科学驾驶"》2009—03—21《解放军报》)

同样，那些已经词汇化了的"徒劳、虚耗、枉费"，其中的否定义也已弱化，一旦前面再加上其他预设否定词，"徒、虚、枉"的语素否定义就更趋向羡余化了。例如：

(71)今年春节初七，携几位好友去了广西隆林县的苗乡，恰逢初春桃李花开时节，于是几日陶醉在拍照，总算没白徒劳，还是留下了一些美好镜头。(《美丽的广西——春到苗乡》2010—10—17 摄影论坛)

(72)长假期间，几乎无论你身处何方景点，住宿、吃饭、玩，什么都要等，很多宝贵的时间就在这上面白白虚耗掉了。(《长假制实行 8 年 爱你怨你说长假》2006—05—06 龙虎网)

(73)难道我就真的像他们说的那样是一个无能的主，白枉费读了那么久的圣贤书，浪费了那么高的文化，难道我就真的是一个懦夫吗？(《拯救自己》2011—01—07 腾讯网)

总之，由于部分预设词的语义逐渐退化、功能渐趋黏着，演化的后果是：一方面在语言中留下了一批包含否定语素的动词，另一方面导致了某些否定语素在表达功用上的羡余化。

2.3 **兼顾特色与多样化**。虽然不同的预设否定词都可以表达大体相似的否定功能，但是由于各词源义积淀不同，个性特点不同，表达效果自然各有侧重，可以大体归纳如下[9]：

表 2　预设否定副词的否定基础、否定的预期值及其否定的内容与特点

	否定基础	预设否定的预期值	否定的内容	否定特点	语体特征
白	没有颜色	付出一定的代价应该得到相应的效益	效益的得到	徒劳性	普通＋通用
空	没有内容	具有一定的条件应该获得相应的结果	结果的获得	无效性	普通＋通用
干	没有水分	遇到一定的情势应该采取相应的措施	措施的采取	无奈性	随意＋口头
瞎	没有视力	施行一定的做法应该遵循相应的规矩	规矩的遵循	盲目性	随意＋口头
徒	没有凭借	实施一定的行为应该借助相应的凭借	凭借的借助	排他性	正规＋书面
虚	没有实质	呈现一定的外表应该拥有相应的实质	实质的拥有	虚无性	正规＋书面
枉	没有规矩	处理一定的事务应该遵守相应的准则	准则的遵守	偏差性	正规＋书面

由于预设否定词之间存在着细微而重要的差异，所以，为了更加精确，避免雷同，尤其是发话人想要同时兼顾不同的否定特色，就须选用各种叠加式。比如，要兼表“忙乎”的盲目性与徒劳性，就须说成前言中 B_4 的“瞎白忙乎”。下面还以交互叠加的“着急而无奈”为例：

(74)大哥写两句还较满意，让你点出来了，写得我不满意，心里有很多话很多事想说表达不出来，干着急白瞪眼，望几位太白山友多担待。(《秦岭行》2009—06—17 青网论坛)

(75)趁年轻把自己的学历再提高一个档次，别等到文凭与待遇挂钩时，你白瞪眼干着急，多学点“风油精”似的本领只有好处没坏处。(《给年轻老师的 20 条忠告》2009—12—22 天涯来吧)

(76)虽说三个女人商量了许多计划，可是毕竟赫宰天天

陪着东海，她们也没有机会，只能看着或者听着人家的幸福生活干瞪眼白着急。(《双食记》2010—07—07 百度文库)

在叠加的过程中，既可以是语序替换，也可以变换词语，还可以是交替变化。例如：

(77)毕业有很多事，我不愿去面对，我想把时间拉回来，可是它在我手里拼命地向前狂奔，我只能气急败坏地瞎着急干瞪眼。(《阿布同志遇到最可能的时候》2009—05—14 新浪博客)

(78)那时成绩尚在别人手中拽着，白瞪眼干上火也是无济于事，可是一堆人都面若菜色地叹气不迭，彼此感应传染，个个都萎掉了。(《爱事记》2005—10—29 敏思博客)

(79)现在看来，我得好好向我的这位接友学习了；因为，在许多时候，做好本职工作和锻炼好身体要比空着急干生气强得多，实惠得多！(《接友的理论》2010—9—28 慎言博客)

正因为现代汉语中具有“白、空、干、瞎”与“徒、虚、枉”等一批不同源义的预设否定词，使得各种不同方式的同义叠加结构可以灵活搭配、交替出现，从而大大丰富了预设否定的表达样式，适应了在不同语境中不同语用需求的情况下，发话人细微的差别化表达。再比如，同样表示“无效地花费”，都是用“白白”复置，已成词的“浪费、枉费”与未成词的“空费、虚费、徒费、瞎费”并存而竞争，否定内容各有侧重，呈现出表达多样化的特点：

(80)显然，这位把零死亡归功于“幸运”的官员，白白浪费了一个表功请赏的机会。(《新西兰地震零死亡不是奇迹》2010—09—07 淘股吧)

(81)为什么网上的照片是打过马赛克的，处理过的照片肯定起不到相应的教育作用，白白枉费了光头佬的一片心意。

(《处理过的照片肯定起不到应有的教育作用》2009—11—03 人民网)

(82)翠英笑道:"哦,原来我紫灵妹妹爱上了我们郑家的大少爷。但我们郑大少爷已娶有妻室,你这般情痴痴的岂非白白空费了?"(《晏殊传奇》2006—08—23 起点中文小说网)

(83)这世界的很多,就是由那些无知的人,"白白瞎费精力"的人创造的,而那聪明的人,由于聪明而保存精力的人,常常是懒惰而错失良机。(《僻静的洞天》2010—12—09 文学城)

(84)你若再为此纠缠,延误了时机,只怕非但自己再落险境、白白虚费了我一番苦心救助,而且也一样会累我脱不了干系。(《凌霄受陷迷魂谷》2010—01—04 红袖添香)

(85)你滚回去告诉金容天,他想知道小婷的下落,那是痴心妄想,莫要对我使这等卑劣下流的美人计了,白白徒费了你的千妖百媚。(《青梅情仇》2010—01—22 新浪博客)

同样是"白白耗费",对"机会、心意、痴情、精力、苦心、媚态"分别选用"白白浪费、白白枉费、白白空费、白白瞎费、白白虚费、白白徒费"来强化,各尽所长,恰到好处。其实,"白费"也有自己的特色,而且也已词汇化了,只是要用其他预设否定词叠加而已:

(86)同样地,若想改掉缺点,但着力点不对,徒然白费工夫,与初衷背道而驰。(《高效人士的七个习惯》2003—07—04 新浪读书)

可见,从个性特征看,由于预设否定词都还或多或少地保留着一些源义积淀,具有不同的形象色彩与表义特点,有些在演进的过程还形成了一些习惯性搭配。所以，发话人为了能够更加精确地强化表达效果，就会有意识地选用特定的预设词以构成不同的否定叠加式。

2.4 **结构整合与习语化**。汉语是一种很讲究结构整齐、韵律对称的语言。因此，在否定预设的过程中，为了使表达的形式更加协调、更加匀称，有时就须要用叠加式来整合。例如：

(87)直到现在，我才发现自己有多失败，失败到空长白活了近40年，空做了近20年的学问，竟然连在人前怎么说话都不会。(《情人节，你快乐吗？》2009—02—14新浪博客)

(88)由于航班都飞不了，因此很多乘客都采取了退票或改签的办法，而不愿意在机场空等干耗。(《南京禄口机场大雾取消171次航班 万名旅客滞留》2006—12—26千龙新闻网)

就满足基本的否定义而言，单用"白活"与"干耗"已经够了，再叠加"空长"与"空等"，不但语气增强了，而且更为重要的是整个句子在结构上更匀称、更稳定了。再比如：

(89)"美酒入喉，佳人在旁。人生至此，不枉虚度。"喝了点酒的徐三宝正半躺在其中一艘画舫内床榻之上，半眯着眼。(《吉祥三宝》2010—10—22书路文学网)

(90)我对网友是否见面的观点是：上网不见面，等于白费电；见面没激情，白浪费感情。(《快乐不是拥有的多而是因为计较的少》2009—07—19易网博客)

(91)却又闻到梨花香，君子爱美爱过墙。这边未亲那边诱，到头岂不空瞎忙。(《我的小诗集·醉舞月影》2008—10—11天涯社区)

上面都是前句是四、五、七个字的小句，为了协调句式与调节音步，后句就须用叠加式来凑成四、五个字的小句，这样才能严整，才能对称。再进一步观察，为了整合成特定的句式与满足韵律搭配的需要，甚至写诗填词、撰写对联、博客留言，也须采用某种叠加形式。例如：

(92)辞罢门生携老友，泉台失落空杯酒，万卷诗书徒漫有。天地抖，人间事事无长久。（风雨中人《渔家傲》2009—10—25 易网博客）

(93)（上联：）今天跌，明天涨，把你套住没商量，黑啊！（下联：）今割肉，明建仓，一年到头空瞎忙，累呀！（《求下联》2010—09—16 东方财富网·股吧）

(94)空山新雨后，人迹徒空留，帅哥哟，离线了，有人找我吗？（《空山新雨后，人迹徒空留》2009—06—05 龙都论坛）

可见，有相当一些预设否定词的叠加式，是为了满足句法上对称、配合，韵律上的和谐、整齐，是一种特定的语用调节手段和协调方式。（张谊生，2012）而整合结构与协调韵律的一个重要的后果就是导致了一部分叠加式的习语化：既有一些因否定词的专职化而形成的定型成语，比如“坐失良机、枉费心机、徒劳无功、徒托空言”等；也有一些因交互叠加而形成的、可以有限类推的习语格式，比如从“徒有其名”开始类推，逐渐形成了可以双向替换的“X 有 X 名”习语格式。现在甚至连“空、白、干”等非文言词，也可以自由地填入这一格式中。例如：

(95)笔者担心的是，这样一个“标准”徒有其名，难以在劳资双方的谈判中真正落实。（《别让工资标准徒有其名》2010—11—12 南都网）

(96)工商局以“让个体工商户自己管理自己”为借口，强加于所有个体工商户一个形同虚设、空有其名的协会，即“个体劳动者协会”。（《也说“鼓励全民创业”之工商管理费》2007—07—04 古城茶秀）

(97)可是，看来这里也没有什么好东西，一个蛇王也白有其名了，鼓捣了一阵，李玉有点郁闷地出来了。（《倒霉的李玉》2010—06—03 盘龙中文网）

(98)再则是视野狭小，虽说这几年也在外面引进一些人才，如周华伟，但人家毕竟不在院里主事，干有其名当然还是不行的。（《自我反省，警钟长鸣！》2008—09—26 侏罗纪公园）

再进一步，结合形容词定语的配合用法，就可以类推出相应的交互叠加格式了。例如：

(99)1987 年苏共将其解职，任命他为徒有空名的建设委员会主任，保留部长级待遇，第二年初又被免去政治局候补委员一职。（《俄罗斯首任总统叶利钦逝世》2007—04—25 江西新闻网）

(100)这套服装最大的亮点就是胸前几何型的项链，时尚感十足，这样简单却巧妙的搭配，可见时尚女王的称号不是空有虚名的。（《周迅时尚嗅觉敏锐 简单造型成就百变女王》2009—11—06 新浪娱乐）

就这个意义而言，预设否定词的叠加式，除了其特定的强化作用之外，还可以起到协调结构与调节韵律的作用；而且，随着某些短语结构的逐渐固化，导致了一些固化成语和类推格式的形成。[10]

总之，由于情感需要强调、特色需要兼顾、结构需要整合、韵律需要协调，发话人为了达到不同的语用目的，就会有意无意地叠加使用各种不同的预设否定形式。

3 结论与启示

综上所述，可以归纳如下：首先，预设否定叠加式可以分为双重叠加与多重叠加两大类。前者包括蕴涵、复置、交互，后者以再加复置作为基本的手段，包括复置＋蕴涵、复置＋连用、复置＋交互三类。其次，否定叠加的动因主要有主观凸显、词义磨损、兼顾特色、整合结构。就叠加产生的作用或导致的后果来看，叠加式最基本的作用与效果就是强化，而强化必然会导致否定义的羡余化；不同的叠加形式满足了预设否定多样化的表达要求，而整合结构与协调韵律还形成了一系列句法后果，产生了一些包含有否定义的动词、习语与格式。

通过前面的归纳与分析，还可以得出如下启示：一、在复置的过程中，"白(白)"居前叠加的频率最高，说明预设否定副词越是典型，自由度越高，就越有可能用来作为叠加前词；而"干"与"瞎"一般不能互相复置，则表明否定词的虚化程度越低，保留的源词义积淀越多，就越难以自由地与其他否定词任意叠加。二、预设否定的方式除了副词限定动词之外，也可以用形容词修饰名词，构成交互叠加式来配合，说明不同语法化阶段的同源否定词虽然功能与分布不同，但在叠加过程中却可以互相配合、协调共现。三、预设否定词"徒、虚、枉"的黏着度很高，发展的趋势是分化：部分组合已经词汇化与习语化，曾经的词汇义转成了语素义，否定功能正逐渐退化；部分搭配则仍可以自由替换，各副词保留着否定预设的既有功能，说明结构的词汇化与语义的羡余化成正比，词汇化程度越高，否定义就越淡化，越有可能被叠加。四、就否定性质而言，一般的命题否定，双重否定等于肯定，三重否定仍然是否定；而预设否定的复现，不管双重还是多重，否定预设的语义都并不改变，说明预设否定与命题真值无关，所有的叠加都是叶斯柏森所说的重复否定。五、语言表达的主观性强化无疑是各种叠加现象产生的最为基本的动因，说明预设否定叠加式是语法化过程中的一种正常进化的语言现象，否定叠加既是语言表达自我调节的一种重要手段，也是语言发展不可或缺的一种内在动力，更是语言运用因满足语用需要而形成的一种必然结果。

附 注

① 迄今为止，有关预设的性质、定义以及语义预设和语用预设的区别，中外学者们一直存在不同的认识；相关的情况，可以参看沈家煊（1993：321—331）、袁毓林（2000：99—108）。本文所说的预设属于特定的语义范畴，涉及言语交际的非断言部分的背景信息，与交际双方所处语境及其共同关注的预期效果密切相关；这种特定的语义预设可以被否定，否定的内容就是受话人依照常理对相关事件或行为可能形成的预期值。请参看张谊生（1996：30），姜宏、徐颖（1997：1），任瑚琏（2002：149）。

② 汉语近、现代的预设否定副词总共有“白、空、干、瞎、徒、虚、枉”以及“浪、漫、坐、唐、素”等十多个，其中最典型的成员就是“白（白）”，因此，预设否定副词又可以称为“白”类否定副词。

③ 有关预设否定副词的性质与特征，功能与作用，形成与发展，内部差异及相关的争议与看法等，请参看邵敬敏（1986：14），陈一（1987：30），张谊生（1993：113，1994：128，1996：30，1999：27），姜宏、徐颖（1997；1），任瑚琏（2002：149），刘烨（2009：14），肖金香（2010：102）等。

④ 根据研究，预设否定副词“白（白）”具有双重否定功能：既能表“徒劳地”——付出代价没有效益，又能表“无偿地”——获得效益没付代价，其他六个副词都只能表“徒劳地”这单一的否定功能。为便于比较与讨论，本文只讨论“白（白）”表“付出代价没有效益”时的各种叠加现象。需要说明的是，本文所谓的“叠加”，从句法结构上看可以细分为两种：一种是附加式，比如“白白

空有”的“白白”修饰“空有”，“白白”辖域大于“空”；再一种是并存式，比如“瞎白忙乎”的“瞎”和“白”都是修饰“忙乎”，二者辖域相等。限于篇幅，下面具体论述时统一称为叠加，不再逐一指明辖域区别。此外，由于交互类预设否定词的叠加可以出现在定语位置上，本文还将涉及与副词同源的一些形容词。另外须要说明的是，位于定语位置上的“瞎”究竟是动词还是形容词，目前存在不同认识，为便于行文，本文姑且归入形容词。

⑤ 现代汉语有两类“徒空、枉空”：一类是形容词，比如“一贫如洗，四壁徒空”、“平生不识罗贯中，识遍英雄也枉空”。再一类是预设否定副词“徒、枉”与“空”的叠加用法，本文讨论的是后一种。

⑥ 影响预设否定词复置自由度与复置频率的因素主要有两个，一个是词义虚化程度不够，还保留有其他非预设否定的用法，比如“干、瞎”；再一个是功能的语素化，不能随便自由搭配，比如“徒、虚、枉”。

⑦ 奥托·叶斯柏森 *Philosophy of Grammar*（1924），何勇等译《语法哲学》第 24 章“否定”（1988：482）。

⑧ “浪、坐、漫”等预设否定副词发展到现代已极少单用，只有少数作为语素保留在一些单词中，因此，本文讨论其他叠加方式均不再涉及这几个词。不过，就词义磨损导致的否定叠加来看，“浪 V、坐 V”前加其他否定词，尤其是“白白浪 V/坐 V”等形式，具有不可替代的研究价值，所以，本节酌情予以探讨。

⑨ 相关的总结，请参看张谊生（1996：30，1999：27）。本文表格根据最新的研究，已有所修订与调整。

⑩ 由预设否定叠加式定型而成的固定格式主要有三个：一个是由“徒有 X”与“光/只有虚名”叠合成的“X 有 X 名”格式；另两个是由“枉担/浪得 X”与“光/只有虚名”叠合成的“枉担/浪得 X 名”格式。

参考文献

奥托·叶斯柏森　1924/1988　*Philosophy of Grammar*，何勇等译，《语法哲学》，北京：语文出版社。

陈　一　1987　试谈“白 VP”结构的歧义性，《汉语学习》第 4 期。

江蓝生　2008　概念叠加与构式整合——肯定否定不对称的解释，《中国语文》第 6 期。

姜　宏、徐　颖　1997　预设与否定的功能，《中国俄语教学》第 2 期。

刘丹青　2001　语法化中的更新、强化和叠加，《语言研究》第2期。
刘　烨　2009　《预设否定副词“白”和“瞎”的比较研究》，北京语言大学硕士学位论文。
刘志生　2005　试论近代汉语中的叠加式词语模，《长沙理工大学学报》（社会科学版）第2期。
马清华　2003　强程度标记的叠加，《华东师范大学学报》第2期。
任瑚琏　2002　“白”类副词是具有特定预设的副词，《西南民族学院学报》（哲学社会科学版）第5期。
邵敬敏　1986　“不要白不要，要了白要”是悖论吗？《汉语学习》第5期。
沈家煊　1993　“语用否定”考察，《中国语文》第5期。
石　锓　2007　从叠加到重叠：汉语形容词AABB重叠形式的历时演变，《语言研究》第2期。
王海棻　1991　六朝以后汉语叠架现象举例，《中国语文》第5期。
肖金香　2010　副词“白”的语法化及动因初探，《湖北广播电视大学学报》第2期。
于峻嵘　2006　“名词叠加”与“全指表达”，《燕山大学学报》第4期。
袁毓林　2000　论否定句的焦点、预设和辖域歧义，《中国语文》第2期。
张伯江　1996　否定的强化，《汉语学习》第1期。
张谊生　1993　现代汉语副词“白”、“白白”，《淮北煤师院学报》第1期。
———　1994　“白”类副词的表义特点及其潜在内涵，《徐州师院学报》第3期。
———　1996　现代汉语预设否定副词的表义特征，《世界汉语教学》第2期。
———　1999　近代汉语预设否定副词探微，《古汉语研究》第1期。
———　2012　试论叠加、强化的方式、类型与后果，《中国语文》第2期。
Bernard Paul Sypniewski 1996 Functional superposition. The Twenty-Third LACUS Forum: Provo. UT. http:// elvis. rowan. edu/～bps/ling/Lacus96. pdf.
Hopper J. Paul & Elizabeth C. Traugott 1993 *Grammaticalization*. Cambridge: Cambridge University Press.
Lehmann, Christian 1995 *Thoughts on Grammaticalization*. München: LNCOM EUROPA.
Shaumyan, Sebastian and Bernard Sypniewski 1995 Semiotic analysis of meaning. The Twenty-Second LACUS Forum: San Antonio. TX. http:// elvis. rowan. edu/～bps/ling/Lacus95. pdf.

“们”的虚化*

朱俊玄

（商务印书馆汉语出版中心）

在现代汉语中，“X 们”（名词/代词＋们）一般表示非个体的群体性的概念。代词或者名词与“们”结合之后表示复数概念，“我、你、他、人”与“我们、你们、他们、人们”等分别是单数与复数的对立，有的学者则否认现代汉语中存在“数”的语法范畴，认为“X 们”表示的只是群体概念，“我、你、他”与“我们、你们、他们”之间是个体与群体的关系，而非单数与复数的对立。（黄伯荣，廖序东，2002）本文认为，现代汉语中虽然缺乏典型的区分单复数的语法范畴和标记，像英语中的“数”，但是的确存在单数与多数之间的对立，如“我、你、他”与“我们、你们、他们”。为论述的方便，本文仍然采用“复数”这个概念。

1　“们”功能的演化

一般来说，代词后附“们”表示的都是确指的复数概念，此为其

* 本文在写作过程中，承蒙董正存老师多次指教，提出了很多中肯的意见，特此感谢。

原型用法。但是有的情况下，“X们”并不表示复数，而是表示单数，使得“我、你、他”与“我们、你们、他们”等之间的对立变得模糊起来，“X们”＝X，“们”丧失了其语法意义，此为其非原型用法。此类“X们”中，第一人称代词复数“我们”表示单数的现象尤为突出：

1.1　特定语境中表示单数的“我们”

1.1.1　口语中，一人面对众人讲话时可能会用“我们”来指代说话者本人，即“我们”＝“我”，将听众拉近与说者融为一体，这会给听者以亲切的感觉。例如：

(1)（教师）刚才，我们讲到了明朝的历史；下面，我们要讲清朝的历史。

(2)（主持人）下面，我们把话筒交给英雄的母亲，让她为我们讲述英雄的成长历程。

上例中加着重号的“我们”都可以换作“我”，其表达的真实含义也是单数的。尤其要注意例(2)，前后两个“我们”形成了鲜明的对比，后一个不能换作“我”，其表达的是真正的复数概念。

1.1.2　在学术论文中，作者总是把自己的学术研究与前人的研究成果以及众多同行的研究工作联系在一起。尽管文章是作者独立撰写的，作者也常用“我们”。这样不仅能使文章的语气缓和，减少主观自负的意味，能给人一种谦虚随和的感觉，也能拉近作者与读者之间的心理距离。例如：

(3)我们认为，“把字句的宾语都是确指的”这个观点值得商榷。

(4)这种论断，我们不敢苟同。

在例(1)—(4)中，复数的人称代词实际上只是指称单数的个人,其中的“我们”其实都指的是“我”。也就是说,这些句子用句法平面上的复数形式,表达了语义或者语用平面上的单数意义,语法和语义及语用之间并未构成一致的常规用法。这样的“错位”的复数被称作“假性复数”(袁梅,1996)。

假性复数,我们一般可以将之换作其相应的单音节形式,即我们可以用“我”替换“我们”。例如上句,我们也可以说:

(1')(教师)刚才,我讲到了明朝的历史;下面,我要讲清朝的历史。

(2')(主持人)下面,我把话筒交给英雄的母亲,让她为我们讲述英雄的成长历程。

(3')我认为,“把字句的宾语都是确指的”这个观点值得商榷。

(4')这种论断,我不敢苟同。

虽然这些句子也是合法的句子,语义也都说得通。但是相比之下,它们都显得有点生硬,不够委婉、自然,有不客气、不谦虚之嫌;而使用复数人称代词的句子则显得更为谦逊委婉。“以集体指个体,以众多的同类掩盖其中之一,使所指称的对象因为潜藏于同类之中而显得微弱少露,给人以收敛锋芒、委婉谦逊之感。”(张炼强,1982)因此,虽然表达的都是单数的概念,人们还是常常使用复数的形式。

这类假性复数一般位于句首做句子的主语,或者做定语,在相似的语境中做宾语常用的是单数形式:

(5)这些事实都证实了我们的观点。

(6)这种反对观点明显是针对我的。

(7)刚才,我们讲到了明朝的历史;下面,清朝的历史还是由我来讲。

在单复数对举的例(7)中,假性复数的限制表现得尤为明显。

1.1.3 家长与小孩儿的对话中,常常会出现用“我们”来指代说话者之外其他个体的现象,一般是指听话人,即小孩儿。例如:

(8)(妈妈)宝宝乖,我们不哭,我们是好孩子,我们摔倒了我们自己爬起来。

(9)(奶奶)明明好好吃饭,我们长大了要结结实实的。

这种用法的“我们”,不仅不能用来表达复数的语法意义,不能指称交谈双方;更不能指称说者自己,即上文提及的假性复数。而是利用“移情”功用,让说者站在了对方或者旁人的立场上,即在小宝宝的立场上说的。此类的“我们”=“你”,仍表达单数意义。我们将此类用法也归入假性复数范围内,这种移情用法的假性复数可以出现在宾语的位置上,例如:

(10)(爸爸)小宝,告诉爸爸怎么了?是谁欺负我们了?[①]

1.2 “复数人称代词+名词”中表示单数的“X们”

复数人称代词与名词结合,修饰限定名词,表达的却是单数意义,即“复数人称代词+名词”[②]=“单数人称代词+名词”。根据名词的不同,这种用法大致又能分为两类:

1.2.1 名词是表示集体意义、具有一定空间特征的对象(如“学校、公司、工厂、宿舍、办公室”等)。与这些表示集体意义的名词结合之后,复数人称代词实际上代表了单数人称代词所指的个体。例如:

(11)他在我们宿舍住过。

(12)我们公司以诚信为本。

(13)在我们国家,这种事情是绝对不可能发生的。

(14)明天，我想去你们厂一趟。

(15)你找李明呀，这是他们家的电话号码。

“X们”的此类用法受限于一定的语境要求：言语现场与句中谈及的集体有关的人只能有一个，其余的参与者不能属于该集体，否则“复数人称代词＋名词”就可以做复数意义解释了。如例(11)的言语现场不能有“我”的舍友，例(14)中不能有“你”的同事，例(15)中不能有“他”(李明)的家人。否则，其中的“X们”就表示的是“真性复数”，“们”就实现了其复数语法功能。在上述的限制条件之下，复数的人称代词指称的就可以是，而且只能是单数的个人：“我宿舍”“我公司”“我(的)国家”“你厂”“他家”。

这种用法排除了与某个集体相关的参与者，首先很明显的是，一定会排除听话者。即这里的“我们”就是指称说话者自己，不包括听话人在内。这与口语中常用的“俺”类似。在现代汉语很多方言中仍然通行的人称代词“俺”既可以用于第一人称单数，也有复数的用法，但是其复数不包括听话人在内。追溯“俺”的历史，它源于“我懑(每)”的合音，主要表示复数，功能类似于今天的“我们”。但是也偶见其单数用法，据吕叔湘(1999)，其单数用法多见于金元白话中，且多用于领格。在现代汉语中，“俺”已不受此限制了，如“这些东西只够俺自己吃”。由上面的例句，我们可以看出现代汉语中的“我们”也不仅仅用于领格了。如1.1中“我们”表示单数的三种用法，都是单用的，与1.2中后加名词的用法不同。

虽然在交际中可以将集体名词所指涉的实体仅仅关联于某一个言语参与者，但是句中的“X们”还是隐含了该集体在现实背景中所关涉的多个对象，而并非只是一个人，否则“集体”就名不副实了。其中的“X们”其实是指X以及与X在同一个集体之内的所有其他人，即组成该集体的人。比如说“我们宿舍”，那就是指我和我的舍友共住的宿舍；“我们公司”就是我和我的同事共事的公司等。

正是由于该集体关涉的是多个对象，因此言语表层需要出现复数的形式，但是此处的复数却可以表达现实语境中的单数关系。如果我们将复数形式替换成相应的单数人称代词的话，得到的句子一般都很不自然，甚至不通顺。例如：

(11')他在我宿舍住过。

(13')* 在我国家，这种事情是绝对不可能发生的。[③]

1.2.2　名词是指涉个体的指人名词，而不是上文的集体名词。但是此处“X们”的语境要求与1.2.1一致，“X们＋人”隐含了现实背景中与该人有同样关系的多个对象。例如：

(16)这位是你们科长吧？

(17)我们姑娘今年该上高中了。

在具体语境中，例(16)中的“你们”指称的就是言语参与者“你”，因为在交际现场，信息接收者只有“你”一个人，虽然隐含了跟“你”一样与某人具有“科长-下属/上司”等关系的所有人。例(17)中的“我们姑娘”表达的就是“我的姑娘”，虽然隐含了与该女孩儿具有父/母女关系的另一人。[④]

根据单复数的这种“错位”对应，我们也可以把“复数人称代词＋名词”表示单数的这种用法归入假性复数。但是，1.2与1.1中的假性复数在现实背景上却有很大不同：虽然都可以表达单数概念，但是1.2中的名词的关涉对象隐含的却是复数概念。

1.3　“哥们儿”等固定表示单数的“X们”

口语中，“X们”也有固定表示单数的用法，典型的如“哥们儿”“娘们儿”“爷们儿”等。其中的“们”都已经丧失了表示复数的功能，“哥们儿”等都表达的是单数概念。主要理由如下：

A. 我们可以使用“一”“一个”或者“这个”“那个”等表示单数的限定词来限定它们。例如：

(18)那是我一哥们儿，以后请您多多关照。

(19)他真是个纯爷们儿。

B. 如果要表达复数的概念，这些词还需要再加上表达“真性复数”的“们”，即只有“哥们儿们”“娘们儿们”“爷们儿们”等才能表示其相应的复数概念。虽然现实语言中有“几个哥们儿”等的形式，如“昨晚我和几个哥们儿去酒吧狂欢了。”即“哥们儿”不用再加“们”也能表达复数概念。但是，我们认为此处“哥们儿”中的“们”同样已无复数功能，“哥们儿”已经词汇化为一个词汇单位，而非词组“X们”。而不加“们”即能表达复数概念，又源于汉语名词的单复数同形。也就是说，“几个哥们儿”等形式也同样是“哥们儿”等语法化程度较高的证据。

(20)哥们儿们谁知道微博怎么用？

(21)事儿虽然解决了，但是我想爷们儿们心情也好不到哪儿去。

C. “哥们儿”“娘们儿”“爷们儿”来源于近代作品中的“哥儿们”“娘儿们”“爷儿们”，后者表示复数概念，为敬称。随着它们的词汇化的发展，“哥”“娘”“爷”的尊敬色彩逐渐淡化，“儿”由一个实义名词变成了一个词缀，“们”的语法意义也逐渐消失，最终“哥们”“娘们”“爷们”都转指单数。(安俊丽，2006)由于在现代汉语口语，尤其是北方话中，儿化韵较为流行，使得“哥们”“娘们”“爷们”等后常常附带“儿”尾且一般不能删略。加上后缀“儿”的“哥们儿”“娘们儿”“爷们儿”已经是凝固的词了，而不是一般的“名词+们”的短语形式，且“们”也不再表示复数意义。如果去掉“们”，“哥儿”“娘儿”“爷儿”，将不能单用：

(22)* 他真是纯爷儿。

“哥们儿”“娘们儿”“爷们儿”等的词汇化历程概括如下：

复数、敬称→“儿”退化、“们”虚化→变成单数→儿化

安俊丽(2006)举出了大量的语料论证了“哥们儿”“娘们儿”“爷们儿”中的“们”的复数语法意义经历了逐步退化消失的过程。其实，除此之外，“姐们儿”的发展轨迹也与“哥们儿”“娘们儿”“爷们儿”相似。据笔者调查，“姐儿们”始见于近代作品之中(在北京大学的古代汉语语料库中共查到 20 例)，表示的是复数概念，且常与“哥儿们”“娘儿们”等并用，这更证实了其复数意义。例如：

(23)大奶奶不过口头言语，被这些姨娘、姐儿们一传，就传出了名。(《野叟曝言》第三十一回)

(24)本村的几个村姑村婆也各各的分头歇息。这里他娘儿们姐儿们睡在炕上，还絮絮的谈个不住。(《儿女英雄传》第二十回)

(25)见这些哥儿姐儿们都爱听，便没了说的也编出些话来讲。(《红楼梦》第三十九回)

笔者在同一个语料库中查找“姐们”，共得到 85 条语料，多见于《三言二拍》、《西游记》、《三侠五义》、《三侠剑》等近代作品。其中大部分都是“大姐们”“小姐们”“姐姐们”等，只有两例为有效语料，如下：

(26)巧咧，咱们姐们还有点彩头儿呢。(《七侠五义》第五十二回)

(27)别的不打紧，只这脸儿没处放，亏着从没出外见过

人，只紫函、秋香姐们双眼睛，就是利害，若认得庄上几个人，便再假不成哩！（[清]夏敬渠《野叟曝言》第四十二回）

这两例"姐们"中的"们"都为复数语法意义，例(27)中尤为明显（"姐们"前有"紫函、秋香"）。从例(23)—(27)看出，"姐儿们"与"姐们"共存于同时期的作品中，这足见"儿"已经只剩下了一个语音形式，存在与否都已无关紧要。再看在北京大学现代汉语语料库中得到的语料：

(28)听着昔日"哥们""姐们"一声声语重心长的开导，他既感动又难受，不知说什么才好。

(29)原来存放在租住民房的财物被一个先她释放的"姐们"全部卷走了。[5]

例(29)显示"姐们"可以受"一个"修饰，且在例(28)中还可以与"哥们"并举，这表明"姐们"也已经完成单数化了。其中的"们"和"哥们儿""娘们儿""爷们儿"都一样失去了复数意义。

1.4 "咱/咱们"

第一人称代词在口语中常用的还有"咱/咱们"。根据刘月华等(2004)，两者分别表示单数和复数。但是根据语言事实，"咱"经常表示复数：

(30)这大热天的，咱就别去了吧。

(31)咱几个根本不是人家的对手。

很明显，这里的"咱"不仅指称说话人自己，更包括了听话人在内，"咱"＝"咱们"，上述二例也都可用"咱们"替换。辞书中也有相关证据：《现代汉语词典》(第6版)就以"咱"与"咱们"互释，"咱"只在方言中才能表示单数的第一人称。因此，我们认为刘月华等(2004)仅以形式标记"们"进行的表面化的分类是值得怀疑的，普通话中的"咱"不表示单数，而是与"咱们"的指称范围一致的。"们"表示复数的语法意义在"咱/咱们"中得不到反映，它没有区别单复数的语法意义，只是一个虚空的"语形"，出现了功能的退化。

1.5 "俺"

上文已述，"俺"源于"我懑"。历史上多用于复数，表示单数时常用于领格；在现代汉语中，可表复数，亦可表单数，表单数时已不限于领格。也就是说，历史上的"我懑"现在已经发展成为"我"，其中"懑"（们）的功能已经消失。这与"咱/咱们"类似，只是"咱/咱们"常用于复数，"俺"通用于单复数。

2 "们"的虚化路径及其动因

2.1 "们"的虚化路径

"们"作为表示复数的形式标记，应该起源于宋代，"北宋时通用'懑'，亦用'门'，南宋始有'们'"（吕叔湘，1999）。在明代以后大概是受了蒙古语的影响，用"们"表示复数概念的用法迅速流行开来。在现代汉语中其典型的用法仍旧是附于名词、代词等之后，表示复数概念，是为真性复数。但是很多非原型现象的出现催生了"们"的假性复数的用法，从而与"们"的原型用法构建了一个复数标记"们"的虚化路径图：

真性复数→假性复数（语用演化）→单数（语法演化）

其中第二个层次多出现于一定的语境之中，如 1.1、1.2 中列举的多种语境，有一定的语用色彩，语法功能和句法分布尚未完全稳固。尤其是 1.2 的"复数人称代词＋名词"，虽然表示的是单数，但是却隐含了与 X 相关的特定集体空间或人群，隐含复数的概念，故其处于虚化过程的中间层次。而且1.2的例句很多可以做单、复数两解，例如：

(11)他在我们宿舍住过。

(16)这位是你们科长吧？

若在上文已述的特定语境中，这里的“我们”指单数；若没有特定的语境限制，则也可以理解为真正的复数“我们”，即交际现场有我的“舍友”等。因此，这里的“X们”尚未完成以真性单数为目标的虚化过程。

而到了“哥们儿”“娘们儿”“爷们儿”“姐们儿”以及“咱们”“俺”等，“们”已经完全丧失了复数标记的功能。在“哥们儿、爷们儿”等中，“们”必须出现，但是表达的是单数概念，在“咱们”中“们”则可删略，“咱”=“咱们”，虽然它们表达复数，但是此意义并非来自“们”。“俺”中虽然“潜伏”着“们”的历史印迹，但是“俺”却通用于单复数。因此，这些词中的“们”已经不再具有原初的语法意义，只有语音形式（“俺”中甚至语音形式都消失了），虚化的程度较高，“俺”中虚化的程度最高。

由此可见，“咱/咱们”“俺”中的复数标记“们”（懑）的虚化程度都要比“我们”“你们”“他们”高，而仅就“我们”“你们”“他们”三者来说，“我们”又比“你们”“他们”的虚化程度高。前者较高的虚化程度与它们的语体色彩相关：“咱/咱们”“俺”多用于口语之中，使用起来更为随意，变异的机会更多，较高的使用频率和较广的使用范围影响它们虚化的进度更快，程度也更深；而相比之下，“我们”“你们”“他们”多用于较为保守的书面语或者比较正式的口语之中，变异的机会相对较少，使用频率和范围都受限制，虚化的进程自然就不如“咱/咱们”“俺”了。而“我们”比“你们”“他们”的虚化程度高则源于主观性。

从人称代词系统内部来看，复数表示单数的“我们”比“你们”“他们”的使用范围更广，如上述1.1中的用法都是第一人称，只有1.2中才能见到“你们”“他们”的用法。初步分析，我们认为“我们”的高频源于其更强的主观性，它更易进行主观化。“我们”直射自我，更易于在说话的同时传递主观的情感、态度以及其他相关信息，从而留下“自我”的印迹。如1.1.2论及的论文中使用“我们”来代替“我”，能给人以谦虚随和的态度。再如1.1.3中，大人哄孩子使用“我们”来代替“你”，暗含了大人对孩子的亲昵与疼爱之情。因此，与“你们”“他们”相比，“X们”表示单数更多发生于第一人称。因此，“们”的虚化与主观化有着很强的联系。

综上，我们可以将复数标记“们”的虚化路径图示如下：

真性复数→假性复数（语用演化）→单数（语法演化）（→语形消失）

我们　　　你们、他们＜我们　　　哥/娘/爷/姐们儿、咱们（＜俺）

2.2　“们”的虚化动因

关于“们”虚化的动因，安俊丽（2006）已经对虚化程度最高的“哥们儿、爷们儿、娘们儿”做了阐释，我们在上文也从语体色彩与主观性等方面做了分析，下文再从认知和语言交际等方面对那些处于虚化中间阶段的假性复数用法进行分析。

2.2.1　集体意识

张炼强（1982）称单数用作复数的代词为“扩大式”，[6]相反，复数用作单数的代词称为“缩小式”。扩大式意在强化所指称的对象，缩小式意在弱化所指称的对象，尽量使述说对象隐藏于集体之中而显得微而不露，甚至微不足道。这与中国文化以及中国人认知过程中的集体意识密切相关。

中国传统文化注重整体和谐，在处理事务以及人际关系上要“礼之用，和为贵”“中庸”“均无贪”“和谐”等。这些都反映了汉民族把个人所处的社会、集体看成是一个和谐有机的整体，同时也把人与外部的集体和整个世界看成一个动态平衡的有机整体。处于这种文化之中的人们一般都不会刻意强调自己，而常常将个人融入到集体之中，表示自己在集体中非常普通，普通得不值得特别凸显出来，这是一种集体意识——注重整体、淡化个体，用集体来代表自己。这种集体意识表现在言语交际中，就出现了假托复数人称代词来表达单数概念的现象了，如 1.1.2 中讨论的，在学术论文中，作者表述自己的观点时却常用“我们”，就是要将自己隐藏于学术大家庭这个集体之中而显得微而不露，以示自谦。再如 1.2 中“复数人称代词＋名词”表单数，其实就是隐含了一个集体的概念。这都是中国文化注重整体和谐、中国人的集体认知意识在语言中的反映。

2.2.2　语言的模糊性

“模糊性”概念是美国数学家查德(Loti Asker Zadeh)于 1965 年首先提出来的。这一概念源于人们所要描述的世界的庞杂，用来指称人们认知过程以及认知对象的发展过程中存在的各种不确定性和不明确性，以及外在世界亦此亦彼、相互关联的状态。

人们使用语言的过程中，也存在着一定程度上的模糊性。人类时时刻刻都在用模糊语言进行交流，方方面面都在以模糊思维去理解和把握世界。(李云政，2004)第一人称代词在交际过程中，其复数形式的指代界限也是模糊的。有确指功能，也有虚指功能(李建军，2002)；不仅可以指称单数的第一人称，即“我”，也可以指称“你”“你们”等。这种模糊性正体现了“X 们”虚化的中间状态，结合具体的语境，模糊的语言不仅不会让交际双方误解对方，反而会为语言交际增添灵活性与趣味性。如 1.2“复数人称代词＋名词”表单数，言语者的字里行间都能折射出言者与听者以及言者与隐含对象之间的多层关系。结合具体的语境，交际双方便能拨开迷雾，领会“X 们”的单、复数所指。这种语言的模糊性能够折射说话者说话的策略、目的及话语意图，使得一些看似平常的语言现象变得内涵丰富、耐人寻味。如果仅仅是生搬硬套地按照语法的划分去使用人称代词复数形式表示复数概念，使用单数人称代词指称单数概念，界限虽然会显得十分清楚，但会话过程则难免单调乏味。交际者正是利用人称代词复数形式的模糊性这一特点，来使自己的话语显得委婉、含蓄、得体而且彬彬有礼，从而达到交际目的。也请参看下文关于“假性复数”的功能。

2.2.3　会话原则

格赖斯曾提出过会话的几大准则：数量准则、质量准则、关系准则、方式准则。其中的方式准则要求会话清楚、简短，避免歧义、冗长。莱文森(Levinson)也提过会话的方式原则要求说话人不要无端选用冗长的、晦涩的、有标记的表达式。

那么，如上文提到的，用复数标记表达单数意义，貌似违反了“避免歧义、冗长”准则，而选用了有标记的表达式，但是此行为并非是“无端”的，其功能见下文。其次，在会话过程中，参与者都会根据相应的语境适时调整自己的认知，当说话人使用了有标记的、非常规用法时，听话人会据此认为说话人是要传递一个特殊的信息，于是便会设法“翻译”并获取关联性最佳的命题。信息处理的普遍目标是尽可能地以最小的处理成本将正在处理的信息的关联性最大化，从而获取最佳的语境蕴涵。(姜望琪，2003)格赖斯也多次强调会话双方具有共同的目标或者方向，每一方都会暂时认同对方的临时会话兴趣和方式。当说话者用复数标记表达单数意义时，要想实现会话的顺利进行，听话者根据语境的最佳关联性，就会暂时认同并追随这种非常规用法。比如现场讨论学术问题时，听说双方常会有一种默契，大家都会使用“我们”，从而能使参与者的言论如卯眼对准榫头，互相吻合。

如若这种临时性的会话方式在同样的语境中反复使用，其非常规性就有可能常规化，从而得到普遍的认同。摆脱了语境的限制和控制，常规化的用法固定下来后，便不再是临时的语用用法了，如“哥们儿”等。

3　假性复数的多功能性

言语交际都会处于一定的语境之中，语境又包括言外语境、言内语境和言伴语境，这些语境都包含了与交际双方密切相关的丰富信息，也有助于交际双方顺利地进行各种信息的编码和解码。在相关语境的提示说明之下，常规用来表示复数意义的“X们”也可能产生单数的意义，实现单复数的变异和转换。这不仅不会影响交际，而且会使得双方的语言显得更为丰富多彩。其主要功能如下。

3.1　能减轻说话者的责任

复数形式表达单数意义，那么说话者就会将个人的相应责任，利用这个复数形式“转嫁”给说话人所在的集体。比如某逃税老板可能会对执法人员说“我们（公司）从来都没逃过税”，从而将自己的责任转嫁给整个公司。

3.2　能增强话语的可信度

如上文所述，在学术论文中，人们常常使用复数形式表达自己的观点，以此来说明该观点并非一己之见，而是大家的共识，从而增强观点的可信度。然而，如果该观点不甚科学、严谨，那么作者使用复数形式来代替单数的个人，便有虚张声势、瞒天过海之嫌。

3.3　能拉近交际双方的心理距离

这种功能在很多场合都能体现出来：如父母哄宝宝、教师授课、学术论文写作等过程中。使用复数形式表达单数的概念，使得言者显得亲切随和，从而拉近交际双方的距离。尤其是在学术论文中，能让读者觉得好像在和作者一道探讨文中的问题，从而建立起了读者与作者之间相互交流、相互信赖的紧密关系。

4　结语

从"们"的历史发展来看，用于复数一直是其主流用法，包括早期形式"懑""门""每"等。其间出现过用于单数的例证("俺"，即"我懑")，其限于领格的句法限制随着历史的发展逐渐淡化，即"们"用于单数的自由度逐渐增加。"哥们儿、姐们儿、爷们儿、娘们儿""咱们""俺"等固定性词汇单位中的"们"意义的退化消失，更是"们"虚化的明证。上文论及的1.1、1.2中的临时用法，随着语境的强化和使用频率的增加，也很可能脱离相关的语境，而逐渐固化。

而是否会发生虚化，又跟语体色彩和人称等密切相关。口语中的"哥们儿、姐们儿、爷们儿、娘们儿""咱们""俺"(尤其是"俺")使用频率较高，发生演变的可能性较高，固化的程度也明显高于"我们、你们、他们"。而与第二、三人称相比，第一人称会更多地负载主观的态度和意识，主观化的机会也较多。因此，虽然没有“哥们儿”等的口语性强，但是与“你们、他们”相比，“我们”还是有机会在一定的语用环境中发展出非常规的单数用法的。而这种非常规的用法不仅能减轻说话者的责任，能增强话语的可信度，还能拉近交际双方的心理距离。

随着当今信息大爆炸时代的急剧发展，新的信息交流方式在进行深刻的变革，交际语言尤其是网络用语等的随意化、个性化的趋势越来越明显，新词、新义、新用法等的涌现速度也随之大大提升。在这样的语言背景下，“们”的单数用法的发展，或者说是“们”的虚化发展的前景究竟如何？是继续加深虚化的程度，产生更多固化的单数用法，还是出现别的新现象？我们拭目以待。

附　注

① 另有一例：两位年轻家长在谈论各自的孩子（双方的孩子都不在交际现场），其中一位问道：“我们吃饭可听话了，你们呢？”此处，“我们”应理解为“我们家孩子”的缩略，“你们”应理解为“你们家孩子”的缩略。因为有“我们”“你们”的对举，故不可将“我们”简单地理解为移情，指称“他（她）”。因此，此处的“我们”与例(8)(9)不同。但是，其中“我们家孩子”中的“我们”却是复数表示单数的用法，即“我家孩子”。详见下文1.2.2。

② 这里，复数人称代词和名词之间是限定与被限定的关系，本文暂将表示同位复指关系的“复数人称代词＋名词”结构排除在研究范围之外。例如：我们中国人终于扬眉吐气了。

③ 在非口语场合中也会出现单数用作复数的现象。如“我厂今年利润大增”，其实表达的就是“我们厂……”，而且也可以说“我们厂今年利润大增”，只是前者更加自然。这与汉语的韵律表达有关。

④ 语料调查中，我们发现了一个有意思的例句：“你跟我们爷们儿说，叫我们男人管着我呀？”（笔者注：“爷们儿”和“男人”指说话者的丈夫）。无疑，此处的两个“我们”都表示“我”，不可能有其他人与该“男人”再有夫妻关

系。但是,我们也可以将该句理解为“我们家爷们儿/男人”,这样就也可以归入1.2.1类型了。

⑤ 南北方人对儿化使用习惯的不同,本文不做细究,将“姐们”与“姐们儿”视作同一个单位。

⑥ 《实用现代汉语语法》中提到这种“扩大式”的用法“多见于书面语,尤以信函、公文和新闻报道中用得最多”。如:“我军昨晚攻克了三八二〇高地。”“你方代表提出的方案是可以考虑的。”

参考文献

安俊丽 2006 汉语中复数标记“们”的语法化——据“哥们儿,爷们儿,娘们儿”的考察,《内蒙古大学学报》(人文社会科学版)第6期。

黄伯荣、廖序东 2002 《现代汉语》,北京:高等教育出版社。

姜望琪 2003 《当代语用学》,北京:北京大学出版社。

孔凡涛 2004 试论汉语“们”及“们”字短语,《徐州教育学院学报》第4期。

李建军 2002 复数第一人称代词的功能指称,《安徽农业大学学报》(社会科学版)第2期。

李云政 2004 论汉英第一人称代词复数的模糊性,《河海大学学报》(哲学社会科学版)第2期。

刘月华等 2004 《实用现代汉语语法》(增订本),北京:商务印书馆。

吕叔湘 1999 《汉语语法论文集》,北京:商务印书馆。

袁 梅 1996 “们”的语法意义及其实现,《延边大学学报》(社会科学版)第1期。

张炼强 1982 人称代词的变换,《中国语文》第3期。

朱俊玄 2007 语境构成研究综述,《江汉大学学报》第24卷。

后　记

2011年8月6日至8日，第六届汉语语法化问题国际学术讨论会在陕西师范大学举行。此次会议由中国社会科学院语言研究所与陕西师范大学共同主办，陕西师范大学文学院承办，商务印书馆协办。来自法国、日本、新加坡及中国内地、台湾和香港的59位代表出席会议，会议收到论文54篇。

现将部分会议论文辑成《语法化与语法研究》(六)，收入本集的论文大都在这次会议上宣读过，会后又经过作者认真修改。由于各种原因，还有一些会议论文未能收入本集，这是我们引以为憾的。

本论文集的编辑和出版得到了商务印书馆的大力支持，谨致谢忱。

《语法化与语法研究》(六)编委会

2013年元月

图书在版编目(CIP)数据

语法化与语法研究. 6/吴福祥,邢向东主编. —北京:商务印书馆,2013

ISBN 978-7-100-09872-4

Ⅰ.①语… Ⅱ.①吴…②邢… Ⅲ.①汉语—语法—文集 Ⅳ.①H14-53

中国版本图书馆 CIP 数据核字(2013)第 058105 号

YǓFǍHUÀ YǓ YǓFǍ YÁNJIŪ

语法化与语法研究

(六)

吴福祥　邢向东　主编

商 务 印 书 馆 出 版

(北京王府井大街 36 号　邮政编码 100710)

商 务 印 书 馆 发 行

北京民族印务有限责任公司印刷

ISBN 978-7-100-09872-4

2013 年 9 月第 1 版　　开本 850×1168　1/32

2013 年 9 月北京第 1 次印刷　　印张 15⅛

定价: 39.00 元